어른들은
모르는
아이
세계

어른들은
모르는
아이
세계

이호철

보리

아이들 세계가 궁금한 어른들에게

이호철

아이도 독립된 한 인격체다. 따라서 어른은 아이가 스스로 생각하고 행동하며 바르게 자랄 수 있도록 잘 도와주어야 한다. 하지만 어른들은 흔히 아이들을 가르치고 보호해야 하는 존재로만 생각한다. 그래서 늘 간섭하고, 시키는 대로 따르도록 강요하고, 잘 따르지 않을 때는 상처를 주기도 한다.

아이들이 힘겨워지는 까닭은 어른들의 그릇된 생각에서 비롯되는 것이 대부분이다. 선생인 나도 많이 그랬다. 뒤늦게야 그게 아니라는 것을 깨닫고 늘 반성해 왔다.

문제는 더 커지기 전에, 더 어려워지기 전에 풀어야 한다. 무슨 일이든 까닭을 또렷이 모르고 문제를 풀려고 하면 잘 풀리지도 않을 뿐만 아니라 오히려 그르치기 쉽다. 갈수록 더 꼬이기도 한다. 속내를 잘 드러내지 않는 아이들 일은 더욱 그렇다.

두 아이가 다투었을 때 그 까닭을 제대로 알아보지 않고 어른 생각으로만 문제를 풀면 열에 여덟아홉은 한 아이가 크게 상처를 입는다. 아이가 화를 내거나 짜증 내는 모습만 보고 나무랐다가는 오히려 일을 덧내기 쉽다. 어떤 문제 행동은 그 까닭이 엉뚱한 데 있을 수도 있다. 아무 말이 없거나 밝아 보이는 아이도 속내를 보면 할 말이 많거나, 걱정과 고민을 한 아름 안고 있기도 하다.

어른들은 아이들한테 일어나는 일들을 잘 알고 있다고 생각한다. 그래서 아이를 간섭하고 통제하거나 억누르는 일이 많다. 그런데 정말 아이들을 잘 알고 있을까? 아이들 세계에서는 어른들이 모르는 어떤 일이 일어나고 있을까?

이 책에서는 어른들이 알지 못하는 아이들의 세계를 아이 자신과 집, 학교, 학원으로 나누어 들여다보았다.

먼저 1장, 2장, 3장에서는 '아이' 자신의 일을 다루었다. 아이들은 몸도 빠르게 자라고 마음도 아주 빠르게 바뀐다. 몸과 마음이 자라는 과정에서 아이들이 드러내지 않는 일들이 참 많다.

4장은 '집'과 관련한 일이다. 어른들에게 맞춰진 집 구조, 식구들과의 관계, 집안 걱정, 부모의 말과 행동, 부모의 다툼, 집안 친척 관계같이 아이들이 식구들 사이에서 겪는 일들을 다루었다.

5장과 6장에서는, 아이들에게 집 다음으로 크게 영향을 미치는 '학교'에서 아이들이 겪는 일을 다루었다. 학교의 환경, 선생님과의 관계, 친구관계, 공부와 숙제, 학교 행사 같은 것에 얽힌 일들이다.

학교 다음으로 아이들이 많이 생활하는 곳이 '학원'이다. 학원 때문에 생기는 부모와의 갈등, 학원의 환경, 학원 선생님과의 관계, 학원 친구들과의 관계, 학원 숙제 같은 것에 얽혀 일어나는 일을 7장에서 다루었다.

세상에서 벌어지는 온갖 일들 속에서 아이들은 비밀스럽고, 불쾌하고, 걱정스럽고, 고민되고, 힘겹고, 속상하고, 괴롭고, 두렵고, 슬프고, 억울한 일들을 수없이 겪는다. 아이들은 제 뜻에 맞지 않거나 힘겹고 속상한 일들을 견뎌 내고 있지만 어른들은 제대로 마음 써 주지 못한다.

어른의 눈높이로 옳다고 생각하는 일도 아이들 세계에서는 옳지 않을 수 있고, 어른의 눈높이로는 옳지 않다고 보는 것도 아이들 세계에서는 옳게 보이는 것이 많다. 이런 일을 겪는 아이들의 속마음은 어떨지 깊이 생각해 본 어른들은 또 얼마나 될까? 대부분 아이들의 겉모습만 보고 아무 일 없다고 생각하거나 행복하게 잘 살아가고 있다고 생각할 것이다.

아이들의 속내를 잘 알아야 아이들의 어려움이 무엇인지 알고 덜어 줄 수 있고, 더욱 건강한 아이로 자라게 할 수 있다. 그런데 어른의 마음으로 보면 아이들의 속내를 알기란 쉽지 않다. 아이들의 속내를 잘 알려면 먼저 어른이 무엇이든 받아들일 수 있는 마음이 있어야 한다. 이를테면 아이들이 부모나 선생님을 부정하는 말을 하더라도 그것으로 아이에게 불이익을 주어서는 안 된다. 그러면 아이가 아예 마음을 닫아 버리기 때문이다. 아이들 말이 터무니없다고 생각해도 끝까지 긍정하는 마음으로 잘 들어주어야 조금씩 자기를 드러낸다.

아이들은 말로는 속내를 잘 털어놓지 않는 경우가 많다. 더구나 아이가 어른을 두려워하거나 자기를 부정할 때는 더욱 그렇다. 그럴 때는 글이나 일기로 써서 나타내도록 하는 게 좋다. 하지만 아이가 글로 속내를 드러 내도록 하는 것도 쉽지 않다. 그래서 다른 아이들의 글을 통해서나마 어른들이 아이들의 삶에 조금 더 가까이 다가갈 수 있도록 아이들이 쓴 글을 내보인다.

내 나름대로는 아이들의 여러 모습들을 내보이려고 노력했지만 아이들 삶의 작은 부분밖에는 되지 않을 것이다. 또 이 책에 내보이는 글들은 주로 4학년 아이들 글이어서 아쉬운 점도 있다. 그렇지만 이것만으로도 아이들 세계를 어느 정도는 알 수 있을 것이다.

이 책은 고스란히 아이들 편에 서서 썼다는 것도 밝혀 둔다. 부모님이나 선생님 같은 어른들 편에서 보면 속상하고 억울한 일도 많을 테고, 걱정과 고민도 많을 것이다. 그러나 아이들의 마음을 잘 헤아려 보려는 뜻에서 어른들의 입장을 다루지 않은 점을 이해해 주길 바란다. 그리고 어떤 문제를 담고 있는 내용이 전체의 모습은 아니라는 것도 알고 봐 주길 바란다.

또 통계 자료나 신문 기사 자료가 지난 것이라 지금과 맞지 않는 것도 더러 있다. 하지만 그것으로 미루어 현재를 어느 정도 알 수 있다. 오히려 상황이 더 나쁘게 된 일들이 많아졌다는 사실을 알았으면 한다.

이 책에서 다루지 못한 것도 있다. 사회의 일이나 사회 어른들에 대해 아이들의 속내가 드러난 모습은 내보이지 못한 것이다. 아이들은 사회에서 벌어지는 일에서도 무관하지 않다. 아이들도 이 사회의 한 구성원으로 살아가기 때문이다. 뒤에 누군가가 그런 아이들의 세계도 내보여 줬으면 좋겠다.

이 책이 우리 아이들을 건강하게 자라도록 하는데 조금이라도 도움이 되길 간절히 바란다. 앞서 낸 《엄마 아빠, 나 정말 상처받았어!》《감동을 주는 부모 되기》와 같이 읽는다면 더욱 도움이 될 것이다.

끝으로 속내를 숨기지 않고 솔직하게 글을 써 준 우리 아이들에게 고마운 마음을 전한다.

| 차 례 |

1장

아이들과
음식

아이들이 음식 먹는 모습은 어떨까?

우리 어릴 때는 먹을 것이 귀했다. 그리고 먹을 것은 대부분 자연에서 나는 것들이었다. 쌀과 보리 같은 주곡식과, 밭에서 기른 채소나 들나물 말고도 여름에는 감자와 살구, 가을에는 고구마며 밤이나 감 같은 것을 끼니로 먹거나 군것질거리로 먹었다. 고구마는 잘 갈무리해 두었다가 겨우내 김치와 함께 점심 한 끼 양식으로 많이 먹었다. 또 가을에 갈무리해 둔 무도 겨우내 깎아 먹었다. 고욤은 가을에 모두 단지에 넣고 삭혀 긴 겨울에 입이 심심할 때 꺼내 먹었다. 그때는 군것질거리가 귀해 이렇게 자연에서 나는 것들을 먹을 수밖에 없었지만 그게 오히려 건강을 잘 지켜 준 셈이다.

요즘 아이들은 자연에서 나는 것들은 잘 먹지 않는다. 구수한 감자나 고구마를 좋아한다는 아이들도 더러 있지만 인공으로 만들어 낸 온갖 먹을 것들에 길들여져 자연의 맛은 많이 낯설어한다.

그런데 어떤 음식을 좋아하는 것도 회귀성을 가지고 있는 것 같다. 살면서 어쩔 수 없이 요즘 새로 나오는 여러 가지 음식을 먹긴 하지만 나이가 들면서 어릴 때 먹던 그 자연의 맛으로 돌아간다는 말이다. 하지만 요즘 아이들은 어려서부터 가공음식을 많이 먹어 자연의 맛으로 돌아가기는 어려울 것 같다.

말할 것도 없이 아이들이 튼튼하게 자라는 데 먹을 것은 더욱 중요하다. 그렇지만 여러 가지 까닭으로 몸에 이롭지 못한 먹을 것도 많이 먹고 있어서 문제가 생기지나 않을까 걱정이다. 아이들의 건강을 잘 지키기 위해서 지금 우리 아이들이 먹는 음식이나, 음식을 대하는 여러 가지 모습을 어른들이 조금이라도 알아야 하지 않을까 싶다.

아이들은 어떤 음식을 먹고 싶을까?

우리 어릴 때는 어른이고 아이고 어떤 음식이든 같이 먹어서 한식구라면 입맛이 비슷했다. 요즘 아이들은 그렇지 않다. 아이들이 평소 잘 먹어 보지 않던 낯선 음식은 잘 안 먹으려고 한다. 그런데도 흔히 부모들은 억지로 먹이려고 한다. 아이들이 먹을 수 있는 음식을 따로 만드는 것이 번거롭기도 할 테고, 부모가 좋아하는 음식이니까 당장은 좀 힘들더라도 입맛을 들이려고도 그럴 것이다.

어른들은 아이들 건강을 생각해서 제대로 먹이려고 애쓴다. 그런데 아이들은 제 입에 안 맞으면 아무리 몸에 이로운 것이라도 잘 안 먹으려고 한다. 그래도 어른들은 아이들에게 안 맞는 음식, 그러니까 어른들이나 먹을 수 있는 음식, 지나치게 맵고 짜거나 아이들 입에 익숙지 않아 아주 낯선 맛이 나는 음식을 억지로 먹이기도 한다. 지나치게 맵고 짠 음식은 어른들에게도 이롭지 않은데 아이들에게는 어떻겠나.

매운 닭똥집과 닭발
우리와 이모네 가족이 바다로 놀러 갔다. 아빠와 이모부는 바다낚

시 한다고 정신이 없고 나와 동생들은 방파제 비슷한 곳에 올라갔다가 내려왔다가 하면서 재미있게 놀았다. 엄마와 이모는 신나게 수다를 떨었다.

어느새 저녁때가 다 되어서 저녁을 먹으러 가기 위해 차에 탔다. 나와 동생들은 한참 뛰어놀고 난 다음이라 배가 매우 고파 얼른 가서 빨리 맛있는 것을 먹고 싶었다.

그런데, 엄마가 "우리 오랜만에 닭똥집이나 닭발이나 먹으러 갈까? 매콤한 게 좀 땅기는데?" 하니까, 이모가 "음음, 그거 좋네! 나도 요즘 매콤한 기 좀 땅기는데." 하고 맞장구를 쳤다.

나는 화가 나 말했다.

"그렇게 매운 걸 어떻게 먹는데? 우리 생각은 조금도 안 하나? 우리가 그 매운 닭똥집하고 닭발을 어떻게 먹으라는 건데? 굶으라는 거가?"

"니들 그카면 아예 밥도 안 준다. 주면 주는 대로 꼬박꼬박 그냥 먹어라. 그리고 거기에 반찬도 나오잖아. 굳이 꼭 다른 맛없는 것들을 먹어야겠나?"

"엄마, 우리들은 우동을 원해. 어른들만 생각하지 말고 우리들도 좀 생각해라. 엄마, 우동 사 줘."

"느그가 그만하면 다 컸지, 뭘 생각하긴 생각해. 은정이 말고 니들은 이제 이런 매운 것도 좀 먹어 봐라."

"안 해! 우동 사 줘."

"입 안 다무나? 주면 주는 대로 먹어라."

"우리 매운 거 못 먹어. 우동 사 줘!"

"조용히 하라고 했제?"

아무리 말해도 우리 말은 안 들어주고, 매운 닭똥집과 닭발을 시켰다.

'아니, 우리들 생각은 조금도 안 하고 엄마들이랑 아빠들만 생각하면 우린 뭐 먹어?'

은정이는 여섯 살이라고 마트에서 삼각김밥을 몇 개 사서 주었지만 나와 유진이는 고학년이라고 그것도 사 주지 않았다. 물론 어느 정도 매운 것은 먹을 수는 있겠지만 그건 너무 매워서 먹을 수가 없었다. 어른들은 맛있다 하면서 먹는데 우리는 겨우 공깃밥만 먹었다.

나는 이런 일을 한두 번 겪은 게 아니다. 정말 속상하다. (6학년 여)

아이가 매운 것을 못 먹는다고 해도 어른들은 매운 것도 좀 먹을 수 있어야 한다며 아이를 배려해 주지 않는다. 그래서 아이들은 겨우 공기밥만 먹었다고 했다.

다른 아이의 글을 보니, 아이가 싫어하는 추어탕을 식구들이 윽박질러 가며 아이에게 억지로 먹인다. 아이는 울면서 조금 먹다 숟가락을 놓았는데, 추어탕에는 이상한 채소도 들어 있고 냄새도 고약했다고 한다. "내가 태어나서 그렇게 맛없는 음식은 처음"이라고도 했다.

이렇게 아이들은 어떤 음식이 자기 입에 맞지 않으면 어른보다 더 심하게 거부한다.

또 다른 아이 글을 보니, 어머니가 가지무침 반찬을 아이 입에 넣어 주기도 하고 밥숟가락에 얹어 주기도 한다. 어머니가 그러니 안 먹을 수가 없어 먹기는 먹되 그 맛을 안 느끼려고 밥을 많이 떠서 가지무침 반찬이랑 씹지도 않고 그냥 꿀꺽 삼킨다. 아이는 이렇게 말하기도 했다.

나는 엄마가 억지로 먹이니까 더 먹기가 싫어진다. 그런데도 몸에 좋은 거라고 하기 때문에 억지로 먹는다. 내가 싫어하는 것을 억지로 먹여서 나는 짜증이 난다. 아마 나중에 그런 마음이 더 커지면 폭발할 것 같다.

이러다간 나중에는 아이가 '가지무침'이라는 말만 들어도 거부 반응을 일으킬 수 있겠다 싶다.

먹는 습관을 고치는 것도 그 자리에서 바로 아이를 윽박지르거나 구슬리는 것은 별 효과가 없다. 그러다 오히려 어떤 음식에 싫어하는 마음이 생기면 어른이 되어서도, 심하면 언제까지나 그 마음이 사라지지 않을 수 있다. 반대로 위안을 받은 음식은 언제까지나 좋아하는 음식으로 자리 잡기도 할 터이다.

참고로 한 가지 알아 둘 것은, 부모들 가운데는 어떤 일로 해서 아이에게 화가 났을 때, 시금치나 나물같이 몸에는 좋지만 아이들이 먹기 싫어하는 음식을 아이에게 먹으라고 하다 먹지 않으면 아이를 혼내며 화를 풀기도 한단다. 그래 놓고는 그 음식은 몸에 좋은 음식이야, 하는 생각으로 자기 합리화를 한단다. 이런 부모는 어릴 때부터 음식에 대해 억제된 불안감을 가지고 있었다고 하니, 한번 돌아볼 일이다.

아이들은 사춘기를 거치면서 스스로 자기반성을 할 만큼 자란다. 자기 행동이나 성향을 되돌아보고 또 반성할 수 있게도 된다. 그러면 '아, 이 음식은 몸에 좋은 음식이니까 입에 안 맞지만 참고 먹어 보자' 하는 마음이 생기기도 하니까 단번에 먹는 습관을 고치려고 하지 않는 것이 좋다.

아무리 몸에 좋은 음식이라도 아이가 받아들이려 하지 않으면 제 입맛에 맞도록, 좋아할 수 있는 음식으로 만들어서 주는 것이 좋다. 콩이라면

볶아서 간식으로 먹게 할 수도 있을 테고, 조청과 버무려 강정을 만들어 먹인다든지, 콩을 잘게 부수어 아이가 잘 느끼지 못하게 밥에 섞어 넣는 다든지, 다른 음식으로 만들어 먹일 수 있다. 그리고 받아들이지 않으려는 마음이 일어나지 않게 조금씩 그 맛에 익숙해지도록 해서 잘 먹을 수 있도록 도와야 한다.

내가 아이들에게 자연식품을 먹도록 하는 방법은 이렇다. 처음에는 음식을 아주 조금 떼어 앞니로 자근자근 씹어서 혀로 맛을 느껴 보게 한다. 삼키기가 어려우면 뱉어 내도록 한다. 이렇게 여러 번 하면서 그 음식 맛을 받아들이지 않으려는 마음이 조금씩 덜 일어나도록 하는 것이다. 그런 뒤에 앞니로 자근자근 씹은 음식을 아주 조금 삼켜 보도록 한다. 그러면서 삼키는 음식 양을 조금씩 늘려 간다. 아이가 계속 먹지 않으려고 하면, 몸에 이로운 음식을 왜 못 먹게 되었는지를 잘 알아듣게 이야기해 주기도 해야 한다. 혀가 가공식품의 강한 맛에 길들여지고 맛보는 기능을 잃어버려서 그런 거니까 더는 바보 혀가 되지 않게 해야 한다고 말이다.

아이들에게 억지로 맛보라고 하다 보면 그냥 씹지도 않고 삼키려고도 하는데, 그러면 맛도 느껴 보지 못하고 구역질만 하게 된다. 다시 말하지만 꼭 앞니로 자근자근 씹어서 맛을 보게 해야 한다.

어떤 일이든 익숙해질 때까지는 어려움이 따르게 마련인데 음식도 마찬가지다. 아이가 거부 반응을 일으키지 않게 차츰차츰 익숙해지도록 하는 게 좋다.

아이들은 왜 잘 안 먹을까?

어른들은 아이들이 음식을 안 먹으면 혼내면서까지 먹도록 한다. 반대로 너무 먹으려고 하면 먹지 말라고 혼낸다. 지나치게 혼내면 아이들은 그 상황을 벗어나려고 어른들이 모르는 여러 가지 행동을 하기도 한다. 겉으로는 어른 말에 따르는 척하지만 어른 몰래 아이가 하고 싶은 대로 행동한다는 말이다. 그래도 아이한테는 참 피곤한 일이다.

안 먹고 싶을 때도 있는데

나는 학교나 학원에 갔다 오면 간식을 먹는다. 간식은 빵이나 과일, 떡볶이 등 날마다 다르다. 그래서 간식을 많이 먹은 날은 저녁을 조금 먹고 간식을 조금 먹은 날은 밥을 많이 먹는다. 이렇게 저녁 먹는 양은 날마다 조금씩 다르다.

오늘 학원에 다 갔다 오니 오후 5시쯤이 되었다. 그때 배가 가장 고프다. 집에 오니 마침 엄마가 "민영아, 토스트 먹어라." 했다.

나는 토스트를 다 먹어도 배가 많이 안 차서 과일도 먹었다. 그러니 배가 불렀다.

곧 저녁때가 되었다. 배가 고프지 않았다. 그래도 나는 밥을 먹으려고 밥상 앞에 앉았다.

"엄마, 조금만 줘."

"알겠다."

엄마가 밥을 퍼 주었다. 그런데 많았다.

"이게 조금이가? 많잖아."

엄마는 날마다 조금 달라고 해도 자꾸 많이 준다. 나는,

"엄마, 입맛 없어."

"입맛 없으면 밥맛으로 먹어라."

"입맛도 없고 밥맛도 없어."

그때, 아빠가 다 씻고 밥상 앞에 앉았다. 아빠는 조금만 잘못해도 엄격하고, 밥을 잘 안 먹으면 혼내고, 식습관도 중요하게 여긴다. 나는 밥맛이 없고 배도 고프지 않아서 밥을 억지로 깨적깨적 먹었다. 또 비스듬히 앉아서 먹었다. 그러니 아빠의 얼굴이 점점 어두워졌다. 마치 호랑이 같았다. 엄마는 먼저 눈치를 채고 내 발을 툭툭 찼다.

그때 아빠가 "전민영! 똑바로 앉아서 밥 먹어라!" 하고 말했다.

나는 "배부르다고! 안 먹고 싶다고." 했다.

그러자 아빠는 화가 더 났는지 "먹지 마라! 굶어죽든지 말든지."

"그래, 남겨라."

엄마는 내 편을 들어 주는 것 같더니 "어쩐지 아까 간식 많이 먹더라." 하며 아빠와 맞장구를 쳤다.

나는 짜증이 나서 밥상에 숟가락을 탁 놓고 방으로 들어가 문을 쾅 닫았다.

"아빠는 알지도 못 하면서."

나는 눈물이 찔끔 났다.

아빠는 그래도 계속 "지가 배고프면 똥이라도 먹겠지, 놔둬라!" 하며 화만 냈다.

먹고 싶을 때도 있고 안 먹고 싶을 때도 있다. 그런데 아빠는 내가 밥을 조금 안 먹었다고 꾸중만 한다. 나는 그런 아빠가 밉다. (4학년 여)

간식을 먹어서 배부른 아이에게 밥 먹으라고 하니까 못 먹을 수밖에 없다. 그런데도 어머니는 먹으라고 한다. 게다가 아버지는 "먹지 마라! 굶어 죽든지 말든지" "지가 배고프면 똥이라도 먹겠지, 놔둬라!" 이런다. 아이 마음을 한껏 긁어서라도 꼭 밥을 먹게 하려고 그러겠지만 그 말속에는 진짜 미운 감정도 들어 있다. 아이는 그걸 느낀다. 아이에게 왜 밥을 못 먹겠는지 까닭을 물어보고 "으응, 그렇구나. 학원 갔다 올 때쯤엔 배가 무척 고프지. 그래서 간식을 많이 먹었구나. 그럼, 밥은 조금만 먹어" 이러면 될 일인데 문제를 만들고 더 키운다. 배가 부르다고 하면 한 끼쯤 굶기는 것도 괜찮다. 배부르면 안 먹는 것이 아니라 못 먹는 것이다.

한 아이의 글을 보니, 아침잠이 많아 아침밥을 잘 안 먹는다. 아버지는 억지로 먹이려고 온갖 소리를 한다. 나중엔 안 되니까 아이 밥을 아예 갖다 버린다. 또 아버지는 화가 나 "먹기 싫으면 먹지 마! 니 미래의 키가 어떤지 보자!" "너 오늘 저녁도 없는 줄 알아!" 이렇게 윽박지른다. 아이는 "안 먹는다고 하면 그만 먹으라고 하면 될걸 화내면서 밥을 버리니 어떤 사람이 좋아하겠나" 하며, 아주 기분 나빠한다. 음식을 먹을 때 자주 혼내면 아이가 음식 먹을 때마다 마음이 불안해지고 심하면 소화 장애까지 일으킬 수 있다는 걸 알아 두자.

아이가 밥을 안 먹으려고 하면 그 까닭을 잘 찾아 해결해 주면 될 일이다. 스스로 잘 먹게 깨우쳐 주는 것은 말할 것 없고, 잘 먹을 수 있는 여러 가지 조건을 만들어 주어야 한다는 말이다.

아이들은 왜 가공식품을 좋아할까?

우리 나라의 라면 소비량은 라면을 처음 만들어 낸 일본을 크게 앞질렀다고 한다. 아이들은 특히 라면을 더 좋아한다. 어머니가 "밥 먹을래, 라면 먹을래?" 물으면 라면 먹는다고 하는 아이들도 많다. 왜 그럴까? 라면 속에는 자꾸 먹고 싶게 맛을 내는 여러 가지 물질들이 들어 있기 때문이다.

라면의 큰 문제는 무엇보다 라면 속에 들어 있는 여러 종류의 첨가물을 한꺼번에 먹는다는 것이다. 인공조미료, 향료, 색소, 유화제, 안정제, 산화방지제, 점조제 같은 첨가물이 기본으로 들어가는데 표기도 안 되고 있다고 한다. 이보다 더한 문제점은 우리 몸의 당 대사에 영향을 끼치는 것이란다. 인슐린 분비 세포에 타격을 준다니 라면을 많이 먹으면 어떨지 짐작할 수 있다. 부모들은 그걸 아는지 모르는지 아이들이 먹고 싶다고 하면 쉽게 라면을 끓여 준다.

또 아이들이 좋아하는 군것질거리는 과자다. 과자에는 단맛 말고도 온갖 첨가물이 들어 있다는 건 잘 알려진 사실이다. 자꾸만 입에 당기게 하는 맛을 내고, 보기 좋은 색을 내고, 좋아하는 향을 내는 화학 첨가물을 비롯해 딱딱하게 하는 것, 말랑말랑하게 하는 것, 바삭거리게 하는 것, 상하지 않게 하는 것, 또 그것들이 잘 섞이게 하는 것 따위의 온갖 화학 첨가물이 들어간다. 몸에 해롭지 않을 만큼 조금 넣는다고 하지만 자주 많이 먹으면 몸에 얼마나 해로울지 짐작할 수 있다.

과자에 들어 있는 설탕, 방부제, 착색제 따위의 합성 물질은 몸에 해롭기도 하지만, 혈중 농도가 올라가면 지나치게 어떤 활동을 하게 되거나 감정을 불안정하게 만들어서 쉽게 공격성이나 폭력성을 띤 행동을 하게 한단다. 아이들은 더 말할 것도 없이 이런 내용을 잘 알 리 없고, 이런 문제를 아는 어른들도 아이들이 과자 먹는 걸 내버려 둔다. 거기다 아이들은 또 불량식품이나 다름없는 군것질거리도 즐겨 사 먹는다.

색소 사탕
문구사에 가면 학용품도 있지만 군것질할 불량식품도 있다. 난 문구사에서 학교 준비물을 사는 것보다 군것질할 불량식품을 더 많이 산다. 왜냐하면 학교 준비물을 산다고 문구사에 가면 가장 먼저 눈에 띄는 것이 불량식품이고, 학교 준비물을 사고 거스름돈은 꼭 남기 때문이다. 거스름돈이 남는 이유는 내가 불량식품을 사 먹으려고 싼 준비물을 사기 때문이다. 그저께도 어제도 이랬다.

불량식품 중에 난 색소 사탕을 가장 좋아한다. 색소 사탕은 한마디로 사탕인데, 빨아 먹어야 제맛이 난다. 다른 사탕은 동그란 모양이지만 색소 사탕은 맥주 모양, 콜라 모양 등이 있다. 내 생각에는 아이들이 가장 좋아하는 불량식품 순위에서 이 색소 사탕은 2, 3등 안에 드는 것 같다. 나한테는 1위이지만 말이다. 나한테 2위부터 꼴등까지는 다른 불량식품이다.

사탕을 빨아 먹으면 혓바닥이 그 사탕의 색처럼 변해서 지우기가 어렵고 깨물어 먹으면 좀 덜하다. 옛날에는 깨물어 먹기도 했지만 얼마 전부터 빨아 먹기 시작했더니 이게 버릇이 되었는지 계속 빨아 먹게 된다. 난 이걸 먹고는 꼭 양치질을 한다. 양치질을 해야만 조금이라도 숨겨서 엄마에게 혼나지 않기 때문이다. 콜라맛은 혓바닥이 파란색이 되고 맥주 모양은 노란색 혓바닥이 된다.

요새 한동안 사탕을 안 먹고 있다가 색소 사탕을 먹으니 맛있어서 안 먹으려고 해도 자꾸만 날 유혹해 먹게 된다. 난 이때까지 두 가지 맛을 먹었지만 콜라맛이 가장 맛있어서 요새는 계속 그것만 먹고 있다.

보통 부모들은 불량식품을 먹지 말라고 하지만 우리 엄마는 내 돈으로 사 먹으면 아무 소리 않고 가만히 있다. 그리고 엄마는 내가 준비물 사러 가는 것으로밖에 알지 못하기 때문에 내가 불량식품을 사 먹

> 는지 잘 모른다. 그렇지만 색소 사탕을 먹고 있으면 왜인지 부모님께 혼날 것 같은 마음, 두려운 마음이 들기도 한다. 내 맘대로 먹을 수 있는 날이 계속 있었으면 좋겠다. (4학년 여)

아이는 준비물을 사고 남은 돈으로 이렇게 색소 사탕을 자주 사 먹는다. 엄마 몰래 먹고, 먹은 걸 숨기려고 양치질까지 한다. 그리고 내 맘대로 먹었으면 좋겠다고 했다.

아이들은 불량식품이라는 걸 알면서도 왜 자꾸 사 먹을까? 가장 큰 까닭은 그런 맛에 길들여졌기 때문이다. 앞에서도 말했지만 요즘 아이들이 군것질거리로 먹는 것은 거의 모두가 공장에서 만들어 낸 것인데 그런 걸 늘 먹으니까 벌써 그 맛에 중독되어 있다. 학교 주변에 있는 문방구는 아이들이 학용품을 사기 위해 자주 들르는 곳인데, 문방구에서 그런 군것질거리를 파니까 아이들이 자주 사 먹을 수밖에 없다. 또 문방구에서 파는 군것질거리는 아이들 경제 사정에 맞추어 값이 매우 싸기 때문이기도 하다. 싸게 내놓으려니 질 좋은 재료를 쓸 수 없을 테고. 불량식품이 아니라고 해도 별로 좋을 것은 없다.

아이들은 문방구에서 '쫀드기' 같은 과자도 즐겨 사 먹는 것 같다. 과자 자체가 얼마나 해로운지는 잘 모르겠지만 보나 마나 썩 좋은 원료를 썼을 것 같지는 않다. 좋은 재료를 썼다 해도 맛과 색을 내고 쫀득쫀득하게 하는 화학 첨가물이 들어갈 것이다. 한 아이의 글을 보니, 쫀드기에 무슨 돌 같은 이물질이 들어 있다고 했는데 이것만 보아도 이걸 만드는 환경은 또 어떨지 짐작하고도 남는다. 이런 걸 아이들 먹으라고 만들어 내는 어른들이나, 파는 어른들이나, 아이들이 즐겨 사 먹고 있다는 걸 모르고 있는 어른들이나 모두 정말 문제다.

아이들은 늘 색다르게 하는 걸 참 좋아한다. 길을 가도 그냥 가지 않고 꼭 난간을 밟고 간다든지 보도블록을 한 칸씩 건너 폴짝폴짝 뛰어가기도 한다. 먹는 것도 그렇다. 아이스크림을 먹어도 그냥 살살 긁어 먹거나, 중간에 구덩이를 파서 먹거나, 양쪽 끝을 파서 먹거나, 돌려서 먹거나, 갈라지게 한 다음 덩어리를 부숴 슬러시처럼 만들어 먹거나, 한 입씩 떠먹다가 큰 덩어리를 건져 먹고 국물은 마시거나 한다. 맛도 맛이지만 먹는 방법이 재미있어서 많이 먹는다고 하니, 아이들 마음을 짐작할 수 있다. 이런 아이들 마음을 이용해서 온갖 첨가물로 맛과 모양과 색깔을 만들어 내어 아이들을 유혹한다.

한 아이의 글을 보니, 콜라 중독일 만큼 콜라를 많이 마신다. 아이는 "콜라가 이빨도 썩고 몸에 좋지 않은 것은 나도 안다. 그래도 콜라를 포기할 순 없다. 그래서 엄마가 잘 때면 몰래 먹거나, 엄마가 먹으라고 하면 바로 냉장고 문을 열고 콜라를 먹는다"고 했다.

음료수에도 아이들에게 해로운 것이 많이 들어간다고 한다. 콜라나 사이다 같은 탄산음료뿐 아니라 과즙음료도 생과즙 그대로가 아니다. 보관성을 높이고 유통 비용을 아끼기 위해 과즙을 가열하여 농축하는데 이 과정에서 영양분은 대부분 파괴된단다. 그러니 어릴 때부터 음료수보다는 깨끗한 물을 마시도록 하는 것이 가장 좋다.

무슨 일이나 그렇듯 음식을 가려 먹는 것이나 음식을 먹는 태도도 아이들은 어른을 보고 배운다. 한 아이는 어머니가 마시는 커피를 호기심에 마시다가 자주 마시게 되었다고 한다. 아버지가 술 마시는 모습을 많이 보면 아이도 아버지처럼 멋지게 마셔 보고 싶어 할 것이고 그러다 많이 마시게 될 수도 있다. 나아가 술주정까지 하는 모습을 많이 본 아이는 또 그런 행동도 하기 쉽다. 먹는 것도 어른이 본을 보여야 한다.

아이들은 화났을 때 어떻게 먹을까?

어른이나 아이나 화가 많이 나면 음식을 안 먹는 것으로 자기나 화나게 한 대상에게 화난 마음을 표현하는 경우가 많다. 더러는 음식을 보통 때보다 많이 먹는 것으로 화를 풀기도 한다. 화가 나거나 스트레스를 받아서 많이 먹기도 한다는 말이다. 어쩌다가 배가 몹시 고파서 많이 먹는 거야 괜찮겠지만, 늘 입맛이 있어서 자꾸 많이 먹는 것이나 화가 나거나 스트레스를 받아 아주 많이 먹는 것은 문제가 된다. 어른에게도 해롭지만 아이 건강에는 더욱 해롭기 때문이다.

스트레스 받으면 밥을 확 떠 넣는다

엄마가 "니는 참 공부도 안 하고 계속 장난만 치고 있나, 안수빈. 엉?" 하고 잔소리를 했다. 그때는 저녁때라 엄마가 밥을 짓고 있을 때다. 나는 정말 스트레스를 많이 받았다. 나는 '아, 씨발! 졸라 짱 나네.' 하고 진짜 욕을 써 버렸다.

15분이 지난 뒤였다. 엄마가 "밥 먹고 공부해라." 하고 말했다.

나는 짜증 나서 가만히 멍때리고 한숨 쉬고 있다가 가서 먹었다. 엄마는 내가 얼굴 찌푸리고 먹는 걸 보고 "야! 복 나가게 먹지 마라. 복 나간다." 하고 말하는 것이다.

나는 배는 별로 고프지 않은데 숟가락으로 콱콱 떠먹었다. 그러니까 스트레스가 풀리는 것 같았다. 그러는 날 본 엄마는 또,

"그렇게 먹지 마라! 그럴 거면 아예 밥 먹지 말든지, 어? 계속 그렇게 먹을 꺼가!"

하고 말했다. 나는 얼굴을 찌푸리며 아무 말도 하지 않았다.

엄마가 방에 갈 때 울먹거리면서 "아아, 씨이!" 하고 욕을 내뱉었다. 그러고는 훌쩍거리면서 한숨을 쉬었다. 엄마는 내가 이러는 걸 모르고 티브이만 보고 있었다.

나는 숟가락으로 밥을 쿡쿡 찌르듯이 떠서 입으로 확 갖다 넣었다. 난 스트레스를 받으면 요즘에도 이런다. (4학년 여)

저녁 먹기 바로 전에 공부 안 하고 논다고 꾸중하니까 아이는 화가 나 욕도 하고 잔뜩 찡그리며 밥을 먹는다. 어머니는 그걸 보고 "야! 복 나가게 먹지 마라. 복 나간다" 이렇게 잔소리를 하니, 아이는 더 화가 나 배도 별로 안 고픈데 밥을 콱콱 떠먹는다. 그러니까 스트레스가 풀린다고 했다. 아이가 밥을 콱콱 떠먹으니 어머니는 또 아이를 혼낸다. 아이는 울기도 하고 한숨을 쉬기도 하고 숟가락으로 밥을 쿡쿡 찌르듯이 떠서 입으로 확 갖다 넣기도 한다. 아이가 이렇게 하는 것이 바로 꾸중하는 어머니에 대한 공격 행위다. 공격함으로 스트레스를 조금 푸는 것이겠다. 어쨌든 아이에게 좋지 않다.

식구 모두 자기 생활에 바쁘니 뭔가를 함께할 시간이 별로 없는데 저녁밥 먹을 때는 식구들이 한자리에 모이는 경우가 많다. 모처럼 만나니까 보통 때 하지 못했던 이야기를 나누게 되는데 이때 부모가 아이들 생활지도 한다고 몇 마디 하다 그만 싫은 소리도 하게 된다. 게다가 보통 때는 잘 보이지 않던 아이들의 나쁜 습관이라도 발견하면 심한 꾸중까지 한다. 참 안 좋다. 왜 하필이면 밥 먹을 때인가? 누구라도 밥 먹을 때 만큼은 편안하고 즐거워야 한다.

부모들 가운데는 아이들에 대한 죄책감이나 불안감을 보상하기 위해 아이들에게 음식을 많이 먹이는 일도 있다. 또 어머니가 아이에게 화났을 때 그것을 억누르려는 반작용으로 아이에게 지나치게 음식을 많이 먹이는 경우도 있단다. 이는 아이들 비만의 큰 원인이 된다고도 한다.

음식에 얽힌 아이들 세계를 조금 엿보았다. 우리 아이들이 건강하게 자라려면 먹는 음식이 매우 중요하다. 아이들의 건강을 해치지 않는 음식을 먹게 해야 하고, 좋은 식습관을 가지게 하고, 즐겁게 먹을 수 있도록 해 주어야 한다.

2장

아이들과
몸

아이들은 몸을 어떻게 생각할까?

우리 몸은 하나의 우주라고도 한다. 조그만 몸에 온갖 것을 담아낼 수 있고, 온갖 것을 생각해 내고 만들어 낼 수도 있어 그 넓이와 깊이가 끝이 없기 때문이다. 우리 몸의 겉모습만 보아도 그 어느 것도 헛되게 있는 것이 없다. 꼭 있어야 할 자리에서 제구실을 다하면서 우리 몸을 생생하게 살아 있게 해준다. 코 하나만 보더라도 기본으로 숨 쉬고 냄새 맡는 일을 한다. 나아가 목 가까이 있는 콧구멍은 소리의 공명으로 발성을 돕고, 먼지를 거르고 습기를 더하는 일로 숨관과 허파를 보호하기도 한다. 말은 이렇게 쉽게 하지만 몸의 구조와 하는 일은 상상할 수 없을 만큼 복잡하고 정밀하다. 알면 알수록 그 신비함에 감탄하지 않을 수 없다.

우리 몸은 이렇게 신비하고 또 귀한데 우리는 몸에 대해 얼마나 알고 있을까? 사람들은 자기 몸은 자기가 가장 잘 안다고 하는데 그것도 빙산의 한 귀퉁이밖에 안 된다. 정말 신비한 모습들은 대부분 감추어져 있기 때문이다. 우리 몸이 더욱 신비한 것은 구조와 하는 일이 그렇게 복잡해도 제 스스로 다 조종하면서 튼튼하게 지탱해 나간다는 것이다.

그런데, 부모들은 아이의 몸을 얼마나 알고 있을까? 지금 아이 모습이나 아이 몸에서 일어나는 제법 큰 변화조차 잘 모르는 부모도 많다. 그러니 아이의 몸 상태나 조그만 변화, 생리 현상, 몸 관리 상태나, 아이가 자기 몸을 어떻게 보고 어떻게 생각하는지를 어떻게 속속들이 알 수 있을까? 아이를 더욱 튼튼하게 자라게 하려면 어른들은 아이들 몸의 이런저런 사실을 잘 알고 있지 않으면 안 된다.

아이들은 자기 모습을 어떻게 생각할까?

사람들 가운데 스스로 자기 모습이 잘생겼다고 생각하는 이는 흔치 않다. 겉모습이 아무리 잘생겼다 해도 어딘가에 불만은 조금씩 다 가지고 있다. 사실, 우리가 잘생겼다 못생겼다 하는 것은 의미가 없다. '이렇게 생긴 것이 잘생긴 것이다' 하는 기준을 정해 놓고 기준과 비슷하면 잘생겼다 하고 못 미치면 못생겼다고 하는데, 그 기준이 절대적인 것이 아니기 때문이다. 어쨌거나 어른들이 잘생겼다 못생겼다 하는데 아이들이라고 다를까?

귀 때문에 마음에 상처 입은 아이가 있다. 단짝 아이가 이 아이의 귀를 보고 "이거 좋은 귀다. 복 많이 받는다" 이렇게 말했다. 그런데 이 아이는 오히려 상처를 받았다. 보통 아이와 다르지 않게 생겼다면 단짝 아이가 이렇게 말하지 않았을 걸 알기 때문이다. 가뜩이나 보통 아이들과 다르게 생겨서 남들이 어떻게 볼까, 늘 신경이 곤두서 있는데 그런 말을 들으니 말 그대로 받들이기보다 "네 귀 참 이상하게 생겼다"는 말로 받아들인다. "나는 이게 스트레스가 되고 콤플렉스가 되기도 한다"고 했다. 거기다 한 남자아이가 "야, 니 귀 왜 이래?" "니 귀 웃기게 생겼다" 하니까, 처음에 좋게 말해 준 단짝 아이마저도 그만 "니 귀 정말 웃긴다" 이렇게 말해 버린다. 단짝이 그렇게 말해서 더 상처받았다고 했다. 엄마한테 "엄마, 내 귀 원래 이랬어요?" 하고 물었을 때 "그래, 니 태어날 때부터 이랬다" 이렇게 아무렇지도 않게 대답하는 것에도 속상해한다. 그래서 이 아이는 귀를 안 보이게 하려고 머리도 짧게 자르지 않는다고 했다.

나는 이 아이 마음을 이해하고도 남는다. 어릴 때 이 아이와 비슷한 경험이 있었기 때문이다. 내 얼굴형은 다른 사람에 견주면 많이 긴 편인데, 처음 본 아이가 나더러 "니 얼굴 참 기네" 하고 대수롭잖게 말하는데 나는 그만 속이 상해 그 아이를 아주 혼내 주었다. 속이 상해 혼자 울기도 했고, 사춘기 때는 여자아이들이 "호호호, 호철이 쟤 얼굴은 참 길어" 하고 말해서 더욱 마음에 상처를 입기도 했다.

이렇게 자기 모습에 대한 열등감은 삶에 아주 큰 영향을 끼친다. 외모를 더 중요하게 생각하는 요즘 사람들은 더할 수밖에 없다. 거기다 사춘기로 접어든 아이들은 자기 모습에 얼마나 예민하겠나.

키가 컸으면 좋겠다

나의 얼굴은 크다. 하지만 키는 133센티미터밖에 안 된다. 그래서 3학년, 2학년 아이들에게 "쟤는 누구야?" "니 뭥미?" "야." 이런 소리를 많이 듣는다. 그때 나는 화가 나서 그 자식들한테 "어쩌라고? 나 4학년이죠!" 소리를 꽥 지른다. 그래도 애들은 "뻥까고 있네." 한다. 그럴 때는 엄청 짜증 난다. '개 또라이 새끼! 지가 먼저 시비 걸어 놓고……' 하며 욕까지 한다.

나는 정말 키가 너무 안 커서 고민이다. 난 청국장도 될 수 있으면 많이 먹고, 과자 같은 것은 일주일에 두 번 사 먹을까 말까 한다. 또 운동도 열심히 한다. 하지만 키는 거의 안 큰다. 제발 키 좀 컸으면 좋겠다. 어떤 한의원에 가 보니 내가 어른이 되면 적어도 178센티미터 이상은 큰다고 한다. 이 말이 맞으면 좋겠다.

내가 만날 엄마한테 "엄마, 나 왜 이래 안 커?" 이러면 "중학교 가면 큰다."라고 한다. 엄마가 그렇게 말하는 것이 진짜 맞는지 모르겠다. 그냥 잠잠하게 있으라고 그러는 것 같은 생각도 든다.

제발 키가 빨리 컸으면 좋겠다. (4학년 남)

요즘 아이들은 키에 아주 민감하다. 내가 보기에 보통 키는 되는 것 같은데 자꾸만 작다고 생각하는 아이들이 참 많다. 이것 역시 사회에서 받은 영향이 크다. 부모들이 아직 크는 아이를 안 큰다고 지레 걱정하니까 아이도 덩달아 걱정한다. 이 아이는 자기보다 아래 학년 아이들이 자기보고 키가 작다고 하는 데서 더욱 분해한다.

내가 뚱뚱한 것

집에서 밥을 먹거나 저녁에 무엇을 먹을 때마다 아빠가 계속 내가 뚱뚱하다고 놀린다.

나는 밥 먹는 시간과 누가 뭐 먹으려고 할 때가 제일 싫다.

"야! 니 그만 묵어라. 동생은 얼마나 날씬하노!"

"동생은 일곱 살이고 나는 열한 살이거든."

나의 몸무게와 친구들의 몸무게는 거의 비슷하다. 그런데 아빠는 계속 동생과 내 몸무게만 비교하면서 나를 놀린다.

"야, 다이어트 좀 해라. 니는 안 뚱뚱하다고 생각하나?"

"아아, 알겠다고! 아빠도 만만치 않거든!"

"맞아. 언니는 진짜 뚱뚱해."

"뭐 조용해라! 지금 편드나?"

이럴 때 나는 엄마한테 달려간다.

"엄마, 아빠가 계속 나 뚱뚱하다고 놀린다. 아빠한테 뭐라고 좀 해
봐라."

"니가 좀 참아라. 아빠 말은 무시해라."

나는 몸 가지고 놀릴 때 아빠가 제일 싫다. 아빠가 나를 그만 괴롭혔
으면 좋겠다.

'동생이 나보다 더 많이 먹고 나는 조금만 먹는데 왜 내만 살찌지?'

동생이 얄밉고 한 대 때려 주고 싶다.

나는 저녁에는 아무것도 안 먹으려고 한다. 그런데 엄마가 과일을
가지고 왔다. 그때 아빠가 또 놀렸다.

"이거 맛있겠지? 먹고 싶지? 그냥 먹지."

"싫거든! 내가 왜 먹어야 되는데?"

"내가 먹으라고 그냥 말했는 거 뿐인데."

"아아아아아아, 아빠나 실컷 먹어!"

나는 소리를 지르고 화를 내며 바닥에 엎드려 울었다. 아빠는 사과
를 '아삭아삭아삭' 소리를 내며 맛있게 먹었다.

"아빠, 한 번만 더 내 놀리면 나도 아빠 놀릴 거다. 아빠는 나하고 동
생하고 왜 이렇게 비교하는데?"

"아아아, 알겠다."

아빠가 내 몸 가지고 나를 괴롭히고 놀리는 것이 제일 싫다.

(4학년 여)

아버지가 아이를 끊임없이 놀리는 식으로 말한다. 아버지는 그렇게 자꾸 자극을 주면 음식을 덜 먹을 것이라고 생각하기 때문이겠다. 또 "이거 맛있겠지? 먹고 싶지? 그냥 먹지" 하는 말은, 아이가 먹고 싶은 마음을 이겨 내도록 하는 말이겠지만 오히려 아이에게 반발심만 더 생기게 했다. 아이가 반발심이 일어나면 부모가 안 볼 때 폭식할 수도 있다. 아이를 위로하고 힘을 북돋워 주어서 아이 스스로 먹는 것을 줄이고 자기 몸에 대해 긍정하는 마음을 갖도록 해 주어야 한다.

한 아이의 글을 보니, 두 남자아이가 살이 좀 찐 여자아이를 끈질기게 따라다니며 "야, 이 돼지야!" "야! 이 돼지 쓰레기야!" 하고 놀린다. 여자아이 마음을 아주 짓밟고 있다. 아이들 사이에서 이런 일들이 흔히 일어나고 있다는 사실을 어른들은 또렷이 알아 두어야 한다.

또 다른 아이의 글을 보니, 어머니가 아이에게 이렇게 말한다.

"야, 니 정도면 완벽한 거다. 통통한 볼에 갸름한 턱, 보기 좋게 나온 이마, 거기다 짱구 머리는 아무도 가질 수 없는 거야. 짱구 머리 아닌 사람은 머리를 꼭 옆으로 묶어야지 예쁘게 나오는데 너는 완벽한 짱구 머리라서 어느 머리든지 다 할 수 있어. 니 정도면 더 이상 완벽할 수가 없다."

이렇게 예쁘다고 말하면 좋아하지 않을 아이가 없다. 스스로 예쁘지 않다고 생각했던 아이도 '정말 그런가?' 하는 마음을 가지게 되고, 나아가서는 스스로도 예쁘다고 여기게 된다. 그래서 자기 외모에 자신감을 가질 수 있다. 그런데 한편으로는 '나는 역시 잘났어!' 하는 자만심을 가질 수도 있어서 예쁘다는 말도 자주 하지 않는 것이 좋을 것 같다. 왜냐하면 그럴수록 자꾸 겉모습에 신경 쓰게 되고 자기가 잘생겼다고 생각할수록 자기와 다른 사람을 못생겼다고 생각할 수도 있을 테니까.

한 아이는 주변 사람들이 대놓고 자꾸 예쁘다고 하니 쑥스럽단다. 그래서 칭찬받고 싶지도 않다고 했다. 잠깐 기분이 좋아지기도 하지만 기분이 조금 나쁠 때도 있다고 한다. 좋은 것도 자꾸 좋다고 하면 오히려 싫어지기도 하는 건 아이들도 마찬가진 것 같다.

또 한 아이의 글을 보니, 부모가 자꾸 아이에게 성형수술이니 뭐니 하는 말을 한다. 부모들이 그러니까 어린아이들까지 제 몸의 어디가 조금이라도 못생겼다 싶으면 성형하려는 마음을 먼저 가지게 되는 것이다.

어른들은 아이들에게 겉모습으로 잘났느니 못났느니 하는 말을 하지 않았으면 좋겠다. 겉모습으로 사람을 놀리지 않도록 아이들을 지도해야 하고, 짓궂은 아이들이 놀려도 당당하고 여유 있게 받아넘길 수 있는 마음도 길러 주면 좋겠다. 나아가 생긴 모습 그대로가 사람마다의 개성이고 아름다움이라는 것도 또렷이 깨우쳐 주자.

아이들은 몸의 변화를 어떻게 생각할까?

아이들은 잠깐 사이에 키도 훌쩍 크고 체형도 변한다. 사춘기가 되어 이차 성징이 나타나기 시작하면 더욱 그렇다. 아이들은 자기도 모르게 변하는 자기 몸을 보고 깜짝 놀라기도 하고 걱정하기도 한다.

여자아이일 경우 겉으로 가장 드러나게 몸이 변하는 부분은 가슴이다. 3, 4학년쯤 되면 가슴이 커지려고 몽우리가 생기는데, 아이는 미처 생각해 보지 못한 모습에 놀라기도 한다.

한 아이는 3학년 때 가슴에 몽우리가 생기기 시작했는데, 남자아이에게 부딪쳤을 때 찌릿하고 가슴이 답답한 느낌이 들었다고 했다. 처음에는 무슨 병에 걸린 게 아닌가 생각하다 만화책을 보고 가슴이 커지기 위해서라는 것을 알게 된다. 그러니까 아이들은 이런 책을 통해 배우기도 하는데 옳은 지식을 바르게 알 수 있도록 그와 관련한 아이들 책은 더욱 알차게 잘 만든 책을 골라 보여 주어야 한다.

또 다른 여자아이는 가슴에 몽우리가 생긴 것을 발견하고는, "앗! 뭐지? 혹시 이거 큰 수술 해야 되는 거 아냐? 어떡하지?" 하며, 걱정하고 궁금해 하면서도 부끄러워서인지 부모에게는 말 못 하고 동무에게 말한다. 아이들은 부모에게도 몸의 변화를 말하는 것이 쉽지 않은가 보다. 부모들은 아이들의 이런 점을 알고 일상생활 속에서 자연스럽게 이야기할 수 있는 기회를 자주 만들어 주면 좋겠다.

가슴

3학년 겨울 방학이 거의 끝나고 4학년이 되려고 했을 때였다. 집에서 요가를 하고 있었는데 엎드리는 자세가 있었다. 그때 가슴이 눌려서 그런지 아팠다. 이상하게 오른쪽만 아프고 왼쪽은 아프지 않았다.

"엄마, 젖가슴 아파."

"갑자기 왜?"

"몰라."

엄마는 아무 말도 안 하다가 조심스럽게 "니 가슴 튀어나오려고 하는 갑다." 하고 말했다. 나는 그 말을 듣는 순간 황당했고 울고 싶었다.

"나 그것 싫어!"

"그래도 어쩌겠노. 니가 받아들여야지."

그때부터 내 몸의 생김새가 달라지기 시작했다. 가끔 젖꼭지가 따가웠고 엎드리면 가슴이 아팠다. 또 딱 붙는 티셔츠를 입으면 가슴이 톡 튀어나오는 것이 표시가 확실히 났다. 그래서 나는 딱 붙는 티셔츠를 입지 않고 헐렁한 티셔츠를 입었다. 그렇게 내 몸을 사람들 앞에 감추었다. 엄마는 그 사실을 알지만 오빠와 아빠는 잘 모른다.

전번에 목욕탕에 갔을 때였다. 같은 반 친구를 만났는데 내 몸을 보여 주기 싫었다. 너무나 부끄럽기 때문이다. 그래서 친구를 살살 피해 다니면서 내 몸을 감추었다. 엄마는 "니 피해 다니는 거 다 알겠다." 하고 말했다.

또 친구가 수영장 같이 가자고 전화를 했다. 나는 '갈까? 말까? 가면 씻을 때 어떡하지? 가고는 싶은데…….' 하며 고민을 하다가 가지 않았다.

여자는 한 번씩 다 겪게 되는 성장이지만 나는 그런 것이 정말 싫다. 그리고 나도 다른 애들처럼 내 몸 생김새가 똑같았으면 좋겠다. 이런 내 몸은 너무 싫다. (4학년 여)

다른 여자아이들보다 몸이 좀 더 자란 아이다. 어머니가 가슴이 나오려는 모양이라고 하니 아이는 울고 싶다고 했다. 목욕탕에서 또래 아이들에게 자기 모습을 보여 주기 싫어 피해 다니기도 하고 동무들이 수영장에 같이 가자고 해도 가지 않는다.

대체로 여자아이들은 가슴이 나오면 부끄러워 숨기려고 한다. 옷을 헐렁하게 입기도 하지만 몸을 자꾸 움츠리는 일도 많다. 이 시기에 몸을 움츠리고 다니다 등이 굽는 경우도 있다.

한 남자아이는 다리에 털 난 것을 보고 매우 신기해한다. 특히 사춘기가 되면서 남자나 여자나 호르몬 영향으로 음모가 나기 시작하고 겨드랑이에도 털이 난다. 남자들은 턱에도 수염이 자라기 시작하는데 이런 점을 아이가 미리 알 수 있도록 자연스럽게 이야기해 주는 게 좋다.

남자아이들 같으면 동무들과 견주어 자기 성기(음경)가 다르면 당황하거나 많이 걱정하는데, 남자의 성기도 모양, 색깔, 크기가 다 조금씩 다를 수 있다는 것을 이해시켜 주어야 한다.

또 남자아이들은 5, 6학년쯤 되면 포경수술에 매우 관심을 가지면서 많이 걱정한다. '가성 포경'은 발기하지 않았을 때 피부가 덮여 있지만 발기를 하거나 손으로 잡아당겼을 때 귀두 부분이 드러나는 것을 말하고, '진성 포경'은 어떤 경우에도 귀두 부분이 드러나지 않는 경우다. 이 경우엔 포경수술을 해야 한다. 피부가 늦게 벗겨지는 경우도 있으니까 6학년 이상까지 지켜보는 것이 좋다. 이런 점도 남자아이에게 알맞게 이야기해 주어야 한다.

고추가 커졌다 작아졌다 한다

나는 고추가 커졌다 작아졌다 한다. 목욕탕에 가서도 작다. 그런데 이상한 건 부끄러우면 고추가 커진다. 엄마는 병원에 가 보자고 해도 난 가지 않는다.

내 고추가 커질 때는 학예회나 무슨 행사가 있을 때만 커진다. 조금 있으면 다시 작아진다. 원인을 모르겠다. 나는 이런 내 고추가 싫다.

그런데 왜 나만 이렇지? 외톨이가 된 기분이다. 나는 부끄러울 땐 얼굴이 발개지지 않고 고추가 커지는 것 같다.

나는 이런 내 고추가 싫다. (4학년 남)

아이들은 남자의 성기가 왜 발기하는지 잘 모른다. 그런데 여기 어머니도 아이가 묻는 까닭은 더 알아보지 않고 무조건 병원에 가 보자고 한다. 아이로서는 처음 당하는 일이라 무슨 일이 있는 게 아닌가, 나만 그런 게 아닌가 하고 걱정한다.

남자의 성기는 특별한 조직으로 되어 있고 가는 혈관이 많이 모여 있는데, 뇌의 명령으로 음경에 있는 가는 핏줄로 피가 많이 흘러들어가서 부풀어 오르고 음경 전체가 단단하게 된다는 것을 아이가 쉽게 이해할 수 있도록 이야기해 주면 좋겠다. 또 오줌이 마려울 때나 손으로 음경을 만질 때, 사정을 할 때 그렇다는 것, 자라면 직접 자극하지 않아도 좋아하는 여자를 생각하거나 그림만 보고도 발기할 수 있고, 그게 자연스런 현상이라는 것도 이해시켜 주었으면 한다.

몇 아이의 사례에서 본 것처럼 아이들은 이렇게 자기 몸의 변화에 호기심과 아울러 당혹감이나 두려움을 느끼는 경우도 많다. 이때 아이 혼자 걱정하지 않도록 좀 일찍부터 적극 일러 줄 필요가 있다.

아이들은 생리 현상을 어떻게 받아들일까?

우리 몸에서는 끊임없이 여러 생리 현상들이 일어난다. 잘 알다시피 생리 현상이란 우리 몸에서 일어나는 혈액 순환, 호흡, 소화, 배설, 생식 같은 것을 이르는 말이다. 우리 몸은 상상하기 어려울 만큼 몸 안팎의 자극에 반응하여 생리 현상이 일어나는데, 이것은 우리 몸을 정상으로 지켜가기 위한 것이다.

어른들이야 우리 몸에서 일어나는 생리 현상에 대해 어느 정도 알고 있어서 문제가 일어나더라도 잘 조치할 수 있지만 아이들은 그렇지 않다. 몸의 이상으로 아주 다르게 생리 현상이 일어나거나, 자라면서 처음 겪는 생리 현상에는 매우 놀라거나 당황한다. 그 가운데 더욱 새롭게 받아들이는 것은, 여자아이는 월경이고 남자아이는 몽정이다.

소변을 눌 때

오늘 저녁 집으로 돌아왔다. 나는 학원 숙제가 많아 방에서 학원 숙제를 하고 있었다. 그런데 아까 학원에서 마려웠던 소변이 집에서 다시 마려웠다. 학원 숙제를 다 하고 화장실에 갔다. 내가 소변을 누고 있을 때 동생이 들어왔다. 내 동생은 나한테 이렇게 말했다.

"언니, 빨리 좀 해. 나 마렵단 말이야."

"알았다. 그리고 먼저 온 내가 알아서 하는데 왜 안달이야."

그러니 동생이 나를 째려보았다. 짜증이 났다.

내가 소변을 다 누고 닦으려고 하는데 동생이 "닦는 것도 오래 걸리나." 했다. 나는 그냥 가만히 있었다.

그런데 소변을 닦고 휴지를 보게 되었다. 휴지에 피가 약간 묻어 있었다. 나는 나도 모르게 "엄마! 아, 아니다……." 했다.

"왜에?"

나는 깜짝 놀랐다. 그리고 뭐가 잘못되었을까 봐 걱정이 되었다. 그때 화장실 바로 앞에 엄마가 왔다.

"왜? 왜 불렀는데?"

"아니야, 엄마."

엄마는 고개를 갸우뚱거리며 하던 일을 하러 갔다.

'엄마는 왜 내가 말하면 짜증 내는 목소리로 말하지?'

"언니, 나와!"

내가 시간을 너무 많이 끌었는 것 같았다.

어른들은 모르는 아이 세계

> "민영아, 물 내릴게."
>
> "왜에?"
>
> "그냥. 왜 그런 것까지 따져 물으려고 하는데?"
>
> 나는 숙제를 하면서도 자꾸 걱정이 되었다. (4학년 여)

이 글을 보면 아이가 처음 월경을 하면서 걱정하고 두려워하는 마음이 나타나 있다. 요즘은 남자아이들도 5, 6학년이 되면 몽정을 한다. 아이들은 이런 일을 처음 겪을 때 무슨 큰 병이 아닌가 걱정하는데 부모들은 미리 잘 일러 주어 아이들이 걱정하지 않도록 해 주어야 한다.

아이들은 어디가 어떻게 아플까?

요즘 아이들은 몸집은 큰데 체력은 그에 못 미친다. 겉보기에는 튼튼한 것 같아도 툭하면 아파 병원을 찾아야 한다. 부모 모두 직장에 다니느라 바쁠 경우엔 제때 치료를 받지 못하기도 하고, 별것 아니라 생각하고 내버려 두기도 한다.

아이들이 제 몸이 아픈 것을 알면 어머니 아버지에게 알려 병원 치료를 받을 수 있지만 스스로 아프다는 것도 모르고 지내는 아이들도 참 많다. 그러는 가운데 아이들 건강은 알게 모르게 더 나빠지기도 한다.

아이들이 튼튼하게 자라지 못하는 데는 까닭이 있다. 환경오염이며 생활 속 해로운 물질들에 아이들이 늘 노출되어 있고, 잘못된 식생활이나, 스마트폰과 컴퓨터 같은 전자 기기 문제, 학업 스트레스를 비롯해 갖가지 정신적인 억압과 운동 부족처럼 그 예를 들자면 수도 없다.

아토피

나는 태어나면서부터 아토피를 가지고 태어났다. 유일하게 우리 식구들 가운데 나 혼자만 말이다.

나는 밤마다 너무나 괴롭다. 다른 데는 없고 허벅지에만 아토피가 있다. 그래서 긁지 않으려고 노력해서 여름에는 아토피 증상이 거의 없다가 겨울에는 습도가 낮아서 너무나 가렵다.

나는 너무나 가려워 엄마를 원망도 했다.

"다 엄마 때문이다."

"왜 또 내한테 카노."

"명훈이 뱃속에 있을 때 엄마 커피 먹었지?"

"니 때는 안 먹었고 명훈이 때는 묵었다."

"왜 나 때는 커피 안 먹었노?"

"나는 몰랐지."

나는 더운 것을 진짜 싫어한다. 그래서 겨울이 되면 난방도 하지 않는 내 방에서 팬티만 입고 잔다. 며칠 전에는 '나는 돌연변인가? 입양했나?' 하는 생각도 했다.

긁어 놓은 데에 땀, 물, 액체, 고체가 대이거나 스며들면 아파 죽는다. 그리고 가려울 때는 긁지 않으면 죽는다.

나는 왜 이런 병을 가지고 살아야 하나, 생각도 한다. 또 이 다리를 잘라 버리고 싶기도 하다. 아토피에 좋은 것은 다 해 보았지만 낫지를 않는다.

아무리 나를 위해서 무엇을 한다고 해도 엄마와 아빠는 나의 고통을 모른다. (4학년 남)

아토피가 생기는 정확한 까닭은 밝히지 못했다는데, 내 생각에는 환경 오염 때문이 아닌가 싶다. 오염된 공기를 마시고, 과일이나 곡식에 묻은 농약을 먹고, 온갖 해로운 화학 첨가물이 들어 있는 가공식품을 먹고, 그 밖에도 온갖 현대의 해로운 물질들에 노출되어 있고, 거기다 스트레스까지 겹쳐 얻게 되는 병이란 말이다.

이 글을 쓴 아이는 태어날 때부터 아토피를 가지고 태어났다고 하는데 아이를 가졌을 때 부모의 영향도 클 것이라 본다. 부모가 그런 환경에서 살고, 그런 음식을 먹고, 긴장 속에서 살기 때문이다. 그래서 아이가 너무나 괴로워서 한 말이겠지만 "다 엄마 때문"이라고 한 말도 그냥 흘려들을 게 아닌 것 같다.

우리 반 아이 25명을 조사해 보니 5명이 아토피 증상이 있었다. 이 병은 자연 속에서 살면 얼마 지나지 않아 깨끗하게 낫는다고 하니, 방법은 자연환경에서 살도록 해 주는 길밖에 없을 듯하다. 하지만 그게 어디 쉽나.

알레르기는 복통 증상, 두드러기, 아토피 피부염 같은 피부 증상, 비염, 천식 같은 호흡기 증상, 구토, 설사 같은 위장 관련 알레르기, 알레르기성 대장염 따위 아주 여러 가지인 모양이다. 이 가운데 식품 알레르기는 두드러기 같은 것으로 오는 가려움이나 코막힘 같은 가벼운 증상부터 장 출혈, 구토, 만성 설사 같은 심한 증상까지 보여 생명에 위협을 주거나 아주 심한 합병증을 일으키는 경우도 있다고 한다.

비염

나는 어릴 때부터 비염을 앓고 있다. 아빠도 동생도 엄마도 모두 비염을 앓고 있어서 훌쩍훌쩍거린다. 이러고 싶지 않아서 비염에 좋은 방법을 책에서 찾으며 해 보지만 그래도 여전히 코가 막혀서 킁킁거린다. 나에게는 이게 가장 걱정이고 가장 짜증 나는 병이라고 생각한다. 그리고 내가 가장 싫어하는 병 가운데 하나다.

나는 전번에 아침에 일어나 자꾸 코가 막히고 아프고 콧물이 나 짜증을 냈다.

"엄마, 자꾸 코 막히고 콧물 나. 아이 씨이!"

"괜찮다. 엄마도 그칸다. 다 그 비염 때문이다."

"어휴우, 짜증 나!"

내가 중얼중얼거리며 한숨을 쉬니까 동생도 "엄마, 나도." 했다. 엄마는 또 "괜찮다." 하고 말했다.

나는 안 괜찮은데 엄마는 괜찮다고만 한다. 엄마는 우리를 너무 무시하는 것 같다. 나는 엄마가 우리를 걱정 안 한다고 생각한다. 아빠도 역시 그렇다. 내가 "아빠, 코 아파." 하고 말하면 역시 "괜찮다. 아빠도 비염 있는데 니들도 그러네. 조금만 있으면 괜찮아진다." 이 말뿐이다.

나는 이 비염 때문에 정말 걱정이 많다. 빨리 이게 사라졌으면 좋겠다. (4학년 여)

여기 아이처럼 알레르기성 비염을 앓는 아이들 또한 적지 않다. 특히 봄철 오리나무, 미루나무, 버드나무, 참나무, 벚나무, 소나무 같은 나무들의 꽃가루가 많이 날리는 시기에 더욱 심하다. 비염 말고도 결막염, 천식, 피부염 같은 알레르기성 질병도 이 시기에 더욱 심해진다고 한다. 집 주변에 꽃나무가 없다고 해도 바람으로 멀리까지 날아가니 안전지대는 없는 것 같다.

내 머리

나는 4학년 1학기부터 머리에 부스럼이 생기기 시작했다. 하지만 나는 그것을 모르고 있었다.

한날 아침에 눈을 떴다. 그런데 이상하게 머리가 자꾸 가려운 것이다. 나는 '뭐, 하루쯤이야 그럴 수도 있겠지.' 하며 머리를 자꾸 긁었다. 그런데 머리를 묶으려고 머리를 빗으로 빗는데 뭐가 자꾸 빗에 걸렸다. 나는 그곳의 머리카락을 들고 거울을 봤다.

'아니! 에게 뭐야?'

하얀 비듬 같은 것이 그쪽에만 몽실몽실 모여 있었다. 정말 말로 표현할 수 없을 정도로 컸고 징그러웠다. 하얀 것들이 한 뭉텅이 모여 있으니 징그러울 수밖에. 그리고 이것이 내 머리에 있을 줄은 상상도 못했다.

처음에 나는 또 큰 수술을 해야 할까 봐 엄마에게는 말하지 않았다. 하지만 나는 걱정이 되어 엄마한테 말했다. 그러자 엄마가,

"이건 부스럼이다. 니 요즘에 스트레스 많이 받나?"

"몰라요."

엄마와 나는 병원을 찾았다.

의사 선생님께서 "이건 모형 탈모네요." 하며 약을 바르면 낫는다고 했다.

나는 집에 와 그 약을 발랐다. 2주쯤 바르니 다 나았다.

그런데 며칠 뒤에 또 부스럼이 생기기 시작하는 걸 다시 느꼈다. 하지만 이번에는 엄마한테 말하지 않았다. 왜냐하면 약 바르는 것도 아프고, 엄마가 걱정할까 봐서이다.

현재 내 머리에 세 개나 나 있다. 정말 걱정이다. (4학년 여)

어른들은 스트레스를 많이 받으면 탈모가 생긴다는데 이젠 아이들도 이렇게 탈모가 생기고 있다. 그러고 보면 우리 반에 머리카락이 많이 빠진다는 아이가 몇 있었다. 왜 안 그럴까. 아이들이 어른들보다 스트레스를 더 많이 받으며 살고 있다는 걸 알고 있는 어른도 드물다.

여기 아이는 재발한 것을 어머니한테 알리지 않았다는데, 어른들은 이렇게 아이들이 병을 감추려고 할 수도 있다는 것을 잘 알았으면 한다.

아이들은 또 큰 병은 아니더라도 자기 몸에서 일어나는 조그만 이상 증세까지도 신경쓰고 걱정하기도 한다. 그러고 보면 어른이 생각하는 것보다 병을 앓는 아이들이 훨씬 많다.

아이들이 흔히 앓는 겨울 감기는, 우리 반 아이들만 보더라도 평균 사분의 일 이상 앓고 있다. 걸핏하면 팔이나 다리 인대가 늘어나거나 뼈가 부러져 석고 붕대를 하고 다니는 아이들도 많다. 그리고 아이가 스스로는 아픈지도 잘 모르는 병도 많다.

알레르기성 질병으로부터 아이들을 어떻게 보호할까? 그밖에 다른 병으로부터는? 병원 치료로 다 될까? 내 짧은 머리로 생각해도 그건 아니다. 아이를 튼튼하게 기르는 방법밖에 없다. 몸을 튼튼하게 해서 병에 대한 저항력, 면역성을 길러 주는 수밖에 없다. 그런데도 온갖 이름으로 아이들을 닦달하며 괴롭히고, 먹는 것도 제대로 된 것을 못 먹이고 있다. 아이들 병에 깊이 관심을 가지고 있는 어른도 잘 없을 뿐만 아니라 자연에서 씩씩하게 뛰어놀 수 있도록 해 주는 어른은 더더구나 없다. 이래 놓고 어떻게 아이들이 우리 앞날의 희망이라고 말할 수 있을까.

아이들은 제 몸을 어떻게 돌볼까?

아이들도 어느 정도는 자기 몸을 스스로 추스르고 돌볼 수 있다. 하지만 아직은 서툴다 보니 자기도 모르게 몸을 해칠 수 있다. 그래서 어른이 보살펴 주지 않으면 안 된다. 또 아이들은 제 몸을 돌보는 일이 귀찮을 때는 데면데면하거나 아주 안 하려고도 한다. 머리 깎는 일만 해도 어른인 나도 귀찮아 미루다 아주 보기가 싫어 어쩔 수 없는 형편이 되어서야 깎을 때가 많다. 아이들이야 오죽할까.

또 씻기를 아주 싫어하는 아이들도 많다. 아이들 가운데는 몸을 씻을 때 너무 피부를 문대서 상처를 내기도 한다. 아이들의 피부는 어른보다 약해서 너무 문대어 씻으면 아주 좋지 않다. 어른들은 아이들에게 씻으라고 하면 스스로 잘 씻겠지 생각하고 그냥 두거나, 반대로 아이가 씻기 싫어해도 억지로 씻으라고 하는 경우가 많다. 하지만 씻는 것도 차츰차츰 가르쳐야 한다. 아주 어린아이 때부터 먼저 물놀이로 물과 친해지도록 하고, 씻는 것도 재미를 붙여 놀이처럼 즐겁게 하도록 해서 습관이 붙도록 해야 한다. 더 자라면 씻는 방법까지도 하나하나 가르쳐 스스로 잘 씻도록 해야 한다.

아이들은 양치질도 하기 싫으면 잘 안 한다. 그 까닭은 뭘까? 한 아이 글을 보니, 잠이 와서 양치질하기 싫은 데다 잠이 오는데 양치질을 하면 오던 잠이 달아나서 하기가 싫단다. 그밖에도 까닭이야 많겠지만 대부분 귀찮아 양치질을 하기 싫어하는 게 아닌가 싶다.

한 남자아이는 부모가 자꾸 스포츠머리로 깎으라고 해서 머리 깎을 때마다 아주 싫어한다. 머리에 수술 자국이 있는데 아이들이 그걸 보고 "어이, 영구!" 하거나 '까까머리'라고 놀린다는 거다. 어른들은 그냥 웃어넘길 수 있겠지만 아이 쪽에서 보면 아주 큰일이다. 머리를 깎기 싫어하는 것도 다 이렇게 까닭이 있다. 그 까닭은 덮어 두고 어른이 원하는 대로 무조건 깎으라고 하는 건 생각해 볼 일이다.

머리 감기와 머리 자르기

내 머리엔 이가 있었다. 머리를 감고 엄마가 내 머리를 말리며 들여다보았다. 그러다 엄마 눈에 이가 보였다. 엄마는 나한테 보여 주지는 않고 "니 머리에 이 있다." 하며 쓰레기통에 버렸다. 그때 충격이 커 머리를 잘 감았다.

그렇게 잘 감다가 다시 귀찮아졌다. 아침에는 감기 싫고 밤에는 숙제해야 되니 안 감게 되었다. 일주일에 한 번 감았을까? 그것도 엄마가 "머리 감아라!" 해야지 투덜대며 겨우 대충 감는다.

엄마는 이런 내 모습을 볼 수 없었던지 "니 머리 짧게 자를 거다." 했다. 나는 엄마가 장난으로 해 본 소리인 줄 알았다. 그래서 그냥 "싫어요." 하고 말았다.

그다음 날 할머니 댁에 가기로 했다. 버스 정류장에서 엄마가 "할머니 집에서 머리 자를까?" 했다. 그래서 나는 "집에서 자르자." 하면서 피했다.

다음 날 학교 마치고 집에 오니 엄마가 나를 미용실로 데리고 가는 것이다. 나는 억지로 갔다. 나는 턱 밑까지 잘라 달라고 했다. 그런데 턱 위인 것이다. 나는 자르면서도 울고 집에 와서도 울었다. (4학년 여)

자기가 늘 해 오던 모습에 익숙해지면 그것을 바꾸는 것은 쉽지 않다. 머리 모양 바꾸는 것은 더 어렵다. 남자아이고 여자아이고 간에 요즘 아이들은 머리에 더 민감하다. 이 아이는 머리에 이가 있어도 머리를 짧게 자르는 것을 싫어한다. 턱 밑까지 잘라 달라고 했는데 턱 위까지 자른다고 자르면서도 울고 집에 와서도 울었다고 했다. 어른들도 어릴 적 생각을 해 보면 아이들의 이런 마음을 조금이나마 이해할 수 있다. 반대로 아이들이 원한다고 해서 머리를 물들이고 모양도 아이답지 않게 꾸미는 것도 좋은 모습이 아니다.

예전에는 겨울에 잘 씻을 수가 없어 이가 많이 있었는데 요즘은 자주 씻을 뿐만 아니라 독한 세제를 쓰는데도 아이의 머리에 이가 있다니 놀랍다. 어른이 좀 더 관심을 가지고 보살펴 주어야겠다.

아이들은 여드름에도 신경을 많이 쓴다. 4학년 여자아이의 글을 보니 코에 난 여드름을 없애고 피부를 좋아지게 한다고 얼굴을 꼼꼼히 씻는다. 아침, 점심, 저녁 세 번을 씻는데 그 방법이 모두 다르다. 어른들은 이런 모습을 보고 어린아이가 얼굴에 이렇게까지 신경쓸까 하고 웃을 수도 있지만 아이는 제 나름대로 제법 진지하다.

그런데 아이들이 저 혼자 잘 씻는다고 씻다가 너무 문지른다든지 강한 비누를 쓴다든지 해서 오히려 피부를 상하게 할 수도 있으니, 부모는 아이들의 이런 모습도 잘 살펴보고 잘 일러 주어야 하지 않을까 싶다.

나의 털 관리

나에게는 다른 아이들이 아무도 모르는 특이한 면이 있다. 그것은 바로 여자치고는 털이 많은 점이다. 털이 너무 많아서 반팔 티, 반바지를 입고 다니려면 부끄럽고 창피하다. 그래서 나는 팔다리 털을 관리한다.

4학년 1학기 여름에 식구들 모두 1박 2일로 바닷가에 가게 되었다.

그래서 나는 열심히 짐을 나르고 있는데 언니는 차에 앉아서 꼬물락 꼬물락하고 있었다. 나는 궁금해서 언니한테 가서 물었다.

"언니, 뭐해?"

"아, 몰라도 돼."

언니는 갑자기 행동을 멈추며 아무것도 아닌 듯 가만히 있었다. 그래서 자꾸 물으니까 마지못해 대답을 했다.

"사실은 털 빗고 있었다."

"우하하하하하……."

"왜 웃냐? 이것도 머리카락이랑 같은 털이거든. 나는 다리에 털이 너무 많아 가지런히 해야 돼. 알겠냐?"

그 말을 듣고 보니 나도 내 다리의 털을 가지런히 해야 할 것 같았다. 그때부터 나도 털을 관리하게 되었다.

여름이 되면 빗을 들고 다닌다. 왜냐하면 다리털과 팔털을 빗어야 하기 때문이다. 하지만 학교에서는 친구들이 볼까 봐 하지 않는다.

한 가지 더 있다. 토요일만 되면 엄마, 아빠 모두 직장에 나가실 때가 있다. 그때 나는 다른 털보다 긴 털은 가위로 잘라 낸다. 이것은 겨울에도 하는 관리다. 만약에 털이 눌려서 어느 털이 긴지 잘 보이지 않을 때는 다리에 물을 묻혀서 다 마를 때까지 기다린다. 그러면 털이 뜬다. 그때 긴 털을 가위로 잘라 낸다. 이것은 나만의 비법이다.

나는 이것이 습관이 되어서 심심하면 그렇게 하고 있다. 아이가 이렇게 다리나 팔의 털을 관리하는 건 아마 나뿐일 것이다. (4학년 여)

아이가 팔과 다리에 난 털을 빗으로 빗으며 관리한다니 웃을 수도 있겠지만 털이 많으면 자라면서 더욱 고민이 될 것이다.

우리 몸의 모든 기관은 필요하지 않은 게 하나도 없는데 몸에 나는 털도 마찬가지다. 우리 몸은 입술이나 손바닥, 발바닥, 성기의 일부 말고는 다 털로 덮여 있고 그 개수가 약 500만 개라고 한다. 머리털은 길고 더욱 많은데 이는 자외선이나 외부의 충격으로부터 머리와 뇌를 보호하기 위해서란다. 눈썹은 땀이나 먼지, 벌레나 이물질이 눈에 들어가지 못하도록 하고, 코털은 먼지가 콧속으로 못 들어가게 할 뿐만 아니라 숨을 쉴 때 따뜻한 공기가 콧속으로 들어가게 돕는단다.

그런데 사람 몸에 나는 털은 퇴화된 것이라고 한다. 옷으로 몸을 보호하니까 털이 별로 필요 없어진 것이다. 몸에 털이 많으면 보기도 그렇지만, 모낭에 박테리아가 생겨서 많이 자라면 냄새가 나는 까닭이 되기도 한다. 그래서 털을 없애려고 하는 사람들이 아주 많다. 하지만 잘못된 방법으로 털을 없애다가 피부에 강한 자극을 주거나 상처를 내기도 한다니 함부로 해서는 안 될 것 같다. 더구나 아이들이 어른 몰래 털을 없애려고 잘못된 방법으로 하는 일이 없도록 해야 한다.

아이들은 또 음악을 듣는다고 귀에 이어폰을 늘 끼고 다니기도 하는데 그러면 고막에 무리가 가 나중에 듣는 데 문제가 생길 수도 있다니 이것 또한 조심해야 할 일이다. 고막에서부터 가운데귀와 속귀는 더욱 복잡하고 예민한 곳이기 때문에 지나치게 큰 소리로 충격을 주거나 손으로 건드려 문제가 생기지 않도록 아이들을 조심시켜야 한다.

귀뿐 아니라 우리 몸 가운데 아이 스스로 살펴보기 어려운 부위에 이상이 있다고 생각되면 부모에게 말할 수 있도록 아이에게 미리 일러두는 것도 잊지 말아야겠다.

몇 가지 사례를 봐도 아이들은 제 몸을 스스로 돌보는 것이 쉽지 않다는 것을 알 수 있다. 그래서 부모는 아이가 스스로 안전하게 몸을 돌볼 수 있을 때까지 자상하게 보살펴 주어야 한다.

아이들의 버릇을 어떻게 봐야 할까?

어떤 행동이든 되풀이하다 보면 뇌 속에 있는 신경계 경로들이 새로운 행동 양식을 만드는데 그것이 버릇이다. 그래서 사람들은 누구나 어떤 버릇이 있다. 좋은 버릇도 있지만 아름답지 못한 버릇도 많다. 또 좋은 버릇이라도 지나치면 좋게만 봐줄 수가 없다. 이를테면 자기 주변이 조금만 흐트러져도 바로 가지런히 정돈하는 버릇은 얼마나 좋은 버릇인가. 하지만 지나치면 문제가 된다. 그런 버릇이 있는 사람과 함께 생활하는 사람은 늘 긴장하며 살 수밖에 없기 때문이다. '제 버릇 개 줄까' 하는 속담도 있는데 나쁜 버릇은 한 번 몸에 배면 쉽게 고치기가 어렵다는 말이다.

또 어떤 경우에만 나타나는 버릇도 있다. 이건 버릇이라기보다 어떤 상황에 맞닥뜨렸을 때 저절로 나타나는 심리반응이다. 스트레스 받은 사람이 목을 만지기도 하고, 얼굴을 쓰다듬거나 머리카락을 만지작거리기도 하는 것 따위다. 이러한 반응은 뇌가 자기를 진정시켜 달라는 신호를 보내면 손이 바로 반응해서 편안함을 느끼게 하는 것이다. 이런 모습으로 그 사람의 심리 상태도 알 수 있다. 마찬가지로 아이들의 심리도 버릇을 통해 알 수 있다.

코 찡그리는 버릇

나는 이상한 버릇을 가지고 있다. 코를 찡그리는 버릇이다. 안 찡그리려고 해도 자꾸만 찡그리게 된다.

텔레비전을 보다가 나는 여러 번 자꾸 코를 찡그렸다. 그때였다. 그것을 어머니가 본 것이다.

'헉! 망했다.'

그 생각과 동시에 어머니가 말했다.

"야! 엄마가 하지 말라고 했어, 안 했어."

나는 "아, 죄송해요." 이러며 애원을 했다. 하지만 나는 잠옷을 입은 채로 집 문 앞에 서는 벌을 받아야 했다.

그때 아버지가 오셨다.

"재영이 너 왜 여기 서 있어?"

"이상한 버릇 했다고 엄마한테 쫓겨났어요."

나는 아버지와 함께 집에 들어왔다.

나는 언제부턴가 자꾸 코를 찡그린다. 그 버릇을 고치려고 해도 잘 안 된다. 어쩌면 좋을지 모르겠다. 고민이다. (4학년 남)

이 아이가 코를 찡그리는 버릇은 자기도 어쩌지 못하는 틱 장애가 아닌가 싶기도 하다. 틱 장애는 근육이 빠른 속도로 되풀이해서 움직이거나 소리를 내는 장애를 말하는데, 초등학교 아이들 가운데는 일시적인 틱 장애를 가진 아이들이 꽤 많다고 한다. 잠깐 동안은 참을 수 있어도 자기 의지만으로는 억누르기가 매우 힘들다고 한다.

틱 장애의 원인으로는 엄격한 가정교육이나 시시콜콜한 간섭으로 아이들이 심리 억압을 받기 때문이라고 추정한다. 감수성이 예민한 아이나 자폐 아이에게 많이 일어난다고 하는데, 틱 장애를 보이는 아이에게 스트레스를 주거나, 나무라거나, 비난하거나, 놀리거나, 자꾸 지적하지 않아야 한다. 그러면 오히려 더 악화시킬 수도 있다고 한다.

아이 글에서 어머니는 아이가 코를 찡그린다고 꾸중하고 벌을 세우는데 아주 좋지 않다. 아이가 이럴 때는 무심하게 보아 넘기거나 아이를 편안하게 해 주어야 한다. 그러면 어느 순간에 없어지기도 한단다.

여자아이들 가운데는 더러 공부 시간에 자꾸만 자기 머리카락 몇 가닥을 잡고는 쓸어내리기도 하고, 배배 꼬기도 하는 아이가 있다. 좀 더 지나치면 자기 머리카락을 뽑는 아이도 있다. 정서가 불안한 상태이거나 스트레스가 쌓였거나 지루하기 때문일 것이다. 이런 아이들은 말할 것도 없이 먼저 불안, 스트레스, 지루함을 없애 주어야 한다.

다리 흔들기

나는 엄마 아빠 몰래 생긴 습관이 한 가지 있다. 바로 다리 흔들기다. 다리 흔들기는 다리를 앞으로 내었다가 뒤로 들였다가 하는 것이다. 나는 그게 4학년 2학기 정도에 생긴 것이다. 나도 몰랐는데 식탁에서 밥을 먹다가 '쿵 쿵 쿵' 하는 소리가 나서 밑을 보았다.

"아!"

동생이 그러는 줄 알았는데 바로 내가 그러고 있다.

나는 급식 먹을 때 앞사람 눈치를 보면서 신경도 써야 한다. 나는 점심시간에 줄을 설 때도, 급식을 받을 때도, 먹을 때도 다리를 자꾸 흔든다.

전번에 내 앞에 다영이가 있었다. 나는 밥 먹으면서 자꾸 다리를 봤다. 그런데 또 내가 다리를 떨고 있는 것이다. 나는 놀라 다영이를 보았다. 하지만 다행히도 다영이는 날 보고, "으응?" 하기만 했다. 나는

"아, 아아니." 했다. 속으로는 '휴우우우' 하고 한숨을 쉬었다. 정말 다행이었다.

체육 시간에 교실에서 이론 공부를 하는데 '쿵쿵' 소리가 나 책상 밑을 보니 나와 이희동이가 낸 소리였다. 하지만 다른 아이가 "이희동이가 소리 내었어요!" 하고 말해 버렸다. 그래서 이희동이만 꾸중을 들었다. 조금 미안했다.

지금도 다리를 흔들고 있다. 이 습관이 제발 없어졌으면 좋겠다. 엄마 아빠한테 들키고 싶지도 않다. 들키면 엄마가 "흔들지 마!" 하면서 혼내거나 잔소리를 하기 때문이다. 제발 엄마 아빠한테 안 들키고 이 습관이 없어졌으면 좋겠다. (4학년 여)

신경질, 스트레스, 두려움, 걱정, 조심, 지루함, 들뜸, 행복, 기쁨, 아픔, 수줍음, 부끄러움, 겸손, 어색함, 확신, 굴종, 우울, 무기력, 쾌활, 분노 같은 사람의 감정은 모두 발과 다리를 통해 나타날 수 있다고 한다. 이 아이가 다리를 흔드는 것도 이 가운데 어느 한 가지라고 보면 될 것 같다.

이렇게 아이가 다리 떠는 모습은 흔히 볼 수 있는데, 조금 그러다 없어지는 경우가 대부분이기 때문에 큰 걱정은 안 해도 된다. 문제는 어른이 버릇을 바로 고치겠다고 꾸중하는 것이다. 여러 번 말하지만 자꾸 나무라는 건 좋지 않다.

이밖에도 아이들의 버릇은 많다. 어떻게 해서 아이에게 그런 버릇이 생겼는지 그 까닭은 덮어 두고 겉으로 나타난 버릇만 탓하며 꾸중해서는 안된다는 것을 한 번 더 알아 두었으면 한다.

다시 말해 아이에게 좋지 않은 버릇이 있다면 마음 상하지 않게 일러 주고 스스로 고칠 수 있도록 도와주는 정도가 좋지 않을까 싶다.

아이들은 왜 꾸미려고 할까?

사람들은 대부분 옷으로, 화장품으로, 장신구로, 그 밖의 여러 가지 것
으로 몸을 꾸민다. 이렇게 몸을 꾸미는 것은 아름다움에 대한 인간의 본
능으로, 원시시대부터 있어 왔다고 한다.

몸을 꾸미려는 마음은 아이들이라고 크게 다르지 않다. 아이들이 꾸미
려고 하는 것은 본능도 있겠지만 어른들의 영향이 크다. 따라서 여기서는
몰래 어른 흉내를 내며 몸을 꾸미는 아이들의 마음을 조금 엿보겠다.

손톱 꾸미기

저녁은 지옥이다. 왜냐하면 숙제를 해야 하기 때문이다.

"다녀왔습니다."

"어, 그래. 갔다 왔나. 손 씻고 저녁 먹어라."

엄마와 아빠, 오빠는 먼저 저녁을 먹고 있었다. 나는 가방을 소파 위
에 던져 놓고 화장실에서 손 씻고 밥을 먹었다. 밥을 다 먹고 텔레비전
을 보고 있으니 어김없이 엄마가 잔소리를 한다.

"티브이 끄고 방에 들어가 숙제해라."

나는 엄마 잔소리가 듣기 싫어 방에 들어와 숙제를 하려고 책을 폈
다. 그런데 왠지 하기 싫고 귀찮다. 그래서 멍하게 앉아 있었다. 그런
데 그때 무언가 생각이 났다.

"아!"

나는 책꽂이 밑에 장식품이나 액자를 놔두는 공간 옆에 있는 조그 만 세 칸짜리 서랍에서 맨 위의 손잡이를 잡고 그 통을 아예 꺼내었다. 그 칸에는 여러 가지 색과 여러 가지 디자인의 매니큐어가 들어 있고, 매니큐어를 지우는 아세톤과 솜, 손톱을 예쁘게 꾸며 주는 스티커가 들어 있다. 일명 네일아트 통이다.

네일아트를 하기 위해 마음에 드는 매니큐어와 스티커를 골랐다. 내가 고른 것은 얼마 전에 새로 산 회색과 반짝이가 섞인 매니큐어와 소의 얼룩무늬인 검정색 무늬 스티커이다. 나는 매니큐어 뚜껑을 열었 다. 그러니 아세톤 냄새가 내 코를 찌릿하게 자극했다.

먼저 손톱 위에 매니큐어를 예쁘게 바른 다음 입 바람으로 불어 말 려서 스티커를 손톱에 한 개씩 붙였다. 그리고 스티커가 다시는 떨어 지지 않게 그 위에 투명색 매니큐어로 덮었다.

이렇게 나는 머리가 복잡하고 답답할 때는 엄마 몰래 나 혼자 네일 아트를 한다. 만약 그러다가 엄마한테 들키면 "니 또 무슨 야시짓 하 노!" 이런다.

그래도 나는 공부나 숙제를 하다가 잠깐만이라도 이런 짓을 하면 스트레스도 풀리고 재미있다. (4학년 여)

이 아이는 어머니한테 잔소리를 듣고 짜증이 날 때나 머리가 복잡하고 답답할 때 이렇게 어머니 몰래 손톱 꾸미기를 한다고 했다. 다른 아이의 글을 보니, 몰래 손톱에 매니큐어를 바르다 어머니께 들켜 꾸중을 듣는다. 그래도 엄마가 없을 때 또 바르겠다고 한다. 엄마 몰래 립스틱도 발라 보 고 마스카라도 하면서 논다는 아이도 있다.

자주 그러지 않고, 정도가 심하지 않다면 이 정도쯤은 슬쩍 눈감아 주는 것도 괜찮을 듯싶다. 이렇게 하면서 아이들은 아름다움에 조금씩 눈을 뜨고, 더 나아가 참된 아름다움도 찾아가지 않겠나.

무스

토요일 날 엄마 아빠, 형 모두 나갔다. 나는 두리번거리다 무스를 발견했다.

"우와! 재미있겠다." 하고는 바로 무스를 꺼내었다. 그리고 목욕을 한 번 하고 머리를 말리고는 발라 보았다. 가슴이 뭉클하고 향기가 좋았다. 머리가 꼿꼿해졌다.

난 또 이것을 뒤로 넘겨 보았다.

"와아!"

머리가 불꽃처럼 뒤로 꼿꼿이 섰다. 정말 신기하였다.

"이야아, 짱이다!"

나 혼자 소리쳤다.

나는 머리카락을 막 만졌다. 그리고 뒤로 넘겨 보니까 꽤 멋있었다.

그런데 마침 형이 온 것이다. 그래서 형도 발랐다. 나와 형은 막 머리카락으로 장난을 치기도 했다.

엄마 아빠 오는 소리가 들렸다. 우리는 바로 옷을 벗고 목욕하러 들어갔다. 엄마 아빠는 정말 모르고 있었다.

"형, 재미있지?"

"응. 다음에 또 하자."

"그래!"

이 남자아이는 아버지의 무스를 몰래 발라 보고는 매우 재미있어 한다. 아버지가 무스를 바르며 멋 내는 모습을 많이 보아 왔으니까 호기심 많은 아이들은 이렇게 따라해 보는 것이다. 무스를 바르면 머리카락 모양을 자기가 하고 싶은 대로 꾸며 볼 수 있으니 얼마나 재미있겠나.

아버지가 향수를 뿌리는 모습을 보고 흉내 내는 아이의 글도 있다. 마치 자기도 아버지처럼 된 모습을 상상하며 마음껏 즐거워한다. 남자아이들은 이렇게 해서 어른 남자로 자랄 테다.

그런데 이제는 사람들이 몸을 꾸미는 것이 너무 지나쳐서 오히려 그 사람만이 가지고 있는 아름다움이 사라지는 것 같아 참 아쉽다. 요즘은 이르면 초등학교 고학년 여자아이나 중학교 여자아이들이 화장을 하고 다니는 모습을 흔히 본다.

요즘 나오는 여러 가지 화장품은 몸에 해로운 물질은 안 넣었다고 하지만, 자기 몸에 맞지 않는 것을 쓰거나 잘못 써서 해를 입는 사람도 적잖다. 아이들 몸에는 더 해로울 수 있으니 함부로 쓰지 않도록 해야 한다. 더구나 초등 아이들에게 파는 조잡한 화장품 같은 것들은 몸에 해로운 물질이 많이 들어 있을 수도 있으니 조심해야 한다.

아이들은 어른들이 하는 목걸이, 반지, 귀걸이, 팔찌, 발찌, 브로치 같은 장신구에도 관심이 아주 많고, 장신구로 꾸미고 다니는 아이들도 많다. 어머니의 장신구로 몰래 자기 몸을 꾸며 보기도 한다. 이것도 정도가 지나치지 않도록 하는 게 좋겠다.

아이들은 남의 몸을 보면 어떤 생각을 할까?

내 몸을 내가 보아도 놀랄 때가 있다. 언제 이렇게 살이 쪘지, 언제 이렇게 주름살이 생겼지, 얼굴에 점은 또 언제 생겼지……. 그만큼 평소에는 내 몸도 자세하게 잘 모른다는 말이다.

목욕탕에 가면 다른 사람의 몸을 슬쩍슬쩍 보기도 하는데 그만큼 다른 사람의 몸에도 궁금증이 많다는 것이겠다. 내 몸은 다른 사람과 견주어 어떻게 생겼을까, 살이 너무 찐 건 아닐까, 배가 너무 나온 건 아닐까, 그러면서 나는 저 사람보다는 날씬하구나, 저 사람보다 내가 더 건강하구나 하면서 자신감을 가지며 보란 듯이 걸어 다니기도 한다. 나보다 더 날씬한 몸매를 가진 사람을 보면 조금 부끄러워하면서 살찐 부분을 은근슬쩍 가리기도 한다.

아이들은 호기심이 더 많다. 어른들 몸을 보면 자기보다 다른 점이 많으니까 신기하기도 하고 이상하기도 할 것이다. 더구나 자라면서 자기와 다르게 보이는 성징을 보면 더욱 그럴 테고. 이성의 몸에 대해 궁금한 것도 많아진다.

가슴

저번주 금요일 밤에 엄마와 목욕탕에 갔다.

"열쇠 주세요."

"네."

엄마와 나는 열쇠를 받았다. 나는 받은 열쇠를 번호에 맞게 찾아가서 옷장을 열었다. 그리고 옷장에 옷을 다 벗어서 정리해 놓았다. 나는 옷을 벗을 때 먼저 잠바를 벗고 바지를 벗고 내복을 벗고 속옷은 아래

것을 먼저 벗고 가슴을 제일 뒤에 벗었다.

열쇠를 발목에 끼우고 몸무게를 재었는데 키가 커서 그런지 '2킬로그램'이나 살이 쪘다. 엄마도 요즘에 내가 살이 쪘다고 하고 얼굴도 많이 통통해졌다고 한다. 내가 보아도 그런 것 같았다. 옛날에는 갸름했는데 이제 거의 통통해지려고 하고 있다. 또 몸매도 전에는 날씬하지도 않고 보통이었는데 점점 살이 찌면서 이제 통통해지려고 하고 있다.

나는 목욕탕으로 들어갔다. 안으로 들어가니 평일인데도 내 또래 아이들이 많았다. 나는 엄마와 자리를 잡고 앉아서 몸을 대충 씻었다. 그리고 탕에 들어갔다. 내 또래 한 아이가 지나갔다. 그런데 그 여자아이가 너무 부러웠다. 왜냐하면 몸매가 날씬하고 아직까지 성장이 느린지 가슴이 튀어나오지 않았기 때문이다. 나는 지나가는 것을 보고 이렇게 생각했다.

'와, 좋겠다! 나도 가슴이 안 튀어나왔으면 좋겠는데……. 나도 어릴 때는 가슴이 안 튀어나왔는데. 부럽다!'

같은 여자아이끼리라도 나는 그런 그 아이가 부러웠다. 나는 걸을 때도 어깨에 힘이 빠졌고 고개도 약간 숙였고 얼굴에 손을 대는 척하면서 팔로 가슴을 가렸다.

나는 옛날로 돌아가고 싶었다. 옛날에는 지금처럼 통통한 수준에 가까워지지 않고 보통이고 몸무게도 보통으로 나갔고 가슴도 튀어나오지 않았다. 또 그래서 목욕탕에서 가슴을 훤하게 펼치고 자신감이 있게 다녔다.

그때였다. 어떤 여자아이 한 명이 또 지나갔다. 그런데,

이 아이는 가슴이 커지기 시작하면서 자기 모습을 다른 사람에게 내보이기를 부끄러워한다. 새롭게 변하는 자기 모습이 또래 다른 아이들과는 조금 달라 이상하게 느껴지기 때문이다. 하지만 이러면서 차츰 자기 모습을 자연스럽게 받아들이고 스스로 귀하게 잘 가꾸어 나갈 것이다.

아이들에 따라서는 자기 또래 다른 아이들과 견주어 가슴이 너무 작거나 크든지, 엉덩이가 다른 아이들보다 좀 튀어나왔거나 크다든지 하면 지나치게 걱정하는 아이도 있다. 사람에 따라서 좀 일찍 자라거나 늦게 자랄 수도 있고, 더 크거나 덜 클 수도 있다는 걸 부모들은 아이에게 잘 일러주어서 아이가 너무 걱정하지 않도록 해야 한다.

남자아이들은 아버지 몸의 근육이나 허벅지 같은 건강한 모습을 보고 부러워하기도 하면서 남자 몸의 변화를 이해하고 남성다움을 배우기도 한다. 또 자기를 번쩍 들어 올리는 힘세고 늠름한 아버지 모습을 보며 아버지다운 모습을 배우기도 한다.

"야, 니 니 니. 다시 일로 와 봐라."

그러자 오빠는 싫다고 하면서 자꾸 뒷걸음을 쳤다. 그러니까 엄마도 막 달려와서 아빠에게 물었다. 그러니까 아빠가 대답해 줬다.

"그러니까 이게(오빠) 털이 나더라고."

그러니까 엄마도 막 웃었다.

나는 엄마와 아빠가 무엇 때문에 웃는 것인 줄 몰랐다. 그래서 오빠 방에서 나와 아빠 주위를 기웃거렸다. 갑자기 엄마가 오빠 바지 고무줄을 살짝 당기더니만 막 웃었다. 나는 고개를 갸우뚱거렸다. 갑자기 아빠가 오빠 바지를 살짝 내렸다. 나는 그 틈을 타서 오빠 다리를 봤다. 정말 충격이었다. 오빠 고추에서 털이 나고 있는 것이다. 나는 저절로 "헐!"이 소리가 나왔다.

나는 단지 그것밖에 할 말이 없어서 입을 벌린 채 가만히 있었다. 엄마와 아빠는 그런 나를 보고 막 웃었다.

아빠는 오빠에게 웃으면서 말했다.

"야, 이런 거 있으면 아빠한테 진작에 말했어야지."

엄마는 웃으면서 궁금하다는 듯이 말했다.

"여름 방학 때는 없었는데? 언제 생겼지?"

내가 본 오빠의 고추는 정말 말로 할 수가 없었다. 징그럽다고나 할까? 흉측한 것까진 아니라도 혐오감을 느낄 정도였다. 나는 오빠의 고추를 본 후에는 몸이 얼어 버려서 그 자리에서 꼼짝도 할 수 없었다.

그런데 엄마와 아빠는 그런 나와 오빠를 보고 웃었다. 도대체 뭐가 웃긴 거지? 나는 이해가 가지 않았다. 이렇게 충격적인 것을 보고도 그저 웃기만 하다니…… 도대체 무슨 생각을 가지고 있는지 모르겠

다. 정말 징그러웠는데……. (4학년 여)

여자아이로서는 쉽게 볼 수 없는 오빠의 성기를 보고 충격을 받았단다. 징그럽고 혐오감을 느낄 정도라고도 했다. 여자와 아주 다른 모습이니까 놀랐을 것이다. 따라서 여자아이들도 남자아이의 몸이 자라는 과정을 어느 정도 알 수 있도록 하는 게 필요하다.

아이들이 몸을 어떻게 생각하는지 살짝 엿보았다. 부모는 자기 아이라도 아이의 몸을 아주 작은 부분까지 속속들이 알지 못하는 경우가 많다. 그러다 보면 아이에게 문제가 일어날 수도 있을 테니 언제나 깊이 관심을 가지고 살펴보아야 한다.

3장

아이들과
옷,
그리고
물건

아이들은 옷이나 물건을 어떻게 생각할까?

우리 어릴 때는 설이나 추석 같은 명절 때가 아니면 새 옷 입는 것은 쉽지 않았다. 내 마음에 드는 옷을 골라 입는 것은 생각할 수도 없었고. 이제는 옷이 넘친다. 내 마음대로 옷을 골라 입을 수 있다. 몸에 맞고 활동하기에 편한 옷은 말할 것도 없고 자기에게 잘 어울리는 멋있고 예쁜 옷으로 골라 입을 수 있게 되었다는 말이다.

하지만 아이들은 제 마음대로 골라 입는 것이 쉽지 않다. 부모 생각에 크게 영향을 받기 때문이다.

아이들은 어떤 옷을 입고 싶을까?

아이들은 제 마음에 드는 옷을 입고 싶어 한다. 추운 겨울이라도 반바지를 입고 싶으면 입어야 하고, 한여름이라도 오리털 잠바를 입는 것이 멋이라고 생각하면 기어코 입어야 하는 게 요즘 아이들이다.

아이 옷을 고를 때, 옷 입는 아이의 생각과 옷 입히는 부모의 생각이 아주 다른 경우가 많다. 그렇다 보니 다툼이 자주 일어나기도 한다. 어른은 어른의 눈높이로, 아이는 아이의 눈높이로 옷을 보기 때문이다. 그러고 보면 아이가 입을 옷이고, 어른들보다는 아이들끼리 서로 견주어 보는 일이 더 많으니까 아이가 옷을 고르게 하는 것이 맞을 것 같다. 그래도 품질이나 기능은 부모가 잘 이야기해 주는 게 좋다.

내 마음 모르는 엄마

지난주에 엄마와 함께 이마트에 갔다. 거기에는 알록달록한 양말, 신발, 옷 등 다 있었다. 나는 엄마와 함께 바지 있는 곳으로 갔다. 거기엔 신상품 바지가 있었다. 나는 엄마한테 노란색 스키니 바지를 가리키며 환하게 웃는 표정으로, "엄마, 나 이거 예쁜데 사면 안 돼?" 하고 말했다. 그런데 엄마는 스키니 바지 말고 편한 바지를 집으며 단호하게, "안 된다! 그거 말고 편한 바지 입어라, 응?" 하고 말했다. 나는 얼굴을 찡그리며, "아니, 이게 더 패션이 살아 있지 않나? 좀 멋있고. 그러니깐 이거 사자. 난 이게 더 마음에 들어." 하고 말했다. 하지만 엄마는 내 마음을 모르는지 자꾸만 "안 된다고 했지!" 했다.

나는 한숨을 쉬고 얼굴을 찡그리며, '아이 씨이, 나는 좀 패션 있게 보이려고 하는데 자꾸만 안 된대. 아아, 진짜 짜증 나!' 하고 속으로 말했다. 엄마는 화를 내며 "얼굴 찡그리지 마라! 너 혼난다?" 했다.

나는 그만 울컥했다.

"아니, 내가 입는 건데 왜 내가 못 정하냐구!"

이러며 입을 쑥 내밀었다. 엄마는 그걸 보고 또 소리쳤다.

"입 넣어라!"

"씨이, 난 원래 입 나왔다! 엄마가 그렇게 낳았잖아."

그러니까 엄마는 웃으며 다시 살살 꼬셨다.

"그랬나? 윤정아, 그런데 일단 이거 사라. 집에서 편하게 입는 게 낫잖아, 으응?"

엄마는 결국 편한 바지를 샀다. 나는 얼굴을 잔뜩 찡그리며 집으로 왔다. 집에 와서 입어 보니 이상하고 헐렁했다.

"아아, 진짜! 헐렁하고 이상해."

짜증을 막 내었다.

나는 내 멋대로 할 수 있는 게 하나도 없다. (4학년 여)

요즘은 스키니 바지가 유행이다. 그러니 아이들도 그걸 많이 입는다. 사회 분위기가 유행을 따르지 않으면 뒤처진 사람이 되게 만든다.

이 아이 어머니는 편하게 입을 수 있는 바지를 사라 하고 아이는 스키니 바지를 사려고 하면서 맞선다. 끝내는 어머니가 원하는 헐렁한 바지를 샀고, 아이는 끝까지 못마땅해한다. 이렇게 되면 아이는 자기가 하는 일은 무엇이든 무조건 반대하는 사람으로 어머니를 받아들일 수 있다. 이런 일이 잦다 보면 나중에는 어머니가 시키는 일은 무슨 일이든 아이가 무조건 거부할 수 있다.

한 남자아이는 해골 그림이 그려진 옷을 입고 싶어 한다. 하지만 어머니는 못마땅해한다. 어머니는 그런 그림이 그려진 옷은 불량스럽고 흉측하다고 생각하는 것 같다. 나쁜 사람들의 집단 표시나 죽음의 표시로 나타낸 해골 그림이나 깡패들의 문신 같은 것을 생각했기 때문이 아닌가 싶다. 아이의 생각은 다르다. 해골 그림이 다른 것과 구별된 것이고 멋있는 남성스러움의 상징으로 받아들인다. 남자아이들의 집단 소속 심리도 영향을 미쳤을 테고.

아이들의 마음을 좀 헤아려 주면 좋겠다. 잘 타이르면서 권해 보다가 안 되면, '뭐 저런 옷도 입을 수 있지, 아이들 사이에서 이런 걸 멋있다고 하나 보다' 하고 어른이 마음을 바꿔 버리면 그만이다. 그러면 불편하게 보이던 옷도 좋게 보일 것이다. 아이는 자기가 원하는 그림이 그려진 옷을 고르면서 스스로 무엇을 결정하는 힘도 기를 수 있고, 제 나름대로 멋이나 개성도 키워 나갈 수 있다. 창조성도 그렇게 해서 길러지지 않을까 싶다. 어른이 조금만 더 넉넉한 마음으로 아이 생각을 받아들여 보자.

그런데 아이들 정서에 좋지 않은 그림이나 글이 있는 옷도 더러 있다. 그런 옷을 만들어 내는 제정신 안 박힌 어른이 아주 깨끗이 없어지지는 않을 테니, 아이들이 스스로 옷을 가려 입을 줄 알도록 하는 것도 부모가 할 일이다.

한 아이의 글을 보니, 아침마다 무슨 옷을 입을까 걱정을 많이 한다. 이렇게 옷 입는 것에 신경을 많이 쓰는 아이한테 어머니는 사촌 언니의 옷을 입으라고 한다. 아이는, 사촌이라도 남이 입던 옷인 데다 몸에 맞지도 않고 마음에 들지도 않는 옷을 어떻게 입느냐며 안 입으려 한다. 어머니가 억지로 입히려고 하니 끝내는 아이가 아주 심하게 반발한다.

이렇게 아이가 원하지 않을 때는, 한 번씩 다른 옷을 입으면서 변화를 주어야 그 옷이 더욱 돋보인다든지, 입고 싶을 때 한 번 입어 보라든지 권하는 정도로 해 두면 뒤에 아이 스스로 입기도 할 테니 너무 억지로 입히려고 하지 않는 것이 좋다.

한 여자아이는 어머니가 자기한테 물어보지도 않고 공주풍 옷을 사 와서 아주 못마땅해한다. 어머니야 아이에게 예쁘고 좋은 옷을 입히려고 그랬겠지만 아이는 구식이라면서 받아들이지 않는다. 이 아이는 편하게 입을 수 있는 옷이 좋단다. 치마도 청치마를 입고 싶어 한다.

한 남자아이의 글을 보니, 어머니가 아이에게 자꾸 노란색 티셔츠나 회색 바지를 사 준다. 아이는 노란색 티셔츠가 80퍼센트나 되고, 회색 바지가 70퍼센트나 된다고 했다. 아이가 또렷하게 좋아하는 색깔과 모양이 있는데도 어머니는 자기가 좋아하는 색 옷을 아이에게 억지로 입힌다. 그래서 아이는 자꾸 짜증을 낸다. 오죽했으면 "나는 정말 내가 원하는 옷 한 번이라도 입어 보았으면 좋겠다"고 했을까. 아이 스스로 자기가 좋아하는 색깔과 좋아하는 모양의 옷도 골라 보아야 색감이나 아름다움을 보는 눈이 길러진다. 부모 취향으로만 옷을 입히다 보면 아이가 자라서 개성도 없이 유행만 좇거나 유명 상표 옷이나 입으려고 할 수도 있다.

아이들은 입기 싫은 옷을 부모가 억지로 입으라고 할 때는 부모 몰래 엉뚱한 행동도 한다.

비밀 옷 입기

고학년이 되면 옷, 머리 등 외모에 신경을 많이 쓰게 된다. 특히 사춘기가 심한 5학년 때, 우리 반에도 외모에 신경을 쓰는 친구들이 많다. 그 가운데 어른들이 잘 모르는 것이 있다. 바로 옷 바꿔 입기. 나도 한번 해 보았지만 너무 불편하고 눈치 보여서 하지 않는다. 하지만 내가 알기론 그런 친구들이 꽤 있다.

예를 들어서 나는 짧은 바지에 튀는 옷을 입고 싶은데 엄마, 아빠들은 못 입게 한다. 그러면 엄마, 아빠가 회사에 출근하고 나서 입고 오든가, 그 짧은 바지 위에다 긴 체육복을 입은 다음 학교에 오자마자 벗는 것이다. 나는 색이 좀 화려한 치마를 입고 가고 싶었던 적이 있었다. 그때 한 번 했지만 엄마, 아빠 얼굴 보기 힘들어서 이제는 하지 않는다.

옷에 관한 이야기 중 내가 겪은 일이 있다. 내가 좋아하는 롱 티셔츠가 있다. 거기에 쫄바지 말고 그냥 짧은 바지를 입고 싶었다. 하지만 빨아 놓은 쫄바지가 다 말라 줄에 걸려 있었다. 엄마는 틀림없이 그 쫄바지를 입으라고 할 것 같았다. 그래서 쫄바지를 잡아당기는 척하면서 물이 담긴 바가지 안에 떨어뜨렸다. 그러고는, "엄마, 쫄바지 물에 빠졌어!" 했다. 엄마는 달려와서, "어머나! 어떡하지? 일단 아무거나 입어라." 했다. 나는 마음속으로는 날아갈 듯 좋았지만 겉으로는 섭섭한 척했다.

내가 짧은 바지를 입고 나오자, 엄마는 "소영아, 설마 그거 입고 가게?" 하는 것이다. 나는 "입을 옷이 없어. 그렇다고 여기다가 체육복을 입어?" 하며 그냥 밖으로 나갔다. 엄마는 내 뒤에서 잔소릴 해 댔다. 그렇지만 속으로는 기분이 엄청 좋았다.

또 다른 이야기는 머리에 관한 이야기다. 옷은 예쁘게 입고 머리는 폭탄머리 하면 정말 우스꽝스러워 보인다. 그래서 집을 나와서는 엄마 몰래 삐삐 머리로 양쪽으로 묶든지 땋는다. 학교 가서 빗으로 깔끔하게 빗어서 한다. 머리를 하나로 묶거나, 옆으로 묶거나, 묶어서 망을 씌우는 건 길 걸어가면서도 할 수 있다.

만약 엄마, 아빠가 "야, 머리 그렇게 묶지 마. 동네 깡패 같잖아." 하면 일단은 풀고 학교 간다. 하지만 학교에 다다를 때쯤에는 재빨리 머리를 묶는다. 그리고 땋거나 삐삐로 묶는 거는 화장실 가서 거울 보고 하면 잘 된다.

하지만 이렇게 하면 엄마, 아빠 눈치가 보인다. 그리고 내게 무슨 말을 걸면 순간 움찔하게 된다. 비밀이 들통나지는 않지만 그래도 엄마, 아빠가 눈치채지나 않을까 모르겠다. (5학년 여)

여자아이들은 더욱 옷 입는 것에 신경을 많이 쓰는데 어머니 아버지가 간섭하면 이렇게 속여서라도 자기가 입고 싶은 옷을 입는다. 글에서 보는 것처럼 친구들끼리 옷을 바꿔 입기도 한다. 또 어머니 아버지가 모두 회사에 가는 아이들은 부모가 회사에 출근하면 자기가 입고 싶은 옷을 입기도 한다. 체육을 하는 날은 집에서부터 체육복을 입고 학교에 오는데, 체육을 하지 않는 날도 입고 싶은 옷 위에다 체육복을 입고 학교에 와서는 벗어 버린다. 어떤 아이들은 승강기에서 체육복을 벗기도 한다.

글을 쓴 아이는 더욱 교묘한 방법을 쓴다. 어머니가 입고 가라는 옷을 빨랫줄에서 걸어 내리면서 일부러 물에 빠트리고는 실수한 척한다. 그렇게 해서 자기가 입고 싶은 옷을 입는다. 머리 모양도 집에서는 어머니가 하라는 대로 하고, 나와서는 자기가 하고 싶은 대로 묶는다고 했다.

한 남자아이는 입기 싫은 바지를 어머니가 자꾸 입으라고 하니까 몰래 숨긴다. 숨겨 놓고 어머니에게 거짓말까지 한다. 입기 싫은 옷을 네 개나 숨겨 놓았단다.

아이에게 강제로 이렇게 해라, 저렇게는 하지 마라 하면 잠깐은 그 행동을 멈추게 할 수 있지만 마음까지 변화시킬 수는 없다. 오히려 거짓말하는 버릇만 키우기 십상이다. 이 옷 입어라, 저 옷은 입지 마라 하는 것도 마찬가지다.

아이들은 어떻게 옷을 입을까?

예전에는 남방이나 티셔츠 아래쪽을 바지 속에 꼭 넣어 입었는데 어느 때부터 바지 밖으로 내어 입기 시작했다. 그러더니 요즘은 꽉 끼는 바지를 입고 엉덩이를 가리는 긴 윗옷을 입는 것이 유행이다.

사람마다 옷 입는 취향과 방식도 다르다. 조금만 추워도 두툼한 외투를

아이들과 옷, 그리고 물건

입어야 하는 사람도 있고 아무리 추워도 두툼한 외투는 갑갑해서 못 입는 사람도 있다. 옷을 여러 겹 껴입는 사람도 있고 껴입기 싫어하는 사람도 있다. 또 윗옷을 입을 때 겉옷 단추를 풀어 헤쳐 입는 사람도 있고 위쪽 단추 한두 개만 풀어 놓는 사람, 하나하나 꼭꼭 채워야 하는 사람도 있다. 활동하기 편한 옷을 좋아하는 사람도 있고 정장 차림을 좋아하는 사람도 있다.

그것뿐 아니다. 옷 입는 순서도 사람마다 다르다. 윗옷을 먼저 입고 아래옷은 뒤에 입는 사람도 있고 아래옷을 먼저 입고 윗옷을 입는 사람도 있다. 양말을 먼저 신고 옷을 입는 사람도 있고 양말을 가장 나중에 신는 사람도 있다.

아이들도 나름대로 옷 입는 방식이 있다. 한 아이 글을 보니, 어머니는 날씨가 춥다고 아이에게 옷을 많이 껴입혔는데, 열이 많은 이 아이는 낮에 무척 더워 힘겨웠다고 한다. 겨울에 아이들이 옷 입은 모습을 보면 너무 많이 껴입는다 싶을 때가 참 많다. 얼음 구덩이에 내버려 두어도 안 춥겠다 싶다. 그러니 교실에 들어오면 겉옷을 벗어 놓는 아이들이 대부분이다. 겉옷은 그렇게 벗어 놓으면 되는데 속에 껴입은 옷은 벗기가 어려워 힘들어하는 아이들도 더러 있다. 옷을 껴입는 것도 아이들 의견을 따를 필요가 있다. 이렇게도 입어 보고 저렇게도 입어 보면서 시행착오를 거쳐야 어떨 때는 어떻게 입는 것이 좋은지 아이 스스로 찾아 나갈 수 있다.

일본의 유치원 아이들은 겨울에도 일부러 반바지를 입게 한단다. 어릴 때부터 추위를 견딜 수 있도록 강하게 키우려고 그러는 게 아닌가 싶다. 옷을 너무 껴입혀서 과보호하기보다는 어릴 때부터 조그만 추위쯤은 견딜 수 있도록 단련시키면서 강하게 키워야 더욱 건강하게 자라지 않겠나. 어쨌거나 아이들은 활동을 많이 하니까 활동하기 편한 옷을 입히는 것이 좋다.

엄마 몰래 치마 짧게 해서 입기

나는 왠지 치마를 입고 싶었다. 그래서 엄마에게 말했다.

"엄마, 나 치마 입을래."

"그래라."

"치마 골라 줘."

"그래."

엄마는 내 방으로 들어와 농을 뒤적거리더니 아주 긴 청치마와 하얀 티를 골라 주었다. 나는 너무 촌스러워서,

"엄마, 이 치마 너무 긴 거 아냐?"

내 예상대로 엄마는 이렇게 말했다.

"원래 이런 것도 입으면 이쁘다."

"예."

나는 순순히 그냥 "예." 하고 대답했다. 아침부터 엄마를 성질나게 하기는 싫었기 때문이다.

'나는 이런 거 입는 거 싫어하는데……. 아줌마 시대에 입는 걸 요즘 누가 입는대, 치이.'

내 마음에는 정말정말 촌스럽지만 그냥 입었다. 입으니 무릎 밑까지 왔다. 이런 치마는 나한테 딱 질색이다. 거실로 나왔다. 부엌에 있던 엄마가 보고는,

"아이구, 미현아. 이쁘다!"

"네에? 아, 네. 하하하……."

나는 억지웃음을 웃으며 밥을 먹고 위에는 간단히 스웨터를 입고 가방을 메었다. 그리고 문 앞에 서서 "학교에 다녀오겠습니다." 하고는

현관을 나섰다.

"에이, 이거 진짜 맘에 안 든다. 엄마는 뭘 좀 알고 그카나. 진짜 짜증 나게시리."

나는 가방을 놓고 치마를 올렸다.

"그래. 이 정도는 돼야지."

아주 초미니스커트로 만들었다. 완전 가슴까지 끌어올려 치마 끝이 허벅지 위에 오도록 올렸다. 그리고 학교로 갔다.

가는 길에 자꾸자꾸 치마가 내려왔다. "아아, 놔! 이거 입고 오는 거 아닌데." 내려오는 치마를 아무도 못 보게 해서 잡았다. 그리고 학교까지 겨우겨우 갔다.

"휴우."

학교에서도 자꾸자꾸 내려왔다. 그래서 쉬는 시간에 화장실에 가서 올렸다.

학교를 마치고 와서는 다시 치마를 한 번 더 올린 다음 학원에 갔다. 학원에서 들어갈 때와 나올 때 또 한 번씩 올렸다.

학원 마치고 집에 오니 엄마가 있었다.

'아, 맞다!'

나는 급히 치마를 내렸다.

"다녀왔습니다."

"그래."

나는 다시 치마를 벗어 버렸다.

'다음부터는 엄마가 골라 주는 치마 절대로 안 입을 거다, 내가 골라 입지.' 하고 생각했다. (4학년 여)

이 아이는 치마를 짧게 입으려고 한다. 어머니가 긴 치마 보고 예쁘다고 하니, 아이는 속으로 촌스럽다고 한다.

아이마다 그 아이만의 옷 입는 방식이 있을 터이다. 아이의 방식을 못마땅하게 여겨서 나무라거나 막지만 말고 아이 의견을 존중해 주고, 혹시라도 안 좋은 버릇이 있다면 스스로 바르게 고치도록 도와주면 된다.

아이들은 남이 옷 입은 모습을 어떻게 볼까?

어른도 그렇지만 아이들도 남의 옷을 예사로 보아 넘기지 않는다. 지나가는 사람을 유심히 보기도 하고 안 보는 척하면서도 곁눈으로 슬쩍슬쩍 보기도 한다. 그래서 제 나름대로 멋있다든지 예쁘다든지 하는 판단을 한다. 때로는 아주 구체로 뭐가 어떠해서 멋있고, 뭐가 어떠해서 별로 예쁘지 않다는 판단을 내리기도 한다. 그래서 자기보다 멋있거나 예쁠 때는 부러워하기도 하고 자기도 그렇게 되고 싶어 한다. 반대로 다른 사람이 자기보다 못하다 싶을 때는 우월감을 갖기도 한다.

누구나 남들이 자기가 입은 옷을 보고 예쁘다고 칭찬하면 더욱 좋아한다. 왜 그럴까? 스스로 멋있게 또는 예쁘게 옷을 입었다고 생각은 해도 정말 그런지는 긴가민가한데 다른 사람이 그렇다고 하면 객관으로 검증되기 때문이다.

수진이의 옷

수진이는 나와 둘도 없는 친구다. 그런데 수진이는 언제나 예쁜 옷만 입고 다닌다.

아이들과 옷 그리고 물건

전번에 수진이와 친구 두 명이 같이 놀 때였다. 우리가 모두 플러스 할인마트 앞에서 만나기로 했다. 모두 먼저 와서 수진이를 기다리고 있었다. 저 멀리서 수진이가 우리를 불렀다.

"얘들아!"

"수진아!"

수진이를 봤다. 수진이는 아주 예쁜 쫙 쫄리는 긴 바지를 입고 있었다. 무릎 쪽에는 약간 하얀색이고 가장자리는 약간 청색이었다. 정말 예뻤다. 그리고 위의 옷은 허벅지까지 오는 옷에다가 토끼털로 된 조끼를 입고 있었다. 나는 그것을 한번 입어 보는 것이 소원이다.

나는 수진이에게,

"수진아, 나 이 옷 한 번만 입어 보자."

"너한테는 별로 안 어울릴걸?"

나는 수진이가 너무 부러웠다.

놀다 집에 왔다. 엄마한테 말했다.

"엄마, 수진이는 정말 예쁜 옷 입고 있어. 엄청 예뻐."

"그래서? 사 돌라는 이야기가?"

"네."

"니 참 부모 잘못 만났다. 그냥 수진이 엄마 만나지."

나는 그만 시무룩해졌다.

나는 정말 예쁘고 유행인 옷을 입고 길거리에 자랑스럽게 가고 싶다. 그런데 나는 언제나 언니 것 사촌 것 이런 것만 입으니 정말 짜증난다. (4학년 여)

아이는 수진이가 입고 있는 옷을 부러워하며 자기도 그렇게 입어 보고 싶어 한다. 그래서 어머니한테 사 줬으면 하는 마음으로 넌지시 말해 보지만 돌아오는 건 "니 참 부모 잘못 만났다. 그냥 수진이 엄마 만나지" 이런 말이다. 아이는 그만 크게 실망하고 만다. 실망감이 클수록 외려 수진이처럼 입고 싶다는 마음이 더 커질 수 있다.

아이가 "엄마, 수진이는 정말 예쁜 옷 입고 있어. 엄청 예뻐" 하면, 어머니는 "그래, 우리 혜미가 수진이처럼 예쁜 옷을 입고 싶구나. 우리 혜미가 그렇게 차려입으면 더 예쁠 거야" 이렇게 아이 마음을 받아들여 주며 토닥여 주어야 한다. 그리고 월급 받으면 사 주겠다든지, 못 사 주면 어떻게 해서 못 사 준다든지 하는 사정을 아이한테 잘 이해시키고 아이 마음을 달래 주어야 한다.

어른들도 마찬가지지만 아이들도 다른 아이가 예쁘고 멋있는 옷을 입고 있으면 자기도 입고 싶은 마음이 생기는 것은 당연하다. 하지만 아이가 옷에 너무 집착한다든지 집안 형편보다 더 욕심내어 옷을 사 입고 싶어 하는 것은 옳지 않다. 원하는 옷을 다 사 줄 수 있는 형편이 되어도 아이답게 입혀야 한다.

아이들 가운데는 반항의 표시로 남보다 튀는 옷을 입기도 하는데 그게 꼭 나쁘다고만 할 수 없다. 오히려 개성을 살릴 수 있는 기회가 될 수도 있으니 아이를 너무 나무라지 않았으면 한다.

또 아이들은 또래 집단에 소속되는 옷을 매우 중요하게 생각하는데 그게 부모의 기대와 다르면 부모와 맞서기도 한다. 어른들은 아이들의 그런 마음도 잘 헤아려 주었으면 싶다.

어쨌든 아이들의 옷은 튼튼하면서도 활동하기 편한 것이 먼저란 걸 잊지 말길 바란다.

아이들은 속옷과 잠옷을 어떻게 입을까?

속옷과 잠옷은 사람의 건강과 바로 이어진다. 몸(살갗)에 바로 닿고 활동에도 영향을 주기 때문이다.

그런데 아이들이 속옷이나 잠옷을 입는 방식도 여러 가지다. 어떤 아이는 헐렁한 속옷을, 어떤 아이는 꼭 맞는 속옷을 좋아한다. 조금만 찝찝해도 바로 속옷을 갈아입는 아이도 있고 잘 안 갈아입으려고 하는 아이도 있다. 또 한겨울에도 긴 내복을 안 입으려고 하는 아이도 있다.

잠옷도 꼭 입어야 편하게 자는 아이도 있지만 속옷 바람으로 바로 자려는 아이들도 있다. 또 속옷이나 잠옷도 디자인이나 색깔, 무늬나 그림 같은 것을 가려 입는 아이도 있다.

한 식구라도 다른 식구의 속옷을 입는 것은 아무래도 좀 마음에 걸린다. 그런데 한 아이 글을 보니, 처음엔 좀 찝찝했는데 자꾸 입다 보니 점점 쉽게 입게 되었다고 한다. 더구나 여자아이가 남동생 팬티까지 그냥 입는다. 아이가 아무거나 입게 된 것은 식구별로 속옷을 잘 구분해서 정리해 놓지 않았기 때문일 테다. 잘 정리해 놓지 않으면 형제간의 속옷은 잘 구분이 안 되어 때로는 서로 제 옷이라고 다투기도 한다. 그러니까 언제라도 스스로 찾아 입을 수 있도록 잘 정리해 두어야 하는 것은 말할 것도 없고 나이가 비슷한 아이들의 속옷은 누구 것인지 표시해 두는 것이 좋다.

속옷

내가 입었던 옷은 항상 보면 얼룩이 져 있다. 특히 팬티가 가장 심하다. 한 번은 이런 적도 있다.

나는 안방에서 팬티를 갈아입으려고 벗었다. 그런데 팬티 안쪽 부분에 얼룩이 져 있었다.

"헉!"

그런데 갑자기 엄마가 안방으로 들어오는 것이다. 나는 엄마에게 이 팬티를 보여 주기 싫었다. 그래서 얼룩진 부분이 보이지 않도록 내 옆에 놓았다. 최대한 아무렇게 놓아둔 것처럼 말이다. 그리고 나는 태연하게 새로 갈아입었다.

그런데 갑자기 엄마가 물었다.

"이 팬티 아까 니가 입었던 거 맞지? 세탁기에 넣는다?"

순간 나는 여러 가지 생각이 들었다. 엄마가 세탁기로 가져가는 동안 그 얼룩을 보면 안 되는데…… 나는 고민 끝에 이렇게 말했다.

"엄마, 내가 세탁기에 넣을게."

그러니까 엄마가 애교 있는 말투로, "엄마가 넣어 주고 싶어서 그러지잉." 하며 장난스럽게 말했다. 그러면서 내 팬티를 집어 들었다.

나는 끝까지 태연한 척했다. 하지만 속으로는 엄마에게 들킬까 봐 조마조마했다. 다행히 엄마는 그 얼룩을 보지 못하고 세탁기에 집어넣었다. 나도 모르게 안도의 한숨을 쉬었다.

도대체 왜 그렇게 얼룩이 묻는 거지? 그 이유를 모르겠다. 오줌을 흘린 적도 없고 일부러 무엇을 묻힌 적도 없는데…… 자꾸 그러면 어쩌지, 하고 걱정이 된다. 도대체 왜 그럴까? (4학년 여)

누구라도 입었던 속옷을 다른 사람에게 내보이기는 어렵다. 어머니에게라도 그렇다. 팬티에 무엇이 묻어 얼룩져 있으면 더욱 부끄럽다. 아무리 가까운 사이여도 "팬티에 왜 이렇게 얼룩이 졌어?" 이러며 이상하다는 듯

묻거나 놀리듯 말하지 말아야 한다. 아이가 매우 부끄러워하고 자존심 상해 하기 때문이다.

여자아이일 경우 생리 기미가 보이면 잘 일러 주어야 하고, 오줌을 지린 것이면 다른 이상은 없는지, 아이 자존심이 상하지 않게 살펴서 그 까닭을 해결해 주어야 한다.

한 아이의 글을 보니, 내가 어릴 때 일이 떠오른다. 그때는 종이가 귀해 똥 누고 엉덩이를 대충 닦았다. 엉덩이가 찝찝하고 가려우니까 팬티 위로 엉덩이를 닦고, 그러니까 또 팬티에 똥이 묻을 수밖에. 그런데 할머니가 식구들 다 있는데 내 팬티를 까뒤집어 보이며, "호철이 이눔 자슥, 니는 똥 쌌나. 빤쯔가 와 이렇노, 으이" 하는 것이다. 그러니 식구들은 "하하하" 웃고, 누나는 "얼렐레, 호철이는 똥싸개래요" 하면서 놀렸다. 식구들은 그냥 웃자고 그랬겠지만 난 정말 부끄러웠고 자존심도 무척 상했다.

한 아이 글에서도, 팬티에 오줌을 지리기도 하고 똥을 묻히기도 해서 엉덩이를 한 번 더 닦으러 화장실에 다시 가기도 한다고 했다. 아이가 숨기려는 사실을 어른들이 억지로 까밝혀 아이에게 수치심을 주지 않도록 해야 한다. 아이는 "다른 사람도 그런 일이 있는지 모르겠다" 했는데, 아이들은 누구나 비슷한 일을 겪는다.

잠옷 때문에 다툰 일

어제 저녁에 어머니와 다투었다. 나는 자기 전에 무조건 잠옷을 입고 자야 한다. 그래야 편하기 때문이다. 그런데 어머니는 조이는 긴 내복을 입고 자라고 한다. 그래서 잠잘 때는 정말 불편하다.

"오늘은 내복 입고 자라."

"안 돼요. 너무 불편하단 말이에요. 그리고 또 더워서 옷을 조금 걷어야 하는데 내복은 조여서 걷고 자면 피가 안 통해요. 그래서 잠옷 입고 자는 것이 편하고 시원해요."

"니는 왜 그렇게 예민한데?"

나는 직접 잠옷을 찾아보았다. 자꾸 찾아보아도 잠옷이 보이지 않았다. 잠옷이 두 개나 있는데 모두 어디로 갔는지 알 수가 없다.

어머니가 다시 잔소리를 했다.

"그냥 자라. 11시다."

"5분만 더 찾아보고요."

그래도 없었다. 어쩔 수 없이 내복을 입고 자러 들어갔다. 그런데 잠자리에 누워 베란다 쪽을 보니 낯익은 원숭이 그림이 보였다. 벌떡 일어나 가 보니 내 잠옷이다. 그래서 몰래 갈아입고 편하게 잤다.

(4학년 남)

잠잘 때는 이렇게 꼭 잠옷으로 갈아입어야 잘 자는 아이도 많다. 이런 아이는 미리 잠옷을 챙겨 주는 것이 좋겠다.

반대로 잠옷으로 갈아입기 귀찮아하는 아이들도 많다. 거치적거린다고 속옷 바람으로 자는 아이도 있을 테고, 잠이 퍼붓는데 잠옷으로 갈아입으려면 귀찮기도 하고 잠옷으로 갈아입다가 잠이 깰까 봐서도 잘 안 갈아입으려고 할 수도 있다.

속옷은 살갗에 바로 닿아 몸에서 나오는 묵은 찌꺼기들을 받아 내는 중요한 일을 하니까 자주 갈아입도록 버릇을 들여야 한다. 잠옷은 건강을 위해서 뿐 아니라 몸을 자유롭고 편안하게 하는 옷이니 입고 자는 버릇을 들이도록 하는 것이 좋다.

아이들은 어떤 신발과 양말을 신고 싶을까?

　내가 어릴 때는 목양말을 신었다. 목양말은 너무 잘 해어져 새것이 하루도 안 지나 구멍이 날 때도 많았다. 그래서 어머니나 할머니가 날마다 호롱불 아래서 식구들 양말 깁는 것이 일이었다. 요즘은 해진 양말을 기워 신는 사람은 거의 없다. 질이 좋아 잘 해지지도 않지만 해지면 그냥 내버리는 게 보통이다.

　신발도 질 좋고 편한 것으로 가려 신을 뿐 아니라, 자기가 좋아하는 모양으로 골라 신기도 한다. 그리고 여러 켤레를 두고 계절과 옷에 맞추어 신는다. 이렇게 마음대로 골라 신을 수 있으니까 오히려 부모와 아이가 자주 부딪치기도 한다.

엄마의 간섭

　엄마는 나의 양말, 신발에 대해 간섭을 많이 한다. 그래서 정말 짜증 나기도 한다.

　전번에 한번 엄마가 수면 양말을 사 주셨다. 근데 바닥이 고무라서 조금 찝찝했다. 찐득찐득한 느낌이 드는 게 기분이 아주 안 좋았다. 그런데 엄마는 "이거 마음에 드나?" 하고 묻는다.

　"아니."

　"왜?"

　"고무 때문에 찝찝하고 짜증 난다."

그래도 엄마는 "사 줬으면 고맙다고 받아야지." 했다.

나는 엄마가 멋대로 그러는 게 너무 싫었다. 그래서 나는 "엄마, 그냥 나 좀 놔둬." 하고 말했다.

그러니까 엄마는 "말대꾸하지 마라!" 하고 말했다.

그리고 또 전번에 신발 사러 갔을 때다. 나는 "내가 신발 고른다. 엄마는 간섭하지 마!" 하고는 가게에 들어갔다.

그런데 엄마는 들어가자마자 "야, 이거 어떻노?" 하고 간섭했다.

나는 "아 아니." 했다. 하지만 엄마는 "그냥 이거 해라." 하는 거다. 나는 "이거 할 거야." 하고 졸랐다. 엄마는 그래도 이건 별로라고 했다.

나는 엄마가 나한테 간섭하는 게 너무너무 싫다. 나는 엄마가 나한테 상관 쓰지 말래도 자꾸 쓴다. (4학년 여)

어머니는 수면 양말이 건강에 좋다고 사 주고는 신으라고 하지만 아이는 찐득찐득한 느낌이 드는 게 기분이 안 좋다고 안 신으려고 한다. 그러니 어머니는 "사 줬으면 고맙다고 받아야지" "말대꾸하지 마라!" 이러며 아이를 누른다. 아이는 신발 사러 갔을 때 이야기도 한다. 신발 살 때 어머니가 간섭할 것을 알고 "내가 신발 고른다. 엄마는 간섭하지 마!" 이렇게 다짐 말을 한 뒤에 가게에 들어간다. 하지만 어머니는 아이가 싫다는데도 자기가 고른 걸 신으라고 한다.

이 글에서 보듯이 부모와 아이가 의견이 맞서는 까닭은 또 있다. 부모 마음속에 '네까짓 어린 게 뭘 알아. 어른이 좋다면 좋은 거야. 그러니까 시키는 대로 해!' 이렇게 아이를 업신여기는 마음이 있기 때문이다. 아이는 부모의 말투나 표정에서 그런 마음을 읽어 내고 거기에 맞서는 것이다.

한 아이는 어머니가 양말 사 온 걸 보고 이런다.

'헐! 이게 뭔데? 양말 세 개밖에 안 사 왔나? 왜 다 땅땅인데? 색깔만 다르고 다 똑같
구만.'
나는 얼굴을 찡그리고 있었다.
"왜? 마음에 안 드나?"
나는 안 든다고 할 수도 없고 든다고 할 수도 없어서 그냥 아무 대답도 하지 않았다.

그러니까 싫다고 말하지 않아도 속으로는 그렇지 않은 아이도 많다는
말이다.

아이들은 자기가 좋아하는 그림이 그려진 양말을 좋아하기도 하니까
그런 취향도 좀 생각하면서 사 주는 것이 좋겠다. 아이 글 끝에 "아무리 양
말이라 해도 나한테 좀 물어보고 샀으면 좋겠다" 하는 말을 어른들은 마
음에 좀 담아 두었으면 싶다.

사람에 따라서는 실리를 잃더라도 겉으로 보이는 형식을 더 중요하게
생각하기도 한다. 아이들도 좀 그런 것 같다. 한 아이는 날씨가 추워도 추
위 같은 건 상관없이 오직 스타일이 더 중요하다고 했다. 자기를 돋보이
게 할 수 있는 자기 스타일을 더 중요하게 생각한다는 말이다.

부모가 아이의 생각을 존중하더라도, 아이가 유명 상표만 좋는다든지
너무 비싼 것을 사려고 한다든지 하면 바르게 일깨워 주어야 한다.

무엇이든 새것을 쓸 때는 좋긴 하지만 한편으로는 여러 가지로 부자유
스런 마음도 있다. 혹시 흠집을 내거나 못쓰게 만들지나 않을까 하는 부
담도 있을 테고, 낯설고 익숙하지 않아 거북하고 어색하거나 길들일 때까
지 불편한 걱정도 있다. 그래서 옷을 입을 때도 늘 만만하게 입던 옷을 입
거나 신발도 신던 것을 더 좋아하는 아이도 있다. 그런 아이는 새 옷이나

새 신발에 크게 관심이 없기도 하다.

털 부츠

엄마와 함께 이마트에 부츠를 사러 갔다. 가서 보니 장식이 되어 있는 것과 털이 있는 게 있었다. 나는 장식이 되어 있는 걸 보고 환하게 웃으며 "오, 진짜 이쁘다!" 하며 감탄을 했다.

하지만 엄마는 찡그리며,

"이건 엄마 마음에 안 드는데?"

나는 입을 벌리며,

"허억! 이게?"

'안 되는데…….. 패션은 이게 나은데…….'

엄마는 옆에 있는 털 있는 부츠를 만지작거리며,

"장식이 있는 건 복잡하고 일주일만 지나면 그냥 금이 나간다니깐."

나는 시무룩하게 장식되어 있는 부츠를 신고는,

"이게 더 패션 있고 나한테 더 좋은데?"

엄마는 굳은 표정으로,

"그냥 털로 되어 있는 부츠 신어라."

'휴우, 내 인생 이렇게 지나가는 건가!'

나는 발을 동동 굴리고 짜증을 내면서,

"왜! 이게 더 좋단 말이야."

그래도 엄마는 자꾸만 짜증을 내었다.

"엄마, 내 신발 사러 나온 거 아냐?"

"아니지. 엄마 의견도 들어야지."

"왜에?"

"속담 모르나?"

"뭐?"

"부모님 말 잘 들으면 자다가도 떡이 생긴대."

"그건 엄마 말이지 뭐."

"하이튼 사라!"

"알겠다! 말 들으면 된다 아이가."

나는 엄마와 말싸움에 지고 말았다. 그래서 억지로 털 부츠를 샀다.

(4학년 여)

아무리 애써도 자기가 원하는 만큼 일이 안 되면 '휴우, 내 인생 이렇게 지나가는 건가!' 이렇게 한탄 섞인 말이 나오는데, 이 글을 쓴 아이도 자기가 원하는 부츠를 못 사자 이렇게 말한다.

또 한 아이의 글을 보니, 부츠가 세 켤레나 있는데도 요즘 유행하는 어그 부츠를 사 달라고 조른다. 이럴 때는 안 된다고 딱 잘라 말해서 잘못된 기대는 처음부터 갖지 않도록 해야 한다. 그런데 쉽게 단념하는 아이는 괜찮겠지만 심하게 좌절감을 느끼는 아이에게는 방법을 바꾸어야 한다. 그러니까 처음부터 안 되는 까닭을 잘 설명해서 이해를 시키거나 딱 잘라 말한 뒤에 아이 마음이 맺혀 있다면 풀어 주는 배려가 필요하다. 또 너무 유행을 따르려는 아이도 잘 깨우쳐 주어야 한다. 아이가 그러는 건 사회 탓이 크지만 부모 탓도 있다. 부모 자신은 그런 면이 없는지 스스로 돌아보아야 한다.

아이들은 자기 물건을 어떻게 쓸까?

아이들에게도 옷이나 신발 말고도 필요한 물건이 많다. 가방, 우산과 비옷, 장갑, 안경, 모자, 손수건, 목도리나 스카프(머플러), 여자아이들이 하는 머리띠나 머리핀, 머리 방울 같은 것들이다. 또 학용품, 운동 기구나 놀이 기구, 손전화, 컴퓨터 같은 것도 아주 중요한 물건이다.

아이들은 이러한 물건들도 자기가 더 좋아하는 것이 있고, 쓰는 방식도 자기만의 방식이 있다.

안경

안경을 맞추려고 엄마와 각산역 가까이에 있는 무극안경점에 갔다. 가니 아저씨가 조금 기다리라고 해서 조금 기다리다 안경테를 골랐다. 나는 분홍색 안경테가 좋아서 그 안경테 쪽으로 보고 있는데 엄마가 "분홍색 사려고?" 했다. 나는 아저씨가 앞에 있어서 그만 "아니." 하고 대답하고 말았다. 그런데 아저씨가 이렇게 말했다.

"하긴. 4학년이면 분홍색 안 끼거든요."

나는 속으로 '남의 속도 모르고 지멋대로 지껄이네.' 이랬다. 그리고 분홍색을 하고 싶어서 자꾸 그쪽으로 봤다. 그런데 아저씨가, "자꾸 그쪽 보지 말고, 분홍색 안 하려면 자주색이나 보라색 봐라." 하는 것이다. 그러니까 엄마도, "그래. 이거 잘 어울리겠네." 한다.

나는 골라 주는 안경테를 억지로 꼈다. 거울을 보니 아저씨 말과 엄마 말이 다 거짓말이란 걸 알았다. 마음에 들지도 나에게 어울리지도 않았다. 나는 당장이라도 "이거 마음에 들지도 나한테 어울리지도 않는다구요!" 하고 소리치고 싶었다. 하지만 그렇게 하지를 못하겠다.

나는 할 수 없이 보라색 안경테를 골랐다. "그냥 아무거나 이걸로 할래." 하고 말했다.

집에 와서 엄마가 저녁할 동안 안경을 보면서 '그냥 억지로라도 분홍색 할걸.' 하는 생각밖에 안 들었다.

밥을 다 먹고 엄마가 "니 안경 마음에 들제?" 했다. 난 "으응." 하고 억지로 대답했다. 엄마가 기분 나빠할까 봐 그렇게 그냥 좋다는 투로 대답해 버렸다.

하지만 지금 안경을 날마다 쓰고 다니지만 자꾸만 분홍색 안경 생각만 난다. (4학년 여)

아이가 분홍색 안경테에 마음이 끌려 그쪽을 보고 있으니까 어머니가 "분홍색 사려고?" 하며 묻는데, 아이는 제 마음과 달리 아니라고 한다. 그걸 모르는 안경점 주인아저씨가 "하긴, 4학년이면 분홍색 안 끼거든요" 한다. 어머니와 안경점 아저씨는 아이 마음을 잘못 읽은 것이다. 제 마음을 겉으로 잘 드러내지 않는 아이들은 이렇다.

또 이 아이처럼 어른이 원하는 걸 싫어하면 어른들이 기분 나빠할까 봐 좋다고 대답하는 아이들도 많다. 마음이 여린 아이는 어른들이 압력을 넣으면 두려워서도 제 생각대로 말하지 못하고 무조건 좋다고 한다. 그런데도 어른들은 아이가 좋아서 좋다고 하는 줄로 잘못 안다. 이런 아이에게는 강요하지도 말고 다그치지도 말고 아이가 스스로 결정할 때까지 느긋하게 기다려 주어야 한다.

한 남자아이의 글을 보니, 비 오는 날 학교 가려고 나서는데 할머니가 춥다고 긴팔 옷과 비옷을 입고 가라고 한다. 아이는 안 입겠다면서 할머니와 실랑이를 하다 끝내는 반팔 티만 입고 학교에 간다. 아이는 "비가 아무리 온다 해도 나는 비옷이 싫다. 입으면 이상하고 빙시그치 챙피스럽기 때문이다"라고 했다. 아이들의 이런 마음도 헤아려 주어야 한다.

머리띠와 머리 장식

나는 머리띠나 머리 방울, 핀 등 머리에 하는 예쁜 악세사리로 머리에 꽂거나 묶어 꾸미기를 좋아한다. 우리 집에는 그런 악세사리가 많다. 그런데 나는 머리띠와 머리 방울로 묶을 때 날마다 하는 습관이 있다.

우리 집 화장대에는 내 머리띠가 다섯 개나 있다. 나는 그중에 가장 비싸고 가장 예쁘면서 고급스럽고 보석이 박힌 검은색 머리띠를 가장 좋아한다. 그래서 그것을 가장 많이 한다.

먼저 머리를 한 가닥으로 묶거나 푼다. 만약 머리를 풀었을 때는 머리띠를 하고 옆머리를 그냥 옆으로 뺀다. 그런데 보통 사람들은 머리띠를 사용하는 이유가 옆머리나 앞머리, 뒷머리가 길어서 이마를 보이게 하려고 하는데 나는 앞머리가 빠져나와도 그냥 둔다.

내가 머리띠를 하는 까닭은 그냥 장식을 하기 위해서다. 걸거치는 머리를 올리고 편리하게 하는 것이 아니다.

또 머리를 묶을 때도 헐렁하게 잡았다가 묶을 때는 그 부분을 꼭 묶는다. 그리고 머리를 높이 묶는다. 그런데 엄마가 한 번씩 "무슨 야시 짓 하노!" 하면서 잔소리를 한다. 그럴 때마다 나는 조금씩 짜증 난다. 나는 내 자신을 꾸미고 싶다. (4학년 여)

이 아이는 머리띠, 머리 방울, 머리핀 같은 것으로 머리 꾸미기를 좋아한다. 머리띠 다섯 개 가운데 가장 좋아하는 것을 자주 하고, 머리 묶는 방식도 자기 방식이 있다. 머리띠 하는 것도 그냥 꾸미기 위해서 한단다.

한 여자아이는 어머니가 머리를 묶지 말라고 해서 어머니 보는 데서는 묶지 않고, 집을 나와서 자기가 묶고 싶은 대로 묶는다고 한다. 장난감 귀걸이나 반지랑 팔찌도 어머니 몰래 하고 다닌다.

학용품도 아이마다 더 좋아하는 것이 있다. 어떤 아이를 보니 샤프를 종류별로 모은다. 이렇게 모으다 더 살 돈이 없으니 남의 것을 훔치기도 했다. 아이가 많이 좋아하는 물건이라도 특별한 까닭이 없다면 필요 이상 가지지 않도록 잘 일러 주어야 한다. 또 요즘 문제가 되는 것은 손전화를 너무 들여다보는 것이다. 중독이 된 아이도 많다고 한다.

어른들은 아이들이 쓰는 여러 물건들이 아이들에게 해롭지는 않는지, 물건을 지나치게 쓰고 있지는 않는지, 잘못 쓰고 있지는 않는지, 또 다른 문제는 없는지 잘 살펴야 한다.

아이들은 손전화와 컴퓨터를 어떻게 쓸까?

지하철을 타고 보면 자리에 앉은 사람들은 대부분 졸지 않으면 손전화를 들여다보고 있다. 게임을 하거나, 인터넷에 들어가 뉴스를 보거나, 유튜브에 들어가 동영상을 보거나 한다. 손전화로 전자책을 읽는 사람도 있겠지만, 이제는 책이나 신문을 보는 사람은 아주 드물다.

친구와 마주 앉아서도 손전화를 들여다보고, 식구들이 함께 있어도 손전화를 본다. 그것뿐 아니다. 길 가면서도 손전화를 들여다보다 발을 헛딛기도 하고, 나무나 전봇대에 부딪치거나 사람과 부딪치기도 한다. 그밖에 아찔한 일들도 많이 당한다.

길 가다 보면 횡단보도를 건너면서도 손전화를 보는 아이들을 흔히 본다. 신호가 바뀌어 차가 빵빵거려도 손전화에서 눈을 떼지 않고 걷는다.

아이들은 왜 손전화를 손에서 놓지 못할까? 게임도 많이 하지만 가만히 보면 카카오톡으로, 문자로 상대방과 무슨 이야기를 많이 주고받는다. 학교 갔다 학원으로 내몰리는 아이들이 서로 만나서 이야기할 시간이 없으니까 그런 게 아닌가 싶다.

컴퓨터도 어느새 우리 생활에 없어서는 안 될 기계가 되었다. 아이들에게는 더욱 그렇다. 문제는 많이 쓰고, 이롭지 못하게 쓰는 것이다.

휴대전화 빼앗긴 날

엄마가 수학 학원 숙제를 하라고 했다. 수학 학습지를 꺼내 놓고 연필도 꺼내고 하려고 했는데 마침 와이파이가 떠서 엄마 눈을 피해서 몰래 휴대전화를 켜서 카카오톡과 카카오스토리를 하고, 엄마가 움직일 때는 뼈가 '딱' 하는 소리가 나니까 그 소리가 나면 휴대전화를 꺼서 엎어 놓고 연필을 잡고 학습지 하는 척을 했다. 그렇게 한 지 십 분이 지났다. 원래 하면 수학 학습지는 십 분만 하면 다 끝나는 건데 딱 반 장을 풀고 있으니까 엄마가 큰 소리로,

"뭘 하느라고 이거밖에 못 했는데?"

"……."

"말 안 해?"

"동영상도 보고 친구들하고 카카오톡도 하고 카스에 글도 올렸어."

"이놈의 휴대전화 던져 버릴까?"

"아니……."

"엄마가 할 일 하고 하라고 했제? 이렇게 하루 종일 시도 때도 없이 붙들고 있으라고 휴대전화 사 준 줄 알아?"

"카스하고 카카오톡이 궁금해서……."

"그러면 빨리 끝내고 보면 되잖아!"

"나도 그러고 싶었는데 손이 저절로 가."

"됐다! 휴대전화 일주일 압수다."

"아아아, 엄마아아. 아니다, 알겠어."

엄마가 한바탕 잔소리를 하고 나는 최대한 빨리 문제를 풀고 내 방으로 들어와서 컴퓨터로 학교 알림장 댓글을 달고 있는데 엄마가 부르는 소리가 났다. 엄마가 폰을 들고 와서는,

"앞으로 공부 할 때 휴대전화 할 거야? 안 할 거야?"

"안 하겠습니다."

"니가 잘못한 거 맞지?"

"네."

"그러니깐 벌 줄게."

"뭐?"

"니가 싫어하는 거."

"뭐?"

"공부!"

"사회 과학 문제집 한 장 반씩 해. 그리고 수학 틀린 문제 오답 노트도 해."

"네……."

"전화기가 없으면 엄마랑 연락 안 되기 때문에 엄마가 불안해서 주

는 거다. 엄마 화 풀어서 주는 거 아니야."

그날 엄마에게 전화기는 돌려받았으나 나는 문제집을 한 시간 동안 더 풀었다.

나는 휴대전화 게임에 빠지지 않았기 때문에 자유 시간에 휴대전화 만지는 것은 엄마가 심하게 혼내지는 않는데 문제는 공부할 때 만지기 때문에 맨날 혼난다. '공부를 하거나 엄마가 시키는 일을 할 때 우선 일부터 처리하고 전화기를 만져야지.' 생각하면서도 어느새 나도 모르게 전화기를 들여다보고 있다. 그럴 때마다 엄마에게 혼나면서도 이 버릇은 잘 고쳐지지가 않는다. (4학년 여)

손전화를 많이 쓰는 아이의 글이다. 동영상 보고, 카카오톡 하고, 카카오스토리에 글 올리다 어머니가 하라는 학습지를 못 했다. 먼저 해야 할 일을 제쳐 두고 손전화를 들여다봐서 어머니에게 혼나고도 버릇이 잘 안 고쳐진단다. 아이가 "나도 그러고 싶었는데 손이 절로 가"라고 하는 말이나, 어머니가 "전화기가 없으면 엄마랑 연락 안 되기 때문에 엄마가 불안해서 주는 거다" 하는 말을 보면 손전화에 대한 심리가 다 들어 있다.

또 아이와 어머니가 손전화 문제로 다투는 모습을 보면 이렇다.

중독성

"희숙아 또 휴대폰 만지니?"

나는 궁금한 것이 있어 카카오톡으로 물어본 것이다.

"아니 그냥 톡 하는데."

"그게 폰 만지는 거지. 왜 자꾸 만지니!"

"나 폰 만지는 것도 안 돼?"

나는 그냥 궁금한 것 물어보는 건데 엄마가 계속 꼬치꼬치 캐물으니까 조금 짜증이 나서 대꾸를 해 버렸다.

"너 엄마한테 말버릇이 그게 뭐야?"

나는 문을 쾅 닫고 방으로 들어왔다. 엄마가 미웠다. 내가 눈이 안 좋아서 걱정하는 것은 좋은데 엄마가 계속 묻고 따지는 게 싫다.

근데 나는 원래 휴대폰에 중독된 것 같았다. 심심하면 폰을 만지고 계속 만지기만 하였다.

"희숙아, 문 열어 봐."

나는 열어 주었다.

"희숙아, 엄마는 싫은 게 아니라 니가 단지 중독으로 하는 것 같아서 그래."

"엄마, 나 중독 아니야."

하루에 얼마 안 만지기 때문이다.

"너 중독 아니야?".

"아니라고!"

"무슨 소리야? 맨날 시간 있으면 폰만 만지니까 중독이라고 하지!"

"아냐! 엄마가 중독이지."

나는 엄마도 폰을 많이 만지기 때문에 중독이라고 생각했다.

"너는 엄마 앞에 무슨 말버릇? 니가 중독이지!"

나는 스마트폰 하나 때문에 엄마랑 심하게 싸웠다. (4학년 여)

이 아이는 그래도 뒤에 어머니에게 손전화를 덜 쓰겠다고 약속하고 실제로 약속한 걸 지키고 있다고 했다. 아직은 중독이 덜 된 거겠다. 그런데 어머니가 야단친다고 손전화 많이 쓰는 습관이 고쳐지는 것이 아니다. 아이와 함께 손전화 쓰는 규칙을 만들어 스스로 자제할 수 있도록 해 주는 것이 좋다.

며칠 전 점심때 음식점에서 밥을 먹는데 옆 테이블을 보니 겨우 돌 지난 아기가 부모 옆에 앉아 손전화를 보고 있다. 어린아이들이 즐겨 보는 동영상이다. 어머니 아버지가 점심 먹을 동안 보채지 않도록 하려고 동영상을 보여 주는 모양이다. 요즘에는 이렇게 영유아들에게도 손전화를 보도록 한다. 통계를 보니, 아이에게 방해받지 않고 다른 일을 하기 위해(31.1퍼센트), 아이를 달래기 위해(27.7퍼센트), 아이가 좋아해서(26.6퍼센트) 손전화를 많이 보여 준단다.

내 생각으로는 아주 어린아이에게는 될 수 있으면 손전화나 전자기기를 가까이 하지 않도록 하고, 감각을 일깨우는 놀이를 하도록 해야 한다고 본다. 두세 살 된 아이에게는 30분 이상을 보게 하지 않고, 초등 아이들에게도 하루 최대 2시간을 넘기지 않도록 하는 게 좋다.

컴퓨터 게임

4학년 10월 달에 있었던 일이다. 나와 동생, 오빠는 7월 달에 엄마한테 컴퓨터 게임을 했다고 아주 많은 오십 대쯤 맞았다. 그런데 또 동생이 오빠하고 나하고 공부하러 갔을 때 컴퓨터에 앉았다. 나는 원래 영어를 하는 줄 알았다. 그런데 몰래 무언가를 하고 있었다. 내가 가니 슬쩍 꺼 버렸다.

"너 뭐했어?"

"안 했다!"

하지만 나는 그 말이 거짓말 같았다. 나는 차분하게 참아 보기로 했다. 그런데 쭉 지켜보니 영어 들을 때는 이어폰을 안 쓰는데 동생이 이어폰을 쓰는 것이었다. 그것을 안 이유는 계속 이어폰 소리가 났기 때문이다.

"너, 게임했지!"

"어. 왜?"

"야, 맞은 지 얼마 됐다고 그러냐? 당장 꺼!"

"싫어."

하지만 나도 잘못이 있다. 영어 공부 하는 누리집에 주니어 네이버라는 게임이 있었기 때문이다. 그래서 나도 모르게 들어간 것이다.

나와 오빠, 동생은 엄마가 나가기만을 기다렸다. 그래서 학교를 마치면 날마다 엄마한테 "엄마, 오늘 어디 나가?" 하고 묻는다. 엄마가 "아니, 오늘 같이 있어." 하고 말하면 겉으로는 "앗싸!" 하고 말했지만 속으로는 별로 기쁘지 않다. 엄마가 약간 늦게 들어오면 오빠, 나, 동생은 "아, 진짜. 어디 나가야 하는데." "맞다 아이가." 하며 우리는 몰래 이상한 말을 한다.

엄마가 나가면 우리는 10분 후에 모두 컴퓨터로 모여서 컴퓨터를 켠다. 하지만 뜻이 다 다를 때가 많다. 나와 오빠는 동영상을 보고 싶지만 동생은 게임을 하고 싶어 한다. 그래서 한 사람이 다섯 번 하고 넘기기로 했다. 동영상은 길기 때문에 두 편만 보기로 했다. 나는 동영상을 보면 〈안녕, 자두야〉만 보고 동생은 총 쏘고 대포 쏘는 약간 폭력적인 게임을 했다. 그래서 언제는 내가 "야, 게임 그만해. 안 되면 폭력적인 것 하지 마." 하고 말했다. 그랬더니 동생이 아무 말 없이 나를 노려보더니 주먹만 내보였다.

"야, 너 계속 깡패 되어 간다."

"뭐! 어쩌라고! 남이사!"

나는 동생이 게임을 조금 하다가 끊을 줄 알았다. 그런데 점점 게임하는 시간이 늘면서 성격도 괴팍해지고 깡패처럼 행동했다. 내가 동생에게 뭐라고 나무라면 무력을 썼다. 그리고 항상 주먹을 내보였다.

하지만 얼마 가지 않아서 들켰다. 엄마는 누가 시작했냐고 물었다. 나는 동생이라고 말했다. 동생은 우리의 두 배로 맞았다. 나는 그때 마음속으로 '그러니깐 내 말 들었어야지. 쌤통.' 하고 생각했다.

게임은 한 번 하면 빠져나올 수 없는 담배, 마약 같은 존재이며 사람을 이상하게 변화시키는 이상한 병 같다. (4학년 여)

이 글을 쓴 아이는 컴퓨터로 게임을 많이 하다 어머니에게 매를 맞고서도 또 한다. 그런데 이제는 삼남매가 같이 어머니를 속여 가며 동영상을 보고 게임도 한다. 그래서 또 혼이 난다.

글 끝에 아이가 "게임은 한 번 하면 빠져나올 수 없는 담배, 마약 같은 존재이며 사람을 이상하게 변화시키는 이상한 병 같다"고 했는데, 맞는 말인 것 같다.

다음 글을 보면 아이들이 컴퓨터 게임에서 빠져나오기가 참 쉽지 않다는 것을 알 수 있다.

컴퓨터

나는 일주일에 한 번에서 두 번 정도 놀랄 때가 있다. 왜냐하면 컴퓨터를 할 때 엄마가 8시에 들어온다. 나는 5시에 학원을 마치고 집에 와서 몸을 씻고 5시 30분쯤에 컴퓨터를 한다. 그리고 7시에 꺼야 한다. 나는 더 하고 싶어 8시까지 하다 엄마가 와서, 깜짝 놀라 코드를 뽑아서 컴퓨터를 잽싸게 꺼 버리고 한 손으론 티브이를 켠다. 나는 이럴 때마다 가끔씩 이렇게 말한다.

"아이고 힘들어."

"에휴ㅇㅇㅇㅇㅇㅇ."

"아주 심장이 쫄깃쫄깃하다."

"아주 미쳐 버리겠네."

심장이 조마조마 두근두근 쿵쾅쿵쾅 벌렁벌렁 갑갑하기도 한다.

"도레미미 미쳐 버리겠다." 이렇게 말하기도 한다.

그리고 나는 최소한 감추려고 노력한다. 나쁜 거라는 건 알지만 혼나고 싶지 않기도 해서 숨긴다. 그런데 나는 3분 지나면 심장이 조마조마 두근두근 쿵쾅쿵쾅 벌렁벌렁 갑갑한 것이 없어진다.

"미치겠다." "다음엔 안 해야지." 이러고도 나는 게임을 안 하면 '아 더 하고 싶다!'라는 생각이 더 든다.

"아아아, 더 할까?" "그러면 저번처럼 그 상황이 될 텐데……." "더 하고 싶은데……." "도레미미 미쳐 버리겠다." 나는 이렇게 말한다.

그런데 게임에 집중을 하면 더 해야겠다는 생각이 든다.

"어떻게 해……."

"아이고, 나 살리소!"

나는 진짜 이땐 머리가 금방이라도 터질 거 같다.

"하지 말까? 아우, 갈등!"

나는 엄청난 갈등에 고민에 빠지기도 한다. 나는 오늘로 진정 결정
했다.

"나는 오늘부터 컴퓨터를 7시에 끌래!" (4학년 남)

이런 아이에게는 어른의 도움이 필요하다.

또 한 아이의 글 한 부분을 보니 이런 이야기도 있다.

나는 전번에 컴퓨터 게임으로 용주와 싸운 적이 있다. 무슨 일이냐 하면 '버블파이터'
라는 게임에 매직바늘이라는 것이 있다. 그런데 '캐시'라는 것으로 사야 한다. 나는 그것
을 용주에게 꼭 선물해 주기로 약속했는데 못 주었다. 그래서 용주는 화가 나서 나에게
나랑 같이 절대로 놀지도 않고, 게임도 같이 안 한다고 하였다.

나는 용주한테 가서 "용주, 미안. 나도 살 수 있는 캐시가 선물할 수 있는 정도로 많
은 줄 알았는데 없었어. 정말 미안해."라고 하니, 용주는 "됐다. 나는 너랑은 다시는 안 논
다." 라고 하였다.

그래서 게임을 할 때 이렇게 싸울 수도 있다는 것을 알게 되었다.

동무에게 캐시를 선물로 주겠다고 약속했는데 못 주어 동무가 삐졌다.
그러니까 게임을 많이 하거나 날마다 접속하면 캐시가 쌓이는데 그것으
로 아이템을 사서 게임 능력을 높인단다. 문제는 이것을 현금으로 사는
것이다. 심하면 몇십만 원이 되기도 한단다.

남자아이들은 여럿이 같이 한 게임에 접속해서 게임을 한다. 집에서 자

유롭게 할 수 없으니 피시방에 가기도 한다. 피시방에서 컵라면도 먹으며 여러 시간 게임을 하며 논다. 가까운 동네 피시방은 부모들한테 걸릴 수도 있으니까 다른 동네까지 가는 아이들도 있단다. 게임 많이 하는 것도 문제지만 피시방의 환경도 좋을 리가 없다.

세계 보건 기구(WHO)가 '게임 중독'을 질병으로 분류하기로 결정했다. 게임 중독 판정 기준은 '지속성과 빈도, 통제'인데 스스로 통제할 수 없어 일상생활을 제대로 하지 못하고, 게임을 계속하는 기간이 12개월 이상이면 게임 중독으로 판단한다고 한다. 더 심하면 12개월 안에도 중독 판정을 내릴 수 있단다.

전자기기를 많이 쓰면 뇌의 읽기 회로가 사라진다고 한다. 순간 접속의 시대를 살아가는 우리의 뇌가 인류의 가장 기적적인 발명품인 읽기(독서), 그중에서도 특히 깊이 읽기 능력을 영영 잃어버릴지도 모른다고 과학자들은 경고한다.

손전화와 컴퓨터를 하지 말라고 해도 조절이 잘 안 되는 아이들도 많다. 그렇더라도 강제로 못 하게만 하면 오히려 반발심만 불러일으킬 수 있다. 이런 아이들에게는 운동이나 취미 활동을 하게 한다든지, 다른 재미있고 유익한 활동을 할 수 있도록 해 주면 도움이 되지 않을까 싶다.

무슨 일이든 아무리 좋은 것이라도 정도를 넘어서면 오히려 해를 끼치는 일이 많다. 참으로 편리한 손전화나 컴퓨터도 마찬가지다. 아이 스스로 유익하게 잘 가려 쓸 수 있도록 어른들은 잘 지도해야 한다.

4장

아이들과
집

아이들은 집을 어떻게 생각할까?

사람마다 한 번쯤은 자기가 살고 싶은 집을 그려 본다. 자기가 좋아하는 곳에 어떤 모양으로 집을 지을지, 내 방은 어떻게 꾸미고 식구들 방이며 가구들을 어떻게 배치할지 같은 것 말이다. 그러면서 스스로 마음의 위로를 받기도 한다. 그만큼 집은 우리네 삶의 터전이자 생활의 뿌리가 되는 중요한 곳이다. 하지만 보통 사람들은 자기가 그리는 집은커녕 자그마한 집 하나 장만하는 것조차 쉽지 않다. 식구들 모두가 생활하기에 편안한 집을 마련하기란 참 어렵다는 말이다. 따라서 대부분은 어느 정도 불편을 받아들이며 살 수밖에 없다.

아이들은 어떨까? 한집에서 식구들과 행복하게 산다고 해도 집의 구조며 생활 방식이 대부분 어른들에게 맞춰져서 불편한 점이 더 많을 수밖에 없다. 그래서 아이들은 자기가 살고 있는 집을 어떻게 생각하고, 생활은 어떻게 하는지 한 번쯤은 꼼꼼히 살펴봐야 한다.

아이들은 집의 위치를 어떻게 생각할까?

우리 어릴 때는 추우나 더우나 십 리가 넘는 길을 걸어서 학교에 다녔다. 그런데 지금은 아주 달라졌다. 도시에 있는 학교는 대부분 집에서 옆

어지면 코 닿을 거리에 있고, 집과 학교의 거리가 먼 시골은 학교 버스가 다닌다.

그런데 집에서 엎어지면 코 닿을 만큼 가까이 있는 도시 학교에도 비가 오거나 조금만 추워져도 자가용으로 아이를 데려다준다. 비 오는 날 학교 앞은 자가용으로 아주 복잡하다. 집과 학교의 거리는 가까워졌어도 아이들 생활에 대한 걱정은 더 많아진 것 같다.

아이들이 생활하는 곳은 주로 집과 학교, 학원이다. 집과 아주 가깝고 오가는 길이 안전한 곳에 학교와 학원이 있으면 덜하겠지만, 조금 멀거나 오가는 길이 위험하기라도 하면 아이들도 나름대로 여러 가지 어려움이 있을 터이다. 그러면 먼저 집의 위치와 관련해 아이들이 생활하는 데 어떤 어려움이나 문제가 있는지 살펴보겠다.

우리 집에서 학교까지

우리 집은 태광드림하이츠이다. 나는 우리 집에서 학교에 갈 때마다 교통 문제 때문에 짜증이 난다.

아파트 단지 바로 뒤에 있는 횡단보도를 건너 오른쪽 오르막으로 올라서 계속 걸어간다. 그러면 오른쪽에는 대양문구점과 낡은 건물들이 쭉 서 있고 왼쪽에는 대양아파트가 있는 골목길이 나온다. 그 길 양쪽 갓길에는 차가 빼곡하게 주차되어 있다. 그래서 갈 때나 올 때마다 난, "이씨, 안 그래도 길이 좁아 빠졌는데 양쪽에 주차를 해 가지고는⋯⋯." 이렇게 생짜증을 낸다.

그 골목을 걸어가고 있는데 차가 오면 차 사이로 피해 들어가기 바쁘다. 그 골목은 우리가 걸어 다닐 인도도 없는데 양쪽으로 주차를 해 놓아서 찻길 중간으로 걸어가지 않을 수가 없다. 까딱 잘못하면 차에 치일 수도 있다. 나는 여러 번 그런 일을 당했다. 나는 그런 차들을 볼 때마다 발로 뻥 차고 싶다.

그 골목길을 쭉 가다 보면 대양아파트와 싱싱횟집 사이에 횡단보도가 하나 있다. 그 횡단보도에는 신호등도 없다. 날마다 아침에는 우리 학교 녹색어머니회 어머니들이 서 계신다. 그렇지만 오후에 하교할 때는 안 서 계신다. 그래서 거기를 건너려면 차가 자꾸 지나가서 겁이 난다. 차가 안 올 때까지 한참 기다리다가 빠르게 건너야 한다.

나는 "아이 참, 이놈의 차는 와 계속 오노! 사람도 못 건너가게." 이렇게 중얼거리고 얼굴을 찡그리며 짜증을 낸다. 그 횡단보도를 건널 때마다 그렇다.

횡단보도를 건너면 오른쪽에 오르막이 있다. 그 오르막을 올라가면 다시 내리막이 있다. 오르막과 내리막에는 안전 통학로가 있어 좋다. 그런데 통학로에 쓰레기 봉지나 의자 부서진 것들이 여기저기 있고 길이 파인 곳도 있어 다니기가 불편하고 위험하기도 하다. 어떨 때는 걸려 넘어지기도 한다. 전에 한 번은 걸려 넘어져 정강이를 다친 일도 있다.

그리고 내리막을 내려가면 교문이 나온다. 교문 앞에는 언제나 학원 차가 뒤죽박죽 기다리고 있다. 등교할 때는 교문 멀리 학원 차가 서 있는데 하교할 때는 바로 교문 앞에 위험하게 서서 경적까지 막 울리기도 한다. 비 오는 날은 정말 전쟁이다. 안 그래도 비가 와 가뜩이나 짜증 나는데 경적까지 울려 더 짜증이 난다. 그래도 우리 집을 바꿀 수는 없고, 나는 참 학교 다니기가 힘든다. (4학년 여)

이 아이가 다니는 길만 이런 게 아니다. 골목 어디든 양쪽에 차를 빽빽하게 세워 놓았다. 어디 그뿐일까? 인도에도, 건널목에도 차를 세워 놓아서 사람이 차 사이를 곡예하듯 피해 다녀야 한다.

글을 쓴 아이가 다니는 길처럼, 인도가 없는 길은 사람도 찻길로 다녀야 하는데 찻길 양쪽에 차까지 세워 놓았으니 얼마나 위험한가. 아이는 차가 지날 때면 양쪽에 세워 놓은 차 사이로 피하기가 바쁘다고 했다. 큰 차를 세워 놓으면 길도 잘 보이지 않는다. 지나다니는 차들은 속도도 줄이지 않는다. 길가에는 차만 세워 둔 게 아니다. 가게에서 내놓은 가판대랑 안내판이며 가지가지 설치물은 또 어떤가. 신호등이 없는 건널목을 건너기도 해야 하는데, 차가 많이 다닐 경우엔 아이들의 어려움이 이만저만이 아니다. 그래서 아이들은 언제나 두렵다.

학교 주변에는 아이들이 안전하게 다닐 수 있는 시설을 만들어 놓아서 그나마 덜한데, 그 길마저도 동네 사람들이 여러 가지 걸리적거리는 물건들을 내놓기도 해서 또 다른 위험이 있다. 학교 앞에서 아이들을 데려가기 위해 기다리는 학원 차들의 위험도 적지 않다.

그러니까 곳곳에 아이들을 노리는 위험이 도사리고 있다. 아이들은 방어 능력이나 주의력이 어른보다 많이 떨어져 위험이 닥쳤을 때 재빠르게 피하지 못하기 때문에 어른들이 특별히 주의하고 잘 살펴야 한다.

최근 5년 동안 일어난 교통사고로 크게 다치거나 목숨을 잃은 초등학교 아이는 5만 명이 넘는다. 이 가운데 1학년이 1만 명을 웃돈다. 초등 어린이들이 학교를 마치고 집으로 돌아오는 낮 2시에서 6시 사이에 교통사고로 다치거나 죽은 아이가 전체의 37.8퍼센트라고 한다. 인구 10만 명당 14세 이하 어린이 교통사고가 우리 나라는 1.9명으로 경제 협력 개발 기구(OECD) 평균 1.6명보다 높고, 회원국 가운데 18위라고 하니, 어른들은 아이들의 안전에 더욱 관심을 가져야 한다.

우리 집 주변의 불량 형 누나들

우리 집 주변에는 공원, 게이트볼장, 놀이터 등이 많이 있다. 그래서 이곳에는 불량한 짓 하는 형이나 누나들이 많이 있다.

한날은 내 친구랑 놀이터에서 놀고 있는데 어떤 형이 오더니 그냥 나를 밀어 넘어뜨렸다. 난 뻥 넘어졌다. 형이 이렇게 말했다.

"야! 꼬맹이들. 여기는 우리 구역이야, 저리 꺼져!"

나는 눈물이 핑 돌았다. 내가 "여기가 왜 형들 구역이야? 여기는 다 같이 쓰는 거잖아." 하니까, 그 형이 "뭐라고? 너 이 새끼 오늘 터질래?" 하며 위협을 했다. 나는 내 혼자 중얼거리기만 했다. 왜냐하면 싸우면 내가 지기 때문이다. 대꾸를 하다가 맞을까 봐 겁도 났다.

형이나 누나들이 돈을 자꾸 빼앗으려고 하는 것도 봤다. 만약에 형이나 누나에게 대들거나 말대꾸를 하면 사정없이 때리기도 한다. 얼마 전에도 그러는 걸 봤다. 또 어떤 형들은 거기에서 불장난도 하고, 중학생인지 고등학생인지 형 누나들이 담배를 피우는 경우도 있다. 또 5, 6학년 형들이 우리를 보면 욕을 막 하고 때리기도 한다. 중학생 형들은 피시방에 가자고 하고 거부하면 우리는 집에 못 갈 수도 있다.

그래서 언제라도 우리가 쉽게 갈 수 있는 놀이터인데도 가기가 무섭다. 만약에 가면 어떻게 될까, 맞으면 어떡하지, 그런 생각이 들어서 걱정이 되기도 하고 잠을 잘 못 자는 밤도 있었다.

또 내가 집에 갈 때도 막 다른 형들을 때리는 모습을 보면 소름이 끼친다. 그때 나는 "아, 무서워! 야, 빨리 가자." 하고 몰래 살살 피해 가거나 막 사정없이 뛰어간다.

또 나는 이런 일도 당한 적이 있다. 불량 형이 나한테 돈을 내어놓으라고 했다. 내가 돈 주기 싫다고 하니까 형들이 나를 눕히고 목을 조르고 막 발로 찼다. 다행히 어떤 아주머니가 나를 보아 구해 주셔서 살긴 살았다. 아주머니가 나의 구세주였다. 3학년 때도 친구와 놀이터에서 그네를 타다 돈을 빼앗겨 버린 적도 있다.

나는 이제 형들만 봐도 소름이 끼치거나 무서워 오들오들 떨기도 한다. 엄마 아빠한테 이야기해도 그냥 형 누나들 있는데 가지 마라 하고 별로 심각하게 생각 안 한다. 나는 우리 집이 다른 데 있었으면 좋겠다는 생각도 많이 했다. 놀이터에 날마다 경비하는 아저씨가 있으면 좋겠다는 생각도 한다. 또 태권도를 배워서 혼내 주는 생각도 머리에 있다. (4학년 남)

집 주변에 어린아이를 괴롭히는 아이들이 있다면 이 또한 예삿일이 아니다. 이 아이는 "이제 형들만 봐도 소름이 끼치거나 무서워 오들오들 떨기도 한다"고 했다. 그리고 "엄마 아빠한테 이야기해도 그냥 형 누나들 있는 데 가지 마라 하고 별로 심각하게 생각 안 한다"고 했다.

어른들은 늘 어른들 마음으로만 생각하기 쉽다. 그러면 아이들의 마음을 헤아릴 수가 없다. 아이가 어떤 어려움을 말하면 아이가 만족할 만큼 깨끗이 해결해 주어야 혹시라도 문제가 생기는 걸 미리 막을 수가 있다. 더구나 다른 사람에게 말하지 못하도록 위협을 받고 있거나 말을 잘 하지 않는 아이는, 보통 때와 다른 조그마한 낌새라도 보이면 그냥 넘기지 말고 주의 깊게 살펴보아야 한다. 아이가 "우리 집이 다른 데 있었으면 좋겠다는 생각도 많이 했다"고까지 했으니, 어른들은 적극 관심을 가져서 집 주변에서라도 아이가 마음 놓고 생활할 수 있도록 해 주어야 한다.

또 한 아이의 글을 보니, 아파트에 정신 장애가 있는 아저씨가 사는가 보다. 다른 사람을 해롭게 하는 사람이라면 주민들이 어떻게 했겠지만 그렇지는 않은 모양이다. 그렇지만 아이들은 이상한 사람으로 보고 무서워한다. 아마 사람들과 친해지고 싶어서 아이들한테 다가오는 걸 아이들은 사람을 해롭게 하는 행동으로 오해한 것이 아닌가 싶다. 어른들이 볼 때는 쓸데없는 두려움이나 걱정도 아이들은 크게 두려워하거나 걱정할 수 있다. 그러니 어른들은 그 사람이 무서운 사람이 아니라 보통 사람이란 걸 보여 주어서 아이들도 그 사람을 여느 이웃 사람처럼 여기며 지낼 수 있도록 해 주었으면 싶다. 그런데 어른들까지 자꾸 이상하고 나쁜 사람으로 보며 내치니까 아이들이 더 두려워하는 것 같다. 혹시라도 다른 사람을 해코지하는 사람이라면 대책을 세워야 한다.

우리 집 앞의 술집 때문에

나는 날마다 10시 30분쯤 되면 숙제와 공부를 다하고 잔다. 그런데 우리 집 건너편에는 술집이 있어서 정말로 시끄럽다. 그 술집에서는 이런 소리도 나온다.

"야, 이놈아! 그래서 어쩌라는 건데!"

"이 자식이 뒈질라고 작정했나!"

날마다 그렇다. 나는 그럴 때마다 그런 아저씨들에게 '아저씨들, 소리 좀 지르지 마세요. 잠을 못 자겠잖아요. 왜 남 생각은 하나도 안 해요?' 이렇게 생각할 때도 많다.

또 어떨 때는 이런 소리도 들린다.

"이 나쁜 년아! 내 돈 갚으라고!"

"이 ㅅㅂ놈아! 내가 왜 그 돈을 갚아야 하는데?"

"니가 돈 갚는다매! 니 뒈질라고 작정했나? 빨리 갚으라고!"

또 이런 소리도 들린다.

"야 이 ㅅㅂ년아 천 원만 깎아 돌라고! 안 그러면 이 술집 확 부숴 버릴 거다!"

술집 주인한테 협박하는 것 같다.

이렇게 싸울 때는 죽을 맛이다. 남은 잠이 와서 잘라고 하는데 큰 소리로 욕을 해 대니까 잠을 잘 수가 없다.

그리고 술 취한 어떤 아저씨는 우리 아파트에 올라와 큰 소리로 말을 하며 떠들기도 한다. 담배꽁초도 우리 아파트에 버리고 가기도 한다. 그래서 담배 냄새도 많이 난다.

참 너무한다. 자기들 장사만 잘되면 그만인가? 남의 마음도 생각해 주어야지. 나는 언제나 술집에서 나오는 소음을 들어야 한다. 잠이 빨리 들면 좀 덜한데 잠이 빨리 안 오는 날은 진짜 괴롭다. 진짜 어디 다른 데 이사 갔으면 좋겠다. (4학년 남)

술집은 저녁부터 영업을 시작한다. 그래서 밤에 시끄럽다. 더구나 이 아이가 자는 방은 술집과 바로 맞은편에 있어 더욱 시끄러울 것 같다. 여름 같으면 문도 열어 놓아야 하는데 말소리뿐 아니라 냄새까지 방으로 들어와 아이의 괴로움은 몇 배나 더해질 터이다. 거기다 들려오는 말은 모두 거친 욕이다. 거친 말을 자꾸 들으면 처음에는 거부반응이 일어나지만 차츰 그런가 보다 할 테고, 나중에는 익숙해져서 자기도 모르게 거친 말을 할 수 있다.

집이 공원이나 공터, 공장 같은 곳을 끼고 있어도 시끄럽다. 잠깐 동안 조금 시끄러운 것은 예사로 넘길 수 있지만 오랫동안 그러면 큰 공해가 된다. 이래서 환경이 참 중요하다. 부모는 아이가 괴로워하는 걸 알더라도 어떻게 할 수 없을 수 있다. 아이 방을 다른 방으로 옮겨서라도 아이 괴로움을 좀 덜어 주었으면 싶은데, 그것도 쉽지 않은 일일 것이다.

또 다른 아이의 글을 보니, 집으로 가는 길이 나무가 우거져 어두컴컴하고, 사람까지 잘 안 다니는 으슥한 길이라 무섭다고 했다. 그런 길을 아이 혼자 가면 얼마나 무서울까. 비라도 부슬부슬 오면 더 무섭겠지. 자기 발소리도 뒤에서 누가 따라오는 소리로 들리고, 그래서 뒤가 당겨 슬쩍 돌아보면 아무도 없다. '엄마야! 혹시 귀, 귀신 아닌가?' 이런 생각이 들기 시작하면 더해지는 두려움은 걷잡을 수 없을 게다. 이 아이는 학원으로 가는 지름길이어서 바쁠 때는 그 길로 안 갈 수도 없다고 했다.

집의 위치와 관련한 문제는 크거나 작거나 누구나 다 안고 있다. 아이들에게는 더욱 그렇다. 요즘은 학교에서 아이들을 안전하게 지키기 위해 노력하고 있지만 그것만으로 되지 않는다. 사회와 어른 모두가 진정으로 관심을 가지지 않으면 안 된다. 학교나 학원뿐만 아니라 아이가 가는 곳은 어디라도 조그만 문제까지 꼼꼼히 신경써 주어야 한다. 무슨 문제가 일어났을 때만 야단스레 떠들지 말고 아이들이 언제 어디서나 안전하고 걱정 없이 편안하게 생활할 수 있도록 해 주어야 한다.

아이들은 집의 구조를 어떻게 생각할까?

앞에서도 말했지만 집은 사람이 살기에 편안해야 하는데, 다 마음에 차는 구조로 지은 집은 잘 없다. 주택일 경우 담장이 낮거나 2층 건물에서 보면 집 안이 훤히 보여 불편한 집도 있고, 대문에서 안방, 부엌, 화장실이 바로 보여 불편한 집도 있다.

집 구조가 생활하기에 불편한 집도 많다. 어느 정도 마음에 차더라도 식구에 따라서는 불편하게 여길 수 있다. 더구나 대부분의 집들이 어른 중심으로 구조가 되어 있어서 아이들은 더 불편할 테다.

주방과 화장실의 위치

우리 집에는 주방과 화장실이 서로 마주 보고 있다. 처음에 이사 왔을 땐 그냥 그렇구나 하고 넘어 왔지만 지나고 보니 화장실과 주방의 위치가 너무 가깝게 있어서 싫다. 주방에서 밥 먹는데 화장실에 사람이 들어가면 그만 밥맛이 뚝 떨어진다. 정말 짜증 난다.

동생은 밥 먹다가 방귀 뀌고 똥 싸고 하는 경우가 많다. 툭하면 밥 먹다가 "똥 좀." 하고 똥 싸러 간다. 나는 "으악! 아아, 드러." 하고 말한다. 그러면 동생은 "괜찮아." 하고 뻔뻔하게 군다. 그리고 우리 동생은 똥 눌 때 벌거벗고 누기 때문에 더욱더 밥맛이 떨어진다. 정말 냄새도 지독하다. 그러니까 식탁에서 냄새를 맡으면서 밥을 먹어야 한다.

"엄마, 우병철 똥냄새 나서 정말 드러." 하면 엄마는 "좀 참아라." 하고 말한다. 참을 걸 참지 그걸 어떻게 참으라는 말인지 모르겠다.

또 화장실에 치약 짜러 갈 때 꼭 동생이 똥을 싸고 있다. 나는 더러워서 칫솔에 치약을 짜는 둥 마는 둥 하고 얼른 뛰쳐나온다. 조금만 더 있었으면 완전 더러워서 올릴지도 모르기 때문이다.

더 큰 문제는 화장실이 하나만 있는 것이다. 어떨 때는 참지 못하고 조금 쌀 때도 있다. 엄마 아빠가 목욕을 하든지 아빠가 볼일 볼 때는 얼마나 시간이 많이 걸리는지 동생은 오줌을 싼 적도 있다.

여동생이 볼일을 볼 때 "야, 우민지! 나 급하니까 빨리 하라고!" 하면, 동생은 "아직 볼일 덜 봤는데 어쩌라고!" 한다. 그래서 막 싸운 적도 있다.

나는 진짜 내 동생이 밥 먹을 때 화장실 문을 열고 똥을 누어서 짜증난다.

그리고 화장실이 한 개라서 너무 불편하다. 그래서 나는 집을 지은 사람의 머리가 엄청 나쁘다고 생각한다. 왜 하필 주방과 마주 보게 지었을까? 왜 화장실을 한 개만 지었을까? (4학년 여)

이 아이는 화장실이 주방과 마주 보고 있어 밥 먹을 때 누가 화장실에 가면 안 좋다고 했다. 우리 집도 주방 옆에 화장실이 붙어 있는데, 요즘 집들이 대부분 이렇다. 또 화장실이 하나만 있어서 불편하다고도 했다.

요즘 집들은 대체로 거실과 주방 사이에 문이 없는 경우가 많다. 문 없이 틔워 놓으면 집이 넓어 보이기 때문이다. 그래서 본디 있던 문도 떼어 버리고 훤히 틔워 놓기도 한다.

그런데 한 아이의 글을 보니, 음식 만들고 설거지하는 소리며 수돗물 트는 소리 때문에 신경이 몹시 거슬린다고 했다. 책을 읽다가 어디까지 읽었는지 모를 때도 있고, 텔레비전을 보려고 해도 시끄러워서 볼 수가 없단다. 그리고 음식 냄새도 지독하게 많이 나서 싫단다. 된장 끓이거나 고기를 구울 때는 더 냄새가 온 집에 퍼지고 어떨 때는 옷에서도 냄새가 막 난단다. 신경이 예민한 아이들은 더 민감하게 느낄 것이다. 이 아이도 자기가 아주 싫어하는 냄새를 맡으면 닭살이 돋아서 주방문이 있는 집으로 이사 가면 좋겠다고 했다.

위층과 우리 집

위층과 우리 집 사이 천정이 아주 얇다. 우리 집은 1층과 3층 사이에 있기 때문에 위층에서 조금만 쿵쿵거려도 다 들린다. 그리고 밤에 위층 사람이 오줌 싸는 소리도 '또로로록 또로로로로로 똑똑 똑 똑' 하면서 들린다. 어떨 때는 바로 내 머리 위에서 오줌을 싸는 것 같아서 기분이 아주 나쁘다.

그리고 위층에서 하루에 한 번 이상 이상한 냄새가 나는 물을 버려서 물이 통과하는 관에서 하수구 냄새나 똥 냄새가 난다. 밥 먹는 시간에 맞춰서 하수구 냄새가 나는 더러운 물을 버려서 구역질이 나기도 한다. 그때는 밥맛이 똥맛이다.

그리고 밤에는 소곤소곤하는 소리까지 다 들린다. 엄마와 내 동생들은 그냥 자는데 나는 너무나도 예민하기 때문에 이런 소리가 자면서도 들린다. 너무 거슬려서 신경이 더욱 날카로워졌다.

가끔 계속 밤새도록 소곤소곤거리는 소리와 한 번씩 나는 오줌 싸는 소리, 물 내리는 소리가 들려서 잠을 제대로 못 자기도 한다. 새벽 5시쯤에 잠이 들어서 7시까지, 두 시간 정도밖에 못 잔 일도 있다. 그때 학교에 가니 머리가 너무 아파서 보건실에서 한숨 푹 자기도 했다.

아파트가 아니고 주택에 살면 이렇지는 않을 것이다. 신경이 예민한 것도 문제지만 위층 사람들이 조심을 좀 하면 좋겠다. 아래층 사람들은 우리 때문에 시끄러울 수도 있을 것이다. (4학년 남)

다세대 주택이나 아파트에 사는 사람이면 대부분 겪는 일이다. 위층에서 어린아이가 쿵쿵거리며 뛰어다니기라도 하면 아래층과 큰 다툼으로 번지기도 한다. 신경이 예민한 사람은 스트레스를 더 많이 받는다. 여기 아이도 그렇다.

화장실에서 용변을 보려고 앉아 있는데 바로 위층에서 오줌 누는 소리가 '쪼르르' 들리면 기분이 참 묘하다. 바로 내 머리에 오줌을 깔기는 기분이 든다. 모두가 잠든 밤중이나 새벽에는 그 소리가 유난히 더 크게 들린다. 우리 집 위층엔 연세 많으신 할머니가 사는데 새벽잠이 없으시다. 그래서 새벽에 위층에서 나는 딸그락거리는 소리에 더러 새벽잠을 설치기도 한다.

또 위층 허드렛물이 배관을 타고 아래로 내려오는데 어떨 때는 소리도 더 나고 냄새가 나서 참 거슬리기도 한다. 아래층에 담배 피우는 사람이 있으면 담배 연기와 냄새까지 올라와 역겨울 때도 있다. 어느 집을 뜯어 고치기라도 하면 참 힘들다. 그 소음을 고스란히 다 견뎌 내야 하는데, 여러 날 그러면 불편한 점이 이만저만이 아니다.

글을 쓴 아이는 위층에서 밤새도록 나는 소리 때문에 잠을 두 시간 정도밖에 못 잔 일도 있단다. 머리가 너무 아파서 학교 보건실에서 한숨 푹 자기도 했다니 예삿일이 아니다.

한 아이는 제 방 바로 옆방에서 엄마 아빠가 싸워 그 소리를 생생하게 들었는데, 그때 무섭고 슬펐다고 했다. 또 한 아이는 현관 바로 옆에 제 방이 있어서 그런지 무서운 괴물이나 아주 나쁜 사람이 현관문을 따고 들어와 자기를 해코지할 수도 있을 것이라는 상상을 한다. 무서운 괴물이 벽을 뚫고 들어오면 어쩌나 하는 상상도 하는 게 아이들이니까 그런 상상도 할 수 있겠다. 아이 가운데는 제 방에서 따로 잘 자다가도 무섭다고 베개를 들고 부모 방으로 쫓아오기도 하는 아이가 있다.

어른들은 아이가 이런 이야기를 하면 쓸데없는 소리 한다고 타박만 하지 말고 따뜻이 안아 주며 마음을 안정시켜 주어야 한다.

아이들은 자기 방을 어떻게 생각할까?

자기 방은 혼자만의 생활공간으로 그 어떤 것에도 방해받지 않아야 할 가장 은밀한 공간이다. 아이방은 아이가 공부하고 놀며, 편안하게 쉬면서 잠도 자는 곳이다. 그래서 아이방은 부모라도 함부로 들어가서는 안 된다. 하지만 어른들은 아이를 보호해야 할 대상으로만 보아서 그런지 마음대로 드나든다.

거기다 또 아이방은 대부분 구석방인 데다가 온갖 잡동사니 가구나 물건들을 들여놓기도 한다. 그러니 아이들은 얼마나 불편할까?

내 방이 따로 있었으면 좋겠다

나는 언니와 같이 방을 쓴다. 그래서 언제나 불편한 점이 많다. 우리 방에는 피아노, 책장, 책상 2개, 가장 큰 오디오, 양말 통, 농이 있다. 내 방은 원래 베란다가 있었다. 그런데 언니와 같이 쓰게 되어서 베란다까지 방으로 넓혀 버렸다. 그렇지만 아빠의 책을 모두 우리 방에다 갖다 놓아서 책장 위를 보면 온통 아빠의 책이다. 그러니까 방을 넓혀도 좁다.

언니는 이상한 습관이 하나 있다. 바로 옷을 아무 곳에나 쑤셔 넣는 것이다. 언제나 내가 방에 들어오면 언니 책상부터 시작해서 의자, 농 앞, 서랍 등을 보면 옷이 튀어나와 있고 널려 있을 때가 많다.

'에이 시이. 힐!'

정말 어이없다.

한날은 학원 갔다 집에 돌아왔는데 내 책상에 뭔 옷이 많이 쌓여 있었다. 나는 하나하나 다 훑어봤다. 그런데 온통 언니가 신은 양말, 교복, 스타킹뿐이었다. 정말 기가 차고 코가 찼다. 만약 같이 쓰지 않았다면 이런 일은 없을 텐데……

그중 최근에 한 가지 사건이 있다. 억울한 일이다. 나는 책상에 앉아서 공부를 하고 있었다. 그런데 갑자기 엄마가 들어와서 내 방을 훑어보더니 말했다.

"야, 최미현! 이거 사람 집 맞나?"

나는 정말 어이가 없었다.

"이거 다 언니 꺼 걸랑요."

"아, 그럼 언니 꺼라고 다 안 치우나? 아, 그럼 니 빨래 니가 빨고, 니가 먹었던 건 니가 설거지해라."

또 나는 정말 어이가 없었다. 그런데 엄마가 그렇게 화날 때 또 대들면 더 맞을 뿐이다. 그래서 나는 "알았다! 치우면 되잖아. 그리고 이건 내 꺼도 아닌데, 칫!" 소리를 지르고 궁시렁궁시렁하며 막 치웠다.

농문을 열었다. 언니 교복과 언니 파카 같은 것이 우르르 내려왔다.

'헐!'

정말 온통 언니 꺼다. 정말 어이가 없다. 나는 "으이그, 으이그." 하며 막 농 안으로 쑤셔 넣었다. 그리고 농문을 쾅 닫았다.

'아이 씨이. 나도 내 방 혼자 썼으면 좋겠다.'

이런 생각이 자주 든다.

언니랑 같이 방을 쓰니까 내 책상까지 더 더러워진다. 쓰레기는 모두 내 책상에 버리기 때문이다. 뭐, 내 책상이 쓰레기통이야 뭐야! 책상을 치우고 나도 자동으로 내 책상은 더러워지게 된다. 그러면 나는 한숨을 푹푹 쉬며 내가 치운다.

나는 정말 언니랑 방을 같이 쓰니까 신경질이 난다. 나는 따로 내 방을 쓰고 싶다. 언니는 중학생이니까 나보다 열 배나 더하겠지? 엄마 아빠는 이런 마음을 잘 알까 모르겠다. 아마도 모를걸? (4학년 여)

중학생 언니와 함께 방을 쓰는 4학년 아이가 불만을 털어놓았다. 언니가 어지럽혀 놓은 여러 가지 물건들 때문에 짜증이 나는데, 그 일로 어머니에게 꾸중까지 들으니 불만이 쌓일 수밖에 없다.

또 한 여자아이는 동생과 한방 쓰는 불편을 이야기해 놓았다. 하나에서 열까지 다 불편한데 특히 잘 때 코를 골고 몸부림을 많이 쳐서 더 그렇단다. 사춘기가 가까워지면서는 더욱 혼자 있고 싶기도 한데 그럴 수 없어 속상하단다.

부모는 이런 아이들의 마음을 잘 헤아려 주면서도 서로 배려하는 마음도 일깨워 주어야 한다.

내 방은 창고다

내 방은 겨울에는 우리 집에서 가장 춥다. 발이 엄청 시리다. 그래서 나는 내 방에서 잘 자지 않고 방바닥이 뜨끈뜨끈한 엄마 아빠 방에서 주로 잔다.

엄마는 내 방에 보일러도 잘 안 틀어 준다. 오히려 더 틀어 줘야 하는데 말이다. 그래서 나는 숙제할 때도 두꺼운 옷을 입고 한다.

엄마에게 "엄마, 왜 내 방은 추운 거야?" 하니까, "니 방은 북쪽이라서 그런다." 하고 말했다. 엄마 말대로 북쪽이라 햇빛이 안 들어와서 춥다. 거기다가 보일러도 잘 안 틀어 주니까 더 춥다.

내 방이 추운 이유는 또 있다. 이사 오기 전 주인이 내 방 앞의 베란다까지 방으로 만들어 넓혔다. 베란다는 찬바람을 막아 주는데 내 방은 벽 하나를 사이에 두고 바로 바깥과 닿아 있으니까 차가운 공기가 많이 들어올 수밖에 없다. 이렇다 보니 곧 5학년이 다 되는데도 내 방에서 못 자고 아기처럼 엄마와 아빠 방에서 같이 자야 한다.

이것뿐만 아니다. 불편한 점이 또 있다. 베란다가 있어야 할 자리의 한구석에는 창고가 있다. 창고 안에는 선풍기, 액자, 돗자리, 배낭, 가방, 상자 같은 온갖 물건들이 다 있다. 창고뿐만 아니라 창고문 앞에도 물건을 다 놓았다. 그리고 창고가 있어서 그런지 필요 없거나 집에 돌아다니는 온갖 잡동사니 물건까지 모두 내 방에 갖다 놓았다.

'아, 진짜! 내 물건도 아닌데 왜 내 방에 놔두는데.'

엄마가 내 방에 물건을 갖다 놓을 때마다 나는, "엄마, 왜 내 방에 물건 다 갖다 놓는데? 내 방이 무슨 창고가? 아 진짜!" 이렇게 소리소리 지른다. 그래도 엄마는 대꾸조차 안 한다. 나를 아주 어린 아기 취급을 해서 그럴 거다. 물건들 때문에 지저분한 건 말할 것도 없고 그 사이를 지날 때마다 부딪치고 그렇다. 그러면 정말 짜증이 난다.

제발 내 방에 있는 물건들을 다 치워 주었으면 좋겠다. 그리고 겨울에는 보일러도 좀 틀어 주었으면 좋겠다.

정말 나도 이제는 내 방을 예쁘게 꾸미면서 있고 싶다. 간절한 소원 중에도 가장 큰 소원이다. (4학년 여)

이 아이는 자기 방에 온갖 잡동사니 물건들을 들여놓아 지저분하고 물건들에 부딪쳐서 짜증이 난다고 했다. 아이가 글에 쓴 것처럼 아이방에 온갖 살림살이들을 들여놓은 집이 많다. 아이들이 자기 방에서 공부도 하고 잠도 자고 놀기도 하니 어른들 방보다 아이방은 더 넓고 좋아야 한다. 공간은 한정되어 있고 살림살이는 많다 보니 어쩔 수 없는 일인 듯한데, 그래도 되도록이면 어른들 물건은 아이방에 두지 않는 게 좋다.

또 이 아이는 자기 방이 북쪽 구석방이다 보니 햇볕이 잘 안 들어 춥다고 했다. 구석방은 햇볕도 잘 안 들고 대부분 통풍도 안 되어 건강에 안 좋다. 낮에도 불을 켜야 책을 읽을 수 있다. 한 아이 글을 보니, 낮에 불을 좀 켜려고 해도 어머니가 못 켜게 한단다. 이 아이는 어두운 곳에서 책을 읽으려니 머리가 아프다고 했다.

방이 어두우면 시력도 나빠지지만 심하면 우울증이나 신경쇠약에 걸릴 수도 있다고 한다. 방이 너무 밝아도 안 좋으니 가리개(커튼)로 알맞게 빛을 가려 주는 등 아이방은 조명도 신경써 주어야 한다.

아이들은 자기 방에서 무엇을 할까?

자기 방은 그 어떤 것에도 방해받지 않고 자유롭게 있을 수 있는 공간이니까 참으로 마음 편한 곳이기도 하다. 그래서 아이들도 자기 방에 혼자 있을 때는 남다른 행동을 하기도 한다. 혼자 놀이도 하고, 괜히 중얼거리거나 히히덕거리기도 하고, 슬플 때는 혼자 울기도 하고, 화났을 때는 화를 삭이는 자기만의 행동을 하기도 한다.

아이가 때로는 문제 되는 행동이나 위험한 행동도 할 수 있어서 부모들은 아이의 행동을 좀 알아 두기도 해야 한다. 그렇더라도 부모가 아이방을 함부로 드나드는 것은 좋지 않다.

내 방에 불쑥 들어오는 엄마 아빠

엄마랑 아빠는 조심성도 없다. 특히 엄마는 내 방에 막 들어와서 내가 쉬고 있는 게 조금이라도 보이면 숙제 다 하고 노는 거냐고 물어본다. 내가 할 일을 다 하고 쉬고 있어도 그냥 불쑥 들어와서 "너 뭐해? 숙제 다 했어?" 한다. 내가 "응, 다 했는데 왜?" 하니까, "용돈 받으려면 빨리 쓰레기 분리해서 버리고 와. 하기 싫으면 용돈 받지 말든지. 안 그러면 빨리 갔다 와." 한다.

솔직히 내가 엄마 아빠의 노예가 된 것 같다. 다 하고 나면 잔소리를 덧붙이는 것도 잊지 않는다.

아빠도 그렇다. 불쑥 들어와서는 차분하게 묻는다. 차근차근 물어볼 건 다 묻고 자리를 떠난다.

만약 내가 공부를 하고 있을 때 엄마나 아빠가 또 노크도 안 하고 불쑥 들어오면 공부를 다 망친다. 정말 최악의 상태라면 한창 공부를 하고 있는데 노크도 없이 불쑥 들어와 청소기를 윙윙 돌리며 들어오는 것이다. 그리고는 무조건 "야, 얼릉 비키라. 빨리!" 이러면서 마구 휘젓고 다니고는 문도 안 닫고 그냥 휙 나가 버린다.

우리 집은 엄마와 아빠가 내 방에 불쑥 들어오지만 내 친구 집에는 꼭 노크를 하고 들어온다고 한다. 우리 집도 이제 내 친구 집처럼 노크를 하면 좋겠다. 나 혼자 있고 싶은데 심심하면 불쑥 들어와 잔소리만 퍼붓고 가니까 반항도 하고 싶고, 짜증도 나지만 참는 것이 제일 좋은 것 같다. 안 그러면 더 자주 불쑥 들어올 수도 있기 때문이다.

빨리 커서 나 혼자만의 여유 같은 걸 느끼고 싶다. 엄마와 아빠 품을 벗어나서 말이다. (4학년 여)

아이가 제 방에서 좀 편안하게 쉬려고 하는데 어머니가 기척도 없이 불쑥 들어가 아이에게 잔소리를 하고 심부름을 시킨다. 할 일 다 했다고 해도 아이를 편하게 두지 않는다. 또 한창 공부하고 있는데 덮어놓고 들어가 청소기를 돌린다. 아이는 짜증도 나고 반항도 하고 싶다고 했다. 아무리 어려도 자기만의 생활이 있다. 그걸 지켜 주어야 자기 존재감도 느끼게 된다. 또 부모가 아이를 배려해야 아이도 그런 태도를 배우게 된다.

한 아이는 동생이 제 방에 함부로 들어와 떠들고, 물건도 함부로 만지고, 때로는 일부러 애를 먹여서 짜증이 난다고 했다. 화가 나 동생을 건드리면 동생이 어머니에게 일러바쳐서 오히려 자기가 꾸중을 듣는단다. 늘상 일어나는 작은 일 같아도 아이 성격에 따라서는 상처를 받기도 하니, 부모는 잘 살펴야 한다. 또 동생한테도 언니를 방해하지 않도록 잘 타일러야 할 것 같다.

한 아이의 글을 보니, 제 방에서 사물과 말을 주고받는다. 다음은 이 아이가 쓴 글의 한 부분이다.

눈에 띄는 책상이나, 의자나, 상장이나, 책 따위를 쳐다보면서 말을 건넨다.

예를 들면, "넌 좋겠다. 힘들게 움직이지도 않고 가만히 있을 수 있으니까."라든가, "가만히 똑같은 자세로 있으면 안 힘드니?" 같은 말이다. 물론 물건들이 직접 대답하지는 않는다. 내가 직접 대답해 준다.

"아니야, 가만히 있으면 허리가 굳어 가지고 움직이지도 못해." 같은 말을 말이다.

감성이 넉넉하거나 성격이 내성적이어서 남들 앞에서 말이나 행동으로 표현을 잘 못하거나, 다른 사람과 마음대로 소통하지 못하는 아이들이 이런 행동을 하는 것 같다. 그러면서 마음속에 쌓여 있던 답답함도 풀어내지 않을까 싶다.

내 방과 나의 비밀 행동

나는 가끔씩 내 방에서 좋아하는 가수의 노래를 틀어서 부른다. 밖에는 최대한 들리지 않게 하려고 작은 소리로 부르고, 집에 아무도 없고 기분이 좋을 때는 큰 소리로 부른다. 큰 소리로 부르면 스트레스가 풀리고 기분이 맑아진다.

기분이 아주 좋거나 시험 점수를 잘 받았을 때에는 덩실거리면서 춤도 흥겹게 춘다. 사람들이 보지 않게 문을 닫고 춤을 춘다.

어떨 때는 인형을 가지고 논다. 유치원생 같지만 난 귀여운 인형을 정말 좋아한다. 어릴 때는 당연히 많이 좋아했지만 지금도 그만큼은 아니지만 변함없이 좋아하고 있다. 나는 인형에게는 각각 날마다 다르게 이름을 바꾸어 준다. 예를 들면 똘똘이, 귀염둥이, 흰자 등으로……. 엄마나 다른 사람들이 알면 "야, 지금 나이가 몇 살인데 아직도 인형 가지고 노는데?" 할 것이다.

또 학교나 학원에서 기분 나쁜 일이 있으며 집에 와서 아무도 없을 때는 몰래 방에 들어와서 인형을 벽에 대 놓고 주먹으로 막 때린다. 엄마나 아빠, 할머니가 집에 오면 가만히 있다. 엄마는 "니 뭐했는데? 숙제, 공부 다 했나? 빨리 안 하나?" 하고 말한다.

제사 지냈을 때 오징어를 몰래 들고 와서 먹기도 한다. 이불을 덮어쓰고 먹기도 한다. 공부하라고 하면 가만히 만화책 보고 그림을 그린다.

어떨 때는 갑자기 엄마가 들어와서는 "공부해라! 엉뚱한 짓 하지 말고." 하고 말한다. 나는 그때 나도 모르게 깜짝 놀란다.

내 방은 내 자유의 공간이니까 비밀스러운 행동은 계속될 것이다.

앞으로도 내 방에서는 내 자유니까 비밀을 알더라도 모른 척했으면 좋겠다. (4학년 여)

이 아이는 자기 방에서 좋아하는 노래를 큰 소리로 부르면 스트레스가 풀린다고 했다. 자기 방은 기분이 좋거나 시험을 잘 봤을 때는 춤도 추면서 제 마음껏 좋아할 수 있는 공간이기도 하단다. 오징어도 몰래 가져와 먹고 공부하기 싫으면 만화책을 몰래 보기도 한단다. 무엇보다 남들이 좀 유치하다고 생각하는 인형 놀이 같은 것을 마음대로 해도 누가 뭐라는 사람이 없어 좋단다.

동무들이 놀려서 화난 마음을 인형을 때려서 푸는 곳도 자기 방, 어머니에게 꾸중 들어 속상한 마음을 욕하고 책상을 치며 푸는 곳도 자기 방이다. 또 혼자 속옷 바람으로 마음 편하게 있을 수 있는 곳도, 어머니에게 크게 혼날 일을 비밀로 간직하며 있을 수 있는 곳도 자기 방이다.

남자아이들은 자기 방에서 형제끼리 거칠게 놀기도 한다. 아이들이 방에서 좀 거칠게 놀더라도 정도가 지나치지 않으면 그냥 두는 게 좋다. 다만 위험하지 않게 놀아야 하고 이웃에 피해를 주지 않을 정도로 놀아야 한다는 것을 아이들에게 늘 깨우쳐 주어야 한다. 아이들이 조금은 이런 일탈도 즐길 수 있도록 해 주는 게 좋다.

집은 편안해야 한다. 자기 방은 더욱 그렇다. 아이들에게 주체성을 길러 주려면 어릴 때부터 혼자만의 공간에서 생활하는 것도 필요하다. 하지만 아직 보살핌이 필요하니까 부모 방에서 가까운 곳에 있는 좋은 방을 아이에게 주고, 밝고 건강한 분위기로 만들어 주어야 한다.

그리고 아무리 어리더라도 아이의 사생활은 꼭 지켜 주어야 한다는 것을 어른들은 한 번 더 마음에 새겨 두자.

아이들은 집 이곳저곳에서 어떻게 지낼까?

집들이 대부분 어른들 중심으로 지어져서 부엌이며 화장실, 거실, 베란다 등 집 안 이곳저곳이 아이들 체격에 맞지 않거나 위험 요소를 가지고 있다. 곳곳에 놓인 가구들 또한 아이들을 생각한 크기와 높이가 아니거나, 가구가 놓인 곳도 아이를 배려하지 않은 경우가 참 많다. 그래서 아이들이 어려움을 겪거나 몸을 다치기도 한다. 때로는 돌이킬 수 없는 일을 당하기도 한다. 베란다 난간 사이로 아기가 떨어져 숨진 끔찍한 일도 있다. 잘 드러나지 않아서 그렇지 아이들이 이런저런 사고를 당하는 일은 더 많을 게다.

그런데 어른들은 그런 위험들을 보면서도 예사로 넘긴다. 아이들이 어려움을 말하거나 위험하다는 걸 알려 주어도 들은 체 만 체하거나, 아이가 위험한 일을 당했는데도 오히려 왜 조심하지 않았냐고 아이만 나무라기도 한다.

거실과 베란다

우리 집은 거실에서 베란다로 갔다 왔다 할 때 정말 불편하다. 왼쪽에는 소파가 앞을 조금 막고 있고, 오른쪽에 있는 문으로 갈 때는 에어컨이 막고 있어 아예 지나가지도 못한다. 그래서 매일 소파 위로 가거나 소파와 문틈 사이로 끼어서 겨우 갈 수 있다.

전번에 있었던 일이다. 형이 밖에 눈이 왔다고 거실에 있는 나에게 말했다. 그래서 베란다로 나가려고 하다가 소파 끝부분에 걸려 베란다로 고대로 떨어졌다. 다행히 다친 팔에 붕대를 풀어서 손으로 받칠 수 있었다.

"와, 깜짝 놀랐네!"

나는 정말 놀랐다. 날마다 소파에서 베란다로 넘어갈 때만 되면 꼭 한 번은 아프게 된다.

형이 말했다.

"야, 니 왜 거기 있어?"

"소파에 걸려서 떨어졌다."

"헐! 아프겠네."

솔직히 너무 아팠다. 전번에 한번은 소파를 넘어가려다 처박혀서 이빨이 바닥에 찍혔다. 그때는 정말 아팠고 짜증이 났다. 그런데 아직도 베란다로 넘어가는 것에 대해서 익숙하지 않다.

또 나는 베란다에서 바깥에 눈이 쌓인 것을 보고 다시 거실로 들어올 때 이번에는 넘어지지 않으려고 틈으로 들어왔다. 그러다가 틈에 끼어 버렸다. 그런데 발버둥을 치다가 오른쪽 무릎을 소파 나무에 박았다.

"아, 진짜 아프네."

"이번에는 또 왜?"

"나무에 박았다."

"조심 좀 해라."

나는 엄마한테 잔소리를 듣고 나서 겨우 빠져나온 뒤 박은 무릎을 살펴보았다. 왜 이렇게 아프나 했는데 멍이 들었다. "니 눈은 있나?" 하고 말한 형도 원망스러웠다.

전번에는 아빠도 거실에서 밥을 다 먹고 일어서다가 소파 중간에 있는 나무에 박아서 무릎이 부었다.

"아야, 아 아파라!"

"아버지, 괜찮아요?"

"난 그거 매일 박는데 뭐."

아빠는 아프겠지만 나와 형은 웃기도 했다.

베란다 문 있는 데 소파를 놓지 않았으면 좋겠는데 거기 안 놓으면 놓을 데도 없으니까 문제다. 거실이 좁아서 소파 놓을 자리가 잘 없으니까 그런 것이다. (4학년 남)

베란다 문 가까이 소파를 놓아서 베란다 드나들기가 쉽지 않다고 했다. 거실에 탁자가 있어 매우 불편하다는 아이도 있다. 거실이 별로 넓지도 않은데 탁자까지 있으니 아무리 조심해도 걸핏하면 탁자 모서리에 부딪쳐 정강이가 멍들기 일쑤라고 했다.

한 아이 글을 보니, 거실에 나오려면 털이불을 덮어쓰고 나온단다. 아파트 같으면 보통 거실과 베란다 사이에 유리문이 있는데 요즘은 문을 떼어 틔운 집이 많다. 그런 집은 겨울에 거실이 아주 춥다. 또 베란다엔 화분도 많은데 거실 탁자에 아버지 낚싯대 가방까지 있어 더 비좁단다. 그래서 화분에 물 주려고 가다 탁자에 다리가 받쳐 피멍이 들고 선인장 가시에 찔리기도 했단다.

어른은 편리해도 아이는 불편할 수 있다. 무슨 일이든 아이를 빼놓고 생각해서는 안 된다.

책상이 한 개인 문제

우리 집은 책상이 한 개다. 책상에 앉아서 공부할 때는 항상 나와 형이 티격태격한다. 그런데 형이 막무가내로 자기가 앉으려고 해서 나는 자꾸만 밀리고 만다. 나도 막 대들었다.

"형! 왜 형아만 책상에 앉는데? 나는 만날 방바닥에서 공부하잖아! 그러니까 이번에는 내가 책상에 앉아 할 거야!"

그러니 형도 할 수 없이, "알았다, 알았다, 알았다. 니가 실컷 책상에 앉아서 공부해라." 하고 말했다.

이튿날이었다. 형이 또 자기가 앉겠다고 했다.

"니가 어제 책상에 앉아서 공부했잖아. 그러니까 오늘은 내가 앉을 거다."

"형은 열 번도 넘게 책상에 앉았잖아! 그러니깐 나도 열 번 넘게 앉아야지!"

그러니까 형이 할 수 없이 자리를 비켜 주었다. 내가 계속 앉아서 공부하다 보니 미안했다. 그래서 "형, 책상에 앉아 공부할래?" 하니까 좋다고 책상에 앉아 공부했다.

나는 책상 오른쪽에 있는 책꽂이를 없애고 책상을 하나 더 놓으면 좋겠다. 날마다 책상 때문에 문제가 많다. (4학년 남)

이 아이는 책상 한 개를 형과 같이 쓰는데 형에게 밀려 책상을 거의 못 쓴다고 불만이 많다. 잘 타일러서 같이 쓰도록 하고 형편이 된다면 아이 체형에 맞는 책상을 따로 마련해 주면 좋겠다.

한 아이의 글을 보니, 책상 의자가 없어 늘 부엌 의자를 가져와 앉는데 무거워 질질 끌며 옮기다 꾸중도 듣는다. 의자가 부서질까 걱정도 한다. 의자를 사 달라고 떼써도 부모는 안 된다며 잘라 버린다. "생떼 쓰지 마라! 안 그래도 우리 집은 지금 적잔데" 하는 어머니 말에, 아이는 "우리 집이 의자 한 개도 못 살 만큼 가난하나, 하는 생각이 들었다"고 한다. 끝에는 "참 슬프다"고도 했다.

또 한 아이의 글을 보니, 동생 책상처럼 새것을 못 쓰는 것에 불만이 아주 많다. 억울하고 속상하다고 한다. 언니가 동생에게 양보해야 한다는 것을 알면서도 욕심이 나는 건 어쩔 수 없다고도 한다. 어떻게 하면 아이의 불만을 풀어 줄 수 있을까? 어떻게 하든 억울해하고 속상해하는 아이를 달래 주어야 할 것 같다. 아이에게 물어보면 방법은 다 있다.

아이들은 의자에 앉아 있는 시간이 많은 만큼 그 영향도 크다. 의자가 아이의 키나 체형에 안 맞으면 등뼈가 굽거나 눈 건강에 아주 나쁜 영향을 준다는 것도 잊지 말자.

한 아이는 침대가 흔들리고 삐거덕거려서 신경쓰여 죽을 지경이라는데 어머니 아버지는 그냥 살살 올라가면 아무 문제가 없다고 한다. "삐거덕거리고, 받침대가 빠지려 하고, 기울어지고, 덜컹거리고……." 이렇게 아이가 말하는 침대 상태를 보면 위험해서 이것저것 많이 손봐야 할 것 같다. 당장 부서지는 게 아니더라도 아이는 늘 불안할 테니, 아이가 불안해하지 않도록 침대를 고쳐 주든지 해야 한다.

농

우리 집에는 내 방, 엄마 아빠 방, 오빠 방 이렇게 세 칸 있는데 가구가 가장 많이 있는 방은 바로 내 방이다. 나는 막내라서 가장 작은 방을 쓴다. 크기도 내 방이 가장 작은데 가구는 가장 많으니 방 안 가득 가구로 채워져 있다. 침대, 책상, 피아노, 서랍, 창고 등 많은 가구들이 있다. 이렇게 내 것도 아닌 기본적인 가구는 다 내 방에 있는데도 내게 꼭 필요한데 없는 것이 있다. 바로 농이다.

나에게는 농이 필요하다. 우리 엄마는 오빠가 한 명 있고, 남동생이 한 명 있고, 여동생이 한 명 있는 둘째이다. 외삼촌과 이모는 결혼을 해서 자식을 낳았는데 어떻게 된 건지 모두 나보다 큰 언니, 오빠다. 그래서 나는 외가에 가면 거의 막내 급이다. 사촌 언니는 한 명밖에 없다. 사촌 언니는 옷을 많이 사 입고 옷 사는 것을 좋아한다. 그래서 작아지는 신발이나 옷을 모두 나에게 물려준다. 그렇게 작아지는 옷을 무조건 나에게 다 주니 나는 옷 살 필요가 없어 좋다.

외가에 가서 놀다가 집에 가려고 할 때마다 "이거 가지고 가라." 하고 할머니께서 말하신다.

"이게 뭔데?"

"미은이 작아진 옷이다. 은영이한테 딱 맞을 거다. 적어도 내년까지 는 입을 수 있을 거다."

그렇게 해서 내 옷 중에서 절반 넘게 모두 외사촌 언니가 물려준 옷 들이다. 그러니까 우리 식구들 중에서 내가 옷이 가장 많을 수밖에. 그 런 내가 농이 없다니 말이 안 된다.

서랍에는 여름옷과 봄옷, 속옷이나 양말밖에 들어가지 않는다. 그러 다 보니 겨울옷과 가을옷은 박스나 창고에 두고 계절 될 때마다 꺼내 입어야 하니 불편하다.

또 나는 옷을 한 번 꺼내고 입으면 빨래할 때까지 계속 입는 것이 아니라 다른 옷을 꺼내서 규칙적으로 번갈아 입는 스타일이어서 옷을 많이 꺼내게 되는데 놔둘 곳이 없다.

만약 침대 위나 책상 위, 피아노 등에 옷을 걸쳐 놓으면 엄마가 방문을 열고는 "전은영, 니 방 돼지우리냐!" 하면서 잔소리를 한다. 그러면 나는 커튼 뒤에 접어서 잘 안 보이게 숨겨 두거나, 침대 밑에 쑤셔넣어 두거나, 책상 밑 등 엄마가 모르는 나만의 공간이나 눈치 못 채고잘 안 보이는 구석에 아무렇게나 지저분하게 넣어 둔다. 이러다 보니내 방은 지저분하고 옷 입을 때마다 엄마 눈치를 본다.

이렇게 나에게는 농 없는 생활이 불편하다. 엄마가 하루 빨리 내 농을 사 주었으면 좋겠다. (4학년 여)

이 아이는 농이 없어 불편하다고 했다. 아이가 아직 어려서 옷장을 따로 마련해 주지 않은 듯하다. 그런데 아이 형편을 보니 옷장이 필요할 것 같다. 정리해 놓을 만한 공간은 만들어 주지 않고 "니 방 돼지우리냐!" 이렇게 야단만 쳐서는 안 되겠다.

한 아이도 옷 서랍장이 따로 없는 불편을 말해 놓았다. 연년생 자매라옷 그기기 같은 모양이다. 색깔이나 모양이 같으면 누구 옷인지 구분하기가 어렵다. 바쁠 때는 서로 내 옷이니 네 옷이니 하며 다투기도 하겠지. 그래서 이 아이는 동생 옷과 자기 옷을 따로 넣을 수 있게 서랍장을 마련해주었으면 하고, 또 계절별로도 구분해서 정리해 주었으면 좋겠다고 한다. 이렇게 해도 빨래를 해서 모아 놓으면 구분이 안 될 테니까 아이 옷에 무슨 표시를 한다든지 해서 스스로 쉽게 찾아 입도록 했으면 좋겠다.

티브이 높이 문제

우리 집 티브이는 크다. 그리고 앉았을 때 우리 키보다 높게 놓여 있다. 엄마 아빠 키에 딱 맞게 놔두었다. 내가 티브이를 보려면 고개를 높게 들고 봐야 된다. 그래서 오래 보다 보면 목이 아플 때가 많다. 목이 아프면 장난감 상자를 가져와 깔고 앉는다. 그러면 목이 덜 아프다. 나보다 키가 작은 동생은 장난감 상자 두 개를 놓아야 티브이를 마음 편하게 볼 수 있다. 장난감 상자를 깔고 앉아 티브이를 보면 엄마는, "고개 들어서 보면 되지 뭐 그렇게 보냐?" 한다.

엄마 아빠는 우리 사정을 모르는 것 같다. (4학년 여)

이 아이는 텔레비전 높이가 안 맞아 매우 불편하다고 했다. 어머니는 예삿일로 넘기는데 평소 안 좋은 자세가 아이들 건강에 나쁜 영향을 끼친다는 걸 잘 알아야 한다. 아이들이 텔레비전 보는 시간이 적지 않은데 "고개 들어서 보면 되지 뭐 그렇게 보냐?" 이러고 넘어갈 게 아니라 아이들의 눈높이도 생각해 주어야 한다.

부엌도 그릇이나 여러 가지 양념 통 따위를 어른 키 높이에 맞춰 넣어 두는 경우가 많다. 한 아이의 글을 보니, 높은 그릇장에서 접시를 꺼내려다 떨어뜨려 깨기도 여러 번 했다고 한다. 싱크대 위에 올라가 설탕을 꺼내다 엎지르기도 하고 소금을 꺼내다 쏟기도 했단다. 그러다 그릇이 아이 얼굴에 떨어진다든지, 바닥에 떨어져 그릇까지 깨지면 아이들이 다칠 수 있다. 싱크대 높이도 어른 키 높이인데 키 작은 아이가 가스 불에 라면이라도 끓여 먹다 쏟는다면 어떻게 되겠나.

한 아이의 글에서 어머니와 주고받는 말을 보면 이렇다.

"높은 곳에 있으니까 내가 접시를 잘 못 쓰잖아."

"니들이 접시가 왜 필요한데? 그리고 엄마한테 꺼내 달라고 하면 되지."

어머니 대답은 아이를 생각하는 말이 아니다. 부모가 먹을 것을 잘 챙겨 주어서 아이들이 부엌에 드나들지 못하도록 한다고 해도 그렇지 못할 때도 많다. 따라서 아이들도 어느 정도는 스스로 먹을 걸 챙겨 먹고 정리도 할 수 있어야 한다. 그러니 어른들 중심으로 쓸 수 있게 만든 집 구조에 아이들에게 위험한 점이 없는지 잘 살펴야 한다. 그릇 같은 것도 아이들이 쓸 수 있도록 낮은 곳에 둔다든지 싱크대 앞에 아이들이 디디고 올라설 수 있는 받침대라도 만들어 두든지 해야 한다.

어른들에게 편리한 것이 아이들에게는 위험할 수도 있다. 집 안 어디에서든, 어떤 일에서든 아이를 빼놓아서는 안 된다.

아이들은 집에 혼자 있을 때 무엇을 할까?

요즘은 부모 모두 직장에 나가서 아이들이 혼자 집에 있어야 하는 시간이 더 많아졌다. 늦게까지 학원에 있다 집에 와도 몇 시간은 혼자 있어야 하는 아이들도 많다. 혼자 있으면서 숙제도 하고, 책도 읽고, 텔레비전도 보고, 컴퓨터 게임도 하지만 심심하고, 외롭고, 불안하고, 두려운 마음을 이겨 내기란 쉽지 않다. 그래서 아이들은 갖가지 행동을 한다.

나 혼자 있을 때

나는 주말 빼고는 학원까지 갔다 와도 나 혼자 있을 경우가 많다. 그래서 나는 처음에는 좋다고 한다. 마음껏 티브이도 볼 수 있고, 컴퓨터도 한 시간 넘게 해도 되기 때문이다. 그리고 선풍기도 마음껏 틀고 "아아, 시원하다!" 하고는 뒤로 벌렁 누워 있을 수도 있다. 잔소리하는 사람도 없다.

그런데, 조금만 지나면 심심하다. 그리고 조금 더 지나면 외롭기도 하다. 나랑 이야기 나눌 사람이 없기 때문이다. 그리고 조금씩 무서워지기 시작한다. 집이 캄캄하고 햇빛도 잘 안 들어오기 때문이다. 또 티브이에서 공포 영화나 처키 같은 귀신이 나올 때는 더욱 무섭다. 티브이에서 옛날 음악, 베토벤, 헨델, 바흐 음악이 들릴 때는 소름이 끼치기도 한다. 공포 드라마 〈여우누이던〉에서 나오는 구미호가 나올까 봐 무섭다. 또 나 혼자 있을 때 강도가 들어오면 어떡하나 걱정도 된다. '안 들어오겠지?' 하면서도 자꾸 문 쪽으로 눈이 간다. 그리고 집이 너무 조용하기도 해서 더 무섭다.

공부할 때 모르는 문제가 나오면 물어볼 사람도 없다. 그러니까 나혼자 있어도 마음이 놓이도록 보안 시스템을 달아 주거나 엄마 아빠가 더 빨리 일을 마쳐서 내랑 같이 있었으면 좋겠다. (4학년 남)

아이 말처럼 혼자 집에 있으면 처음에는 참 좋다. 어머니 아버지가 있으면 공부하라고 닦달하고, 잔소리하고, 꾸중도 할 텐데 간섭할 사람이 없으니 얼마나 신나겠나. 그렇지만 차츰 심심해지고 외로워진다. '아! 아무도 없이 나 혼자 있구나!' 그러다 조금씩 무서워진다. 무서워지기 시작하면 공포 영화도 떠오르고 귀신이 니타나지나 않을까, 드라큘라가 나타나지나 않을까 상상도 하게 된다.

어른들이 모르는 아이 세계

이렇게 아이들은 심심하고 외롭고 무서우면 거기서 벗어나기 위해 이런저런 행동도 하게 된다. 때로는 위험한 행동을 하기도 해서 안전을 걱정하지 않을 수가 없다. 부모 모르는 사이에 문제 행동을 키워 갈 수도 있고 정서 안정에 문제가 생길 수도 있다.

더구나 어머니 아버지가 한밤중에 집에 오는 날이 많으면 아이는 얼마나 힘이 들까? "엄마가 올 때까지는 늘 긴장을 하고 있다. 어머니 아버지도 돈 번다고 힘들겠지만 나는 맨날 왜 이렇게 살아야 되는지 모르겠다" 하는 한 아이의 말에 마음이 아린다.

앞서도 말했지만 간섭하는 어른, 귀찮게 하는 언니나 동생 같은 식구들이 아무도 없을 때 아이는 마음이 느긋해진다. 이럴 때는 더 한없이 편안해지고 싶은 것이 사람 마음이다. 그리고 이런 기회가 왔을 때는 또 마음껏 누리고 싶어지기도 하지. 그래서 소파에 비스듬히 앉거나, 탁자 위에 누워서 과자를 먹으며 편안하게 텔레비전을 보기도 한다.

혼자 집에 있을 때

나는 엄마 아빠가 집에 없는 시간이 많다. 그럴 때는 심심해서 여러 가지 행동을 한다. 그중 한 가지는 거북이나 장수풍뎅이, 사슴벌레를 꺼내어 노는 것이다. 엄마가 어항에서 꺼내지 말라고 했지만 심심해서 꺼낸다. 장수풍뎅이와 사슴벌레는 둘 다 수컷이어서 대결을 시킨다. 장수풍뎅이가 계속 사슴벌레를 내리쳐서 둘 다 따로 넣어 버렸다. 그리고는 거북이랑 논다. 무얼 하고 노냐 하면 거북이를 내 무릎 위에 올려놓고 움직이는 것을 본다. 그리고 집 밖으로 나가 놀이터에서 친구와 거북이랑 놀기도 하다가 다시 들어온다. 집에 와 토피어리 위에 거북이를 얹어 놓는다. "와! 저기를 올라가네." 그리고 거북이를 다시 넣어 놓는다.

우리 집 티브이는 쿡 티브이여서 영화도 볼 수 있다. 나는 애니메이션이 재미없어서 액션 판타지 블록버스터 영화나 공포 영화를 많이 보기도 한다. 나는 액션 영화를 보면 멋있고 재미있어 좋고, 공포 영화는 보면 소름이 끼치고 짜릿하다. "와아! 저건 좀 무섭네." 하면서도 자꾸 본다.

그다음은 내 방에서 총을 가지고 비비탄을 쏜다. 나의 총은 따발총이어서 쏘면 300발 400발이 나간다. 침대에 비비탄이 수북이 쌓인다. 또 물체를 여덟 개쯤 놓고 사격을 한다. 나는 표적 한 개 말고 다 맞춘다. 그러면 "으아아, 아쉽다!" 하고 말한다.

또 다른 행동은 '위' 게임을 하는데 '위' 중에서 총 쏘는 게임을 하거나 알피지 폭력성 게임을 한다. '콜 오브 듀티'를 하는데 화면도 크고 총 게임이어서 재미있고 좋다. 하지만 엄마 아빠가 오시면 바로 끈다. 나는 속으로 "아! 이것만 캐면 '스테이지 클리어'인데!" 한다.

이번에도 또 컴퓨터 게임인데 이름은 '월드워크레프트'이고 15세 이용 가이다. 그래서 들키지 않게 '월드워크레프트'에서 이름을 바꾸고 모르게 휴지통에 넣고 한다. 하는 법은 대략 시뮬레이션 전쟁 게임이고 군사를 생성해 적의 기지를 전멸시키는 것이다. 정말 재미있다.

또 엄마나 아빠의 주민등록번호로 회원 가입을 해 전체 이용 가인 '마법학교 아르피아'를 한다. 인증번호를 받지 않아 좋다.

또 나는 학교 앞에서 콩알탄을 사 내 방 창문을 열어 자꾸 터트린다. '팡! 팡!' 터지는 소리가 활기차고 좋다. 또 화약총에 화약을 넣어 쏘기

이 아이는 집에서 혼자 있는 시간이 많다 보니, 기르는 곤충을 가지고
놀기도 하고 거북이하고도 논다. 또 텔레비전을 보기도 하는데, 액션 영화
나 공포 영화 같은 것을 많이 찾아본단다. 컴퓨터 게임도 마음대로 한다.
더구나 부모의 주민등록번호를 마음대로 쓰고 있다. 또 비비탄 총도 가지
고 놀고 콩알탄을 터트리면서 놀기도 한다. 그런데 비비탄과 콩알탄은 사
고가 날 수 있는 위험한 장난감이어서, 어린이 안전 사고 가운데 장난감
사고의 대부분을 차지한다. 따라서 아이들이 혼자 있을 때 텔레비전 보는
것, 게임하는 것, 놀이하는 것도 건전하고 유익한 것을 보고, 할 수 있도록
깨우쳐 주어야 한다.

한 아이는 혼자 있을 때 컴퓨터 게임을 하다 지루하면 침대 위에서 뛰
면서 "잘 만났다, 이 괴물아! 오늘 끝장내 주마!", "액션 가면! 너를 쓰러
트려 주마, 으하하하! 어디서 감히 액션? 비잉 비비비비빙 으악! 죽었다!"
이렇게 혼잣말까지 하면서 발차기도 하고 주먹 날리기도 하면서 논단다.
그리고 판을 침대 모서리에 걸쳐 놓고 여러 가지 물건들을 미끄러지게 내
리게 하거나 스스로 미끄럼도 탄단다. 그렇게 놀다가도 "왠지 허무하다.
나 혼자서 이게 뭐하는 짓인지 모르겠다" 이렇게 느낀단다. 그러다 지치
면 가만히 누워 있다 잠이 든다고 했다.

또 한 아이의 글을 보니, 책꽂이 타고 올라가기, 장롱 옆 틈으로 올라가

자기가 받은 상장도 보고, 봉지를 두 발에 끼고 스케이트 타기 같은 온갖 놀이를 하다가 나중에는 공을 장롱 틈 속에 던져 넣기를 한다. "네, 김문희 선수 골인인가요? 네에, 골인입니다. 대단하시네요. 오! 말이 끝나기 무섭게 농구공을 튀기는데요? 네에, 다시 한 번 골인입니다. 대단하시네요! 저도 저렇게 하고 싶습니다. 어어? 공을 빼앗기나요? 네, 아니네요!" 이렇게 중계하는 아나운서 역할도 하고, 진짜 선수처럼 물병에 물을 담아 먹어 가면서 한단다. "무엇보다 농구공 놀이를 하면 무언가 시원하게 날아가는 느낌이고 엄마 아빠가 없어도 무서운 게 조금 없어지기 때문에 더 하게 된다"고 했다.

또 집에 혼자 있을 때 반려동물과 논다는 아이도 있는데, 부모가 집에 없을 때 반려동물은 아이가 마음을 기댈 수 있는 대상이다.

농 안은 나만의 비밀 공간이다

난 엄마가 어디 가고 집에 아무도 없을 때 농 안에서 놀 때가 많다. 농 안에 들어가서 문을 조금 열어 놓고 인형을 가지고 논다. 엄마가 인형이 많다고 잔소리하는 걸 다섯 개쯤 구석에 잘 놓아두었던 것이다. 난 양 인형이랑, 토끼 인형이랑, 강아지 인형 등 동물 인형이 많다. 그걸 가지고 농 안에서 숨어서 노는 것이다.

농 안에 들어가 보면 깜깜해서 잘 안 보일 때가 많다. 나는 인형들을 친구로 삼고 내가 하고 싶은 말을 다 꺼내어 이야기한다. 비밀 이야기도 하고, 무서운 이야기도 하고, 재미있는 이야기도 한다. 나는 그렇게 인형한테 다 털어 내면 속이 시원하다. 나의 진정한 친구 같다. 동생들 같기도 하고 친척들 같기도 하다. 나는 인형 동생들이 말을 잘 안 들으면 혼낼 때도 있다.

사실 농 안에 누워 있기가 안 편하다. 참 불편하다. 농 안에는 옷들이 많기 때문이다. 그래도 난 농 안을 '나의 비밀 놀이터'라고 이름을 지었다. 내가 심심할 때, 무서울 때, 속상할 때 그곳에 자주 들어가 있는다. 그곳에 한참 있으면 마음이 편해지고 기분이 좋아진다.

어떨 때는 나의 쉼터라고 하기도 한다. 내가 잠시 동안 숙제를 하지 않고 쉬는 곳이기 때문이다. 난 쉬고 싶은데 엄마는 숙제를 다 하고 자라고 한다. 그러면 그곳에서 잠시 쉬는 것이다.

나는 그런 나만의 공간이 있어 너무 좋다. (4학년 여)

이 아이는 이렇게 자기 공간을 만들어 놓고 거기에 숨어서 편안하게 논다. 그 공간에서 인형을 상대로 비밀 이야기도 하고 속상한 이야기도 하면서 맺힌 마음을 푼다. 그리고 나면 마음이 편안해진다고 했다. 주로 내성적인 성격을 가진 아이들이 그러지 않을까 싶다. 이런 아이한테는 아이마음을 헤아려 주고 자기표현을 마음껏 할 수 있는 분위기를 만들어 주어서 자기만의 공간에 갇히지 않도록 해 주어야 한다.

또 한 아이의 글을 보니, 아무도 없을 때 장난전화를 한다. 처음에는 엄마가 일하는 사무실에 장난전화를 하다가, 나중에는《전국전화번호부》를 보면서 한다. 이 아이는 어릴 때부터 혼자 있다 보니 외로워서 그런 것 같다고 했다. 하지만 그러다 보면 나쁘다는 생각도 무디어진다. 아주 심하면 무슨 큰일을 당하고야 깨닫기도 한다. 그래도 이 아이는 어머니께 그런 장난을 했다는 걸 바른대로 말하고 다른 떳떳한 놀이를 하겠다고 했으니 다행이다.

가스레인지로 하는 비밀 행동

나는 엄마 아빠가 모두 회사에 가서 학원 마치고 돌아오면 다른 장난도 많이 치지만 그중에서 가스레인지 장난을 더 많이 친다.

그 장난은 가스레인지에 불을 킨 다음에 화장실 호스를 가지고 와 물을 틀고 끄는 것이다. 마치 나는 소방관이 된 것 같았다.

또 다른 비밀 행동은 우리 집에는 달고나 만드는 법이 있다. 엄마는 위험하다고 나보고 만들지 말라고 했지만 몰래 만들어 먹는다. 나무젓가락 타는 것도 신기하고 불이 약간씩 튀어 올라서 실감도 난다.

어떨 때는 가스레인지 불을 가장 강하게 틀고 나무젓가락을 넣어 타는 것을 보면서 탁탁 소리 나는 것도 듣는다. 그리고 불에서 빼내어서 손으로 만져 보았다. 정말 엄청 뜨거워서 손을 물에 재빠르게 담갔다. 하마터면 손을 찌질 뻔했다.

그다음은 그릇에다 물을 부어서 가스레인지에 얹어 놓고 물을 끓이는 장난을 친다. 물이 끓는 것을 보니 거품이 뽀글뽀글 올라오는 게 신기하다. 마치 찌개 끓이는 것 같기도 한다. 그러다가 진짜로 라면을 끓여 먹기도 한다.

또 신문지를 둘둘 말아서 불을 붙여서 성화불 놀이도 한다. 다한 다음에 물에 담가 끈다.

그밖에도 있지만 이 정도로 소개한다. 엄마 아빠가 알면 뒤로 자빠질 정도로 놀라겠지만 재미는 있다. 그렇지만 위험하니까 앞으로는 안 해야 되겠다. (4학년 남)

아이는 가스 불로 여러 가지 위험한 놀이를 하면서 짜릿한 느낌을 즐긴다. 평범한 놀이보다는 이렇게 아슬아슬하고 짜릿한 느낌을 주는 색다른 놀이를 좋아하는 게 아이들이다. 부모들은 아이가 이처럼 위험한 행동을 하는 걸 알았을 때는 무조건 혼내어 못 하게 하기보다는 이럴 때 어떤 큰 일이 일어날 수 있는지를 일러 주어 스스로 판단하도록 잘 깨우쳐 주어야 한다. 그래도 이 아이는 자기가 한 행동이 위험하다는 것을 알고 앞으로는 그런 놀이를 안 해야겠다고 했으니 다행이다.

아이들이 혼자 집에 있을 때 무엇을 하며 어떻게 지내는지 몇 가지 사례를 보았다. 대부분은 아이들이 외로움을 견디기 위한 몸부림이 아닌가 싶다. 걱정스런 모습도 보이지만 그러면서 조금씩 자기 힘으로 살아갈 수 있는 사람으로 자라기도 한다. 다만, 어른이 할 일은 아이가 자기 힘으로 살아갈 수 있을 때까지는 안전하게 생활할 수 있도록 사랑으로 꼼꼼하게 보살피는 것이다.

아이들은 식구들하고 어떻게 지낼까?

식구들 사이에는 허물이 없다. 어지간한 허물은 덮어 주고 이해하며 모두 받아들여 주기 때문이다. 그래서 식구들 사이에는 서로 편하게 말하고 편하게 행동하게 된다. 하지만 어른들이 편하게 하는 말과 행동 가운데는 아이의 마음을 아프게 하거나 불만스럽게도 하고, 초조하게 하거나 신경을 날카롭게도 만들고, 짜증 나게도 한다. 또 다른 여러 가지 나쁜 영향을 주는 일도 많다.

부모가 그릇된 말이나 행동을 하는 건 아이들이 조그만 일에 크게 신경 쓰겠나, 말이나 행동을 조금 옳지 않게 하더라도 그냥 넘어가겠지, 아이에게 그렇게 나쁜 영향을 주기야 하겠나 하는 생각이 마음 바탕에 깔려 있기 때문이 아닐까 싶다. 이렇게 생각하는 것도 나쁘지만 더욱 나쁜 것은 잘못인 줄 알면서도 함부로 그릇된 말이나 행동을 하는 것이다. 그리고 아이가 그릇된 말과 행동을 할 때 어른이 알게 모르게 그냥 넘어가는 것도 옳지 않다. 그런 일이 여러 번 되풀이되면 무엇이 그릇된 말이고 그릇된 행동인지 잘 모르게 되기 때문이다.

언제나 소파는 아빠가 차지

우리 가족은 엄마와 아빠, 그리고 오빠, 나다. 그런데 우리 아빠는 날마다 집에만 오면 씻고는 바로 소파에 눕는다. 내가 소파에 앉아서 조금 쉬고 있는데도 아빠는 나를 밀어붙인다. 그래서 나는 굴러떨어진다. 나는 일어서서 얼굴을 찡그리며, "아빠! 밀면 어떻게 해!" "아이씨, 아파 죽겠네." 그래도 아빠는 거드름을 피우며, "에헤이, 좀 비키 봐라." 하며 내 말을 듣지도 않는다. 나는 이렇게 날마다 아빠에게 소파를 빼앗긴다.

내가 아픈 어깨를 만지면서 "아빠, 좀 비켜 주세요. 네?" 이렇게 말해 보지만 아빠는 이쑤시개로 입에 끼어 있는 찌꺼기를 떼어 내면서 "거참." 이러며 화를 낸다. 그러면 나는 더 말을 할 수가 없다. 무섭기 때문이다.

매일 아빠가 집에 와 소파에 누우면 나는 못 앉는다. 나는 내 소파도 있고, 오빠 소파도 있고, 엄마 소파 뭐 이렇게 따로따로 가지면 좋겠다고 생각한다. (4학년 여)

아버지와 딸이 소파 자리를 놓고 다툰다. 아버지는 끝내 자리를 내주지 않고, 아이는 아버지가 무서워 비켜 달라는 말을 더 할 수가 없다고 했다.

아버지가 소파를 차지하고 누워 있으니 다른 식구들은 이처럼 어쩌지 못하나 보다. 하지만 못마땅한 마음은 자꾸만 쌓이게 마련이다. 아버지는, 식구들을 위해 하루 내내 고생하며 일하고 왔으니까 저녁 한때 내가 소파를 차지할 수도 있는 거지, 이렇게 생각하지 말고 아이들 마음도 헤아려 주면 좋겠다.

아빠 마음대로 하는 티브이

아빠는 금요일 날은 쉬신다. 그래서 내가 숙제를 다 하고 티브이를 보고 있으면 항상 주무시다가 나와서 리모컨을 빼앗아 가신다. 머리는 까치집이다. 그러면 항상 내가 보기 싫어하는 '무르팍 도사'나 '나는 가수다' 같은 걸 보신다. 그러면 내가, "아빠, 나 이런 건 안 본다. 아빠 쉬는 날이니까 같이 보는 거 보자." 하면, 아빠께서 "니들은 집에 있으면서 항상 티브이 보잖아, 그러니까 아빠도 오랜만에 티브이 좀 보자." 라고 하시면 아무 할 말이 없다. 그래도 나는 "치이." 하며 방으로 들어와 그냥 풍선 가지고 형과 논다.

그래도 심심해서 리모컨을 빼앗아 내가 보는 것을 보면 아빠는 무섭게 "오, 사, 삼, 이, 일!" 이런다, 그러면 나는 바로 아빠한테 달려가 리모컨을 대령해야 한다. 내가, "아빠, 내가 보고 싶은 것 좀 보자. 리모컨 조오오오." 이렇게 누워서 칭얼칭얼대니까 "조용 좀 해라! 좀 시끄럽다!" 하고는 무시하셨다.

또 내가 아빠가 보시는 티브이를 가렸다. 그러니까 아빠가 엉덩이를 한 대 때리셨다. 그러니까 아빠가 집에 있는 날은 우리는 티브이를 마음대로 볼 수가 없다. (4학년 남)

텔레비전 보는 것으로 아이와 아버지가 티격태격한다. 아이는 아버지가 집에 있는 날은 텔레비전을 마음대로 볼 수 없다고 투덜거린다. 집에서는 보통 아이와 관련이 있는 일도 아이에게 물어보지 않고 어른 마음대로 하기가 쉬운데 그건 옳지 않다. 아이의 의견이라도 받아들일 건 받아들이고, 아이가 어른의 의견을 받아들이지 않으려고 하면 잘 이해시켜서 반감을 가지지 않도록 해야 한다. 그렇다고 무조건 아이 기분에만 맞추어 주는 것도 옳다고 볼 수 없다. 자기가 하고 싶은 대로만 하면 다른 사람이 불편할 수도 있다는 것을 아이들에게 깨우쳐 주어야 한다. 다른 사람을 배려하는 마음도 이렇게 배우는 것이다.

한 아이는 어머니가 옷장 정리 안 하는 것을 못마땅해 한다. 글의 한 부분을 보면 이렇다.

안방으로 들어가 보면 옷이 침대 위에 널브러져 있고 옷장 문은 활짝 열려 있다. 옷장 겉으로는 깨끗해 보인다. 그런데 옷을 뒤져 보면 옷 주머니에 양말이 들어 있고, 바지는 옷 사이에 쑤셔 넣어져 있다.

보통은 아이가 정리 정돈을 잘 안 해서 어머니가 잔소리하는데 여기서는 반대가 되었다.

정리 정돈을 잘 안 하는 사람과 정리를 꼭 해야 마음이 편한 두 사람이 한집에서 산다고 하자. 정리를 잘하는 사람은 안 하는 사람에게 정리하라고 자꾸 잔소리를 하다가도 그 사람이 끝까지 정리를 안 하면 결국 자기가 정리하고 만다. 자꾸만 어질러 놓는 사람을 어떻게 당해 낼 수가 있겠나. 그래서 포기하고 어질러졌으면 어질러진 대로 참고 살게 된다. 그러다 보면 정리를 잘하던 사람도 잘 안 하는 사람의 물이 들어 집 안이 온통 어질러져 있어도 그걸 못 느끼게 된다. 아이들은 더 그럴 수 있다. 부모들은 그걸 좀 알았으면 싶다.

아빠가 변기에 오줌 묻히는 문제

나는 아빠가 변기에 오줌을 다 묻혀서 더럽다. 내가 화장실에 가서 소변을 보려고 화장실 문을 열고 들어가 변기를 봤는데 변기에 오줌이 묻어 있었다. 나는 "아, 드러!" 하는 말이 저절로 튀어나왔다. 내가 "아빠! 변기에 오줌 다 묻혔잖아." 하니까, 아무 말도 안 했다. 나는 화가 나도 참고 휴지를 뜯어서 변기를 닦았다. 그런데 닦는데도 냄새가 꾸리꾸리하게 났다. 사용하기가 찝찝하다. 뒤에 들어오는 사람은 어쩌라고 그러는지 정말 미치겠다.

나는 언니랑 같이 손을 씻으려고 화장실에 들어갔는데 또 변기에 오줌이 묻어 있고 담배 냄새까지 나서 나와 버렸다. 그리고 할아버지 방에 가서 손을 씻었다. 나는 아빠한테 "아빠! 아빠도 할아버지 방에서 오줌 누세요!" 하고 말하고 싶은데 아빠가 삐지고 화낼까 봐 못했다. 할아버지도 아빠처럼 변기에 오줌을 눈다. 나는 우리 집 남자들이 예의가 없다고 생각한다.

또 그런 일이 있어서 이번엔 언니가 "아빠! 변기통에 오줌 좀 묻히지 마세요!" 하고 소리 지르니까, 아무 생각 없이 그냥 "알겠어." 하고 건성으로 말했다.

밤에 화장실에 갔는데 아빠가 또 오줌을 묻혔다. 또 짜증이 났다. 난 아빠가 변기에 오줌을 안 묻혔으면 좋겠다. 제발 부탁한다. (4학년 여)

고속도로의 한 휴게소 남자 화장실을 보니 소변기 위에 이런 문구를 붙여 놓았다.

"남자가 흘리지 말아야 할 것은 눈물만이 아닙니다."

난 이 문구만 보면 기분이 아주 언짢아진다. 그렇지만 오줌을 아무 데 나 묻혀 놓으니까 그런 안 좋은 소리를 듣지, 이런 생각도 한다.

아이 글에서처럼 집에서도 남자들은 서서 오줌을 누어서 변기 주변에 많이 묻힌다. 앉아서 오줌을 누어야 하는 여자들은 얼마나 싫겠나. 좌변기 에서는 남자들도 여자들처럼 앉아서 오줌 누는 것이 좋겠다.

우리 아빠의 담배와 술

우리 아빠는 하루도 빠짐없이 매일 담배를 핀다. 그러니 건강도 많 이 좋지 않다. 그 건강의 영향은 우리 가족에게도 미친다. 왜냐하면 우 린 지금 간접흡연을 하고 있기 때문이다.

게다가 아빠는 술도 많이 마신다. 그래서 냄새가 많이 난다. 아빠는 별로 냄새가 안 난다고 말하지만 아빠가 지나갈 때마다 술 냄새와 담 배 냄새가 난다. 그래도 아빠는 끝까지 술이랑 담배를 하려고 한다. 내 친구 아빠는 담배를 끊었는데 아빠는 끊으려고 해 놓고도 한 달밖에 가지 않는다.

아빠가 우리 집에 있으니까 돌아다닐 때마다 냄새가 배긴다. 잠시 아빠가 담배 피고 우리 방에 들어와도 냄새가 배기고, 안방에는 아빠 베개에 쉰내가 펄펄 날 정도로 심하다. 그러니까 아빠의 베개는 우리 가족 베개 중에서도 가장 더럽다. 엄마는 어떻게 견디는지 정말 모르 겠다.

무엇보다 심각한 건 아빠의 술주정이나 술 먹고 집에 안 들어오는 것이다. 우리 집에서 일어났던 사건만 해도 한두 건이 아니다. 아빠가 술 먹고 들어와서는 할머니랑 엄마랑 막 말싸움도 했다. 그러다가 점점 시끄러워지고 거실에 불도 켜졌다. 그때 '탁!' 소리가 났다. 그 후에 알고 보니 전화기가 깨진 거였다. 나는 그때 깜짝 놀라서 거실에 불이 꺼져도 쉽게 잠을 이루지를 못했다. 그 사건 말고도 시끌벅적한 사건이 많아서 나와 동생이 깨서 잠 못 이루는 일이 많이많이 있었다.

아빠 때문에 자꾸 우리 집의 생활에 문제가 많이 생긴다. 아빠가 이렇지 않았으면 좋겠다. (4학년 여)

이 아이의 아버지는 담배를 피운다. 아이는 "아빠가 우리 집에 있으니까 돌아다닐 때마다 냄새가 배긴다"고 한다. 그만큼 아이에게도 해롭다는 말이다. 담배를 피우는 사람들은 담배가 얼마나 해로운지 잘 알면서도 끊기가 쉽지 않다. 담배갑에 있는 흉측한 그림을 보면서도 피운다. 문제는 자기뿐만 아니라 같이 사는 식구들한테도 아주 큰 해를 끼친다는 것이다.

이 아이 아버지는 주정도 많이 하는 것 같다. 아이는 "시끌벅적한 사건이 많아서 나와 동생이 깨서 잠 못 이루는 일이 많이많이 있었다"고 했다. "아빠 때문에 자꾸 우리 집의 생활에 문제가 많이 생긴다. 아빠가 이렇지 않았으면 좋겠다"고 하는 아이 말을 부모는 잘 새겨들어야 한다.

아빠만 있으면 무섭다

우리 아빠는 술을 마시고 집에서 소리를 크게 지르고 그래도 안 풀리면 무엇을 부수거나 동물이 있으면 마음대로 때리고 던져서 무섭다.

나를 때리거나 강제로 가출시킬까 봐 아빠가 집에 오지 않았으면 좋겠다는 생각을 한다. 아빠가 올 때마다 나를 때릴까 봐 겁이 나고 불안해서 내 마음을 안정시킬 수가 없다.

스트레스를 많이 받고 집에 와서 자고 있던 형을 강제로 일어나라 하고 막 때리고도 안 되어 몽둥이를 들고 와서 형을 때리기도 했다.

나는 아빠가 술을 마실 때만 그런 줄 알았는데 술을 안 마셔도 스트레스를 받고 스트레스 풀 길이 없어서 우리 가족한테 스트레스를 푼다. 어떨 때는 내가 여기서 태어난 것을 세상 최대의 실수인 것 같은 생각도 한다.

우리 아빠가 술이 취했을 때 더욱 무서운 것은 칼을 드는 것이다. 전에 아빠만 빼고 저녁밥을 먹었는데도 무조건 외식을 가자고 했다. 그때 형이 먼저 밥 먹었다고 말하니까 강제로 가자고 칼을 들었다. 배가 아파서 안 간다고 해도 꼭 가야 된다고 억지 부려서 무서웠다.

아빠만 있으면 정말로 불안하고 무섭다. 많이 불안하고 무서울 때는 자는 척을 한다. 그래도 아빠가 잘 때까지 마음이 진정되지 않고 더 불안하고 무서워져서 지금이 끝인가, 생각하고 눈물을 흘리기도 했다. 그리고 집에 혼자 있을 때 아빠가 술을 마시지 않고 스트레스도 받지 말라는 기도를 하루에 두세 번 정도 한다.

아빠가 술을 마시고 집에 와서 엄청난 피해를 줘서 나만 빼고 다 놀다가 오기도 한다. 그런데 전에 아빠가 그렇게 놀다 오는 것을 알아서 엄마와 형을 어디로 오라고 해서 차로 차 뒷자리에 태워서 두려움과 무서움을 주기도 했다. 술을 마시고 와도 집에서 술을 더 마시고 반찬을 다 엎고 더 무서움을 주어서 우리를 집에 못 들어오게 해서 엄마와 가출한 적도 많이 있다.

아빠는 술을 일곱 병 정도 마시면 영혼이 완전히 탈출을 한다. 여러 번 그런 일이 있다. 전에 우리 식구들한테 전화를 해서 집에 불을 내어서 애완동물이랑 죽겠다고 했다. 그래서 엄마는 경찰에 전화를 해서 우리 집 주소와 비밀번호를 알려서 집에 최대한 빨리 가라고 했다. 엄마와 형, 나는 아파트 정문 앞에서 진짜로 경찰이 집에 가는지 보았다. 아빠는 그래서 경찰서에서 조사를 받았다. 우리는 그 기억을 잊어버리게 할려고 호텔에서 2일 동안 자고 엄마가 용기를 내어 집에 가자고 해서 갔다. 그때 아빠는 술을 마시고 있었다. 아빠는 그 기억을 잊어버리지 않고 말하면서 몽둥이로 엄마와 형, 나를 때렸다. 아빠는 경찰에 가서 조사 받은 것이 기분 나빠서 그런 것 같다.

아빠가 술을 마시지 않고 집에 오는 것이 나의 소원이다. (4학년 남)

이 아이의 아버지가 술 마시고 하는 행동은 끔찍할 정도다. 아이는 "나를 때리거나 강제로 가출시킬까 봐 아빠가 집에 오지 않았으면 좋겠다는 생각을 한다. 아빠가 올 때마다 나를 때릴까 봐 겁이 나고 불안해서 내 마음을 안정시킬 수가 없다"고 했다.

이런 가정폭력의 경우은 시간이 갈수록 더 심해져서 식구들이 위급한 상황에 놓일 수 있다. 위급할 때 구조 요청을 할 수 있도록 가족과 친구들에게 알리고, 아이에게도 긴급전화번호를 알려 주는 등 대처할 수 있도록 해야 한다. 그러는 한편 여성단체나 쉼터, 상담소 같은 단체의 도움을 받아 하루 빨리 대책을 세워야 한다.

한 아이의 글을 보니, 아버지가 회사 일이 잘 안 풀리거나 엄마하고 싸워도 한숨을 쉬어서 그 소리를 들으면 마음이 불안해지고 짜증이 난다고 했다. 또 한숨 쉬는 아버지 얼굴이 보기 싫어 문을 닫아 버리기도 한단다. 아버지 편에서 보면 한숨도 마음대로 못 쉬냐고 할 테지만 주변 사람은 불편하다. 이 아이 아버지는 한숨 쉬는 것이 습관이 된 것 같은데 아이가 이렇게 스트레스를 받고 있다는 사실을 알았으면 좋겠다.

엄마가 할아버지를 싫어하는 것

엄마는 할아버지를 싫어한다. 엄마는 할아버지가 어떤 행동을 하는지 보고 인상을 찌푸린다. 할아버지가 밥을 먹고 있을 때 할아버지가 모르고 기침을 해서 밥을 식탁에 뱉었는데 엄마는 그것을 보면서 할아버지가 못 듣도록 작은 말로 "에이 더러워." 하며 인상을 찌푸렸다.

나는 엄마가 할아버지를 보고 인상을 푹 찌푸리는 것을 보면 엄마가 너무 싫다. 왜냐하면 할아버지도 엄마처럼 똑같은 사람인데 맨날 할아버지가 하는 행동을 보면서 욕을 하며 인상을 찌푸리기 때문이다. 나는 엄마가 "에이 더러워." "할배 너무 드럽다." 이런 욕을 하지 않았으면 좋겠다. 욕을 할 거면 할아버지 대신 우리한테 욕을 했으면 좋겠다. 나는 할아버지한테 욕을 하는 엄마가 가장 싫다.

엄마는 할아버지가 밥 먹다가 식탁에 튀겼을 때도 그렇지만 할아버지가 쓰레기를 버릴 때, 다리미질을 할 때, 빨래를 갤 때 등 이렇게 무슨 일을 하다가 조금만 잘못해도 맨날 방이나 다른 데에 들어가서 휴대폰을 들고 다른 아줌마들한테 전화를 해서 "할배 때문에 내가 미치겠다." 뭐 이런 말을 하면서 온갖 안 좋은 이야기를 한다. 나는 그것을 들고 또 엄마가 싫어졌다.

　엄마가 회사를 마치고 집에 들어와서 화장실에 들어가고 나서는 물 내리는 소리가 안 들렸다. 나는 무슨 일인가 하고 들어가 봤다. 보니 할아버지가 우리가 사용하는 화장실에 들어와서 소변을 누었다. 엄마를 봤는데 내가 예상한 대로 역시 인상을 찌푸리고 있었고 말도 안 하고 가만히 서 있었다. 나는 엄마를 유심히 지켜봤는데 엄마는 인상을 찌푸리고 있다가 갑자기 샤워기를 들고는 물을 틀어서 변기를 씻고 수건으로 닦았다. 나도 할아버지가 오줌을 변기에 묻히는 것은 싫지만 할아버지가 일부러 그런 것은 아니기 때문에 욕하면 안 된다고 생각한다.

　나는 할아버지가 좋다. 그러니까 엄마가 나랑 약속을 했으면 좋겠다. 무슨 약속을 하고 싶냐 하면 첫 번째는 엄마가 할아버지 욕을 안 했으면 좋겠다. 두 번째는 엄마가 할아버지를 좋아했으면 좋겠다. 나는 엄마가 그것만 지키면 다 좋을 것 같다. (4학년 여)

이 아이 어머니는 아이의 할아버지가 하는 모든 행동을 아주 싫어하고, 그런 마음을 아이가 보는 데서 끊임없이 말과 행동으로 드러낸다. 어머니의 행동은 문제가 크다. 할아버지를 좋아하는 아이는 그렇게 하는 어머니가 싫다고 했고, 그런 행동을 안 했으면 좋겠다고 했다. 지금은 아이가 할아버지를 좋아하지만 차츰 어머니의 이런 마음이 옮아가서 끝내는 어머니처럼 될 수도 있다는 사실을 잊지 말아야 한다.

부모는 언제나 말과 행동을 조심해야 한다. 아이의 눈과 귀는 어디에나 있다.

내가 샤워를 할 때

우리 엄마 아빠는 내가 화장실에서 샤워를 할 때나 대소변을 눌 때 계속 노크도 안 하고 들어온다. 그래서 너무 불편하다. 왜냐하면 화장실도 좁은데 세 명이나 들어오고 부끄럽기 때문이다.

며칠 전에 내가 샤워를 하는데 아빠는 대변을 누고, 엄마는 걸레를 빨고 있었다. 내가 엄마와 아빠 쪽으로 물을 튀겨 옷이 다 젖어 버렸다. 그러니 "야! 물 다 튀었잖아!" 하고 소리쳤다.

"그러게 누가 화장실에 사람 있는데 들어오래?"

그러니 엄마는 더 화를 냈다.

'그러게 화낼 거 왜 들어왔는데.' 하고 생각했다.

샤워를 다 하고 나와서 엄마 아빠에게 말했다.

"우리 화장실 사용 시간을 정해 놓든지, 아님 화장실에 누가 있을 때는 들어오지 않기로 했으면 좋겠어."

그러니까 엄마 아빠가 "왜?" 하고 되물었다.

"화장실 안 비좁아? 난 여러 사람이 화장실에 있으면 답답해."

"녀 혹시 부끄러워서 그래? 가족끼리 어때서?"

"아니, 엄마 아빠는 아무렇지도 않아?"

"넌 급할 때 화장실에 불쑥불쑥 안 들어와?"

"응. 아무리 급해도 안 들어가."

"엄마 아빠는 그렇게 못 해."

그래서 나는 엄마 아빠가 화장실에 있을 때 한 번 들어가 봐야지, 생각했다. 이튿날 아침에 엄마가 화장실에 있을 때 내가 화장실에 들어갔는데 아무렇지도 않은 듯이 볼일을 봤다. 나는 너무 당황했다.

아무리 한 식구라도 화장실에서 샤워하거나 용변 보는데 자꾸 다른 식구가 들어오면 맘이 편할 수가 없다. 신경이 예민한 아이나 사춘기에 접어든 아이들은 더욱 싫어한다. 아이 마음을 헤아려 주어야 한다.

문 열어 놓고 목욕하는 엄마 아빠

우리 엄마는 옷 벗고 문을 조금 열어 놓은 채로 목욕하신다. 뭐 때문인지는 모르겠지만 엄마의 모습이 너무 창피스럽다.

엄마가 목욕을 하려고 화장실에 들어갔는데 또 문을 조금 여는 것이다. 그래서 문을 닫으려고 하니 "문 닫지 마!" 하는 것이다.

"엄마, 왜? 엄마 춥잖아."

그런데도 엄마는 계속 열어 놓으라고 해서 어쩔 수 없이 열어 놓았다. 그런데 어떨 땐 문을 활짝 열어 놓고 할 때도 있다. 난 그런 엄마를 보면 정말 이상하다. 엄마 말로는 뜨거운 공기를 밖으로 내보내려고 하는 거라고 했다.

나도 같은 여자니까 엄마가 조금 열어 놓고 하는 것은 이해할 수 있겠지만 아빠도 그럴 때가 있다. 아빠가 문 열어 놓고 목욕을 하면 내가 화장실 앞을 지나려고 하면 눈을 가려야 된다. 아빠의 꼬추가 보이기 때문이다. "아빠, 문 좀 닫아. 아빠 꼬추 보여." 해도 덥다고 안 닫는다고 한다. 정말 짱 난다.

우리 부모님은 언제쯤 화장실 문을 닫고 목욕을 하실지 걱정된다. 제발 문 좀 닫아 주세요. (4학년 여)

이 아이는 어머니 아버지가 욕실 문을 열어 놓고 목욕하는 불만을 써 놓았다. 더구나 아버지가 딸아이가 있는데도 문을 열어 놓고 목욕을 한다. 아이는 부모의 그런 모습을 보고 무엇을 느낄까? 어머니 아버지의 몸을 보고 자기 몸을 다른 사람에게 보이는 것처럼 느껴져서 부끄러운 건 아닐까? 또 다른 사람들이 어머니 아버지의 몸을 보면 어쩌나 하고 불안해하지 않을까?

한 여자아이의 글을 보니, 이 아이의 아버지는 더하다. 딸아이가 보는데 목욕하고는 맨몸으로 그대로 욕실에서 나오기도 한다. 아이는 아버지의 그런 행동을 변태로 생각한다. 앞에서도 말했지만 4학년 여자아이라면 수치심을 크게 느낄 때다. 부모는 아이의 그런 마음을 헤아려 주었으면 싶다. 아무리 허물이 없는 식구 사이라도 서로 지켜야 할 예의는 지켜야 한다.

엄마가 속옷 차림으로 다닌다

엄마는 집 안에서 속옷 차림으로 다닌다. 그래서 남자인 나는 창피해서 눈을 감는다. 그리고 또 누나도 속옷 차림으로 자꾸 내 방에 온다. 그래서 너무 창피하다. 어떤 모습이냐 하면 팬티에다 그냥 브라자만 입고 다닌다. 나는 그런 모습이 너무 창피하다. 한 번 보면 머릿속에 내가 생각 안 하려고 해도 떠오르기 때문이다.

전번에 엄마가 내 방에서 속옷을 갈아입어서 나는 얼굴이 빨개졌었다. 그때 방이라도 추웠는데 엄마가 속옷을 갈아입는 것을 보고 얼굴이 타오르는 것 같았다. 누나는 막 큰방하고 작은방을 자꾸 돌아다니는데 내 방에 올 때도 많다. 그런데 속옷 차림으로 온다. 그러면 어떨 때 나는 이불 속으로 들어간다. 누나도 정말 이상하다. 내가 있는데 부끄럽지도 않나? 이상하다.

내가 부끄러워하는 것을 본 엄마는 막 속옷을 갈아입을 때 "눈 감아."라고 한다. 그러면 나는 눈을 감는다. 이런 경우는 거의 3일 만에 한 번 정도다. 엄마가 속옷 차림으로 있는 것을 볼 때는 5일 중에 네 번이다.

또 내가 큰방에 있는데 엄마가 목욕을 하고 와서 나는 깜짝 놀랐다. 엄마 엉덩이와 찌찌도 보고 그래서 나는 "엄마!" 하고 말했다. 그러니 엄마는 웃었다. 나는 침대에서 이불로 내 얼굴을 덮었다.

엄마는 나를 웃겨 주려고 그러는 건지, 내가 있는 것을 모르고 그러는 건지, 나를 무시하는 건지 모르겠다. 아무리 그래도 그렇지 남자 여자는 가려야 하는데……. 앞으로는 엄마가 속옷 차림으로 내 앞에 다니지 말고 속옷도 안 갈아입었으면 좋겠다. (4학년 남)

어머니와 누나가 속옷 차림으로 다니고, 어머니는 알몸까지 보인다. 이렇게 하는 것이 옳은지 아닌지는 사람마다 생각 차이는 있을 수 있다. 그런데 이 아이는 "그런 모습이 너무 창피하다"고 했다. 또 "엄마가 속옷을 갈아입는 것을 보고 얼굴이 타오르는 것 같았다"고도 하면서 "나를 무시하는 건지 모르겠다"고 생각한다. 그리고 "아무리 그래도 그렇지 남자 여자는 가려야 하는데……" 이렇게 말했다. 어머니와 누나는 어떻게 해야 할까?

또 다른 남자아이의 글을 보니, 아버지가 늘 팬티 바람으로 있다. 아이도 아버지 따라 그렇게 한다고 한다. 어머니와 누나는 그런 모습을 좋게 보지 않는다고 했다.

다시 말하지만 식구들끼리도 어느 정도 옷을 차려 입는 게 예의다.

억울함

우리 집 식구는 네 명이고 네 명 중에서 나는 막내다. 막내라서 귀여움도 받기는 하지만 막내라고 깔보고 무시하면서 다 나의 잘못이라고 덮어씌우는 경우가 많다. 특히 아빠는 모든 잘못을 나에게 미룬다. 그럴 때마다 나는 정말 짜증 난다.

우리 아빠는 우리 집에 물건이나 벽이나 문에 흠집이 나거나, 불을 켜 놓거나 전기 코드를 빼지 않았을 때 크게 화를 내고 엄하다. 그래서 오빠와 나는 물론이고 엄마까지도 날마다 조심한다.

어느 날, 아빠가 안방에서 텔레비전을 보고 있다가 낮고 굵은 목소리로 크게 말했다.

"김미영, 너 이리 와 봐! 이게 뭐야?"

나는 숙제하다가 영문도 모른 채 안방으로 불려 갔다.

"왜?"

'아, 진짜 숙제하고 있는데 짜증 나네!'

나는 조심스럽게 문을 열고 들어갔다. 엄마와 아빠는 텔레비전을 보고 있었다.

"이거 뭐야? 이거 누가 그랬어!"

아빠가 가리키는 곳을 보니 벽지에 누가 칼로 그린 듯한 아주 작고 세밀한 흠집이 있었다.

"니가 그랬지?"

"내가 그런 짓을 왜 하는데?"

아빠가 나를 자꾸 의심해서 나는 당황했다.

"그럼, 우리 집에 이 짓 할 사람이 누가 있는데? 니밖에 없잖아!"

"왜, 내보고 그러냐고. 내가 안 그랬다고!"

나는 참다못해 큰 소리를 질렀다. 그런데 엄마는 옆에서 의심을 풀어 주어도 모자랄 판에 아빠 편을 들어 주었다.

"니, 왜 아빠한테 대드는데? 아빠가 니 친구가?"

엄마도 성질을 내면서 인상을 썼다.

'씨, 내가 안 했는데…….'

나는 아무리 생각해도 그 일은 인정할 수가 없었다. 왜냐하면 나는 그런 짓 같은 건 꿈도 꾸지 않았기 때문이다.

"내가 안 그랬다고 몇 번을 말하는데! 아빠는 딸을 그렇게 못 믿나? 저번에도 베란다 서랍에 금영이가 와서 싸인펜으로 낙서했고 드라이기도 오빠가 코드 꽂아 놓았고, 또 바닥에 찍힌 것도 아빠가 낚싯대 만지다가 그랬잖아! 왜 맨날 내가 그랬다고 하는데!"

나는 할 말을 모두 했다.

"쿵!"

나는 문을 세게 닫고 울면서 내 방으로 들어와 버렸다.

"흑, 흑 으으응……."

나는 아주 작고 세밀한 흠집 좀 난 걸 가지고 나를 그렇게 몰아붙이고, 모든 일을 나에게 덮어씌우면서 화내는 아빠가 너무나도 밉고 짜증 난다. (4학년 여)

누가 그랬는지도 알 수 없는 일을 무조건 이 아이에게 덮어씌운다. "그럼, 우리 집에 이 짓 할 사람이 누가 있는데? 니밖에 없잖아!" 아버지가 한 이 말은 아이를 아주 절망에 빠뜨리는 말이다. 참다못해 아이는 "왜, 내보고 그러냐고! 내가 안 그랬다고!" 하며 항변한다. 이쯤 되면 누구라도 아이 말을 믿어 주는 사람이 한 사람쯤은 있어야 하는데 어머니마저 오히려 아버지 편을 들었다.

아이 말을 믿지 않으면 크게 실수하기가 쉽다. 아이는 "모든 일을 나에게 덮어씌우면서 화내는 아빠가 너무나도 밉고 짜증 난다"고 했다.

비밀 창고

나에게는 비밀 창고가 있다. 그 비밀 창고는 내 방 앞 베란다에 있는 책장과 벽 사이 공간인데, 넓진 않아도 자질구레한 물건들을 넣어 놓는다.

학교에서 우유를 먹지 않고 그대로 집에 들고 왔다. 나는 갑자기 엄마가 우유를 먹지 않고 오는 것을 무척 싫어한다는 사실이 떠올랐다.

왠지 오늘은 가방 검사를 할 것 같아서 일단 꺼내어 내 비밀 창고에 집어넣었다. 그 우유는 모두 세 개다. 우유를 그곳에 놓아두니 한결 마음이 편했다. 처음에는 잠깐 놓아두었다가 엄마 몰래 살짝 꺼내어서 버릴 생각이었는데 자꾸 미루고 미루다 보니 그대로 두게 되었다. 그러면서 그 사실을 까맣게 잊어버렸다.

하루는 사촌과 상대가 모를 것 같은 어려운 지식 말하기 놀이를 했다. 자꾸 이야기를 주고받다가 사촌이 이렇게 말했다.

"너 으음, 우유가 햇빛 받으면 터지는 거 아냐?"

나는 그 말을 듣고 뜨끔했다. 갑자기 비밀 창고에 숨겨 둔 우유가 생각났기 때문이다. 혹시 우유가 갑자기 터지는 건 아닐까, 하는 생각이 들었다. 하지만 들키지 않기 위해 나는 태연한 척 계속 그 놀이를 했다.

사촌이 가고 난 뒤 나는 그 우유 세 개를 들고 밖으로 살짝 나갔다. 그리고 음식물 쓰레기 버리는 통에 우유를 탈탈 털어 부어 버리고 우유팩은 종이류 모으는 곳에 넣었다. 마음 같아서는 그냥 분리 안 하고 얼른 바로 종이류에 넣거나 바닥에 놓고 오고 싶었지만 양심이 찔려서 그렇게 할 수는 없었다.

나는 다 버리고 수돗물에 손을 깨끗이 씻었다. 혹시 우유 냄새가 밸까 봐서 박박 문질러 꼼꼼히 씻었다. 엄마가 눈치챈 건 아니겠지, 이 생각을 하면서……. 그런데 지금 그 생각을 하니 양심이 자꾸 찔린다.

하이튼 나는 엄마가 잘 모르는 내 비밀 창고가 있다. (4학년 여)

아이들은 자기에게 소중한 물건을 넣어 두는 비밀 상자 같은 것을 가지고 있다. 내가 어릴 때는 딱지, 구슬 같은 것을 비밀 상자에 넣어 두곤 했다. 여자아이들은 아끼는 인형이나 좋아하는 연예인 사진 같은 것을 넣어 두었고. 요즘 아이들도 다르지 않다. 동생들이 그걸 알면 자꾸 꺼내 가려고 하고 부모들은 별 쓸모없는 물건이라고 내버릴 수도 있어 깊숙이 숨겨 두기도 할 테다. 아이들에게는 그게 무엇보다 소중할 수 있다는 것을 어른들은 잘 알아야 한다.

그런데 이 글을 쓴 아이의 비밀 창고는 싫어하는 물건을 숨겨 두는 장소다. 학교에서 아이들이 우유를 먹을 때 잘 살펴보지 않으면 아무 데나 버리기도 한다. 어떨 때는 책상 속이나 사물함에 몰래 넣어 놓고 썩히는 경우도 있다. 여기 아이는 학교에서 먹지 않은 우유를 집에 가져와 비밀 창고에 숨겨 둔다. 우유를 안 먹으면 어머니가 꾸중하기 때문이다. 그러니까 무조건 먹으라고 강요하지 말고 먹기 싫을 때는 냉장고에 넣어 두었다 먹고 싶을 때 스스로 먹도록 해야 한다.

지금까지 식구들과 관련 있는 아이들 글에서 살펴보았듯이, 식구끼리라도 같이 살다 보면 이런저런 일들이 하루에도 여러 번 일어난다. 아이가 속상해 할 일들, 아이에게 문제가 되는 일이나 해가 되는 일들도 많이 일어난다. 그러니 부모들은 이제부터라도 아이들을 더욱 생각하면서 말과 행동을 해야 한다는 것을 잊어서는 안 되겠다.

5장

아이들과
학교

아이들이 학교에서 생활하는 모습은 어떨까?

아이들이 학교에서 생활하는 시간은 하루 삼분의 일이나 된다. 그만큼 학교가 아이에게 미치는 영향도 크다. 먼저 학교 건물이나 시설물, 도구들만 보더라도 아이들에게 끼치는 영향이 적지 않다.

그러면 학교에서 아이들은 어떻게 생활할까? 어른들은 모르고 있는 것이 참 많을 것이다. 아이들과 함께 생활하는 선생님들도 모르는 게 적지 않으니까. 쉬는 시간만 보더라도 아이들은 그냥 용변 보고 장난치며 좀 놀다 공부 시간이 되면 열심히 공부할 것이라고 대부분 생각한다. 하지만 아이들은 쉬는 시간에도, 그리고 공부 시간에도 아주 엉뚱한 행동도 많이 한다. 선생님이 하는 말과 행동을 보고 아이들이 겉으로는 아무 생각 없이 있는 것 같아도 속으로는 온갖 말을 하고, 저희들끼리 뜻밖의 행동도 한다.

시험과 숙제에 대해서도, 아이들은 어떻게 생각하는지, 얼마나 스트레스를 받는지 어른들은 잘 모른다. 그런데 학교의 여러 가지 교육 정책이나 방침 같은 것을 생각하는 아이들의 마음을 어떻게 알겠나. 그밖에도 어른들은 모르는 것이 참 많다.

무슨 일이든 또렷이 잘 모르면 그르치기 쉽다. 학교와 관련해 아이들의 생각과 속마음도 마찬가지다. 따라서 어른들이 조금이라도 알면 아이들이 더욱 건강하고 즐겁게 학교생활을 할 수 있게 하지 않을까 싶다.

아이들은 학교 건물을 어떻게 생각할까?

아이들이 체육 활동 하는데 먼지가 날려 불편하다고 운동장에 죄다 우레탄과 석면이 섞인 사문석을 깔더니 언제부턴가 거기에서 몸에 아주 해로운 물질(발암물질)이 나와 걷어 낸다고 난리였다.

그런데 이제는 또 교실 천정 건축 자재로 쓴 석면에서 발암물질이 나와 큰 문제가 되고 있다. 이것을 빨리 걷어 내야 하는데 문제는 함부로 걷어 내면 석면 가루가 마구 날려 오히려 더 해롭다는 것이다. 2017년 말 기준 전국 1만 2,202개 학교(전국 2만 808개 초중등학교의 58.6퍼센트)가 석면이 있는 학교라고 한다. 늦어도 한참 늦었지만 지금 교육부에서 '석면 없는 학교'를 내걸고 석면 없애는 공사를 한다는데, 아이들 건강을 해치는 것이니 안전 규정을 잘 지켜 하루라도 빨리 안전하게 없애야 한다.

아이와 한 몸이나 다름없는 책걸상은 어떤가? 옛날에 견주면 질이야 아주 좋아졌지만 이것도 따져 보면 문제가 없는 게 아니다. 먼저 너무 무겁다. 청소를 하거나 모둠 활동 할 때, 책상 없이 교실 공간을 써야 할 때는 책걸상을 옮기지 않으면 안 되는데 아이들이 옮기기에는 무척이나 버겁다. 그리고 의자가 딱딱해서 오랫동안 앉아 있기에 힘겹다.

학교에서 쓰는 청소 도구들도 어른들이 쓰도록 만들어져 아이들이 쓰기에는 불편하다. 힘이 더 모자라는 저학년은 아예 쓸 수도 없다. 그래서 장난감 같은 조그만 비로 자기 자리만 겨우 쓸게 하는 경우도 많다. 시중에는 크기나 무게가 아이들에게 맞는 것이 없으니 할 수 없이 어른들이 쓰는 청소 도구를 구입할 수밖에 없는데 언제까지 이대로 받아들여야 할지 모르겠다. 차츰 더 편리한 도구가 나오겠지만 이것 또한 아이들이 쓰기 편하게 만들지 않는다면 불편하기는 마찬가지일 터이다.

아이들은 또 늘 새로운 놀잇감을 찾아 놀려고 한다. 이렇다 보니 학교 건물이나 시설물을 놀이 기구 삼아 놀다가 크게 다치는 경우도 많다.

이렇게 학교 건물, 실내외 시설물, 아이들이 쓰는 학교 물건들에 대해 몇 가지 문제만 먼저 짚어 봤지만 어른들이 모르고 있는 문제는 더욱 많을 것이다.

우리 학교 교실 바닥 문제

우리 학교는 오래되었다. 그래서 낡았다. 그중 교실 바닥은 더 그렇다. 걷기만 하면 '삐그적삐그적' 이상한 소리가 난다. 선생님이 우리들이 모둠 활동 하는 것을 둘러보러 다닐 때 한 발 한 발 뗄 때마다 '삐그적삐그적 우지끈 뿌직' 이런 소리가 나서 공부하는 데 엄청 방해가 된다. 조용하게 수학 문제를 푸는데 그런 소리가 나면 생각나던 것도 그만 어디로 달아나는 것 같다. 어떨 때는 그만 머리가 터질 것 같을 때도 있다.

또 공부 시간에 화장실을 갈 때도 우리들은 조심히 나간다고 나가는데 '삑 삐이익' 이런 소리가 많이 난다. 그때마다 다른 아이들 공부에 방해가 될까 봐 걱정이 태산이고 미안해 미칠 지경이다. 그런데 내가 아이들이나 선생님께 미안해하는 것이 이해가 되질 않는다.

'가만있자. 내가 왜 미안해야 하는 거지? 내가 왜 미안해하는 거지? 교실 바닥이 문제인데 내가 왜 미안해하는 거지?'

이렇게 바보 같은 생각을 하기도 한다.

또 쉬는 시간에 친구들이 논다고 조금만 뛰어도 '쿵쿵쿵' 발소리와 함께 '삐그적삐그적 뿌구적 우지끈 뿌지직' 온갖 소리가 요란하게 난다. 그러니까 조금만 장난을 쳐도 엄청 많이 장난치는 것 같다. 그러면 선생님이 너무 장난을 많이 친다고 "제발 좀 어지간히 뛰어다녀라잉! 제발!" 이러며 소리를 치신다. 교실 바닥 때문에 우리가 꾸중 듣는 거나 마찬가지다.

그리고 오래되어서 그런지 나무 가시가 잘 일어난다. 그래서 우리는 가시에 자주 찔린다. 나도 가시가 좀 깊이 찔려 바늘로 뺀 적도 있다. 물걸레로 바닥을 닦다가 찔린 아이들도 많다.

또 교실 바닥 틈에 먼지나 조그만 쓰레기가 끼어서 조금만 청소를 안 하면 그곳에서 먼지가 막 일어난다. 그리고 더럽다.

또 바닥이 검은색에 가까워 샤프심을 떨어뜨리면 잘 찾을 수가 없다. 마룻바닥 틈에 들어가 버리면 잘 빼낼 수도 없다. 그러면 신경질이 마구 난다.

6학년 교실은 작년에 새로 고쳤는데 1, 2, 3층은 아직 안 고쳤다. 빨리 고쳤으면 좋겠다. 이렇게 교실 바닥이 험한 곳은 아마 우리 학교밖에 없을 것이다. (4학년 여)

몇 해 전에 내가 몸담았던 학교 교실 바닥은 아이가 말한 형편 그대로였다. 공부 시간에 아이들을 돌아보려고 해도 삐거덕거리는 소리가 나서 아이들한테 참 미안했다. 쉬는 시간에 아이들이 조금만 장난을 쳐도 아주 심하게 장난치는 것 같아 우리 반 아이들은 나한테 꾸중도 더러 들었다. 나무판자가 낡아서 가시가 일어나는 위험한 곳도 더러 있었고 판자 틈에 먼지나 찌꺼기가 끼어 청소를 해도 깨끗지 않았다. 나무가 썩은 것처럼 시커메서 교실이 참 어둡게 보이기도 했다. 이제 이런 교실 바닥은 모두 없어졌는지 모르겠다.

학교 복도가 시멘트 바닥인 곳이 많은데 이것 또한 문제가 된다. 교실 바닥도 시멘트 바닥에 비닐 타일 같은 것으로 마감해 놓아 사실은 시멘트처럼 단단한 곳도 많다. 아이들은 시멘트로 된 복도에서 미끄럼도 탄다. 멀리서 달려와 미끄럼을 타다 넘어지고 서로 부딪쳐 크게 다칠 뻔한 일도 한두 번이 아니다. 위험한 줄 알면서도 재미있으면 이렇게 놀기도 하는 게 아이들이다. 그리고 재미에 빠지면 위험하다는 것을 잊어버리는 것도 아이들이다. 아이들이 이렇게 못 놀도록 하면 될 것 아니냐고 하겠지만 그렇게 말해서 될 일이 아니다.

이제라도 교실이나 복도 바닥을 아이들이 넘어져도 다칠 위험이 없는 자재로 만들어야 한다. 저학년 아이들 교실은 더욱 그렇다. 초등학교 교실도 유치원 교실처럼 아이들이 뒹굴며 공부할 수 있게 만들면 된다. 나는 우리 나라가 이제 이런 데까지 신경쓸 수 있는 나라가 되었다고 본다.

한 아이는 교실 문 여닫는 소리가 심하게 나고, 창문 밖으로 잘 내다볼 수 없는 문제도 말해 놓았다. 교실 문은 아이들이 하루에도 수없이 드나드는 곳인데 여닫는 것이 자유롭지 못하면 참 짜증스럽다. 공부 시간에 아이들이 화장실 가면서 문 여닫는 소리가 심하게 날 때는 신경이 더 쓰이기도 한다. 말할 것도 없이 잘 고치면 된다. 그런데 문이 너무 잘 여닫히는 것도 문제가 된다. 급하게 문을 여닫다가 손이 치이는 수도 있기 때문이다. 그래서 교실 문도 고급 건물의 문처럼 문이 쾅 닫히지 않고 천천히 닫히는 장치를 해야 한다.

창문도 그렇다. 이중 창문으로 되어 있는데 어떤 창문은 꼭 끼어서 잘 여닫히지 않는 것도 더러 있어 불편한 점이 많다. 창문을 제대로 열 수가 없으니 공기를 바꿔 주기 어려운 경우도 있다. 이것도 고치면 될 것 아니냐고 하겠지만 창문틀을 모두 바꿔야 한다면 쉽지 않은 일이다.

그리고 아이들 말처럼 하루 내내 교실에 갇혀 있다시피 하는데 창문으로 밖이라도 마음껏 내다볼 수 있었으면 좋겠다. 그런데 위험하다고 창문마다 쇠막대를 가로질러 놓아서 아이들은 답답하다고 했다. 무조건 위험만 막으면 된다고 생각하지 말고 교실에서 주로 생활하는 아이들을 위해서 좋은 시설로 환경을 만들어 주어야 한다.

한 가지 더, 햇볕 드는 앞 창가에 화분이라도 마음대로 놓을 수 있도록 건물을 지었으면 좋겠다. 창틀이 좁으니까 화분을 제대로 올려놓을 수가 없다.

대걸레 씻는 세면대 문제

우리 학교 화장실은 새로 잘 지어 놓았다. 그런데 손 씻는 세면대 말고 대걸레 빠는 세면대가 불편해서 문제다. 내 키하고 약간 비슷해서 걸레를 올려놓으면 걸레 손잡이가 위로 올라가서 내가 팔을 뻗어서 위로 들었다가 놨다가 해야 한다. 그래서 팔이 막 아프다. 전번에 팔이 아파서 걸레 봉을 기울여서 앞으로 밀었다가 뒤로 뺐다가 했는데 세면대 가장자리 때문에 세면대 밑에 물 있는 곳에 닿지 않아서 포기했다. 나와 대호가 청소 당번일 때는 밀대로 복도를 밀면서 내가 "아으, 팔 아파." 하니까 대호도 "아, 힘들다!" 했다. 그래서 걸레를 대충대충 빨고 청소 다 했다고 할 때가 많다.

또 대걸레를 빨다가 손잡이를 놓쳐서 손잡이가 내 머리에 쳤다. 옆에 있던 친구가 "푸하하하, 뭔데? 진짜 웃겨." 했다. 난 웃으면서 "히이잉." 했다. 그땐 어쩔 수 없이 웃었지만 정말 아팠다.

아무튼 불편하다. 어른들은 허리를 굽혀서 대걸레를 빨 수 있지만 우리는 허리를 엄청 펴고 매달려야 할 판이다. 별거 아니라고 생각하 겠지만 팔을 쭉 뻗고 손목도 쭉 뻗고 마치 기계같이 위로 올렸다가 밑 으로 내렸다가 한다고 생각하면 우리들의 어려운 형편을 어느 정도 는 알 수 있을 것이다. 그러니 밀대 빠는 세면대를 낮추어 주었으면 좋 겠다.

그리고 손 씻고 세수하는 세면대도 나한테는 높은 편이다. 나는 키 가 다른 아이들보다는 조금 작기 때문이다. 세면대 가장자리에 배를 대고 손을 씻는데 그때 물이 묻어 있으면 옷이 다 젖는다.

교실 건물 짓는 사람은 아이들 생각을 좀 더 했으면 좋겠다.

(4학년 남)

나도 늘 느꼈던 문제다. 대걸레를 빨아서 복도나 교실 바닥을 닦아야 하는데 아이들이 하기에는 벅차다. 대걸레는 크기부터 아이에게 맞게 만 들어야 한다. 대걸레를 씻는 세면대도 아이들이 쓰기에 맞는 높이로 낮추 어야 한다. 그리고 대걸레를 빨아서 물을 짤 때 쓰는 기구가 있긴 한데 튼 튼하지도 않고 아이들이 쓰기에도 힘들다. 그러니까 손으로 짜거나 발로 밟아서 물을 짜는데 아이들은 제대로 짜기가 어려워 물을 줄줄 흘리면서 교실에 가져오기도 한다. 대걸레를 널어서 말릴 수 있는 시설이며 보관하 는 시설이 제대로 갖춰지지 않으면 위생에도 아주 안 좋다.

손 씻고 세수하는 세면대도 아이들 키에 견주면 너무 높은 경우가 많 다. 한 아이 글을 보니, 세면대가 높아 옷을 버릴 때도 많다고 했다. 높낮 이를 여러 단계로 만들어 놓은 학교도 있지만 아이들이 좀 더 편리하게 이용할 수 있도록 만들어야 할 것 같다. 또 요즘은 보일러 시설이 잘 되어

겨울에도 따뜻한 물을 쓸 수 있지만 화장실에 온수기를 설치하지 않았거나 난방비 문제 따위로 혹시나 그렇지 못한 학교는 없는지 모르겠다.

그러니까 아이들이 생활하는 학교 건물은 이런 조그마한 것까지도 신경써서 지어야 한다.

우리 학교 난방기

우리 학교는 작년 여름 방학 때 천정에 냉난방기를 새로 달았다. 그런데 새로 하면 뭐해, 따뜻하지도 않는데……. 여름에는 그런대로 시원했는데 겨울에는 하나도 안 따뜻하다. 난방기를 학교 전체로 통제를 해서 트는데 3분에서 4분 정도 틀었다 끊는다. 따뜻해지기도 전에 끄고 만다.

그림 그리는 시간이었다. 나는 맨 구석자리다. 화분이랑, 줄단풍과 가까웠다. 구석이 조금 싫었지만 그래도 어쩔 수 없었다. 그림을 그리기 시작한 지 10분 정도 지났다. 난방기는 계속 틀었다 껐다 한다. 그런데 구석까지는 바람이 안 왔다. 또 교실이 따뜻해지기도 전에 끄고 또 오래 있다가 킨다. 처음에는 추워서 그냥 무릎담요를 덮었다. 그런데 계속 그 자리에 있으니까 추운 정도가 장난이 아니었다. 얼 것 같았다. 담요를 덮었는데도 다리가 엄청 시렸다. 나는 혼잣말을 했다.

"춥어 죽겠는데 왜 이래 난방기는 안 틀지?"

문희는 내 말을 듣고, "은영아, 거기가 더 추워?" 했다.

"어. 따뜻한 바람이 아예 안 와. 다리에만 안 오는 게 아니고 내 책상 있는 덴 하나도 안 온다니까. 교실 전체도 따뜻해지기 전에 난방기를 끄고 말이야."

"그렇지? 정말 온풍기 있으면 뭐해. 그치?" 했다.

나는 무릎담요를 덮어도 시렸다. 그래서 내 잠바도 덮었다.

학교에서 돈을 들여서 난방기 달아 놓으면 뭐해. 우리를 좀 따뜻하게 해 주지는 않고……. 교무실에서 튼다는 이야기도 있던데 교무실만 따뜻하면 단가? 우리도 따뜻해야지.

계속 있으니까 다리가 굳는 것 같았다. 나는 내 뒤에 있는 영신이보고 말했다. "영신아, 너는 안 추워?" 영신이는 "응, 안 추워." 했다. 보니까 영신이는 옷을 되게 많이 껴입었다.

제발 좀 더 따뜻하게 해 주세요. (4학년 여)

난방비가 많이 든다고 이렇게 통제해서 난방기를 틀기도 한다. 그러니 아이들이 만족할 만큼 충분히 따뜻하게 해 줄 수가 없다. 아이들이 너무 춥지 않게 했으면 좋겠다. 특히 추운 겨울 아침에는 처음 교실에 들어오는 아이들이 춥지 않게 미리 난방기를 틀어 공기를 덥혀 놓으면 좋겠다. 난방을 한다고 해도 시멘트 위에 비닐 타일을 붙여 만든 바닥에서 냉기가 올라와 나무 바닥재보다 겨울철 건물 온도가 2, 3도 낮다고 한다. 그러면 아이들 건강, 특히 무릎과 성장기 호흡기에 나쁜 영향을 준다고 한다.

3층 창문으로 2층 강당 가기

나는 선생님들 몰래 3층 창문을 통해서 2층 강당으로 간 일이 엄청 많다. 왜냐하면 공을 꺼내거나 강당 안에서 놀거나 탐험을 하고 싶기 때문이다. 또 대체로 탐험을 하기 위해서 들어간다. 같이 가는 사람은 석규다. 석규는 나와 같은 반 친구이고 1학년부터 이때까지 가장 친한 친구이다. 그래서 어디든지 놀러 갈 때면 같이 다닌다.

그런데 이 일을 아는 사람은 많이 있진 않다. 우리 반 여자애들은 거의 모른다. 그러나 남자애들은 몇몇이 안다. 혁진, 석규, 민호, 성림이 등이다. 내 동생도 알고 있다. 그런데 지난번에 동생이 자기 친구랑 3층 창문을 통해서 2층 강당으로 들어가려고 했는데 강당 안에 있던 선생님이 그 모습을 보고 교장 선생님께 말씀을 하셨다고 했다. 그래서 나는 약간 겁이 났지만 포기하지 않았다. 왜냐하면 습관이 되었기 때문이다. 강당 안에는 공이 많고 놀거나 축구 연습을 할 때 딱 좋은 장소이기 때문이다.

그래서 지난번에 석규랑 나랑 단둘이서 3층 창문을 통해 2층 강당 옥상으로 가는 밑으로 내려갔다. 그래서 축구 연습을 했다. 그러다가 몇 분 안 있다가 쾅쾅거리는 소리가 나서 나와 석규는 얼른 가방을 메고 다시 옥상으로 올라가 2층 창문을 통해 3층으로 다시 왔다. 돌아온 우리는 '휴우우' 한숨을 내쉬었다.

그런데 나는 강당 2층 옥상에서 1층으로 내려가는 형아를 보았다. 그걸 본 나는 '한번 해 봐야지' 하는 생각이 들었다. 그래서 한 번 도전을 하려고 했는데 막상 하려니까 겁이 났다. 나는 다시 용기를 내어 한 번 더 도전을 했다. 차근차근 내려갔다. 마지막에는 점프를 해서 내렸다.

그다음 날 나는 석규랑 함께 3층 창문에서 강당 옥상 창문으로 갔다. 그리고는 뛰어내리는 장소에 와서 "나 여기서 내릴 수 있데이." 하

이 아이들을 보면 3층에서 1층까지 위험하게 오르내리며 노는데, 아이
들은 탐험이라고 생각한다. 위험하다고 단단히 지도해도 이렇게 논다. 남
자아이들의 모험심은 못 말린다.

미국의 한 교육자는, 남자아이는 태어나면서부터 남성 호르몬인 테스
토스테론의 영향으로 공격성과 모험심이 강하다고 했다. 그래서 세 살밖
에 안 된 남자아이가 헐크 흉내를 내거나, 음식을 게걸스럽게 퍼먹고, 또
래 사내아이를 만나면 붙잡고 뒹구는 것도 모두 이런 성향 때문이라고 한
다. 또 경쟁을 마다 않는 것도, 자신 있는 활동에서 더욱 공격적인 성향을
드러내는 것도 남자아이의 특징이라고 했다. 그러니까 이런 걸 무조건 막
으려고 하지 말고 이해해야 한다고 한다. 모험심이 많은 아이는 더 넓은
세계를 꿈꾸고, 새로운 것에 두려움이 적고, 자립심이 강하고, 자기가 이
루려고 하는 일에 온 마음을 다 한단다. 실패해도 더 좋은 것을 만드는 기
회로 삼고, 실패로 끈기를 배우면서 다시 실패하더라도 극복해 나가는 힘
이 생기고, 실패를 보완하면서 목적한 일을 이루어 낼 수 있다고 한다.

이런 점으로 보면 여기 아이와 같은 행동을 나쁘게만 몰아붙이지 말아
야 할 것 같다. 다만 자칫 잘못하면 크게 다칠 수 있으니까 단단히 못 하게
아이들을 막는 대신 아이들의 이런 심리를 잘 이용한 놀이를 통해 모험심
을 길러 주면 좋겠다.

다른 아이의 글을 보니, 계단 난간을 타고 아래층으로 내려가는 놀이도

즐긴다. 이런 놀이를 하다 이를 다치거나 발목이 부러지거나 인대가 늘어나는 아이들도 더러 있다.

난간 뛰어넘기

우리들이 계단에서 하는 놀이 가운데 한 가지 방법은 난간 사이를 지나가는 것이다. 위층에서 내려오는 난간과 밑층에서 올라가는 난간과 마주치는 공간에서 가능하다. 위의 난간 사이를 빠져나와 밑에 있는 난간 사이를 빠져나가는 거다. 이건 점심을 먹고 친구들이랑 놀 때 지영이가 난간 사이를 지나가서 우리도 그것을 따라 하게 되었다.

나는 겁이 많아 처음에는 사이에 끼면 어떡하지, 밑으로 떨어지면 어떡하지, 겁을 많이 집어먹었다. 그래서 처음에는 가장 넓은 공간에서 했다. 해 보니 끼이지도 않고 재미있었다.

그러다가 더 어려운 난간 뛰어넘기를 하게 된 것이다. 위의 계단과 아래 계단 사이에 있는 난간 중에 위에 있는 난간을 밟고 밑에 있는 난간으로 가서 밑에 있는 계단을 밟는 것이다. 이것도 처음에는 엄청 무서웠다. 떨어지면 어떡하지, 하는 생각이 들었다. 그래도 해 보았다. 보기보다 꽤 쉬웠다.

무서운 것은 딱 하나, 선생님께 걸리는 것이다. 걸리면 위험하다고 하지 말라고 할 것이고 또 걸리면 꾸중 들을 것이 뻔하기 때문이다. 혼나는 것은 싫지만 뛰어넘기는 재미있어서 자꾸 하고 싶다. 그래서 사람들이 안 볼 때 한다.

난간을 밟고 갈 때 미끄러지면 굴러떨어지고 착지를 잘못하면 계단 모서리에 찍혀 다치기도 한다. 또 옆에 있는 사람이 다칠 수도 있다. 다쳐도 선생님이 혼내니까 조금 다친 건 아무 소리도 안 한다. 엄청 조심을 해야 한다.

학교에서 하는 것이 난이도가 상이라고 하면 우리 아파트에서는 중이다. 왜냐하면 학교는 철이어서 미끄러지기 쉽지만 우리 아파트는 고무여서 덜하다. 또 학교에서는 아이들이나 선생님이 많은데 우리 아파트는 계단으로 내려가는 사람은 거의 없어 좋다.

나는 왜 난간 뛰어넘기를 하나 하면 그냥 재미있는 것은 물론이고 다른 사람들 몰래 하는 재미도 있다.

또 나는 여태까지 겁이 많다고 생각해 왔는데 이것을 하면 잠시라도 '나는 겁이 없다!' 하는 생각을 할 수 있기 때문에 하기도 한다.

(4학년 여)

이 아이는 난간 사이를 빠져나가는 놀이를 한다. 아이가 글 끝에 한 말을 보면 아이들 심리를 알 수 있다. 조금은 위험하고 색다른 놀이를 하는 것이 재미있다는 것, 나아가 위험하다고 어른들이 못 하게 하는 행동을 몰래 하는 재미도 있다는 것이다. 그러면서 아이들은 스스로 자기를 알게 되고 조금씩 자기 한계를 넘어서면서 자라는 것이다.

학교에서 많은 시간을 보내는 아이들에게는 학교 건물이나 시설, 놀이 기구며 이런저런 물건들도 아이들 생활과 관련이 아주 깊고 아이에게 큰 영향을 끼친다는 사실을 다시 한 번 더 마음에 담아 두었으면 한다.

이밖에도 채광과 조명 문제, 통풍 문제, 칠판이며 작품 전시대 같은 여러 가지 교육용 기기를 비롯해 아이들을 중심에 두고 생각해 보아야 할 것들이 참으로 많다.

아이들은 쉬는 시간에 무엇을 할까?

아이들이 40분 공부 시간을 마치면 쉬는 시간은 10분이다. 공부가 좀 늦게 끝나면 이 10분도 온전하게 주어지지 않는다. 용변 보고 어물어물하다 보면 정말 쉬는 시간은 단 몇 분밖에 되지 않는다. 과학실에 가야 하는 과학 시간이나 전담 시간, 운동장에서 하는 체육 시간에는 아이들이 자리를 옮겨 가야 하는데 그때는 그나마도 쉴 틈이 없다.

그런데 쉬는 시간 10분은 아이들이 마음 놓고 숨 쉴 수 있는 귀한 시간이다. 아이들이 억눌린 마음을 풀고 생생하게 살아나는 귀한 시간이어서 아이들에게는 목숨과도 같은 시간이다.

아이들은 이 짧은 10분으로는 밖에 나가 놀 수가 없으니까 주로 실내에서 논다. 교실과 복도, 화장실이다. 이때 온갖 행동을 하는데, 아이들 행동을 가만히 살펴보면 쌓인 스트레스를 풀기 위한 행동이 참 많다. 조금씩 엉뚱한 곳으로 튀거나 위험한 행동도 하고, 실내에서 해서는 안 되는 행동도 더러 한다.

술래잡기

나는 쉬는 시간만 되면 친한 애들과 무슨 놀이 할까, 이야기를 나눈다. 우리는 주로 술래잡기를 하자고 한다. 놀이를 시작하기 전에 누가 술래 할지 결정을 한다. 그런데 할 때마다 거의 술래는 주혁이가 된다.

술래잡기가 시작되었다. 애들이 멀리 도망치기 시작했고 술래인 주혁이가 움직이기 시작했다. 아이들이 "빨리 피해!" 하고 소리쳤다. 주혁이는 영동이를 잡으려고 막 뛰어갔다. 그런데 선생님이 왔다.

"야, 샘이다!"

우리는 선생님이 오면 그냥 걷거나 멈추어서 아무 짓도 안 한 것처럼 한다. 선생님이 지나가고 나면 우리는 다시 막 그렇게 계속한다.

우리는 그렇게 놀다 선생님을 만나면 또 다른 비상 대책이 있다.

첫 번째는, 앞에서 말한 것처럼 멈춰서 아무 짓도 안 한 것처럼 행동하는 것이다.

두 번째는, 선생님이 "야, 누가 여기서 뛰래?" 하면 "아, 우리 선생님이 심부름 시키셨는데 빨리 갔다 오라고 해서요." 한다. 그러면, "그래? 그럼 뛰지는 말고 빠른 걸음으로 가라." 한다. 그러면 통과다.

세 번째는, 걸리면 선생님의 눈길을 본다. 선생님의 눈길을 보면 누구를 보는 줄 잘 알 수가 있기 때문이다. 안 보면 그대로 뛰어가 버리고 선생님이 우리 쪽으로 눈길을 돌릴 때는 재빨리 걷는 척하면 선생님이 혼을 내지 않는다.

네 번째는, 최대의 적 교장 선생님을 만났을 경우다. 그때는 무조건 큰 소리로 "안녕하세요?" 인사를 하면 그냥 "안녕?" 하며 받아 주시고는 통과다.

우리는 달리다 지치면 앉아 있다가 술래가 오면 "야아!" 하면서 도망을 친다. 그러면 온 복도나 중앙 홀이 시끄럽기도 하다. 우리 학교 중앙 홀은 엄청 넓은데 소리치면 울려서 소리가 더욱 크다. 그래도 넓어서 뛰어다니며 놀기가 좋다. 놀 시간에 이렇게 뛰고 나면 속이 시원하다.

심하게 달리다 벽에 부딪쳐 다칠 뻔한 일도 많다. 선생님한테 몇 번이나 붙잡혀 혼나기도 했지만 술래잡기 놀이는 재미있다. 우리는 '도둑과 경찰' 놀이와 '전쟁 놀이'도 자주 한다. (4학년 남)

아이들이 밖에서 마음껏 뛰어놀아야 하는데 밖에 나갈 시간이 없으니 이렇게 실내에서 선생님 몰래 뛰어논다. 선생님께 들키면 꾸중들을 걸 아니까 그걸 피할 방법까지 다 생각해 놓았다. 술래잡기는 쫓고 쫓기는 놀이다 보니 속력도 있고, 장애물도 많으니까 아이들이 넘어지거나 어디에 부딪쳐 다치기가 쉽다. 조심시켜야 할 일이다

아이들은 또 복도에서 축구도 한다. 축구라야 가볍게 툭툭 차는 정도지만 아이들이 그거라도 안 하면 답답해서 안 되겠지. 축구하는 것 자체도 재미있지만 선생님을 피해 도망 다니면 아슬아슬해서 더 재미난다고 한다. 축구를 하다 선생님이 보이면 그냥 축구공을 들고 가는 척하거나 아예 도망쳐 버린다고 했다. 더러는 걸려서 벌도 서고…….

탱탱볼 놀이도 아이들이 아주 재미있어 하는 놀이다. 탱탱볼을 서로 빼앗으려고 몸싸움을 벌이면서 뒹굴기도 한다. 바지가 찢어지기도 하고 안경이 망가지기도 하는데, 바닥이 시멘트라 머리가 부딪칠 수 있어 위험하기도 하다. 아이들이 탱탱볼을 던지고 받다가 잘못 던져 더러 유리창을 깨뜨리기도 한다.

아이들은 지우개를 가지고 놀기도 한다. 저희들끼리 이런저런 규칙도 잘 정해서 논다. 한 아이가 쓴 글을 보니, 선생님한테 들키면 화장실에 들어가는 척한단다.

아이들은 이렇게 노는 시간이 금덩어리보다 더 귀하다고 하는데 어떻게 쉬는 시간을 잘라먹을 수가 있겠나.

여자애 놀리고 도망치기
남자애들은 쉬는 시간에 여자애들을 놀리고 도망치기를 좋아한다.

나도 그렇다.

그런데 여자들한테 당할 때가 많다. 용식이는 도망을 치다가 돌아서서 주먹을 들고 "뭐, 뜨까?"라고 한다. 광운이는 막 발로 차는 시늉을 한다. 그러다 여자애한테 약점을 보이면 등을 사정없이 맞는다. 동건이는 신희한테 잡혀 꼼짝도 못 한다. 신희는 동건이를 노예처럼 부리고 있다. 말 안 들으면 샤프로 찌르고 머리카락을 잡아당긴다. 그래도 더 무서운 여자애는 정태민, 김수민, 정인숙, 강수희다. 강수희는 전번에 용식이랑 싸웠는데 용식이가 막 춤 추는 것 같다고 하니까 킥을 날렸다. 정태민은 남자애를 잡으면 막 손가락을 꺾는다. 김수민은 막 남자애를 넘어뜨린다. 정인숙은 손바닥으로 등을 아주 세게 때린다.

그래서 우리는 은신처가 여러 곳 있다. 처음엔 남자 화장실이다. 전번에 내가 김수민을 놀리고 교실에서 도망가다 다시 남자 화장실로 도망을 갔다. 그런데 화장실 옆에 숨어 있던 수민이한테 잡혀서 맞았다. 엄청 아팠다.

두 번째는, 계단으로 높이 올라가는 것이다. 그러면 따라오다 그냥 간다. 그래도 종 치기 전에 교실에 들어가면 문 옆에 숨어 있다가 때린다.

세 번째는, 종치기 전까지 아무 데나 숨어 있다가 종 치면 교실에 들어가는 것이다. 그러나 이것도 다시 쉬는 시간이 되면 맞는다.

나는 달리기가 느린 여자애를 놀리고 도망가기로 했다. 바로 김미연이다. 나는 김미연 뒤에서 손을 막 흔들며 "야리야리 수리수리." 했다. 다른 애들은 그걸 보고 다 웃었다. 그때 김미연이가 눈치챘는지 뒤로 돌아봤다. 나는 당장 남자 화장실로 뛰어들어 갔다. 그러다 김미연이가 한눈팔 때 화장실에서 나와 도망을 갔다. 현관으로 도망가는데 이순영도 같이 잡으러 왔다. 나는 바로 꺾어서 3층으로 도망가서 3층 화장실로 들어갔다. 그러다 힘들기도 해서 그냥 나와서 맞고 내 자리에 앉았다.

여자애를 놀리고 도망 잘 가는 방법은 화장실이 가까워야 한다. 그리고 달리기가 조금 빨라야 한다. 그리고 여자애가 보는 바로 앞에서 하면 안 된다. 그러면 잡힐 게 뻔하기 때문이다. 여자애가 뒤돌아서 있을 때 모르게 조용히 가서 손가락으로 뿔 만들기나 메롱을 한다. 여자애가 눈치채면 바로 화장실로 간다. 이게 여자애 놀리고 도망가기 비법이다.

그런데 여자아이들은 잘 우니까 머리 때리고 도망가는 것은 힘 조절을 잘 해야 한다. 너무 세게 때리면 아파서 운다. 그리고 선생님 없는 곳에서 몰래 해야 한다. 혼나기 때문이다.

남자애들이 왜 여자애를 놀리고 도망을 치느냐 하면 놀 시간에 심심하기 때문이고 특히 여자애들이 화나 가지고 씩씩거리는 모습이 너무 재미있어서이다. (4학년 남)

남자아이들은 여자아이들 놀리는 걸 재미있어한다. 아이가 글 끝에 그 까닭을 적어 놓은 것처럼 심심하기 때문이다. 하지만 자기는 장난이라고 생각해도 상대가 장난으로 받아들이지 않으면 이미 장난이 아니다. 이걸 아이들에게 깨우쳐 주어야 한다. 더구나 "여자애들이 화나 가지고 씩씩거리는 모습이 너무 재미있어서"라고 했는데 이것은 더욱 잘못된 생각임을 깨우쳐 줘야 한다. 서로가 같이 재미있어야 한다는 걸 아이들에게 잘 일러 주어야 한다.

여자아이들은 남자아이들이 놀려서 막 잡으러 다닐 때는 속이 시원하기도 하다고 했다. 남자아이들은 여자아이들이 붙잡아서 때리기라도 하면 쩔쩔매면서 항복한다. 힘이 없어 맞고 항복한다기보다 이성을 좋아하는 마음 때문에 맞아 주는 것이 대부분이다. 여자아이들은 또 이걸 알기 때문에 남자아이들의 장난을 잘 받아 주는 편이다. 이것이 서로 안 맞을 때는 다툼이 일어난다.

여자아이들은 손 놀이도 많이 하며 논다. 아이들이 손 놀이를 하며 환하게 웃는 모습은 보는 사람도 즐겁다. 실 놀이, 공기 놀이, 구슬 꿰기, 블록 놀이……. 이런 손 놀이를 하면서 아이들이 동무들하고 어울려 노는 사이에 스트레스도 풀리고, 작은 손 근육도 발달하고, 두뇌 발달에도 도움이 된다고 한다. 더구나 손 놀이는 특별한 도구도 필요 없고, 좁은 공간에서도 할 수 있어 실내에서 하기 좋은 놀이다.

어린아이들이 손 놀이를 하면 두뇌 발달에 더욱 좋다고 한다. 뿐만 아니라 손의 미세 운동 능력이 발달하고, 집중력이 높아지며 창의력과 상상력도 키워 주면서 감각 자극 효과도 있다고 한다.

휴대폰으로 게임하기

나는 쉬는 시간에 휴대폰을 꺼내 친구들과 노래를 듣거나 게임을 한다. 혼자 의자에 앉아 몰래 휴대폰을 꺼내 책상 아래에 숨겨서 게임을 한다. 왜냐하면 선생님이 학교에서 함부로 휴대폰을 꺼내지 말라고 하셔서이다.

"학교에서 손전화 함부로 꺼내면 압수다!" 이렇게 무섭게 말하셨다.

연희는 수업 시간에 휴대폰을 자주 꺼내어 선생님께 걸렸다. 그때마다 압수당할 뻔도 하고 혼도 많이 났다.

수업 시간에 은하랑 같이 책상 밑에서 사진을 주고받고 있었다. 그런데 내 책상 속과 은하 책상 속에 휴대폰을 각각 두었더니 '지이잉' 하는 진동소리가 들려서 애들과 선생님께 들킬 뻔해서 놀랐다. 다행히 들키지 않았다.

쉬는 시간에 심심할 경우 몰래 휴대폰을 꺼내서 게임을 한다. 게임하는 소리를 내면 들키기 때문에 소리를 일부러 낮춰서 게임을 한다.

그리고 내가 게임을 하는데 애들이 시끄럽게 해서 방해가 되면 할수 없이 밖에 나가서 스탠드에서 한다. 또 스탠드에 나갔을 때 언니 오빠들이나 아이들 때문에 시끄러우면 할 수 없이 학교 뒤편에 혼자 앉아 게임을 하기도 한다. 또 학교 뒤에서 누가 놀고 있으면 할 수 없이 냄새나는 화장실에 가서 게임을 한다. 화장실에 가서도 조마조마한 마음이 없어지지는 않는다.

한껏 재미있게 게임을 하고 난 후 교실에 들어오면 노래를 틀어서 따라 부른다.

나는 이렇게 하면 스트레스가 해소되고 친구들과 더욱더 많이 친해지기도 한다. 그러면 또 싸우지도 않고 좋다. 이렇게 놀면 쉬는 시간 10분이 얼마나 짧은지 모른다. 나는 정말 쉬는 시간이 더 많이 있었으면 좋겠다. (4학년 여)

아이들 손전화 문제는 다들 잘 알면서도 어쩌지 못하고 있는 게 현실이다. 4학년 한 반 아이 27명 가운데 손전화를 가지고 있는 아이가 21명이

다. 맞벌이 부모가 아이와 연락하기 위해 손전화를 사 주던 것이 요즘은
다 사 주는 모양이다. 형편이 이러니 무조건 학교에서 손전화를 못 쓰게
할 수도 없다.

나는 아이들이 손전화를 가지고 있게 하면서 진동으로 해 놓도록 하고,
전화를 받아야 한다든지 꼭 전화를 해야 할 경우에는 허락을 받도록 했
다. 그 외에는 손전화를 꺼내지 못하게 했다. 규칙을 정해 놓지 않으면 공
부 시간에도 몰래 꺼내어 게임을 하고 문자도 주고받는다. 때로는 어떤
아이를 사진 찍고 놀려서 문제를 일으키기도 한다. 아이들 열 명 가운데
한 명이 손전화 중독이라는데 이 문제도 작은 문제가 아니다.

이 글을 쓴 아이는 손전화로 문자를 주고받고 게임을 하면 친구들과 친
해지기도 하고 스트레스도 풀린다고 했는데 거기서 그치지 않는 데 문제
가 있다. 아이들이 숙제나 준비물은 잊어버려도 손전화는 챙긴다. 손전화
때문에 다른 걸 못 하는 아이들도 늘고 있다. 아이들 손전화 문제는 사회
전체가 해결 방법을 찾아야 할 것 같다. 그런데 우선은 어른들이 먼저 손
전화에서 벗어나 아이들에게 모범을 보여야 하지 않을까 싶다.

친구들과 남 험담하기

나는 쉬는 시간에는 친구들과 이야기를 많이 한다. 화장실에서도
이야기하고 교실에서도 이야기한다. 근데 대부분 교실에서 한다.

뭐, 휴대폰 새로 산 애들은 휴대폰 자랑하고, 화난 일들이 있으면 애
들한테 말한다. 화난 일을 달래 주는 애들도 있고, 충고해 주는 애들도
있고, 다른 애들 모르게 욕하는 애도 있다. 수업 시간에 짜증 나는 일
이 있으면 그것도 애들은 모두 말한다. 그밖에도 여러 가지 이야기를

많이 한다. 수군수군 말한다.

전번에 수향이랑 싸웠을 때다. 그때 수향이가 수다 떨러 안 왔다. 우리는 모여서 수향이의 욕을 막 했다. 내가 처음에 "야, 박수향 존나 짜증 난다." 하니까, 다른 애들이 "왜?" 하고 물었다. 나는 수향이가 짜증나는 이유를 다 말했다.

"아니, 내가 있잖아, 내가 수향이 책상에 있는 거 예뻐서 보고 있다가 살짝 만졌는데 수향이가 막 만지지 말라고 하면서 뭐라고 하잖아."

그러니까 명희가 "선생님은 맨날 수향이만 잘해 주는 것 같아. 있잖아, 뭐 우리가 거슬리는 행동하면 막 뭐라고 하잖아. 그런데 수향이가 그랬다 치면 아무 소리도 안 한다." 이랬다.

애들이 모두 다 하나둘씩 말하기 시작했다. 수향이에 대한 안 좋은 일이 많았는지 이런 이야기도 나왔다.

"근데 걔 3학년 때는 성적 엄청 안 좋았대. 내가 같은 반이었는데, 선생님이 잘해 주니까 잘하는 것일걸?"

나는 수향이가 공부를 얼마나 못했길래, 하는 생각이 들기도 했다. 이렇게 안 좋은 이야기가 5분도 안 되어서 막막막 나왔다. 나는 솔직히 선생님이 수향이를 좋아하니까 그냥 애들이 수향이 좋다고 할 줄 알았는데 애들 대부분이 수향이를 그다지 좋아하지 않는 것 같았다.

이렇게 모여서 이야기하다 보면 나도 모르게 애들 흉을 보게 된다. 그리고 칭찬하는 경우도 있다. 그런데 그런 경우는 조금 드물다.

흉을 다 보고 나니까 수향이한테 미안한 마음이 들기도 한다. 다른 애들도 미안해할까? (4학년 여)

아이들은 쉬는 시간에 이렇게 저희들끼리 이야기를 나누며 시간을 보내기도 한다. 마음 놓고 말할 수 있는 동무에게 평소 억울하거나 속상한 일을 털어놓으면서 맺힌 마음을 푸는 것이겠다. 그런데 그러다 보면 다른 사람을 흉보거나 욕도 하게 마련이다. 더러는 그렇게 남을 흉본 말이 아이들 사이에 퍼져서 다투기도 하고 크게 문제가 생기기도 한다.

사람은 대체로 자기 얘기보다 남의 말 하기를 좋아하고, 남의 말을 해도 좋은 점보다는 좋지 않은 점을 말하기 좋아한단다. 왜 이렇게 남의 험담을 할까? 그건 자기를 내세우기 위해서라는데, 참 안 좋은 방법이다.

사람들은 칭찬할 일이나 기쁜 일, 즐거운 일은 소리 높여 둘레 사람과 함께 나누고 싶어 하지만 남을 흉보고 싶을 때는 소곤거리거나 몇몇이 모여 비밀스럽게 이야기를 하게 된단다. 남의 단점이 크게 보이는 것은 자기 단점에 너그럽지 못하기 때문이고, 자기에게 너그럽고 스스로에게 자부심을 느끼는 사람은 남의 단점을 크게 생각하지 않는다고 한다. 맞는 말인 것 같다.

그래도 이 글을 쓴 아이는 흉을 다 보고 나니까 미안한 마음이 든다고 했다. 그렇지만 자꾸 남을 험담하다 보면 미안해하는 마음도 사라질 수 있다는 걸 깨우쳐 줄 필요가 있다.

한 아이 글을 보니, 아이들이 모여서 한 아이를 업신여기는 말을 하는데, 모두 경쟁이나 하듯이 한껏 말을 꾸미고 부풀려서 한다. 아이들이 말한 내용을 보면 어쩌다 아이들이 이렇게 되었을까 싶다.

"야, 있잖아. 병삼이 쟤 코딱지 막 먹는다. 아나?"

"야, 김병삼 개거지다. 존나 집이 쫍아서 사람 몇 명 들어가면 끝이다."

"야, 김병삼 아빠 존내 부장님한테 매달리면서 일한데이."

"야, 김병삼 엄마는 사람들한테 돈 달라고 구걸한다."

아이들이 하는 말을 보면 어른들한테 배운 아주 나쁜 마음도 드러난다. 이 글을 쓴 아이는 뒤에 끼어들어 "야, 김병삼 집 완전 쫍데이, 아나? 그래서 거지다"라고 했는데, 아이들과 어울리려고 마음에도 없는 말을 한 것이다. 이렇게 말해야 동무들과 잘 어울릴 수 있다고 생각했기 때문이다. 왕따는 이렇게 해서 생기는 것 같다. 또 이 아이는 "저 애들이 나 없을 때 내 욕도 했겠구나" 하고 생각한다. 남의 약점을 쉽게 말하는 사람은 내 약점도 다른 사람에게 쉽게 말할 수 있음을 아이가 깨달은 것이다.

병삼이와 아이들 관계를 알고 나서 여러 차례 이야기도 하고 잘 어울릴 수 있도록 지도해서 겉으로 보기엔 아이들 관계가 괜찮아졌다. 하지만 아이들 마음 밑바닥에 깔린 못된 마음은 깨끗이 없어지지 않았다. 참 우울한 일이다.

쉬는 시간에 할 일도 별로 없거나, 다른 아이들과 어울리는 것을 좋아하지 않거나, 내성적인 아이들은 혼자 낙서하며 제자리에 앉아 있을 때도 많다. 까닭이야 어떻든 낙서는 심심함이나 외로움 같은 걸 달래기 위한 수단이 될 수 있다. 처음엔 생각 없이 하다 이런저런 생각이 떠오르면서 현실에서 실현할 수 없는 일을 마음으로 실현시키기도 하고, 불만이나 화를 풀어 가면서 마음의 안정을 찾기도 한다. 나아가서는 마음의 충족을 얻기도 하는 것이 낙서 아닌가 싶다.

화장실에서 장난치기

쉬는 시간에 학교 화장실은 장난치며 놀기 딱 좋은 장소다. 나는 사람이 적을 때 친구와 장난을 친다.

첫 번째는 오줌 누는 아이 골탕 먹이기다. 우리 학교 화장실은 천장에 문이 붙어 있지 않고 공간이 있다. 그쪽을 이용해 물을 붓는다. 세면대에서 물을 손에다 가득 담아 오줌 누는 소리가 나는 곳으로 가 물을 문 위로 힘껏 던지면 된다. 그러면 안에서, "뭐야? 물 아니가? 아아, 놔! 누가 뿌렸는데?" 한다.

전번에는 정말 아찔하고 떨리는 경험을 했다. 한날 나와 수희하고 화장실에 갔는데 다른 아이들은 없었다. 그래서 누구 골탕 먹일 사람 없나 하며 오줌 누는 소리를 들으려고 문 가까이에 갔다. 그런데 마침 딱 한 문에서만 들렸다. 그래서 나는 물을 떠와 힘껏 던졌다. 그리고 빨리 화장실 문밖으로 나가려고 하는데, "야, 거기 누구야? 어?" 하는 웬 여자 선생님 소리가 나는 것이 아닌가! 그래서 나는 재빨리 문밖으로 나오며 정말 아무것도 안 했다는 듯이 여유롭게 걸어갔다. 정말 아찔한 순간이었다.

내가 두 번째로 하는 짓은 비누로 방울 만들기 놀이다. 그것은 3학년 때도 정말 자주 했던 놀이다. 짜는 물비누가 들어올 때부터 하게 된 놀이다. 비눗방울을 크게 만드는 요령이 있다. 바로 비누의 양이다. 그것의 알맞은 양은 딱 두 번 짜는 것이다. 또 손에 거품이 아주 살짝만 나게 문질러 준다. 그리고는 손으로 '오케이' 모양을 만들어 '후' 불면 된다. 불 때는 아주 세게 해도 안 되고 약하게 해도 안 된다. 딱 적당해야 한다.

쉬는 시간에 심심할 때 한 번씩 하는 이 재미있는 놀이는 우리들밖에 모를 거다. (4학년 여)

아이들은 이렇게 쉬는 시간에 화장실에서 많이 놀기도 한다. 실내에서 마음 놓고 놀 다른 장소도 없고 복도나 교실에서는 간섭하는 눈이 있으니까, 저희들끼리 있어서 거치적거리는 것이 없는 화장실에서 장난치며 많이 노는가 보다.

고약한 장난도 친다. 똥 누는 아이를 발견하면 문을 두들기기도 하고, "야, 저기 봐 봐. 지금 똥 누고 있다" "어, 진짜 냄새 쩌네!" 이런 말을 하며 놀리기도 한다. 가장 편안하게 보아야 하는 용변을 이렇게 불안하게 만들어 제대로 볼 수 없도록 한다. 그것뿐 아니다. 화장실 변기에 올라가 옆 칸에서 똥 누는 아이 모습을 들여다보기도 한다. 서로 친한 사이에서는 이렇게 해도 당한 아이가 불쾌하게 생각하지도 않는다.

또 아이들은 화장실에서 온갖 수다를 떨기도 하고, 숙제를 안 해 온 아이는 화장실에서 하기도 한단다.

선생님의 험담

나는 쉬는 시간에 아이들과 모여서 선생님 험담을 많이 한다. 이 선생님은 이렇다 저 선생님은 저렇게 수업을 한다며 말이다. 친구들과 같이 맞장구를 치며 서로서로 맞다면서 그런다.

"맞아! 3반 선생님이랑 5반 선생님 너무 무서워." 하면 "그치? 그치?" 이렇게 말이다. 그러면 "그래. 맞어." 이런다.

어떨 때는 화장실에서 선생님이 오는지 망을 보면서 험담을 한다.

"후우우우, 우리 너무 힘들다, 그치?" 이러고, 또 거울이 선생님이라 생각한 뒤 "얍! 얍! 얍!" 하면서 주먹을 쥐고 권투를 하면서 스트레스를 풀기도 한다. 그리고 돌아가면서 한마디씩 한다.

"너무 숙제를 많이 내 줘서 말이야, 우리가 힘들잖아!"

"그리고 만날 잔소리하고 말이야. 완전 잔소리꾼이야!"

"매로 손바닥 때리는 걸 마사지라잖아. 정말 웃겨."

"야, 그래도 우리 선생님은 착하잖아. 착한 건 사실이야. 안 그래?"

"그래, 그건 맞아. 그래도 힘들어."

이러다 선생님이 오면 선생님이 왔다는 신호를 보내며 귓속말로 "선생님! 선생님!" 이런다. 그러면 우리는 손 씻는 척을 한다. 그러다 선생님이 가면 한숨을 쉰다.

우리는 이러며 깔깔 웃다가 공부 시작종이 울리면 교실에 들어오면서도 "응, 맞아. 완전 어이없음." 이러며 웃으면서 들어온다. 교실로 딱 들어오면 다른 말로 바꾼다. 그러면서 까르르 웃는다. (4학년 여)

자기보다 우위에 있는 사람을 험담하는 것은 아무래도 공격심을 발산할 수 있는 좋은 배출구 같은 역할을 하지 않을까 싶다. 이런 험담은 적이 되는 사람이 눈앞에 없으니 자기 자존심을 위험에 노출시키지 않고 쉽게 승리감을 안겨 준다. 그래서 아이들은 험담을 하면서 공격에서 이긴 것처럼 아주 통쾌해 하는 것이다. 아이들은 이러면서 스트레스를 푸는 것 같다. 하지만 자기 이름을 숨기고 어떤 사람을 헐뜯는 건 좋다고 볼 수는 없다. 험담은 실제보다 훨씬 부풀려진 경우가 대부분이다.

아이들은 또 쉬는 시간에 선생님 흉내를 내거나 선생님을 골탕 먹이는 장난도 치면서 논다. 선생님은 아이들이 하기 싫은 일을 억지로 하게 하고 간섭도 많이 하니까 아이들이 선생님 흉내를 내거나 선생님께 장난도 치면서 평소 억눌린 마음을 풀어내는 게 아닐까 싶기도 하다. 더러는 아이들이 선생님과 친해지고 싶은 마음에서 하는 행동이기도 할 테고.

선생님 과자 훔쳐 먹기

2교시 마치면 남자아이들은 모두 운동장에 나가 놀고 선생님은 연구실에 가서 조금 쉬거나 작년 제자들 글쓰기를 가르치기도 한다. 여자아이들은 복도에서 놀거나 화장실에 간다. 그러면 교실에는 거의 우리의 절친만 남을 때가 많다. 이때 우리가 행동할 수 있는 좋은 기회다.

먼저 선생님의 서랍을 뒤져서 과자 찾기다. 선생님은 서랍에 과자를 숨겨 놓고 심심하면 우리를 약 올리면서 먹는다. 그러면 우리도 먹고 싶어진다. 하지만 가끔씩 반장, 부반장만 조금 주고 선생님 혼자 먹는다. 남자아이들이 과자를 조금만 달라고 하면 선생님은 먹던 것을 준다. 나의 배는 정확히 2교시 마치고는 꼬르륵거린다.

2교시 마치고 그냥 뭐 먹을 것 없나, 혹시나 아이들이 먹을 것 가지고 와 먹는 아이는 없을까, 하고 교실을 빙빙 돌았다. 그때 생각났다.

'아! 선생님이 과자 먹었잖아! 그거 좀 남아 있지 않을까?'

"수영아, 서정아, 니들 배 안 고프나?"

"조금."

"그럼 우리 선생님 서랍에 과자 있는 것 훔쳐 먹을래?"

그러자 서정이가 눈을 아주 동그랗게 뜨고 웃으면서 "그럴까?" 했다. 그러자 수영이가 불안한 눈치였다.

"쌤한테 들키면?"

"개않아. 우리가 입 다물면 되지. 그리고 애들 오면 아주 태연하게 있으면 되잖아."

"그러면 우리가 뒤질 테니까 니는 망봐라. 알겠제?"

"그래!"

수영이는 뒷문으로 가서 망을 봤다. 그러는 사이에 우리는 선생님 서랍을 수색했다. 내가 선생님 컴퓨터 옆문에 있는 빼빼로 다섯 개를 발견했다. 일단 거기 있다는 것만 알고 놔뒀다. 서정이와 나는 선생님의 세 번째 서랍을 봤다. 분홍색 보자기가 있었다. 그 보자기를 들춰 보았다. 건빵 봉지가 있었다. 나는 건빵을 한번 먹어 보았다.

"우웩! 이거 유통기한 지났는 거 아냐?"

정말 맛도 없었다. 거의 쉰 맛이 났다. 선생님이 이런 과자도 먹나, 하고 생각했다.

또 첫 번째 서랍 깊숙이 봤다.

"야! 요기 사탕 있다!"

사탕 통을 꺼내었다. 사탕이 많이 있었다. 그래서 나는,

"먹자! 그리고 아까 빼빼로 다섯 개 있던데 쌤한테 들키면 안 되니까 하나만 세 동강 내어서 나눠 먹자. 수영아, 온나! 사탕 줄게!"

우리는 사탕을 한 개씩 먹었다.

"야, 이제 그만, 그만!"

이렇게 우리는 가끔 선생님의 과자를 훔쳐 먹는다. 훔쳐 먹는 건 나쁘지만 엄청 재미있다. (4학년 여)

나는 과자를 가지고 아이들에게 짓궂은 장난을 좀 친다. 그러는 데는 까닭이 있다. 아이들이 급식 시간에 주는 떡이나 과일 같은 것을 배부르다고 버리는 경우가 많다. 나는 그걸 모아 두었다가 아이들이 배고플 때 아이들이 보는 앞에서 맛있게 먹어 보인다. 아이들이 먹고 싶어 하면 조

금씩 주기도 하면서 말이다.

또 아이들이 학교에 과자를 가지고 와 나한테 주기도 하는데 그걸 그대로 뒀다가 아이들이 배고플 때 꺼내 먹으면서 살짝 아이들 애를 달군 다음에 조금씩 갈라 주기도 한다. 이렇게 모아 둔 과자를 아이들이 훔쳐 먹은 모양이다.

쉬는 시간에 별일 없는 아이들은 선생님 주변에서 어슬렁거리기도 한다. 심심하니까 선생님한테 장난을 걸기도 하고, 선생님이 뭘 하는지 궁금해하며 보기도 한다. 그러다 좀 가까워지면 어깨를 주무르기도 하고 머리에 흰 털을 뽑는다며 장난치는 아이들도 있다. 또 뒤에서 머리에 손가락을 대어서 도깨비 뿔을 만들기도 하고…….

쉬는 시간에 학원 숙제 하는 아이들도 더러 있다. 공부 시간에 몰래 하기도 하는데, 그만큼 아이들은 바쁘다. 그래서 학교 숙제는 아무리 조금 내 줘도 아이들은 무조건 많다고 한다. 아이들이 쉬는 시간에 놀지도 못하고 학원 숙제 하는 모습을 보면 참 안타깝다.

성격이 조용한 아이는 쉬는 시간에 화장실에 갔다 와서 다음 시간 공부할 준비를 한다든지 책을 본다든지 하면서 조용히 보내기도 한다.

몇 년 전 산골 분교에 있을 때다. 아이들도 한 반이 대여섯 명밖에 안 되었고 시간 운영도 내 마음대로 할 수 있어서 두 시간 마치고는 한 시간씩 쉬었다. 그래서 쉬는 시간에 아이들과 운동장 둘레를 천천히 뛰어 돌기 운동도 했다. 더울 때는 운동한 뒤 수돗가에서 아이들 등목을 해 주기도 했다. 여름철 비 온 뒤에는 학교 옆 냇물에서 물놀이도 한참씩 하다가 젖은 옷 입은 그대로 와서 공부하기도 했다. 또 봄이면 뒷들에 나가 뛰어놀기도 하고 새싹 관찰도 하고 그랬다.

이렇게까지 할 수는 없겠지만 둘째 시간 마치고 30분 정도라도 아이들이 좀 뛰어놀 수 있는 시간을 주었으면 좋겠다는 생각이다. 하기야 학급 수가 많은 학교에서는 운동장이 좁아서 아이들이 다 나와 뛰어놀 수도 없으니 안타깝기는 하다. 그래도 방법은 찾으면 나온다. 유치원처럼 실내 놀이장 같은 공간도 있으면 좋겠다. 또 몸으로 하는 공부 시간, 활동하면서 감각을 일깨우고 감성을 자극하는 공부 시간도 늘렸으면 좋겠다.

어떤 일이 있어도 쉬는 시간을 까먹지는 말아야 한다. 그것은 아이들 숨통을 막는 일이다.

아이들은 공부 시간에 어떤 모습일까?

아이들이 공부 시간 40분 동안 한눈팔지 않고 공부에만 열중할 수 있게 하기란 쉽지 않다. 지루해하는 시간이 많은 게 사실이다. 그 까닭은 공부를 재미없게 가르치는 선생님 탓도 크겠지만 아이들을 둘러싸고 있는 여러 가지 환경 문제부터 지적하지 않을 수가 없다.

우리 뇌에서 사고를 담당하는 전두엽은 학습과 관련이 깊다. 그런데 우리 생활을 보면 이 전두엽을 활성화 시킬 수 있는 환경보다는 온통 후두엽을 지나치게 활성화 시키는 환경으로 둘러싸여 있다. 텔레비전, 컴퓨터, 손전화 같은, 눈을 자극하는 환경에 둘러싸여 있다는 말이다. 따라서 생각하는 힘이 필요한 책 읽기나 공부하기는 더 귀찮아지고 싫어지는 것이다. 그러니 아이들이 공부 시간 내내 생각해야 하는 40분을 견뎌 내기란 쉽지 않다. 더구나 아이들은 활동을 많이 하지 않으면 안 되는데 40분 동안 자리에 가만히 앉아 있자니 얼마나 힘이 들겠나.

한 가지 더 지적하지 않을 수 없는 건 아이들이 학교를 벗어나서도 끊임없이 공부에 시달리고 있다는 것이다. 학원에서는 학교에서 가르치기도 전에 미리 가르쳐서 학교 공부 시간을 더욱 재미없게 만들기도 한다. 그래서 아이들은 지루하고 힘겨운 공부 시간을 견뎌 내기 위해 선생님 몰래 온갖 행동을 하기도 한다.

한 아이의 글을 보니, 공부 시간에 선생님 설명이 길어지면 다른 생각에 빠진다고 했다. 다른 생각을 하면 마음이 편안해진단다. 아이가 말하는 다른 생각이란 게 텔레비전에서 본 웃기는 이야기, 게임, 만화, 노래 같은 것인데, 대부분 아이가 평소 좋아하거나 관심 있는 것들이다.

공부 시간에 아이들이 아무리 앞을 보고 조용히 앉아 있는 것 같아도 엉뚱한 생각을 하고 있는 아이들이 있다. 이런 아이들을 잘 관찰해 보면, 눈길이 다른 방향으로 가 있거나 눈동자의 초점이 흐리다. 나는 아이들이 이런 모습을 보이면 "이렇게 하는 거야, 알았지, 훈아?" 이렇게 말해서 공부에 집중하도록 했다.

다시 말하지만 아이들은 어떤 한 가지 일에 집중하는 시간이 길지 않다. 자기가 하고 싶어서 하는 공부가 아니라면 더욱 그렇다. 나이가 어릴수록 공부에 집중하는 시간이 더 짧고, 성격이 활달한 아이일수록 가만히 앉아서 하는 공부는 집중력이 더 떨어진다. 또 어수선한 분위기에서도 집중력은 떨어진다. 흥미를 끌지 못하는 학습 내용이나 교사의 변화 없는 지도 방법, 아이 몸 상태가 안 좋거나 아이가 특별히 관심 있는 일에 영향을 크게 받을 경우에도 집중력은 떨어진다.

공부 시간에 공상에 깊이 빠지는 아이도 있다. 공상하는 내용을 보면 주로 게임과 관련된 것이다. 아이들이 게임을 많이 하다 보니 공부에도 흥미를 갖지 못하고 그런 공상에 더 빠지는 것 같다. 또 학교 마치고 할 일이나 뭘 먹고 싶다는 생각, 어머니 생각, 동무 생각 같은 온갖 자잘한 생각도 한다.

공부에는 집중하지 않고 옆 아이와 이야기를 하면서 시시덕거리는 아이가 한 반에 몇 명은 꼭 있다. 더러 꾸중도 하고, 갑자기 질문을 해서 주의를 줘도 그때뿐이다. 공부하는 데 집중하도록 주의를 주다 보면 공부의 흐름이 끊어지기도 하고 다른 아이들이 스트레스를 받기도 해서 힘겨울 때도 더러 있다.

공부 시간에 아이들 대부분이 뭘 만지작거리거나 어떤 행동을 한다. 그러다 선생님이 주의를 주면 가지고 놀던 물건을 손에서 놓거나 책상 안에 슬쩍 밀어 넣고 자세를 바로 한다. 선생님이 주의를 줘도 아랑곳하지 않고 하던 행동을 그대로 하다 꾸중을 듣고서야 겨우 멈추는 아이도 있는데 이런 아이는 선생님이 돌아서면 또 같은 행동을 하고 있다.

늘 손장난을 하면서도 선생님이 하는 말을 놓치지 않고 듣는 아이도 있다. 작은 물건을 손으로 만지작거리는 손장난 같은 건 공부에 크게 지장이 없다는 말이다.

손장난은 혈액 순환을 도와주고, 등이나 관절의 통증도 누그러뜨려 준다고 한다. 또 뭔가를 기억하거나 아이디어를 내야 할 때 도움을 준다고도 한다. 뭔가를 써야 할 때 연필을 돌리거나, 이야기를 들을 때 다리를 떠는 것도 모두 그렇게 이해해야 한단다.

공부 시간에 선생님 몰래 장난치기

나는 공부 시간에 선생님 몰래 옆 짝꿍 명근이와 이야기하고 장난을 치며 논다. 그러다가 선생님이 고개를 돌리면 우리는 공부하는 척한다.

며칠 전에 선생님이 위층에 잠깐 볼일 보고 오신다고 책을 읽고 있으라고 했다. 그때 나와 명근이는 책으로 앞을 가리고 가위바위보를 해서 손목 때리기를 하고 놀았다. 선생님 목소리가 들리자 책을 열심히 읽는 척을 했다.

또 어제 공부 시간에 명근이가 나에게 '뷁'이라는 글자를 어떻게 읽느냐고 물어보았다. 그래서 내가 명근이 책상에 '뷀그'라고 읽는다고 써 줬다. 그리고 '휋'이라는 글자는 어떻게 읽느냐고 물어보아서 나는 '휖흐'라고 읽는다고 말했다. 그리고 이제 이상한 글자를 물어보지 말라고 했다. 그때 명근이가 나를 툭 건드렸다. 선생님이 봤기 때문이다. 나와 명근이는 아무 상관없다는 듯이 시치미를 뚝 뗐다.

선생님이 또 조용히 하라고 하고 잠깐 위층으로 볼일 보러 나갔다. 그런데 선생님이 뒷문 유리를 통해 우리가 뭘 하는지 보았다. 나와 선생님의 눈이 마주쳤다. 그러자 선생님이 앞문으로 가서 유리를 통해 우리가 뭘 하는지 봤다. 우리는 그것도 모르고 엉뚱한 짓을 했다. 그러니까 선생님이 우리 모둠 쪽으로 손가락질을 했다.

"야, 이명근! 선생님이 우리 장난치는 거 알고 손가락질하고 위층으로 올라가셨어. 이제 우리 어쩌지?"

"그냥 책 읽는 척해라."

선생님이 오셔서 우리를 혼낼 줄 알았는데 어떻게 된 일인지 아무 말도 안 하셨다.

또 공부 시간에 명근이가 장구채를 가지고 손으로 튕겨서 이마를 때렸다. 그리고 나는 30센티미터 자로 손으로 튕기며 이마를 때렸다. 아팠지만 웃음이 나왔다. 그리고 내가 30센티미터 자로 책상을 튕겼다. 그리고 나와 명근이는 웃었다. 왜냐하면 '댕' 하는 소리가 울렸기 때문이다. 명근이는 장구채로 책상을 튕겼다. 그런데 명근이의 장구채도 나와 같은 소리가 나서 웃었다.

나는 이렇게 공부 시간에 선생님 몰래 명근이와 떠들고 장난을 친

이렇게 아이들이 공부하는 틈틈이 옆 짝과 장난을 치는 일이 흔하다.

또 한 아이의 글을 보니, 공부 시간에 그림을 그리다가 선생님이 가까이 오는 것 같으면 얼른 책상 안에 넣거나 책상에 펴 놓은 교과서 뒤에 숨기고 공부하는 척한단다. 또 선생님이 보더라도 책을 세우고 그리거나 교과서에 무엇을 쓰는 척하며 그림을 그리기도 한단다.

아이들은 또 공부 시간에 몰래 쪽지를 주고받기도 한다. 말로 하면 여러 사람 귀에 거슬리게 되고 선생님까지 쉽게 알게 되어 꾸중 들을 수 있으니까 몰래 쪽지로 말을 주고받는단다. 말로 하는 것보다는 그냥 재미가 있어서 쪽지를 보내기도 한단다. 무슨 말을 써 놓았을지 기대하며 펼쳐 보는 재미가 있는가 보다. 우리 어릴 때도 쪽지를 주고받았다. 쪽지가 몇 손을 거쳐 전해지는데, 쪽지에 적힌 내용이 '바보, 똥개'다. 기대를 한순간에 무너뜨리는 것이다. 쪽지를 멀리까지 전달하는 동안 잘못해 선생님께 걸리면 꾸중을 듣기도 했다.

학교에선 특별한 일이 아니면 손전화를 꺼내지 말라고 하지만 공부 시간에 선생님 눈을 피해 손전화로 쪽지 편지와 사진을 주고받기도 한다. 한 아이 글을 보니, "나는 공부가 하기 싫고 지루할 때는 이렇게라도 안 하면 한 시간이 너무 긴 것 같아 힘들다"고 했다. 초등학교 4학년 아이들까지 손전화를 잠시도 놓지 않는 아이들이 많고, 공부 시간에까지 더러 손전화에 빠지기도 한다.

몰래 군것질하기

나는, 아니 우리 반 아이들은 공부 시간에 선생님 몰래 군것질도 한다. 나도 자주 군것질을 한다. 그렇지만 공부 시간에 무엇을 먹다가 선생님한테 들키면 혼나기 때문에 몰래 수단껏 먹어야 한다. 나는 이렇게 몰래 먹는다.

초콜릿을 먹을 때는 일단 초콜릿을 책상 안에 넣고는 껍질을 까서 손에 쥐고 있는다. 그리고는 선생님을 잘 살펴야 한다. 선생님이 설명을 하면서 다른 모둠으로 눈길을 잠시 돌릴 동안 빠르게 초콜릿을 입에 쏙 넣는다. 쏙 넣고 그대로 먹다가는 들킬 수가 있다. 아주 빠르게 입에 쏙 넣고도 선생님 눈치를 살펴야 한다. 선생님이 또 눈길을 돌린다든지 다른 모둠 아이들을 지도하러 가면 그때 오물오물 먹는 것이다.

초콜릿이나 사탕을 입에 쏙 넣기는 넣었는데 선생님이 다른 곳으로 눈길을 돌리지 않으면 할 수 없이 입을 다물고 조금씩 녹여서 먹어야 한다. 맛이 아주 꿀맛이다. 그래도 선생님이 봤을까 봐 찝찝한 느낌이 들고 불안해서 선생님을 빤히 쳐다본다. 빤히 쳐다봐도 선생님이 나한테 의심이 없다는 느낌이 들면 안심을 한다.

그리고 수학 익힘 문제를 풀거나 책을 보는 척하면서 고개를 숙였을 때 입에 살짝 넣어서 먹기도 한다.

이틀 전에도 '미니풀'이라는 초콜릿을 가져와 몰래 먹고는 눈치를 보다가 선생님이 아닌 친구 지민이에게 들키고 말았다. 안 그래도 조용한 분위기인데 지민이가 작은 소리로 "야, 그렇게 맛있냐?" 하고 말했다. 내 귀에는 아주 큰 소리로 들렸다. 주위에 있는 아이들이 지민이

쪽으로 고개를 돌렸다. 들킬 뻔해서 심장이 마구마구 뛰었다. 지민이에게 화를 내려다가 그러면 아이들이 더 볼까 봐 말았다. 그 대신 작은 소리로 그렇게 큰 소리를 내면 어떡하냐고 말하며 눈을 흘겨보았다.

어제는 카스테라를 먹는데 봉지라서 뜯을 때 소리가 나서 아주 조심조심 뜯어서 조금씩 떼어서 먹었다. 다행히 옆 짝 지민이에게 안 들켰다. 그래서 맛나게 먹었다. 정말 다행이었다.

내 학원 친구는 공부 시간에 먹다가 들켜서 혼났다고 했다. 그래서 내가 몰래 먹는 비법을 가르쳐 주었다. 그러니까 좋아했다. 그런데 나는 왜 공부 시간에 더욱 군것질을 하고 싶은지 모르겠다. (4학년 여)

아이들은 쉬는 시간 같은 때 편하게 군것질하는 것보다 이렇게 공부 시간에 몰래 하는 군것질이 더 맛있는가 보다. 골치 아픈 공부 시간에 몰래 먹는 재미는 누구에게 들킬까 봐 마음 졸이는 아슬아슬함이 더해지기 때문이 아닐까 싶다.

아이들은 선생님을 놀려먹는 것에 기쁨을 느끼기도 한다. 한 남자아이는 원어민 영어 시간에 선생님 몰래 책상 위까지 올라가 춤을 추기도 했다. 또 선생님이 자기 앞에서 등지고 서 있으면 선생님 머리 위로 뿔도 만들고 똥침도 놓는다. 이러면서 아이들은 눌린 마음을 푸는지도 모르겠다.

요즘 인터넷 동영상 가운데 고등학생들이 선생님이 칠판에 글씨 쓸 때 몰래 춤추며 놀려먹는 장면이 나오는 걸 보았다. 아이가 어떤 짓을 해도 선생님이 매를 들지 못하니까 이런 일이 일어난다며 교권이 땅에 떨어졌다고들 하는데, 이걸 어떻게 보아야 할지 모르겠다. 한두 번의 장난으로 그치고 잠깐 동안의 일탈이었으면 좋겠다.

선생님 뒤에서 똥침하기

선생님께서 혜선이에게 그림 그리는 것을 가르쳐 주실 때 엉덩이가 영민이 쪽으로 왔다. 영민이는 그 기회를 놓칠 리가 없다. 선생님 엉덩이에다가 똥침하는 시늉을 했다. 나는 까르르 웃었다. 그런데 만약에 선생님께서 영민이가 하고 있는 짓을 보면 혼날 것 같아서 하지 말라고 했다. 하지만 재미있긴 했다.

또 선생님께서 미현이 그림을 봐주고 있을 때 "해 볼까?" 하고 소곤소곤 말했다. 그리고 자를 꺼내서 선생님 엉덩이에다 똥침하는 것처럼 대었다. 나와 영민이는 소리를 아주 작게 해서 까르르 웃었다. 또 나는 뿔을 하고 영민이는 주먹을 쥐어서 선생님 때리는 시늉을 했다. 나도 선생님 머리에다가 뿔 다섯 개를 했다가 두 개를 했다가 했다. 그러다 선생님이 뒤로 획 돌아보실 때 재빠르게 그림을 마저 그리는 척했다. 임창규는 더한 게 발차기 시늉을 했다. 나는 배를 잡고 웃었다.

"히히히히, 완전 웃긴다."

선생님께서는 이것도 모르시고 다른 애들의 그림을 봐주셨다.

이제 선생님께서 나를 보시며 "현정이도, 지도해 줘야지." 하며 그림을 이렇게 저렇게 그리라고 하시며 가르쳐 주셨다. 그때 김영민이 또 내 옆에서 똥침을 했다. 나는 옆눈으로 슬쩍 보며 속으로 까르르 웃었다. 선생님께서 뒤를 돌아보셨을 때 우리 둘이는 아무 일도 없는 듯이 그냥 그림을 그렸다. 나는 진짜 기가 막혔다. 어떻게 우리가 장난을 많이 치는데 선생님께서는 못 보실까? 아이고 우습다.

선생님께서 더 잘 그려 보라고 강조하시고 뒤돌아보실 때 '어휴, 어휴, 잔소리!' 하면서 뒤에서 주먹질을 했다. 그리고 우리는 '히히히' 웃

었다. 너무너무 재미있었다. (4학년 여)

선생님 뒤에서 뿔을 한다든지 똥침하는 흉내를 낸다든지 하는 건 귀엽게 봐줄 수 있겠는데 주먹을 쥐고 때리는 시늉을 했다고 하니, 선생인 나로서는 기분이 별로 좋지 않다. 단순히 선생님에게 눌린 마음을 푸는 장난이라 해도 예쁘지 않은 행동이다. 아이들의 이러한 행동을 알게 되더라도 그 자리에서 아이를 혼내기보다는 모르는 척하는 게 좋다.

공부 시간에 지겨우면 화장실 가기

나는 수업 시간에 지겨우면 화장실 가고 싶지 않은데도 화장실에 간다. 가서는 변기에 앉아 있거나 화장실 창문에서 밖을 내다본다. 그러면 지루함이 다 날아가고 왠지 다시 공부하고 싶은 마음이 든다.

오늘도 선생님께 화장실 갔다 온다고 거짓말을 하고 화장실 창가에 서서 한참 내다보다가 "아, 편해. 이제 공부해도 되겠다." 하고는 다시 교실로 들어와 공부를 했다.

그리고 나는 친구들과 싸웠을 때도 가장 먼저 화장실에 간다.

나 말고 다른 친구들은 용변 본다고 하고는 화장실에 가서 휴대폰을 열어 오늘의 운세를 보는 아이도 있다. 그리고 게임도 잠깐씩 하고 교실에 온다. 그것뿐 아니다. 둘이가 차례로 화장실에 갔다 온다고 하고는 화장실에 가서 장난을 치다가 교실에 들어오기도 한다.

나는 공부 시간에 그런 행동을 하면 안 되는 것을 알면서도 계속 화장실에 가게 된다. 선생님께 죄송하다. 왜냐하면 선생님은 열심히 가르쳐 주시는데 나는 조금도 참을성이 없어서 화장실에 가기 때문이다. 그러지 말자, 그러지 말자, 하며 화장실에 안 가려고 노력을 한다. 하지만 습관이 되어 버려서 버릇을 고치기 어렵다.

며칠 전 사회 시간이었다. 나는 또 선생님께 화장실을 다녀온다고 하고 화장실에 가서 너무 오래 있다가 교실에 오니 선생님께서 "민영이 넌 왜 그렇게 화장실에 오래 있다가 오냐?" 그랬다. 그러니까 아이들이 '히히히' 웃었다. 왜냐하면 내가 큰 것을 누었다고 웃는 것이다. 그게 아닌데 그런 취급을 당하니까 부끄러워서 얼굴이 빨개졌다.

선생님을 속이는 일은 재미있기도 하지만 앞으로 이런 일을 줄여야겠다. (4학년 여)

선생님들은 아이들이 화장실에 가겠다고 하면 대부분 허락한다. 생리 현상을 강제로 막아서는 안 되기 때문이다. 그런데 여자아이들이 특히 공부 시간에 화장실에 자주 가는데 이렇게 쉬러 가는 아이들이 많은 줄은 몰랐다. 너무 자주 화장실에 가서 공부 분위기를 깨트리는 건 문제지만, 그래도 아이들이 화장실에 가겠다고 하면 '그래, 용변을 보며 숨이라도 좀 크게 쉬고 오너라' 하는 마음으로 보내야겠다.

그러면 어떻게 해야 아이들이 공부 시간에 즐거워할까? 한 아이 글을 보니 이렇다.

나는 가끔 공부 시간이 즐거울 때가 있다. 예를 들면 이런 것이다.

과학 시간이었다. 선생님께서 "과학책 들고 밖에 나가서 풀 뽑아서 관찰합니다." 하셨다. 아이들은 선생님 말이 떨어지기가 무섭게 좋다고 밖으로 나갔다.

나도 밖에서 과학 공부를 해서 기분이 좋고 재미있다.

이 아이는 과학 시간 밖에 나가서 풀 관찰도 하고 뛰어놀기도 하니까 날마다 이렇게 재미있게 공부를 했으면 좋겠다고 한다. 아이들은 이런 식으로 몸으로 활동하는 걸 좋아한다. 아이들이 체육이나 음악, 미술 같은 과목을 좋아하는 것만 보아도 그렇다. 어떤 내용을 어떻게 공부하든 아이들이 흥미를 가지고 몰입할 수 있도록 해 주어야 한다.

모든 생명체는 움직이지 않고 가만히만 있을 수 없다. 얼마나 움직이지 않고 가만히 있을 수 있느냐 하는 정도의 차이가 있을 뿐이지 끊임없이 움직여야 살 수 있다.

보고 그리기를 하기 위해 아이를 모델로 세워 놓으면 몇 분도 안 되어 그만 몸에 이상이 생기는 아이도 있다. 머리나 배가 아프다는 아이도 있고, 생땀을 흘리며 얼굴이 노랗게 되거나, 몸이 차가워지면서 그만 쓰러지는 아이도 있다. 이런 아이들을 붙잡아 앉혀 놓았으니 몸부림을 치지 않을 수가 있겠나.

가만히 있으면 몸이 근질근질한 아이들을 앉혀 놓고 선생이 재미도 없게 설명만 한다. 아이들이 이미 잘 아는 내용이면 지겨울 테고, 잘 모르는 내용이라도 설명만 늘어놓는다면 따분할 것이다. 그러니 아이들이 온갖 행동을 할 수밖에 없다.

아이들은 선생님을 어떻게 생각할까?

요즘 우리 아이들은 선생을 어떻게 생각할까? 문득 이런 생각이 들 때가 많았다. 선생 노릇 하기가 싫어질 때도 있었다. 나이가 많아 아이들이

나 부모들이 날 싫어하겠지, 하는 자괴감 때문이기도 하지만 내 의지대로 아이들을 가르치기가 자꾸만 어려워져 더 그랬다.

점심시간에 급식실 식탁 닦는 일을 하는 할머니가 나한테 귀띔해 준 말이 생각난다.

"선생님, 아이들한테 너거 선생님 어떠냐고 물으니까 무서우면서도 좋다고 해요."

난 그냥 싱긋이 웃고 말았지만 나를 한껏 줄여서 표현한 말로, 그 말속에는 참 많은 뜻이 담겨 있겠다는 생각이 들었다.

난 좀 엄격한 편이다. 아이들에게 꼭 가르쳐야 할 덕목이라면 어떤 일이 있어도 끝까지 꼭 가르치고, 원칙과 규칙을 정하면 그걸 꼭 지키도록 한다. 그 과정에서 알게 모르게 아이의 자율성을 짓밟은 경우도 있게 마련이고, 자유로움으로 얻을 수 있는 즐거움까지 빼앗은 경우도 더러 있을 것이다. 나중에 아이들이 '그때 선생님의 가르침을 잘 받았다' 하는 생각이 들더라도 마음 한편에 좋지 않은 어떤 감정이 남아 있지 않을까 하는 게 내 생각이다.

한 해 동안 아이들을 가르치는 선생이 아이들에게 무슨 큰 영향을 줄까 싶겠지만 아이들의 평생 삶을 좌우할 수도 있다. 초등학교 어린아이들에게는 더욱 그렇다. 중학교, 고등학교로 올라가 입시에 매달려서 초등 교육이 별 효과가 없지 않을까 싶기도 하겠지만 그렇지 않다. 어른이 되어 참답게, 슬기롭게 살아갈 수 있게 하는 씨앗으로 꼭 남아 있다.

아이들에게 좋은 영향을 주는 것은 꼭 어떤 계획을 가지고 무슨 일을 크게 하는 것만이 아니다. 선생이 예사로 하는 말과 행동도 아이들에게 영향을 미친다. 그래서 선생이 평소 아이들에게 하는 말과 행동을 아이들은 어떻게 느끼는지 알 필요가 있다. 아이들이 선생을 어떻게 생각하는지 알아야 제대로 잘 가르칠 수 있기 때문이다.

속상한 선생님의 말

아침에 학교에 오니 선생님이 집에서 그린 그림을 내라 하시는 것이다. 그래서 나는 가방에서 그림을 꺼내어 선생님께 갖다 드렸다. 그런데 선생님께서는 나에게 "민정아, 요즘 그림 실력 많이 줄었는 것 같다." 하고 말하셨다.

'헉!'

나는 깜짝 놀랐다. 나는 그래도 어제 열심히 그려서 오늘 내는 건데 선생님께서 갑자기 그런 말을 해서 속상했다. 그리고 선생님은 또 "예전 그림이 더 좋은 것 같은데?" 하고 말하시는 것이다.

나는 속으로 '그래도. 열심히 했습니다!' 하고 반항하는 말을 했다. 순간 내 머릿속에서 번개가 내리치는 것 같았다. 나는 얼굴을 찡그렸다. 다른 아이들이 보고 있었다. 나는 화가 더 났다. 나는 그냥 열심히 해서 낸 것뿐인데 말이다.

'쳇! 나는 열심히 한 것뿐인데……. 왜 이러시지. 왜 옛날이 더 좋다, 요즘에 많이 줄었다고 그러는데? 그래서 다시 하라는 말?'

아니나 다를까 선생님은 그림을 건네주시면서 "다시 그려 볼래?" 하셨다. 나는 고개를 그냥 끄덕였다. 그렇지만 어깨는 축 처졌다.

나는 그 뒤부터 말이 없어졌다.

'나는 꽤 열심히 한 건데…….'

나는 고개를 푹 숙이고 있다가 점심 먹을 때는 주희한테 속풀이를 했다.

"주희야, 나는 열심히 한 건데 선생님께서는 왜 그러시지?"

나는 화가 치솟아 올라 얼굴을 씻었다.

주희는 내 맘을 알아주는 것 같이 "그래. 선생님이 좀 심했다. 그러면 너는 이제 좀 못 그린다는 거잖아?" 했다.

나는 속상해서 울음이 나올 것만 같았다. 나는 울음을 꾹 참았다.

(4학년 여)

그림이 기대에 못 미쳐 더 잘 그리도록 자극한다는 게 아이에게 상처 주는 말이 되고 말았다. 선생님 딴엔 정말 조심스럽게 한다고 한 말인데도 그렇다. 같은 말이라도 상황이나 아이 마음에 따라 힘을 주는 말이 되기도 하고 이렇게 상처 주는 말이 되기도 한다. 마음이 여린 아이는 상처를 더 많이 받겠지.

"나는 깜짝 놀랐다" "속상했다" "반항하는 말을 했다" "순간 내 머릿속에서 번개가 내리치는 것 같았다" "어깨는 축 처졌다" "화가 치솟아 올라 얼굴을 씻었다" "나는 속상해서 울음이 나올 것만 같았다. 나는 울음을 꾹참았다" 이런 말들을 보면 더욱 아이 마음을 이해할 수 있다.

다른 아이의 글을 보니, 반장인 이 아이는 체육 시간 선생님 오시기 전에 반 아이들 줄을 세우려고 하는데 아이들이 장난만 치고 자기 말을 듣지 않았다. 그런데 선생님이 "반장, 너 통솔력 좀 더 길러야겠다" 하고 말해 이 아이는 기분이 나빠졌다. 아이들이 자기 말을 잘 따라 주지 않아 속상한데 선생님까지 이렇게 말하니 아이 기분이 더 상한 것 같다. 선생님이 아이들 상황을 잘 파악하기는 쉽지 않지만 아이가 평소에는 아무렇지 않게 들을 수 있는 말도 상황에 따라서는 상처가 될 수 있다. 여기서 아이에게 힘을 북돋워 줄 수 있는 말은 "수고했어" 같은 말 한마디다.

또 한 아이의 글을 보니, 공부 시간에 아이가 의자를 뒤로 젖히기도 하며 장난치다 넘어지고 말았다. 그걸 보고 선생님이 "쟤 와 저카노?" 이렇게 말해 버렸다. 선생님이 생각 없이 한 말에 아이가 무척이나 속상해한다. 선생님이 그렇게 말하지 않아도 아이들 웃음거리가 되어 속상할 텐데 선생님 말이 아이들 비웃음 불에 기름을 끼얹은 격이 되고 말았다. 아이는 "나는 의자를 세우고 일어나면서 너무 속상했다. 확 울고 싶은 마음이었다. 안 그래도 부끄러워서 얼굴이 빨개지고 죽겠는데 선생님이 애들에게 놀림거리로 만드는 것 같았기 때문이다"라고 했다. 교실에서 흔히 일어날 수 있는 일이다. 이런 때는 아이에게 "괜찮아? 안 다쳤어?" 같은 위로하는 말을 해 주어야 한다.

5학년 아이의 글을 보니, 사회 숙제에 대해 선생님이 자세하게 설명했는데 아이가 되물으니까, 선생님은 짜증이 났는지 "회장이 저 모양이니" 이렇게 말해 버렸다. 한 번 더 또렷이 설명해 주면 되는데 비난하는 말을 해 버린 것이다. 어른들이 흔히 저지르는 잘못이다. 이러한 말투는 아이 마음을 상하게 할 뿐 아니라 반감만 불러일으킨다. 거기다 "2학기에는 영인물이 없어" "1학기는 괜찮았지" 이렇게 1학기 회장과 견주는 말까지 했다. 그래서 아이는 "나는 겉으로는 아무렇지도 않은 척했지만 속으로는 엉엉엉 울었다"고 한다.

옆 짝이 노래 불렀는데

3학년 때 공부 시간이었다. 공부를 하고 있는데 내 옆의 아이가 노래를 부르고 있었다. 나는 가만히 공부하고 있는데 앞의 아이가 내가 자꾸 노래 부른다고 선생님한테 말하였다. 선생님이 나보고, "누가 수업 시간에 노래 부르래!" 하고 소리쳤다. 나는,

"아니, 제가 부른 거 아닌데요."

"그럼 누가 했는데?"

"옆에요."

그런데 옆 짝꿍이 "내가 언제?"라고 하였다.

"아, 니가 했잖아."

난 진실을 말하였다.

그런데 선생님이 "그냥 벌 서!"라고 해서 벌을 섰다.

난 참 기가 막혀서 "내가 안 했다니깐요!"라고 말했는데 선생님이 조용하라고 해서 앞으로 갔다. 그땐 정말 억울하였다. 그 애 때문에 난 10분 동안 벌을 섰다.

"이제 손 내리고 들어가!"

내가 다시 앉았는데 그 애가 갑자기 다시 노래를 부르는 것이다. 내가 말하려고 하자 조용히 공부하고, 그러다 다시 휘파람을 불었다.

"아아, 휘파람 불지 말라고!"

그 애는 또 같은 말을 했다.

"내가 언제?"

나는 속이 터질 것 같았다. 그래서 아예 말을 안 하기로 했다. 그런데 걔가 자꾸 노래를 불러서 책상을 툭 건드리니까 선생님한테 일렀다. 그러니까 선생님이 나보고 왜 자꾸 이러냐며 꾸중을 했다.

난 진짜 진짜 억울했다. 난 그 애를 때리고 싶었지만 선생님이 또 뭐라 할까 봐 그냥 참았다. 선생님이 다시 또 나오라고 해서 진짜 화가 나고 기막히고 억울했다. 나는 벌을 서고 학교를 마치고 바로 나와서 억울함을 참고 집으로 왔다.

옆 짝꿍이 공부 시간에 노래 부른 걸 선생님이 잘못 알고 벌까지 주었다. 그러니 아이는 얼마나 억울하겠나. 짝꿍이 잘못한 건 말할 것 없고, 선생님이 아이 말을 믿어 주지 않은 것은 더욱 큰 잘못이다. 아이는 "진짜 화가 나고 기막히고 억울했다"고 했다. 선생님은 어떤 일이든 앞뒤를 바로 알아야 하고, 두 아이가 모두 받아들일 때까지는 섣불리 판단을 내려서도 안 된다. 그랬다가는 이렇게 잘못 판단하기 십상이다.

너무한 선생님

"야! 니 바보가? 1분이면 읽기 시간이다. 근데 니 책상에 그거 뭔데? 빨리 책이나 꺼내라!"

짝 박재민이 재수 없게 잘난 척하면서 읽기 책을 가리킨다.

"니가 뭔 상관인데? 내가 책을 꺼내든 말든. 진짜 재수 없네."

"뭐? 좀 챙겨 줬더니만 잘난 척하고 있네. 지가 책 못 꺼내 놨으면서 왜 나한테 화풀인데? 재수 없는 건 내가 아니고 너거든."

"뭐라고? 이게 좀 봐줬더니만. 머리까지 기어오르네? 좀 닥쳐라!"

나는 짜증이 나서 박재민이를 한 대 때려 줬다. 그런데 박재민의 얼굴이 점점 붉어지는 것이다. 하필이면 이때 선생님이 들어왔다.

"어? 재민아! 누구한테 맞았어? 얼굴이 왜 그렇게 빨개? 응?"

"정수영이요. 저는 책만 꺼내라고 했는데 얼굴 때렸어요."

'박재민! 이 망할 자식! 지는 뭐 잘했다고. 지가 먼저 그딴 식으로 말하니까 내가 그랬지. 그리고 별로 세게 때리지도 않았는데 얼굴은 왜 빨개지고 난리야.'

"정수영, 진짜야? 재민이랑 잠깐 앞에 나와!"

"선생님은 수영이가 이럴 줄 몰랐어. 공부 잘하고 착한 아이인 줄 알았는데 친구 얼굴을 이렇게 만들어?"

"선생님, 그게 아니고요……."

"됐어! 변명 필요 없어! 이번 읽기 시간 끝날 때까지 뒤에서 벌서고 있어! 어떻게 책 좀 꺼내라고 한 짝꿍을 이렇게 만들 수가 있어? 니가 폭력배야? 어디서 때리는 것만 배워 온 거야?"

"선생님, 전 억울해요. 박재민이 먼저……."

"됐다고 했지? 그런 거짓말 만들지 마. 빨리 뒤에 가서 벌서!"

'내가 벌서는 것 때문에 이러는 줄 알아요? 그래요, 나 박재민 얼굴 때렸어요. 근데 박재민이 나한테 말하는 자체가 잘못됐는데 왜 나만 벌서냐고요. 벌서려면 박재민도 같이 서야죠! 선생님이 이래도 돼요? 공정한 판결을 내려야죠. 선생님이 나 된다면 분명히 나보다 더 했을걸요.'

마음속으로는 심하게 외쳤지만 말은 못 하고 선생님 꾸중에 눈물이 왈칵 쏟아졌다. 아무리 생각해 봐도 너무 억울해 일기에 이 일을 써 버렸다.

다음 날 선생님이 날 불렀다.

"수영아, 일기 읽어 보니까 수영이가 많이 억울했던 모양이구나. 선생님은 재혁이 얼굴이 너무 발개서 내가 흥분해서 그만 수영이를 의심했구나. 재민이가 평소에도 얼굴이 붉어지는 건 전혀 몰랐어. 어제 벌세워서 미안하다. 수영이 이제 화 풀어. 선생님 진심으로 미안해. 알았지? 그럼 자리에 가서 자습해라."

'이제 와서 사과하면 끝이야? 뭐 이래? 나 이렇게 선생님이 싫은 건 처음이다. 진짜 기가 막히네. 그럼 박재민도 벌세워야 하잖아. 진짜 끓는다 끓어!' (5학년 여)

선생님은 아이 말을 끝까지 들어 보고 벌을 세우든지 해야지 눈앞에 보이는 사실만으로 판단한다든지, 그 순간 끓어오른 감정 그대로 일을 처리하면 번번이 이렇게 큰 실수를 저지르게 된다.

우리 반 규칙엔 이런 것이 있었다.

어떤 일이 있어도 동무들 사이 무력으로 하는 싸움은 하지 않는다.

서로 무력으로 싸웠을 경우와 무력으로 싸우지는 않았지만 서로 끝까지 맞설 경우 선생님의 지도 아래 경위서나 자신이 할 말을 써서 주고받으며 글로 풀어 나간다(싸운다).

어느 한쪽만 무력을 썼을 경우 무력을 쓴 쪽이 무조건 잘못한 것으로 하고, 차츰 서로 싸우게 된 경위를 글이나 말로 밝히고 선생님의 지도를 받는다.

잘못이 확실히 밝혀지면 잘못한 쪽은 상대 쪽 뿐만 아니라 학급 어린이 앞에 사과하는 말을 하고, 싸운 둘은 서로 포옹을 하며 쌓인 감정을 푼다.

단, 서로 잘잘못을 받아들이고 화해할 경우 더 이상 따지지 않는다.

번거롭더라도 이런 규칙을 정해서 아이들의 다툼을 처리하면 선생은 실수를 덜 할 것이고 아이들은 억울한 맘이 덜 생길 것이다.

내 앞에서 친구 혼내시는 선생님

반마다 꼭 숙제를 안 해 오거나 장난을 쳐서 혼나는 아이들이 있다. 그래서 우리들도 속상하고, 짜증 나고, 화날 때가 있다. 그런데 선생님이 아이들을 혼내실 때 바로 내 앞이다. 그러면 나도 함께 혼나는 것 같은 기분이 든다. 그럴 때면 나는 너무 속상하고, 숙제를 안 해 온 친구들과 장난을 친 친구가 밉고, 짜증이 나고, 화가 난다.

'아이, 참! 내가 잘못했나. 좀 딴 데서 혼내든가, 아님 남겨서 혼내든가.'

난 얼마 전부터 혼내는 소리가 싫어서 가끔이지만 안 들으려고 귀를 막기도 한다. 그래도 들린다. 그러면 아주 작은 소리로 "아아아!" 소리를 낸다든지, 한숨을 쉬거나 숨을 크게 들이쉬었다 내뱉었다가를 반복했다. 그렇게 하면 좀 낫다.

선생님은 다른 아이들 앞에서 말고 다른 곳에 가거나 남겨서 혼을 내든지 했으면 좋겠다. (4학년 여)

한 아이를 꾸중할 때 이렇게 반 아이들 앞에서 하면 다른 아이들도 같이 꾸중을 듣는 느낌이 든다. 잘못한 아이는 꾸중 듣는 것을 어느 정도 받아들이기라도 하겠지만 다른 아이들은 자기가 하지 않은 일로 스트레스를 받는다. 이런 일이 잦으면 아이들 마음은 늘 불안하다.

또 한 아이의 글을 보니, 누가 우유를 먹다 남겨서 버렸는데 이것 때문에 선생님이 매 든 일을 썼다. 선생님이 누가 그랬느냐고 하니 아무도 그랬다는 아이가 없다. 그래서 그만 반 아이 모두에게 발바닥을 한 대씩 때린다. 이를테면 단체 벌이다. 어느 집단에서 누가 잘못을 저질렀을 때 잘못을 저지른 사람뿐만 아니라 그렇지 않은 사람까지 싸잡아 그 책임을 지우는 것이다. 옛날 군대에서나 하던 벌 주기다.

학교에서 체벌을 못 하도록 법으로 규정하였지만 훈육이라는 이름으로 단체 벌을 세우는 등 여전히 간접 체벌을 하기도 한다. 선생님들은 어떤 경우에도 체벌을 하지 않고 아이들을 가르쳐야 한다.

잘못을 저지른 아이가 스스로 잘못을 인정하지 않는 경우는 몇 가지가 있다. 잘못을 아예 속이는 경우, 잘못했다고 말하고는 싶은데 벌이 두려워 못 하는 경우, 자기도 모르게 잘못을 저질러 잘 모르는 경우다. 그런데 여기 선생님은 아이가 잘못을 저질러 놓고 일부러 속이는 것으로 생각하고 그 아이의 죄를 크게 만들어 아이들 모두에게 덮어씌운 것이다. 괘씸죄까지 더해진 거다. 그런 행동을 하면 안 되는 까닭을 아이들에게 잘 이야기해 주며 한 번 더 깨우쳐 주면 될 일이다.

부모님 말을 해서

3학년 때 선생님께서 내어 준 숙제를 못 했다. 그래서 앞에 나오라고 해서 나갔다. 선생님이 나에게 뭐라고 하시는데 들어 보니 너희 부모들은 집에서 숙제했는지 안 했는지 살펴보지도 않고 학교에 보내니, 하는 말이다. 그 말을 듣는 순간 나는 눈물이 핑 돌았다. 그리고 나는 생각했다. 우리 엄마 아빠가 나를 어떻게 키웠는데, 라고 생각했다. 너무나 속이 상해서 '치이, 선생님 엄마도 안 그러나? 잘난 척하기는.'라고 했다. 나는 그래서 선생님을 욕했다.

집에 와서 그 말이 생각나서 막 울었다. "우리 엄마 아빠가 나를 얼마나 소중하게 길렀는데."라고 하면서 말이다. 나는 선생님 그림을 그려서 마구 때렸다. 그렇지만 엄마 아빠에게는 말을 하지 않았다. 엄마 아빠가 속상해할 것이기 때문이다.

지금은 시간이 지나서 어느 정도 잊어버렸지만 선생님이 그런 말을 하지 않아 주셨으면 좋겠다. 그리고 그 기분을 선생님이 한번 느껴 보았으면 좋겠다. (4학년 여)

숙제를 하지 않은 건 아이 문제인데, 선생님이 아이 부모님을 비난한 것이다. 선생님이 참 잘못했다. 아무리 아이를 가르치려고 하는 말이라도 절대 해서는 안 되는 말이 있다는 걸 알아야 한다.

어려서부터 자기 일은 스스로 하도록 습관을 들여야 한다. 더러 아이가 숙제를 안 하거나 준비물을 안 챙겨 가서 선생님께 꾸중을 듣더라도 부모는 그냥 두는 게 좋다. 그리고 선생님도 아이 스스로 할 수 있도록 잘 일러 주고, 힘을 북돋워 주어야 한다.

김미아 선생님의 급식 최악

급식 때 줄을 서서 식판을 들고 음식을 받는데 보니까 내가 가장 싫어하는 파프리카랑 양파가 나왔다. 나는 찡그리는 표정으로, '허억! 왜 이런 음식이!' 하며 음식을 받아 자리에 앉았다.

자리에 앉아서 먹는데 계속 밥이랑 국이랑 김, 소시지밖에 안 먹었다. 나는 파프리카와 양파를 찡그리며 입속으로 조금 넣으려고 하는데 '안 돼! 먹기 싫은 걸 먹으면 토한다고.' 이런 생각이 들었다. 그래서 다른 애들한테 "야, 너 이거 먹어 볼래?" 하고 물어보았지만 모두 다 절레절레했다. 나는 한숨을 쉬었다.

"어쩌지? 먹으면 토하겠고 안 먹으면 쌤한테 혼나는데?"

그러며 있으니까 선생님께서, "서정아, 왜?" 하고 물었다. 나는 깜짝 놀라서 "네에?" 했다.

드디어 올 것이 왔다. 선생님이, "너 파프리카랑 양파 먹어!" 하셨다. 나는 어쩔 수 없이 조그만 파프리카를 먹었다. 그런데 선생님은, "이렇게 먹어서 되겠어. 빨리 먹어!" 하며 파프리카 큰 거를 강제로 내 입에 넣어 주셨다. 나는 조금 씹었다. 나는, '아이씨! 맛없어! 으앙, 삼켜야겠다. 아냐. 목에 걸릴 텐데…….' 이러면서 꿀꺽 삼켰다. 다행히 괜찮았다. 하지만 남은 양파! '아아! 정말 매울 텐데…….'

또다시 선생님께서 나에게 와서, "서정이, 빨리 먹어! 급식하시는 아주머니들이 힘들여 만들었잖아." 하셨다. 다른 애들한테도, "너희들도 마찬가지야. 빨리 먹어!" 이러며 직접 입에 넣어 주시기도 했다.

나는 양파도 먹어 봤는데 너무 맛이 없었다. 그래서 빨리 꿀꺽 삼키고 바로 식판과 수저를 갖다 놓고 교실로 왔다.

나는 "아아! 오늘 정말 최악이었어. 절망이야. 선생님은 너무 심해. 무조건 먹으래." 하며 책상에 엎드렸다. (4학년 여)

반찬을 골고루 잘 먹게 하려고 아이들이 먹기 싫어하는 것을 이렇게 강제로 먹여서는 안 된다. 강제로 먹이면 오히려 그 음식에 대해 거부반응만 일으켜 오랫동안 못 먹게 될 수도 있다. 그리고 좋은 뜻도 사라진다.

아이들 밥 먹는 지도에 대해 앞서도 말했지만 좀 더 보태어 다시 말한다. 못 먹는 반찬을 처음 대할 때 스스로 아주 조금(눈곱만큼)만 앞니로 조근조근 씹어서 맛을 느끼게 한다. 그러면서 삼키기 힘들면 뱉어 내라고 한다. 이렇게 세 번만 해 보고 더 먹지 말라고 한다. 다음에 또 그 반찬이 나왔을 때 다시 먹어 보게 하고, 이렇게 몇 번만 해도 아이들이 그 맛에 익숙해져서 잘 먹게 되는 경우를 많이 보았다. 거부반응이 없는 음식인데 아이가 별로 좋아하지 않아 먹기 싫어하는 음식은 스스로 세 번만이라도 먹어 보라고 한다. 이렇게 일 년만 잘 지도하면 좀 특별한 아이 몇 명 말고는 다들 골고루 잘 먹는다.

또 처음 음식을 받을 때 먹을 만큼만 받아 다 먹도록 한다. 그래도 남은 음식은 식판 한군데에 깨끗이 긁어모아 잔반통에 잘 버리도록 한다.

그뿐만 아니라 소중한 음식 이야기나 귀중한 생명 이야기도 자주 들려주고, 씨앗 관찰이나 곡식이 자라는 과정 관찰도 하며 음식이 얼마나 귀한 것인지도 아이들에게 깨우쳐 주어야 한다.

점심시간에 아이들이 밥을 어떻게 먹든, 남은 음식을 어떻게 처리하든 그냥 두는 선생님도 더러 있다. 밥 먹는 걸 너무 간섭하면 편하게 먹을 수 있겠냐고 생각해서다. 그래도 그냥 두는 건 아니라고 본다.

어쨌거나 아무리 음식을 골고루 먹는 것이 몸에 좋다고 해도 너무 억지로 먹여 아이들을 힘들게 해서는 안 된다.

몰래 선생님 욕하기

나는 1, 2, 3, 4학년 다 해 보았는데 선생님을 욕하는 아이가 정말 많았었다. 그중에서 아이들이 선생님 욕하는 쪽지도 나에게 보여 주었다. 그때 그냥 나는 웃기만 했다.

3학년 때 선생님이 무슨 수학 오답 숙제를 내어 주셨는데 애들 대부분이 안 해 왔다. 그래서 꾸중을 엄청 들었다. 쉬는 시간에 어떤 애가 내 어깨를 툭 쳤다. 그래서 내가 뒤돌아보니 무슨 쪽지를 주었다. 그래서 펼쳐 보았는데 이렇게 적혀 있었다.

'우리 선생님, 바보, 똥개, 멍청이.'

그리고 욕도 써 놓았다. 그 아이는 이렇게 말했다.

"이거, 선생님한테 말하지 마래이."

걔는 내 친한 친구여서 말하면 안 친해질까 봐 "알았다." 했다.

애들은 숙제 안 해 와서 선생님이 혼내면 다 선생님이 싫다고 한다. 나도 마찬가지다.

전번에 선생님이 방학 숙제로 e-독서친구에 책 네 개 올리라고 했는데 나는 올리지 않았다. 그래서 여름 방학 끝나고 남아서 했다. 정말 지옥이었다. 나와 내 친구는 화장실에 갔다. "아씨, 진짜 귀찮다."라고 내가 말했다. 내 옆에 있던 친구는 "아이씨, 선생님 바보 같다." "왜?" "그냥, 우리나 괴롭히고……." "그래, 쌤 진짜 싫다." 했다.

그리고 4학년 때 학교 다 마치고 그때 친구들이 독도 보고서 숙제를 안 해 왔을 때 교실 쉬는 시간에 말했다. "아씨, 선생님 개똥이다." 하고 어떤 친구가 말하고, 또 다른 친구가 "아나, 이때 우리 선생님 졸라 싫다." 하며 욕도 해 댔다. 나는 숙제를 해 와서 선생님 욕을 하지 않았다.

아이들은 자기가 잘못해 놓고도 이렇게 선생님 욕을 한다. (4학년 남)

아이들은 제 할 일을 안 하거나 잘못해서 혼나면 이렇게 저희들끼리 선생님 욕을 하기도 한다. 자기가 잘못했든 안 했든 꾸중을 들으면 기분 좋을 리 없고, 기분이 안 좋으니 당연히 욕도 하겠지. 그냥 반성만 하는 아이는 드물다는 거다.

아이들 가운데는 선생님과 사이가 틀어지면 아주 오래가는 아이도 있다. 선생님에 대한 믿음이 아주 깨져 버렸기 때문이다. 그런데 선생님이 그걸 바로잡으려고 아이에게 섣불리 다가가면 오히려 더 멀리 달아날 수도 있다. 때가 지나면 괜찮아지기도 하니까 이때는 오히려 관심을 덜 가지는 것도 한 방법이다. 그래도 선생님이 잘못한 게 있다고 판단하면 그것은 풀어야 한다.

또 자기가 잘못했어도 잘못으로 받아들이지는 않고 운이 안 좋아서 걸렸다고 생각하는 아이도 많다. 복도나 교실에서 뛰다 선생님에게 걸려 혼이라도 나면 어쩌다 뛸 수도 있는 걸 가지고 선생님이 너무 혼낸다고 생각하기도 한다. 그리고 잘못한 일을 지적하면 꼭 "쟤도 그랬어요" "쟤가 먼저 그랬어요" 이렇게 핑계를 대서 자기가 불리한 상황을 피하려고 하는 아이도 있다.

선생님께 속상한 일

나는 3층에 친구를 만나러 사뿐사뿐 걸어갔는데 규민이가 내가 뛰었다면서 거짓말을 해서 선생님한테 꾸중을 들었다.

"선생님, 제가 안 뛰었어요. 규민이가 뛰었어요."

"거짓말하지 마!"

나는 속이 상했다.

또 한 가지는 선생님께서 운동장에는 실내화를 신고 가면 안 된다고 했다. 과학 시간에 운동장에서 해야 했다. 그래서 우리들은 선생님이 말하신 대로 신발로 갈아 신었다. 그런데 선생님은 실내화를 신고 운동장에 나갔다. 선생님께 말할 수도 없고 정말 속상하였다.

또 선생님은 교실에 들어오면 휴대폰을 진동으로 하라고 하셨다. 그래서 나는 진동으로 하였다. 그런데 벨소리가 들렸다.

"누가 벨소리 나도록 했냐?"

아이들이 아니라 바로 선생님이었다. 나는 너무나도 속상하였다. 또 속상한 점은 선생님께서 학교에 먹을 것을 가지고 오지 말라고 하였다. 가져오면 다 같이 안 먹으면 다른 사람이 먹고 싶어 안 되기 때문이라고 하셨다. 그런데 어느 날 선생님께서는 연구실에서 과자를 가져와 아이들을 주었는데 모두 다 주지 못해서 우리 반 아이들이 싸움이 일어났다. 대혼란이다. 우리에게는 가져오지 말라고 하셨는데 선생님께서 가져와 싸움이 일어나게 만들어서 속상하기도 하였다.

또 다른 속상한 점은 쓰레기 분리해서 버리는 것이다. 선생님이 분리해서 버리라고 하셨다. 그래서 우리들은 쓰레기를 분리해서 버렸는데 선생님은 그러지 않는 걸 보았다.

'선생님은 왜 분리 안 해? 선생님은 그래도 되는가?'

나는 너무 속상하였다.

나는 이제 4학년이 되었다. 4학년 때는 속상한 일이 없었으면 좋겠다. (4학년 남)

실내화 신고 운동장에 나가지 않는 것, 손전화 진동으로 해 놓는 것, 공부 시간에 과자 먹지 않는 것, 쓰레기 제대로 분리해서 버리는 것은 아이나 선생님이나 같이 지켜야 할 규칙이다. 그런데 선생님이 지키지 않으니 아이들이 불만을 가질 만하다. 학교에서 아이들 눈은 언제나 선생을 따라다닌다는 걸 선생은 늘 잊지 말아야 한다. 그래서 아이들에게 말로만 바르게 생활하라고 하기보다 몸으로 보여 주는 가르침이 더욱 중요하다.

나는 아이들에게 나한테 따질 일이 있으면 무슨 일이든 가슴속에 품고 있지만 말고 따지라고 한다. 까닭이 이치에 잘 맞지 않아도 자기가 옳다 싶으면 참지 말고 따지되 어른을 대하는 예의만은 지키라고 한다. 아이들이 하고 싶은 말이 있으면 두려움 없이 제 생각을 또박또박 말할 수 있도록 하기 위해서다. 아이들은 그러면서 자기 생각도 바로 세우게 되는 것이다.

나는 이런 것도 해 보았다. 달마다 아이 번호와 같은 날을 그 아이 날로 정하고 아이의 존재감을 높여 주기 위한 여러 가지 특별한 일을 해 주는 것이다. 업어 주기, 안아 주기, 사진 찍어 텔레비전 화면이나 학교 학급 누리집에 올리기 같은 것이다. 그 밖에도 그 아이 옆에 가서 장난도 걸고, 이야기도 많이 나누고, 공부 시간에 더욱 친절하게 개별지도도 한다.

그런데 얼마 동안 그렇게 하다가 내 몸이 좀 안 좋아 몇 번 거르다 아예 못하게 되었다. 한 아이 글을 보니 그 섭섭함을 표현해 놓았다. 글 끝에 "선생님이 약속을 못 지키셔서 속상하고 실망도 크다. 그러니 약속을 다시 지켜 주시면 좋겠다"고 했다. 아이와 약속을 했으면 끝까지 지켜야 더욱 믿음이 쌓이는데 말이다.

한 아이의 글을 보니, 선생님이, 자기가 발표하려고 손 들었을 때는 안 시키더니 잘 몰라서 손을 안 들었는데 갑자기 발표를 시켜 당황했다고 한다. 선생님들이 대부분 그렇겠지만, 나는 발표를 잘하는 아이보다 잘 못하는 아이가 손 들었을 때 먼저 시킨다. 발표 기회를 더 많이 주어서 발표력을 기르기 위해서다. 또 손을 안 드는 아이들에게도 질문을 해서 발표를 시킨다. 손을 안 드는 아이들 가운데는 용기가 없는 아이도 있고, 공부에 집중을 안 해서 손을 못 드는 아이도 있다. 나는 이런 아이들에게 갑자기 발표를 시키기도 한다는 말이다. 그러니 아이가 당황할 수밖에 없다. 발표 기회를 골고루 주는 것을 원칙으로 하되, 아이들 사정을 잘 살펴서 발표 기회를 주어야 할 것 같다.

선생의 건강과 마음 상태가 아이들에게 미치는 영향은 아주 크다. 집안에 불행한 일이나 걱정스런 일이 있을 때는 당장 아이들에게 안 좋은 영향이 미치게 마련이다. 그래서 선생은 몸과 마음의 건강도 더욱 잘 지켜야 하고 가정의 행복도 잘 지켜야 한다. 그뿐만 아니다. 학교에서 아이들 가르치는 일이 아닌 여러 잡일로 선생을 괴롭히면 그 영향은 고스란히 아이들에게 돌아가기 마련이다.

아이들 가운데는 선생이 안 좋은 일이 있을 때 유난히 관심을 더 가지는 아이도 있다. 선생의 표정과 행동이나 말에서 무슨 일이 있는 낌새를 느끼면 몰래 선생님 뒤를 밟으며 유심히 살펴보기도 한다.

숙제 못 한 사정 이해해 준 선생님

내가 숙제를 못 한 까닭은 학교를 마치자마자 외갓집에 갔기 때문이다. 외갓집에서 하룻밤 자고 왔는데, 거기에는 컴퓨터도 없다.

그래서 선생님이 숙제 못 한 사람 일어서라고 할 때 일어섰다. 나 말고도 지민이, 수빈이, 주은, 금별이와 남자아이들도 많았다. 이런 상황에서도 우리 선생님은 "미진이는 숙제 왜 못 해 왔니?" 하고 차분하게 물었다. 난 못 한 이유를 차근차근 말했다. 선생님은 내 이유가 적당한지 용서해 주셨다.

선생님이 나를 용서해 주시자 다른 친구들도 이런저런 탈을 댔다. 하지만 선생님은 거짓말인지 아닌지를 아셨나 보다. 이야기를 다 듣지 않고도 남아서 하라고 하셨다.

난 선생님이 나의 사정을 이해해 주셔서 기분이 좋았다. 그래서,

"선생님, 저도 그냥 남아서 할게요."

"그래? 그래도 된다."

난 남아서 다른 친구들과 숙제를 했다.

내가 원했던 건 혼이 안 나는 게 아니고 내 사정을 이해해 주시는 것이다. 그걸 선생님이 알아주셨다는 것이다. 그래서 나는 앞으로 어떤 일이 있어도 숙제만은 꼭 하도록 해야겠다고 다짐을 했다.

그런데 또 바쁜 일이 일어나서 못 하면 선생님은 어떤 반응을 보이실까? 그때도 이해해 주실까? (4학년 여)

아이는 "내가 원했던 건 혼이 안 나는 게 아니고 내 사정을 이해해 주시는 것이다" 했다. 아이 사정을 이해해 주니까 오히려 남아서 숙제를 하고 가겠다고 하고 앞으로 숙제만은 꼭 해 오도록 하겠다고 했다. 아이를 나무라기만 하고 남겨서 숙제를 하게 했다면 반감만 더 키웠을 것이다.

5학년 여자아이의 글을 보니, 이 아이가 누구를 좋아한다는 걸 반 동무들이 알았던가 보다. 동무들은 이 아이를 놀려 댔다. 그런데 선생님은, "수영아, 우리 반 친구들 대부분에게 알려져 버린 마당에 자꾸 숨기려고 하는 것이 더 이상하지 않을까? 순수하게 좋아하는 감정을 가지는 건 좋잖아. 그냥 당당한 마음을 가져. 괜찮아. 우리 수영이가 이제 마음이 커지고 있는가 봐." 이렇게 이해해 주고 위로해 주어서 좋았다고 한다. 그러니까

선생은 먼저 아이들의 이런저런 마음을 넉넉하게 받아들여서 아픈 마음은 어루만져 주고 걱정은 덜어 줄 수 있어야 한다.

한 아이의 글을 보니, 아이들의 투덜거림을 선생님이 잘 받아 준 것에 고마워하면서, 선생님에게 함부로 한 말과 행동에 대해 스스로 반성하고 잘못을 용서받고 싶어 했다. 아이들은 감정이 갑자기 격해지면 짜증 내고 욕도 하지만 그게 아이의 본심이 아닐 때도 많다. 그걸 모르고 아이와 맞서다가는 틀림없이 좋지 않은 일이 일어나고 만다.

공부 시간에 지루할 때 웃기는 선생님

선생님은 공부 시간에 우리가 좀 지루할 때면 농담으로 웃겨 주신다.

전번에 국어 시간에 옛날 화장실 얘길 해 주셨다. 화장실에서 똥을 누는데 똥을 누면 밑에 있던 똥물이 튀어 오르면 엉덩이에 맞을 수도 있다고 하셨다. 그때 선생님이 "똥물을 안 맞으려면 어떻게 할까요?"라고 하셨다.

나는 "손으로 막으면 됩니다!" 했다. 그러니까 선생님이 "손으로 막으면 안 드럽나?"라고 하셨다.

그리고 선생님이 "똥물을 안 맞으려면 엉덩이를 요래요래 흔들면 된다. 이거도 과학적인 방법입니데이."라고 하셨다. 그리고 선생님이 "내가 그래 하는데 도사였다 아이가."라고 하시며 또 엉덩이를 요리조리 흔드셨다.

나는 너무 웃겼다. 아이들 대부분 다 웃었다.

나는 선생님이 항상 농담으로 웃겨 주시는 게 재밌고 신이 난다. 그 아이들은 지루하고 힘들 때 선생이 우스갯소리라도 해서 마음을 풀어 주는 걸 좋아한다. 가끔은 그럴 필요도 있다.

아이들 글 몇 편으로 아이들이 선생님을 어떻게 생각하는지 자세히 알기는 어렵다. 하지만 글 몇 편으로라도 선생님은 아이들에게 어떤 존재인지, 선생님이 아이들에게 어떻게 해야 하는지 생각해 볼 수 있으리라 생각한다.

아이들은 시험을 어떻게 생각할까?

시험과 관련된 신문 쪽지를 몇 개 가지고 있다. 그 가운데 여러 해 전에 초등학교 4학년 아이가 성적이 떨어지자 스스로 목숨을 끊었다는 기사가 가장 마음 아프다. 그런데 이런 기사가 나와도 스르르 묻혀 버리는 걸 보면 모두들 이런 일이야 흔히 있는 일이라 생각하는 모양이다. 또 의지가 약하니까 그렇지 뭐, 이렇게 생각하는 어른들도 꽤 있을 터이다. 어떻게 하든 아이가 좋은 성적을 얻고 좋은 학교에 들어가고 좋은 직장을 얻는 것을 목숨보다 더 중요하게 여기는 것 같기도 하다.

성적 때문에 어린 아이가 스스로 목숨을 끊는 것은 따지고 보면 교육 행정가나 교육자, 부모가 공모한 타살이라고 할 수밖에 없다. 여기에 그렇게 굴러가는 사회 흐름도 큰 몫을 하겠지.

시험 날짜가 발표되면 그때부터 아이들은 시험공부에 매달리게 된다.

한 아이 글을 보니, 어머니가 그렇게 중요하게 여기는 학원도 나흘이나 쉬게 하고 시험공부를 시킨다. 어머니는 아이에게 문제집 요점을 외우게 하고 못 외우면 벌칙으로 전 과목을 100문제씩 풀라고 한다. 아이는 달달 외우는 것에 짜증이 나서 모든 것을 부숴 버리고 싶다고 했다. 오죽하면 아이가 집에 늦게 가려고 학교에서 나머지 공부를 하기도 하고, 도서실에 있거나 밖에서 놀다 집에 갈까.

자꾸 아이를 몰아붙이면 아이는 견디기 위해서라도 편법을 쓸 수밖에 없다. 답지를 보고 답을 써넣기도 하고 동무들과 모여 서로 답을 가르쳐 주기도 한다.

한 아이의 글을 보니, 시험을 잘 치고 싶어 밤 1시 30분까지 제 스스로 노력하는 이야기가 나온다. 아이가 제 스스로 밤 1시 30분까지 공부를 한다면 많은 어른들이 참 좋아할지 모르겠다. 하지만 초등학교 4학년 아이가 그토록 늦게까지 시험공부를 한다는 건 참 안타까운 일이다. 이 아이는 글 끝에 "난 왠지 불행이 올 것 같은 기분이 들었다"고 했다. 그렇게 노력했는데도 불행이 올 것 같다고 하는 걸 보면 아이들이 시험을 앞두고 불안해하는 마음이 얼마나 큰지 알 수 있다.

왜 이토록 더 지독하게 시험공부를 시킬까? 부모들은 아이가 시험 점수를 잘 못 받으면 자기 체면이 깎이거나 앞으로 골치 아프게 되니까, 선생은 교육 결과에 대한 평가 척도가 되니까, 교육 행정가들은 교육 정책의 실적이 되니까 그런 건 아닐까?

시험

시험을 치는데 / 가슴이 퐁퐁 뛰고 / 이빨이 저절로 / 짤그닥짤그닥/ 조금씩 조금씩 / 줄어드는 가슴 / 콩알만 해진다. / 시험 치는 날은 / 정말 무섭지요.

울진 온종초 3학년 권현석

시험

가슴이 덜컹덜컹 / 오줌이 마렵다. / 얼굴이 자꾸 / 벌겋게 달아오른다. / 시험 문제가 /
풀릴까 말까 / 약 올린다. / 다리가 떨리고 / 춥다. / 눈은 옆 아이 / 시험지로 돌아간다. /
자꾸 한숨이 나온다. / 머리도 띵하다.

경산 부림초 6학년 이유찬

이 시 두 편은 오래전에 아이들이 쓴 시인데도 시험 칠 때 아이 모습과
마음이 고스란히 잘 나타나 있다.

시험 칠 때의 긴장

나는 시험 칠 때 너무 긴장이 된다. 긴장이 되면 오줌이 마렵고 닭살
이 돋는다. 나는 닭살이 돋을 때 왜 돋는지 궁금하다. 자기 멋대로 돋
는 것 같다.

나는 시험을 치고 있을 때 갑자기 화장실이 가고 싶었다. 나는 화장
실에 가고 싶은데 시험 치다가 가면 선생님한테 혼날 것 같아 가지 않
고 참았다. 먼저 의자 끝 쪽에 가서 모서리에 대고 있다가 오줌이 안
마렵게 하는 방법이다. 그래도 화장실에 가고 싶으면 다리를 꼬고 있
으면 나아진다.

나는 오줌이 계속 마려워 시험에 방해가 되면 "아놔!" 하고 욕을 한
다. 나는 또 왜 이렇게 욕을 하는지 모르겠다. 오줌은 그냥 나오는 건
데 내가 오줌한테 욕을 해서 미안하다.

3학년 때 일어난 일이다. 무슨 일이냐 하면 내가 시험을 치고 있는
데 갑자기 오줌이 마려워서 의자 구석 쪽으로 가서 모서리에 했는데

그래도 계속 오줌이 나오려고 했다. 그래도 그냥 참았다. 계속 참아도 안 되어서 그냥 있었는데 나도 모르게 갑자기 오줌이 나와서 너무 창피했다. 나는 계속 마칠 때까지 가만히 있다 종이 울리고 나서 황급히 화장실로 가서 바지 뒷부분을 봤다. 바지 뒷부분이 축축하게 오줌이 묻어 있었다.

나는 왜 오줌을 못 참는지 모르겠다. 나는 오줌을 쌌는 것이 참 바보 같다. 나는 내 자신한테 "야, 이 바보야! 그것도 못 참냐?"라고 말해 주고 싶다.

나는 시험 칠 때 오줌도 안 마렵고 닭살도 안 생겼으면 좋겠다. 나는 오줌이 정말로 정말로 최고로 싫다. 나는 3학년 때 오줌을 싸서 지금도 생각하면 너무 부끄럽다. (4학년 여)

시험을 칠 때면 특히 쉬는 시간마다 화장실에 달려가야 하는 아이들이 있다. 어른도 면접이나 중요한 발표를 앞두고 오줌이 마려운 사람들이 많다. 긴장하면 자율신경의 조화가 깨져 방광에 오줌이 충분히 차지 않았는데도 많이 차 있는 것처럼 느껴져 그렇다고 한다. 또 긴장하면 혈액 순환이 빨라지면서 신장에서 오줌 생산이 늘어난단다. 따라서 방광이 처리해야 할 오줌 양도 늘어나 마려운 느낌이 더 자주 든다고 한다. 이게 심하면 병이 되는 것이다.

이 글을 쓴 아이는 긴장을 많이 하면 오줌이 마렵다고 하고, 3학년 때는 오줌을 지린 적도 있다고 했다. 그건 자기 잘못이 아닌데도 스스로 바보 같다고 생각한다.

시험 칠 때 극도로 긴장하는 것은 아이들 정신뿐 아니라 몸에도 문제를 일으킨다. 몹시 불안하고 긴장하거나 스트레스를 많이 받으면 몸을 떨게 된다. 이것 역시 교감신경이 흥분될 때 근육, 땀샘 같은 곳으로 혈액 순환 량이 갑자기 늘어나 두통, 불면, 안구 건조, 이명, 입 마름, 심장의 두근거 림, 근육통, 발한 같은 증상이 나타난다고 한다. 이는 또 혈압을 올라가게 하고 혈당도 높아지는데, 혈당이 갑자기 높아졌다 내리면 손발의 떨림과 발한, 불안 증세가 나타난다고 한다. 또 소화도 안 되고 위염, 장염, 생리 통, 방광염 같은 것도 생긴다고 한다.

아이들이 손톱을 물어뜯는 것도 능력 이상을 요구받거나 꾸지람을 들 어 불안하거나 긴장하면 일어나는 현상이라고 한다.

시험은 이렇게 몸에도 이상을 일으킨다는 거다. 한 아이가 자기에게 이 런 증상이 왜 생겼는지 알고서 "더 이상 나에게 큰 상처를 몰아오지 않았 으면 좋겠다"고 했는데, 어른들은 깊이 새겨들어야 한다.

시험 칠 때

나는 전교 시험 칠 때는 정말 떨린다. 그리고 시험 칠 때가 되면 힘 들다. 내가 시험 칠 때면 평소와는 다르게 한 문제 한 문제 자세히 천 천히 보게 된다. 보통 때는 무슨 일이든지 덜렁대면서 대충 보고 빨리 한다. 그런데 시험 칠 때면 엄청 신중하게 한다. 그래서 평소 공부할 때 문제 푸는 것보다 더 많은 시간이 걸리고, 더욱더 떨리고 다리는 벌 벌벌 떤다.

그리고 시험을 한 과목 치고 나면 쉬는 시간이 있다. 나는 그때 그 다음 과목을 공부하고 싶지만 친구들이 노는 모습을 보면 나도 모르 게 공부는 안 하고 화장실에 가서 놀고 한다. 공부는커녕.

또 시험 칠 때가 되면 후회를 한다. "공부할걸." 하고 말이다. 그리고 시험지를 나누어 줄 때는 정말 긴장이 된다. '내가 모르는 문제가 나오면 어쩌지? 만약 많이 틀리면 어떻게 하지?' 하고 고민도 많이 한다.

문제를 풀 때 정말 신중하게 한다. 긴장하는 마음도 살살 달래면서 한다. 그리고 다리가 떨려도 참는다. 정말 긴장이 된다. 그리고 시험 치고 있을 때는 꼭 엄마가 생각난다. 특히 엄마가 응원하는 모습 말이다. "은혜야, 잘 해야 해?"

특히 외워야 하는 것이 많은 사회, 과학은 더 힘들다. 아침에 와서 요점 정리 책을 책상에 넣어 놓는다. 그런데 모르는 게 있으면 정말 보통 시험 칠 때 떨리는 것 보다는 천 배 힘든 것 같다. 그리고 그때는 엄마 아빠가 더 생각난다. 맞아야 한다는 생각이 머릿속에 가득하다. 그래서 머리가 복잡하기도 하다.

그리고 나는 모르는 문제가 있으면 항상 두 갈래 길에 선다. 내 힘으로 풀까? 아니면 책을 살짝 볼까? 고민도 엄청 많이 한다. 한 갈래 길로 가면 위험하지만 다른 한 길로 가면 좋다는 걸. 그런데 보면 안 된다는 것을 알면서도 보고 싶다. 점수를 잘 맞고 싶은 나의 큰 욕심 때문이다. 잘못된 생각이면 포기를 해야 하는데 정말 이것 때문에 고민을 엄청 많이 한다. 고민을 하다가 안 되어서 그냥 다른 문제를 먼저 푼다. 그리고 다른 문제를 다 풀고 나서도 아까랑 같이 고민을 한다. 처음에는 이렇게 생각했다.

'그냥 가방에서 뭐 꺼내는 척하고 살짝 볼까?'

나는 책을 보려고 했다. 그런데 뒤를 돌아보니 김성욱이 있었다. 김성욱을 보니까 아빠가 생각났다. 나는 갑자기 이런 생각이 들었다.

아빠가 전번에 시험을 못 쳐도 그냥 내 실력대로, 평소 실력대로 치면 된다고 했다. 그래서 보는 것을 포기했다. 우리 아빠가 나를 살려 준 것과 같다. 아니, 어쩌면 김성욱이 살려 주었을지도 모른다. 김성욱이 우리 아빠를 생각나게 해 주었으니까.

시험 치는 건 정말 힘들다. 그리고 한 번씩 모르는 게 있을 때는 저절로 눈이 친구들 시험지 쪽으로 갈 때도 있다. 선생님 눈치도 한 번씩 보고 말이다. 시험 칠 때는 모르는 문제가 있는데 해결 방법이 안 나오면 나는 혼자서 속으로 성질을 내기도 한다.

"아! 교과서에 나오는 것을 내야지! 왜 문제를 이런 식으로 내냐! 아 정말로 열 받는다! 좀 우리가 이해를 할 수 있게 내 줘야지!"
하고 말이다.

시험은 정말 싫다. (4학년 여)

이 글에는 시험 칠 때 아이들의 복잡한 마음이 잘 나타나 있다. 평소보다 신중하게 문제를 푸느라고 다리가 벌벌 떨릴 만큼 아이는 긴장한다. 공부 안 한 걸 후회도 하고 모르는 문제가 나올까 걱정도 한다. 모르는 문제가 나오면 저절로 동무들 시험지로 눈이 가기도 하고, 선생님 눈치도 본다. 문제를 못 풀면 혼자서 성질도 내고 시험문제 탓도 한다. 이 아이는 시험 칠 때 엄마가 생각난다고 했는데, 그만큼 힘이 든다는 말이다.

나는 아이들을 시험 점수에 얽매이게 한 선생이자 한 어른으로서 마음이 참 무겁다.

부모들은 시험 때 아이가 원하는 걸 해 주겠다고 약속하기도 한다. 시험을 잘 보면 손전화를 사 주겠다, 게임기를 사 주겠다, 자전거를 사 주겠다, 옷을 사 주겠다, 축구화를 사 주겠다, 맛있는 음식을 사 주겠다, 용돈을 올려 주겠다, 이렇게 아이가 원하는 걸 해 주겠다고 한다. 아이가 목표 점수를 정하고 부모에게 원하는 걸 요구하기도 한다. 그러면 아이들은 원하는 걸 얻기 위해 시험을 잘 치려고 노력한다. 하지만 원하는 것을 얻지 못했을 때는 억울해하기도 하고 괜히 화가 나 엉뚱한 행동을 하기도 한다. 그것을 얻기 위해 나쁜 방법을 쓸 수도 있다.

공부는 물질적인 무엇을 얻기 위해 시험 점수 잘 받으려고 하는 공부가 아니라 자기 스스로 목표를 정하고 그것을 이루기 위해 노력하는 과정이 중요하다. 열심히 노력해서 목표를 이루었을 때 얻는 성취감이 중요하다. 스스로 노력했을 때만이 얻을 수 있는 성취감을 아이가 스스로 깨닫고 느끼도록 해 주어야 한다.

따라서 칭찬하는 것도 결과만 보고 한다든지 물질로 할 것이 아니라 과정을 칭찬으로 격려해 주어야 옳다. "공부하고 있구나!" 이런 가벼운 칭찬부터 "이렇게 오래 앉아 공부하는 건 쉽지 않은데 한 시간을 넘게 했네!" 한다든지, 더 나아가 "네 스스로 공부하는 걸 보니 정말 장하구나. 스스로 하는 건 쉽지 않지. 그렇게 노력하는 것이 중요하단다. 엄마 아빠는 네 성적이 잘 나오는 것보다도 스스로 공부하는 태도를 더 기쁘게 생각해" 이 정도까지 칭찬을 해 주면 더욱 좋다.

다슬이의 시험 비밀

다슬이한테 한 가지 시험 비밀이 있다. 이번 중간고사에는 다슬이와 선희와 짝꿍이었다. 그런데 시험을 칠 때 다슬이와 선희가 서로 말을 하는 소리를 들었다.

"다슬아, 나 20번 문제 모르겠다."

"힐! 쉬운데?"

다슬이는 선희가 하는 말을 무시했다. 선희는 자꾸 다슬이에게 말을 걸었다. 하지만 다슬이는 꿈쩍도 하지 않았다.

이때 잠깐 선생님이 나가시자 우리 반 아이들이 떠들기 시작했다. 선희는 다시 다슬이에게 말을 걸었다.

"다슬아, 나 진짜 20번 문제 모르겠다. 뭐야?"

"아, 진짜! 남학생 수를 말한 분수와 여학생 수를 말한 분수를 다 더하면 되잖아."

그러자 선희는 다시 문제를 풀기 시작했다.

다슬이는 시험을 다 쳤다는 듯 책상에 엎드려 있었다. 나는 계속 다슬이를 보고 있었다. 그런데 선희가 다시 다슬이에게 말을 걸었다. 다슬이가 이제 짜증이 났던지 조금 큰 소리로 말했다.

"아, 진짜! 왜에?"

그래도 선생님은 못 들으셨는지 아무 말도 하지 않고 다슬이 주위에 있는 아이들이 다슬이를 쳐다보았다. 선희는 아무 일 없었다는 듯이 아무 말도 하지 않았다.

다시 선희가

"다슬아, 이거 뭐야?"

"아, 아까 전에 뭘 들었는데? 두 분수 더하면 된다 캤잖아!"

그런데 이때 다슬이가 선희 책상에 무엇을 쓰는 것을 보았다. 그것을 읽고 선희는 답을 써넣었다. 다슬이는 웃었다.

급식 시간이 되고 다슬이와 선희와 영은이와 혜미가 밥을 먹으러 갔을 때 난 선희 책상을 보았다. 선희 책상에는 2와 4분의 3이 적혀 있었다. 그 분수는 답이었다. 다슬이는 선희에게 답을 가르쳐 준 것이다.

밥을 다 먹었다. 그리고 선생님이 답을 불러 주시며 우리들이 시험지를 매겼다. 결국 선희는 20번을 자기 힘으로 풀지 않고 다슬이가 가르쳐 주었다. 그리고 다슬이는 슬쩍 옆을 돌아보는 것이었다. 옆에는 미리가 있었다. 다슬이가 미리의 시험지를 보더니 아무 말도 하지 않고 자기 시험지를 슬쩍 꺼내는 것이었다. 그리고 자신의 답을 보는 것이다. 그러더니 다시 매기기 시작했다.

'혹시 자신의 답안과 맞추어 보는 건가?'

나는 다슬이가 살짝 의심이 된다. 선희는 기분이 좋은지 싱글벙글 웃고 있었다. 미리는 아무것도 모르고 은영이와 이야기를 하고 있었다. 다슬이는 미리의 시험지를 보고 무엇을 했을까 궁금하다.

사회를 할 때 선희가 다슬이에게 또 물어보는 것이었다. 나는 다슬이가 선희에게 무엇을 가르쳐 주었는지 궁금하다. 또 왜 다슬이가 시험 시간인데 선희에게 답을 다 가르쳐 주고 미리의 시험지와 맞추어 보았는지도 궁금하다.

시험이 끝나자 나와 다슬이는 운동장으로 나갔다. 다슬이는 기분이 홀가분한가 보다. 내가 다슬이에게

"다슬아, 아까 시험시간에 선희한테 뭐 적어 주었어?"

나는 다슬이가 선희에게 시험 답을 적어 주었는 것을 알면서도 모른 척했다. 그런데 다슬이는 거짓말을 했다.

"아, 오늘 급식 먹을 때 같이 먹자고……."

나는 조금 당황했다. 다슬이가 이런 거짓말을 할 줄을 몰랐기 때문

이다. 나는 또 이렇게 물어보았다.

"그러면 사회 시간에 미리가 왜 봤어?"

"아, 그냥 뭐."

또 바른 말을 하지 않았다.

시험은 이렇게 거짓말을 하게 만들기도 하는 것 같다. 시험은 참 안 좋은 것 같다. (4학년 여)

이렇게 아이들은 나쁜 줄 알면서도 답을 가르쳐 달라고도 하고 가르쳐 주기도 한다. 그런데 이 아이는 다른 동무들이 서로 답을 알려 주는 걸 보면서 부럽기도 한 것 같다. 아이 말처럼 시험은 옳지 않은 일을 부러워도 하게 하고 거짓말도 하게 한다.

아이들이 성적을 잘 받아야 한다는 강박감은, 커닝이 뭐 죄인가 하는 도덕 불감증을 낳기도 한다. 한 조사를 보니, 고등학생 가운데 시험 칠 때 부정행위를 해 본 학생이 43.7퍼센트나 된다고 했다. 또 어떻게 하든 성적만 잘 나오면 된다고 생각하는 학생이 무려 71퍼센트나 된다니 큰일 아닌가. 점수로 아이들을 서열화하고 값을 매기듯 한 결과다.

시험이 끝나면 아이들은 서로 제 것이 맞는지 확인하느라 야단이다. 그러면서 "으아, 고마 틀렸네!", "아이고오, 아는 문젠데 실수했네" 이렇게 소리치기도 하고, "아니지, 그게 어떻게 틀려? 맞잖아" "어떻게 맞아? 틀렸지" 이렇게 티격태격 다투기도 한다. 한 문제 틀리고 맞는 것에 그만큼 아이들이 신경을 곤두세우고 있다는 말이다.

또 한 아이의 글을 보니, 수학 시험에서 많이 틀렸는데 어머니가 점잖게 아이를 타이른다. 처음 어머니 말에는 아이가 반성을 한다. 그런데 어

머니 말이 길어지자 아이는 화가 난다. 이 아이는 차라리 어머니가 화를
내는 게 낫다고 했다.

"이번 시험도 완전 망칠걸? 과학하고 사회 개념 정리가 안 됐던데 뭘."

"사람이 봐라. 다 공부한 거하고 안 한 거하고 차이 많이 나제?"

"니는 봐라, 조금만 공부하면 될 것을 공부를 안 하니까 그렇지."

이런 식으로 아이를 슬금슬금 조이는 부모들이 적지 않다. 부모들은 아
이가 알아듣게 잘 타일러 보겠다고 이렇게 말하는 것이겠지만 아이들은
오히려 자존심을 다친다.

틀린 문제 일곱 개

전번 기말고사 때 일곱 개 틀려서 집에 왔다. 아주 무거운 마음으로
집에 왔다. 그리고 나는 아주 힘들게 엄마에게 전화를 했다. 왜냐하면
엄마가 시험이 끝나고 결과가 나오면 오자마자 바로 전화를 돌라고
했기 때문이다.

"여보세요?"

엄마가 전화를 받았다. 그리고 아주 힘없이,

"엄마, 나 지영인데……."

"그래, 시험 몇 개고?"

"좀 많이 틀렸어."

"몇 갠데?"

엄마는 벌써부터 화가 났다.

"일곱 개."

"응, 알았다!"

전화를 그냥 뚝 끊었다.

'아아! 그럴 줄 알았다.'

나는 정말 무서웠다.

학원을 마치고 집에 돌아왔다. 그런데 엄마가 "공부 못하는 일곱 개 왔나?" 하고 말했다.

'아아 나! 시발, 그럴 줄 알았다.'

"그래, 왔다!"

"공부를 안 하니까 그런 꼴이 되는 거다."

정말 화가 났다. 내 나름대로 한 건데 그렇게 심한 말을 하니 말이다. 엄마는 그날 하루 내내 자꾸자꾸 시험 얘기만 하며 자꾸 막 뭐라고 했다.

"아이고오, 일곱 개가 모꼬, 일곱 개가! 니 언니야는 매일 일등 했는데. 니 언니야는 세 개 넘은 적이 없었다."

그러자 그 옆에 있던 언니가 "맞다." 하며 완전 다굴시켰다. 그래도 나는 그냥 오늘만 하고 치운다고 생각하고 빨리 잤다.

다음 날 그냥 조용히 학교로 가고 학원도 갔다 왔다. 집에 오니 학습지 선생님이 와 있었다. 나는 들어와서 공부를 했다. 혹시 또 혼내면 어쩌지, 생각하느라 문제를 풀지 않고 있었다. 그런데 선생님이 "그것도 모르나?" 하며 딱밤을 때렸다.

'아아 나, 시발 개새끼!'

수업을 마쳤다. 선생님이 엄마에게 말했다. 내가 이 문제를 못 푼다고 말이다. 엄마는 선생님이 가고 나서 "야, 니 시험을 일곱 개씩이나 틀려 오니까 이런 문제도 못 풀지." 했다. 그래서 "난 엄마가 또 나보고 뭐라 칼까 봐 무서워서 생각한다고 못 풀었거든!" 하고 소리를 꽥 질렀다. 엄마는 "아이고, 이 일곱 개야. 니 뭐 잘났다고 소리를 꽥꽥 지르노." 이러며 딱밤을 한 대 콩 때렸다. 나는 눈물이 막 솟구치는 것을 억지로 참았다.

나는 요번 시험 결과가 밉고 엄마도 선생님도 죽도록 밉다. (4학년 여)

어머니는 아이가 시험을 잘 못 쳤다고 아이에게 "공부 못하는 일곱 개 왔나?" 이렇게 말한다. 어머니가 이 말 속에 앞으로 시험을 잘 쳐야 한다, 게을리 하지 말라는 뜻을 담아 말했을지라도 아이는 그렇게 받아들이지 않는다. 자기를 아주 무시하는 말로 받아들인다. 그러고도 아이 속을 더 뒤집으니까 아이는 화가 나 소리를 지른다. 이 아이는 "나는 요번 시험 결과가 밉고 엄마도 선생님도 죽도록 밉다"고 했다. 아이에게 상처가 클 듯하다. 그런데, 어른들은 아이가 '아아 나! 시발 그럴 줄 알았다', '아아 나, 시발 개새끼!' 하고 중얼거리며 한 말에 화가 날 테지.

한 아이는 수학 시험 결과 70점을 맞았다. 문제가 어려워서 그런지 처음으로 최하 점수를 받았다고 한다. 글 한 부분을 보니 이렇다.

수학 시험 70점

"엄마, 오늘 수학 결과 나왔어."

"몇 점?"

"어, 70점 맞았어."

"뭐어?"

"수희는 60점 맞아서 울었어. 급식실에서 민경이 만나서 물어봤는데……. 엄만 절대 못 믿을걸. 50점이래! 그리고 어떤 애는 30점도 맞고, 50점도 맞고, 45점도 맞고, 35점도 맞았어."

나는 일부러 내가 잘한 것으로 보이려고 못 쳤는 애들 점수를 불렀다. 그러자 눈치 100단인 우리 엄마가, "니 일부러 니가 잘 쳤는 것으로 보이려고 못 쳤는 애들 점수 쭉 불렀지?" 하며 소리를 질렀다. 그리고 "니 100점 한 번이라도 맞아 와 봤나? 넘들은 다 맞아 오는 100점을 니는 왜 못 맞는데?" 하며 다른 애들과 비교하는 말을 했다. 그러니 그만 속이 상해 버렸다. (4학년 여)

부모는 아이가 말하는 걸 변명하는 것으로나 꾸중을 면하려는 것으로만 받아들이지 말아야 한다. 꾸중 들을까 봐 두려워 그렇기도 하고 어머니에게 미안한 마음이 있기 때문이기도 하다. 그런데 이 아이 어머니처럼 부모들이 흔히 다른 아이들과 견주어 말하는데, 그러면 아이는 더 속상해하고 반항심이 일어난다.

시험 점수가 낮게 나오면 아이들은 스스로를 꾸짖기도 하고 부모에게 혼날까 두려워하기도 한다. 시험 때문에 늘 꾸중을 들어온 아이들은 부모가 꾸중을 안 하면 오히려 더 불안해한다. 그러니 그냥 아무 말 하지 않고 넘어가는 것도 좋은 게 아니다. 아이 마음을 안정시켜 주고 위로해 주어야 한다.

시험 점수 비교하는 엄마

나는 시험지에 70점이 적혀 있는 것을 보고 정말 깜짝 놀랐다. 이때까지 그런 적이 없었기 때문이다. 원래 아빠랑 엄마는 못 쳐도 봐주는데 왠지 오늘만큼은 혼날 것 같았다. 혼날까 봐 조금 무섭기도 했다.

나는 집에 와서 다행히 밥을 먹고 씻는 데까지는 버텼다. 그런데 이럴 수가! 엄마가 나한테 "야, 시험 점수 나왔나?" 하는 것이 아닌가!

나는 안절부절못하였다. 그러다가 "70점. 이번 시험 어려웠다." 하고 말했다. 그러자 "으이구! 야, 회초리 가져와라!" 하고 말했다.

"엄마, 이번 시험 어려웠어."

"씨끄럽다!"

"공부 잘하고 선생님께 칭찬 많이 듣는 애들도 이번엔 점수 못 맞았다고."

"야, 근데 다른 애들이 잘 치든지 못 치든지 도대체 뭔 상관인데?"

엄마는 회초리를 탁탁 두드리며 소리를 질렀다.

"……."

"니하고 공부 잘하는 애들도 못하는 애들도 아무 상관없다. 알겠나? 선민이든 나영이든 간에, 어!"

얼마 후, 시험을 친다고 공부를 하는데 엄마가 "야, 선민이하고 딴 애들은 눈에 불을 키고 공부한다 카든데 니는 뭔데?" 하고 말했다. 나는 "비교 좀 하지 마라." 하니, 엄마가 또 "비교 안 할라니 비교 안 할 수가 없다. 니는 다른 애들 좀 봐라." 했다. 나는 "알겠다." 하고 이야기를 마무리 지었다. 나는 정말 속상했다. 왜냐하면 엄마가 시험 못 쳤다고 다른 애들이랑 비교하지 말라고 해 놓고 공부 못한다고 비교를 하니 시험 점수로 다른 아이와 견주어서 꾸중을 하면 반성은커녕 오히려 반발심만 불러일으킨다. 어른들은 꼭 따라갈 수 없을 만큼 우수한 아이에 견주어 아이를 절망하게 한다.

지금까지 살펴본 아이들 글은 부모와 관련한 이야기가 대부분인데, 시험으로 아이를 닦달하거나 스트레스를 주는 선생님들이 있다면 그 또한 새겨 읽어야 한다.

학력이란 무엇인가? 많은 사람들이 시험을 잘 쳐서 점수를 많이 얻는 것을 학력으로 생각한다. 또 그게 아니란 걸 알아도 현실이 그러니까 어쩔 수 없다고 생각하기도 한다.

하지만 누가 뭐라 해도 나는 시험을 쳐서 얻은 점수를 그렇게 중요하게 생각하지 않는다. 초등학교 아이의 시험 성적은 별것이 아니다. 그런 점수야 지적 능력이 아주 떨어지는 아이가 아니라면 교사나 부모가 아이를 붙잡고 조금만 신경쓰면 금방 올릴 수 있다. 단순 지식이 필요하지 않다는 것은 아니다. 단순 지식도 중요하다. 그렇지만 초등학교 아이들에게 단순 지식은 큰 뜻이 없는 게 더 많다. 자라면서 저절로 익히는 지식도 있고 머릿속에 꼭꼭 집어넣지 않아도 책이나 다른 자료를 찾아보면 그뿐인 지식도 많다. 그런데도 거기에 목매듯 매달릴 필요가 있을까?

아이들 능력은 단순 지식을 외우는 능력보다 잠재적 능력이 더 중요하다. 특히 초등학교 아이들에게는 호기심, 학습에 대한 흥미, 창의력, 바른 인성, 바른 판단력, 문제 해결 능력, 감수성, 깨어 있는 삶, 이런 것들이 학력이 되어야 한다. 이런 것은 바로 나타나지 않는다. 어른이 되어야 그 효과가 나타나는 것도 많다. 그러니까 시험 점수만으로 아이 능력을 판가름하는 것은 잘못되어도 한참 잘못된 것이다. 초등학교 아이의 모든 능력은 어느 정도 수준에 오르면 점수로 환산했을 때 모두 100점으로 보아야 한다. 어느 정도 기초가 갖추어지면 자질과 적성, 능력을 스스로 키워갈 수 있도록 해 주는 것이 더 중요하다.

적어도 초등교육만큼이라도 어떤 이념이나 필요에 따라 바뀌는 정책에 휘둘리지 않는, 그야말로 어떤 상황에서든 삶에 튼튼한 바탕이 되는 교육을 해야 한다. 그런데 지금 상황에서는 무엇보다 학부모와 아이들과 바로 닿아 있는 담임선생이 먼저 깨어 있을 수 밖에 없는 것 같다. 위에서부터 깨이기를 기다릴 동안 우리 아이들이 큰 피해를 입기 때문이다.

아이들은 숙제를 어떻게 생각할까?

아이들은 숙제를 아주 싫어한다. 숙제를 원수로 생각하는 아이도 있고 '숙제'라는 말을 아예 거부하는 아이도 있다. 그래서 숙제를 안 내 주려고 해도 집에서 꼭 해 와야 하는 것이 있으니 어쩔 수 없이 조금 내 주는데, 선생들 마음도 편하지 않다. 또 선생님들 가운데는 숙제를 안 내 주면 자기 반만 처지는 것 같기도 하고, 무능한 선생이 되는 것 같기도 해서 숙제를 더 내 주는 선생님들도 있다. 하지만 그건 쓸데없는 걱정일 뿐이다.

> **숙제**
>
> 내 나이 때는 누구나 숙제가 하기 싫을 것이다. 나는 숙제란 소리만 들어도 죽을 정도로 짜증이 난다. 내가 공부 잘하는 애들한테 숙제가

좋냐고 물어보면 "무슨 그런 끔찍한 말씀을!" 하고 놀란다. 아주아주 짜증 난다고 한다. 만약에 진짜 하기 싫은 숙제가 나오면 전과를 보고 베끼거나 인터넷을 검색해서 빨리 해치우고 만다.

나는 선생님이 숙제를 내어줄 때 쉬운 숙제라도 생짜증이 날 정도로 싫다. 내가 왜 태어났는지 후회할 정도로 짜증 날 때도 있다. 무슨 약속이 잡혀도 숙제하느라 약속이 취소되고, 숙제하느라 12시가 넘어서 잘 때도 있다. 다른 사람들은 이런 내 마음을 알아줄까 모르겠다. 특히 요즘은 학원 가기 바쁘다. 학원만 다녀와도 6시, 7시다.

나는 숙제 중에서도 그림 그려 오기나 책 읽고 독후감 쓰기가 그래도 좀 낫다. 그림 그리기는 내가 가장 좋아하고 내 꿈이 유명한 만화가가 되는 것이기 때문이다. 책 읽고 독후감 쓰기는 처음에는 별로 하고 싶지 않지만 막상 하면 재미있다. 내가 가장 싫어하는 숙제는 시험지 풀어 오기, 교과서 풀기 등이다.

아까도 말했듯이 학원 한두 군데만 가도 6시, 7신데 밥 먹고 숙제하면 공부도 한 자 못하고 피곤해 자기 바쁘다. 가끔 친구들과 놀고 싶고, 푹 쉬고 싶은데 숙제가 괴물같이 튀어나와 가지고는 사람 스트레스나 더 쌓이게 하고 피곤하게 하니…….

나는 숙제가 없으면 정말정말 좋겠다. (4학년 여)

숙제

나는 숙제란 '귀찮은 것' '짜증 나는 것' '화가 나는 것'이란 생각이 들어. 나는 숙제를 내지 않았으면 좋겠어. 집에 오면 학원도 가야 하고, 학원에 가면 8시 가까이에 오기 때문에 숙제가 있으면 화가 팍 나기 때문이야. 나는 숙제는 뭐든지 다 싫어해. 내가 학원 갔다 오면 8시 가까이 되는데 안 그래도 힘들어서 죽을 것만 같은데 숙제를 하면 막막 화가 아주 많이 나거든. 그래서 숙제는 정말 싫어.

선생님이 숙제를 낼 때 막 어떤 숙제를 낼지 걱정을 많이 해. 만약 하기 어려운 숙제가 나오면 한숨이 절로 나와. 땅이 갈라질 것만 같이 아주 크게 한숨을 쉬어. 쉬운 것이 나오면 살았다는 듯이 눈을 감고 몸을 구부려. 이런 일은 잘 없겠지만 숙제가 없으면 두 눈을 둥그렇게 뜨고 손을 번쩍 들면서 "야호!" 하며 춤을 춰. 그만큼 내가 즐겁다는 뜻이지. 그런데 이런 일은 잘 없을 거야. 일기도 숙제라고 생각하거든.

내가 숙제를 못 하는 이유는 게으름을 피워서 그런 게 아니라 시간이 없어서야. 학원을 갔다 오면 8시 가까이 온다고 말했지? 그래서 숙제를 못 할 때가 많아. 숙제는 누가 만들었는지 정말 궁금해. 지금이 아닌 아주 오랜 옛날이었을 테니 모르겠지? (4학년 남)

이렇게 아이들은 숙제라면 아주 싫어한다. 한 반 아이 28명 가운데 숙제를 긍정하는 아이는 딱 한 명인데 이 아이도 자기가 싫어하는 숙제나 좀 어려운 숙제는 짜증이 난다고 하니, 숙제를 좋게 받아들이는 아이는 거의 없는 셈이다. 학교에서 하루 내내 공부하고 학원 가서도 같은 공부를 하고 왔는데 또 교과 관련 숙제를 해야 하니 넌더리가 날 수밖에.

아이들은 또 숙제할 시간도 없다. 학교 마치고 바로 학원에 갔다 집에 돌아오면 오후 5시, 6시다. 8시 넘어 집에 오는 아이도 있다. 이렇게 해서 지칠 대로 지쳤는데 또 숙제가 기다리고 있으면 얼마나 끔찍하겠나. 한 아이는 '숙제는 공포다!'라고 표현하기도 했다.

짜증 나는 영어 단어 쓰기 숙제

3월인가 4월에 영어 선생님이 영어 시험을 쳐 틀린 단어 열 번, 한글로 영어 뜻 두 번 쓰기 숙제를 내어 주셨다. 근데 나는 아홉 개를 틀려 총 영어 단어 90번과 영어 뜻 18번을 쓰게 되었다. 그 숫자부터 엄청 나서 집에 오자마자 발을 동동 굴렀다. 근데 솔직히 난 공부를 열심히 하고 시험을 쳤는데도 이해가 잘 되지 않아 틀려서 억울했다.

그래도 어쩔 수 없이 썼다. 열 번째 썼을 땐 손이 조금 아파서 손을 털기도 하고 화가 나서 베개도 막 집어던졌다. 영어 학원에서 높은 단계를 배우는 애들한테는 쉽겠지만 나 같은 애들에겐 이 정도 수준도 어려운데 틀렸다고 이렇게 많이 쓰라니 정말 속상하다.

20번 썼을 땐 아무리 털어도 손이 욱신거렸다. 글씨는 벌써 좀 날리고 있었다. 30번째는 가슴이 답답해 뒹굴뒹굴 구르기도 하고 발도 동동 구르기도 했다. 또 소리를 지르기도 했다.

"으아아! 진짜 영어 쌤은 왜 나처럼 이해가 잘 안 되는 애들에게도 이렇게 많이 쓰라는 거야. 아아, 진짜!"

가슴이 하도 답답해 헉헉거리기도 했다.

60번째까지는 책상을 발로 차고 엄마와 말다툼도 했다.

"야, 책상이 뭔 죄가 있냐? 그만 좀 차라."

"몰라! 답답해 죽겠는데 그만이고 자시고 냅둬라!"

"말 안 들을래? 니가 많이 틀린 게 잘못이지."

"에이씨, 그놈의 영어 쌤이 이해가 잘 안 되는 문제인데 많이 쓰라

카니까 그렇지!"

난 화도 엄청 나고 빡쳤다.

70번을 써 가면서는 '힘들다! 짜증 나! 내일은 아빠 따라갈 거고. 지금은 그냥 때려치우고 학교에서 할까?' 하는 생각도 했다. 70번을 다 썼을 땐 "하아아! 답답해서 더는 못 쓰겠다, 손바닥도 좀 빨갛고 욱신거리고……."

결국 덜하고 학교에 가지고 가서 틈틈이 썼다. 그래도 덜해 오후 공부 마치고 더해서 검사를 겨우 맡았다. 내가 게으름뱅이라서 그런 건 아니고 이해가 잘 안 되어 많이 틀린 것이다. 그런데 이렇게 힘들면 스트레스도 많이 쌓이고, 솔직히 말해서 실력도 별로 안 는다.

앞으론 이렇게 힘들 정도까지는 영어 숙제를 내어 주지 말았으면 좋겠다. (4학년 남)

영어 선생님은 틀린 단어를 익히게 하려고 여러 번 쓰는 숙제를 내 주었지만 아이들은 이렇게 힘들어 한다. 이런 경우 아이들은 왜 이렇게 힘들게 하냐는 생각을 먼저 하지 공부를 한다는 생각은 아예 없다. 특히 요즘 아이들은 힘든 일을 꿋꿋이 견디며 하는 힘이 약해서 더 그렇기도 하다. 어쨌거나 아이들이 재미없어 하는 숙제를 많이 내 주기보다 아이 스스로 즐겁게 공부할 수 있도록 하는 다른 방법도 찾아보았으면 싶다.

한 아이의 글에, 시 외우기 숙제의 문제에 대해 썼다. 선생님 앞에서 시를 외우려고 하니 떨려서 그런지 그만 까먹어 버린다. 저 혼자서는 외울 수 있는데도 선생님 앞에서는 외우지 못해 꿀밤까지 맞아 속상했다고 한다. 시 외우는 것도 강요해서는 안 된다고 생각한다. 시를 읽다 크게 마음에 와 닿아 저절로 외우고 싶은 마음이 들거나, 시가 좋아 여러 번 읽다 보니 저절로 외워지거나 해야 더 마음에 오래 남는다.

아이들은 또 주말 숙제를 더욱 싫어한다. 주말만큼은 마음껏 놀고 싶기도 한데 숙제가 있으면 마음껏 놀 수가 없다. 또 식구들끼리 나들이 가거나 집안 행사에 참여하다 숙제를 못 할 수도 있는데, 안 하면 선생님에게 꾸중 듣기 때문이다.

아이들은 숙제가 하기 싫으면 부모와 선생을 속이기도 한다. 한 아이의 글을 보니, 어머니는 아이가 거짓말한다는 낌새를 알아채선지 처음부터 아이를 믿지 못하고 선생님에게 전화로 확인하려고 한다. 그런데 아이는 전화번호를 엉뚱하게 가르쳐 주다가, 손전화 좀 달라고 하니 배터리가 없다는 핑계를 대면서 속인다.

숙제로 엄마와 선생님 속인 일

나는 사실은 학교 숙제가 적은데 엄마한테 숙제가 많다고 속였다. 그 이유는 바로 컴퓨터 게임을 하기 위해서다. 엄마는 숙제하기 전에는 컴퓨터 게임을 시켜 주지 않는다. 그래서 엄마가 큰방에서 티브이를 볼 때 나는 숙제하던 창을 내리고 컴퓨터 게임을 한다. 선생님이 숙제를 많이 내시는 줄 알고 있어서 엄마가 선생님께 뭐라고 할 때마다 선생님께 죄송한 마음이 든다. 그리고 엄마한테도 컴퓨터를 많이 해서 전기세가 많이 드니 돈 벌기도 힘든데 너무 죄송하다. 나는 엄마가 숙제하는 걸 보려고 나오면 게임하던 창은 내리고 숙제하던 창을 올린다. 엄마가 내 쪽으로 오면 나는 힘든 척하며 "엄마, 물 좀 갖다주면 안 돼?" 그런다. 그러면 엄마는 "그래. 퍼뜩 갖다줄게." 그런다.

숙제는 안 하고 게임하는 것도 모자라서 엄마한테 물까지 갖다 달라고 하니 엄마한테 피해를 너무 주는 것 같아 미안했다. 내가 거짓말로 숙제가 많다고 할 때마다 엄마는 "어이구, 고생했다."라고 한다. 나는 이 말을 들을 자격도 없는데 들으니 민망했다.

또 선생님께 숙제를 속인 일도 있다. 선생님께서 숙제를 메일로 보내라고 하셨는데 내가 깜박하고 보내지 않았다. 그런데 학교에서 선생님이 메일 왔는지 확인을 했다. 그런데 내 이름이 있을 리가 없다. 안 보내었으니까. 메일함에 이름 없는 아이는 일어서라고 해서 난 일어섰다. 선생님이 왜 안 보냈는지 까닭을 물었다.

"수영이는 왜 안 보냈노?"

나는 중얼중얼거리는 소리로 "보, 보냈는데요." 하며 거짓말을 했다. 그때 다행히 선생님께서 봐주셨지만 나중에 들킬까 봐 조마조마했다.

앞으로는 선생님과 엄마를 속이지 않을 것이다. 그리고 선생님과 엄마께 "죄송합니다."라는 말 해 주고 싶다. (4학년 여)

아이는 어머니에게 숙제가 많다고 속였다. 그래서 어머니는 담임선생님이 늘 숙제를 많이 내 주는 줄 알고 있다. 숙제를 너무 많이 내 준다고 담임선생을 비난하기도 했을 테다. 아이가 속인 까닭은 그냥 숙제가 하기 싫어서기도 하겠지만 컴퓨터 게임을 하기 위해서다.

한 아이의 글을 보니, 숙제를 안 해서 위기가 닥쳤을 때 대처해 나가는 수법이 참 그럴듯하다. 첫째, 선생님이 숙제 검사를 하기 위해 이름을 부를 때 못 들은 척한다. 둘째, 안 했지만 했다고 우긴다. 숙제한 것을 집에 두고 왔다거나 자꾸 찾는 척한다. 셋째, 기침을 하며 감기 걸린 것처럼 하거나 해서 몹시 아픈 척한다. 숙제 검사를 안 하면 그런 다행이 없을 테고, 숙제 검사를 한다 해도 여기 아이가 한 방법대로 하면 어느 선생이라도 안 넘어갈 수가 없겠다 싶다.

다른 아이의 글을 보니, 선생님이 평소에 착실하다고 믿는 아이가 선생님을 속인다. 선생님들은 보통 이런 아이의 말은 그대로 믿어 버리는 경우가 많은데 아이들은 그 믿음을 이용해 선생님을 속이기도 한다.

참고서를 보고 숙제의 답을 베끼는 것은 아이들이 흔히 쓰는 수법이고, 학교에서 다른 아이들 숙제를 베껴 쓰는 아이도 많다. 다른 아이 숙제를 베끼는 게 잘못이라는 것을 스스로 깨닫지 못하는 아이들도 많다.

한 아이의 글을 보니, 남의 숙제를 베껴 써서 선생님한테 손바닥 한 대 맞고는 끝에 이렇게 적어 놓았다. "나는 자리에 들어와서 억울한 표정을 하였다. 나는 재수가 없었던 것 같다."

짜증 나는 방학 생활

작년이다. 겨울 방학 전날 선생님께서 종이 세 장을 내어주시며 말씀하셨다.

"자아, 맨 앞의 종이가 과제물이다. 이중에서 하고 싶은 것을 골라서 하면 된다. 계획서 잘 짜서 생활해야 돼. 그럼 방학 잘 지내고 개학식 날 보자."

"오예! 드디어 내가 기다리고 기다리던 겨울 방학이다. 실컷 놀아야지."

드디어 기분 좋은 날이 시작된 것이다. 하지만 그건 꿈일 뿐이었다. 아침에는 보통 8시에 일어났다. 그리고 엄마가 일어날 때까지 동생이랑 티브이를 보다가 10시쯤 엄마가 일어나면 아침 겸 점심밥을 먹고는 EBS 방학특강을 들었다. 다 들으면 12시 30분 정도가 된다. 그리고 바로 옷 입고는 피아노 학원과 영어 학원에 간다. 그리고 집에 오면 보통 오후 4시. 그다음엔 숨 좀 돌리고 씻고 저녁밥 먹으면 저녁 8시. 거기서 잘 준비를 하면 8시 30분 정도 되고, 티브이 좀 보다가 자면 10시 30분이니 숙제할 시간이 거의 없다. 이런 일이 1주에 5일이나 반복되니까 정말 숙제할 시간이 별로 없다.

토요일, 다른 애들한테는 숙제할 시간이 많은 시간이다. 하지만 나는 성당에 가야 한다. 나도 하루 정도는 빠지고 싶지만 나는 반주자다. 만약에 빠진다면 복사고 뭐고 다 잘릴 것이 뻔하다. 토요일에는 못 하지만 유일하게 시간이 많이 나는 날은 일요일이다. 아빠가 쉬어도, 누가 와도, 나하고는 아무 상관이 없다. 그리고 가끔은 아빠가 도와줄 때도 있어서 아빠가 있을 때 숙제하기가 훨씬 더 좋다.

하지만 내가 주말에 가장 하기 힘든 숙제가 몇 가지 있다. 첫 번째로 어려운 것은 e-독서친구다. 거기에 나와 있는 권장도서를 먼저 읽고 퀴즈를 풀어야 한다. 만약 그 퀴즈 여섯 문제 중 네 문제 이상을 못 맞추면 24시간 뒤에 할 수 있다. 그 퀴즈를 네 개 이상 맞추어 독후감을 올려야 한다. 퀴즈를 푸는 것은 별로 어렵지 않다. 하지만 독후감을 올리려면 타자를 쳐야 하는데 거의 한 시간이 더 걸린다.

그리고 또 하나는 일기이다. 내가 방학 때는 일기 쓸 시간이 별로 없어서 일요일에 미뤄서 쓴다. 그래서 하루에 여섯 편에서 일곱 편을 쓰려면 힘들다. 거기에다가 일주일에 한 일이 한꺼번에 기억이 안 나서 머리가 아프다.

이렇게 방학 생활을 지내다가 드디어 기다리고 기다리던 개학식이 왔다. 억지로 숙제를 했지만 하다 보니 아홉 개나 했다.

"안녕, 애들아! 잘 지냈고? 숙제도 잘 했겠지?"

"김영식 숙제 안 했대요."

"괜찮아. 숙제 안 해도 된다, 상도 안 주는데."

나는 이 말을 듣고 충격을 받았다. 내가 왜 숙제를 했는지……. 괜히 숙제를 해서 시간만 낭비했네. 숙제를 왜 안 해도 되는지…….

짜증 나는 방학 생활이었다. (4학년 여)

방학 때도 아이들은 바쁘다. 학원을 몇 군데 다니다 보면 마음껏 놀지도 못하고 방학 숙제도 제때 못 하는 경우가 많다. 시간이 많아도 자꾸 미루다가 숙제를 못 하는 경우도 많고. 아이들 대부분이 그럴 것이다. 그래서 방학 끝 무렵에 숙제를 한꺼번에 하느라고 난리다. 이렇게 하는 방학숙제가 무슨 뜻이 있을까? 짐만 될 뿐이다. 교과 공부가 아니라도 스스로 자기가 하고 싶은 일 한 가지를 정해서 열심히 하도록 하는 것이 더 좋다. 이를테면 줄넘기나 자전거 타기를 꾸준히 해서 건강해지겠다든지, 나쁜 습관 한 가지를 고친다든지 하는 것 말이다. 그밖에도 짐이 안 되는 숙제는 찾아보면 많다.

성격이 꼼꼼한 아이는 숙제하는 데 시간이 엄청 많이 걸린다. 한 아이의 글을 보니, 어머니는 이런 아이를 보고 답답하다고 한다. 아버지는 아이가 느적대면 숙제하지 말고 그냥 자라고 한다. 이런 아이는 숙제가 많으면 스트레스를 더 받는다.

지금까지 아이들 글을 통해 아이들이 얼마나 숙제하기를 싫어하고 힘들어하는지 살펴보았다. 학습 효과도 별로 없는 숙제는 아예 내주지 않는 게 좋겠다. 내준다면 꼭 집에서 하지 않으면 안 될 숙제, 숙제의 관념을 깨뜨린 숙제, 짧은 시간에 스스로 즐겁게 할 수 있는 숙제 정도여야 한다.

아이들은 어떤 동무를 좋아할까?

여러 해 동안 아이들과 지냈는데도 아이들 세계를 이해하기란 쉽지 않다. 특히 동무 관계를 이해하는 건 더 어렵다. 다시는 안 만날 것같이 다투다가도 어느새 언제 그랬냐는 듯이 가깝게 지낸다. 여자아이들은 한 아이와 친하게 지내다가도 어느 순간에 다른 아이하고 더욱 친하게 지내기도 하고, 토라졌다가도 이내 헤헤 웃으며 지내기도 하고, 이 동무와 수군거리다 저 동무와 수군거리기도 한다.

아이들하고 생활하다 보면 심심찮게 다툼이 일어나는데 선생 앞에 불려 와서도 분을 못 삭여 책상을 주먹으로 탕탕 치거나 발을 쿵쿵 구르는 아이도 있다. 그때 그 불손한 행동만 앞세워 꾸중하면 열에 아홉은 아이의 억울함을 풀어 주지 못하고 감정만 더 격해지게 할 뿐이다. 이때는 그 아이에게 무슨 말을 해도 귀에 들어가지 않으니까, 이럴 때 아이들의 동무 관계를 잘 이해한다면 좀 더 슬기롭게 풀어 나갈 수 있다.

그러면 동무 관계에서 일어나는 여러 가지 일과 아이들 생각을 조금이나마 알아보자. 먼저 아이들이 좋아하는 동무다.

나는 환영이가 좋다

나는 환영이 같은 동무가 좋다. 한 번씩 절교 같은 걸 할 때도 있지만 책임감이 있고 내가 아플 때 보건실에 데려다 줄 때도 있다.

환영이랑 나는 사이가 나빠져서 절교했는데 3일이 지나자 나에게 와서 다시 친하게 지내자고 했다. 또 전에 내가 돈이 없어서 판지를 못 샀는데 환영이가 나에게 700원을 주며, "현지야, 이거 가지구 문구점에서 판지 사." 해서 샀다.

그런 뒤 내가 아직 돈도 갚지 않은 상태에서 환영이에게 슬러시를 사 주었다. 그러니 환영이는 "돈 갚았네." 하며 맛있게 먹었다. 나는 환영이에게 700원을 빌렸는데 500원짜리 슬러시를 먹고 갚았다고 했다. 난 환영이에게 미안해서 "환영아, 너한테 700원 빌렸는데 500원으로 괜찮아? 200원 더 줄까?" 하니 환영이는 500원짜리 슬러시면 충분하다면서 나보고 200원은 안 받겠다고 했다. 500원으로 줄여 주는 건 고맙지만 그 700원은 환영이의 용돈일지도 몰라 아직도 걱정이 조금된다.

그리고 또 어떤 날에는 내가 체육 시간에 농구를 하는데 저질인 박현미 사파리가 나보고 농구를 못한다면서 "개 빡친다." 하고 말해서 순간 울음이 나오려고 하는데 환영이가 박현미보고, "박현미, 니나 잘하고 입조심하시지." 하면서 날 감싸 주었다.

또 그 전에 5월 4일 운동회 날에 달리기를 하는데 손희영이랑 박현미가 시나리오를 쓰는지 나를 밀치고 가서 날 역전시키려다 내가 역전시켰다. 결국 손희영이랑 박현미 때문에 삼등을 했다. 그래서 조금 실망했다. 그런데 갑자기 희영이랑 현미가 나보고 "야, 김현지! 니 때문에 우리 졌잖아!" "니가 안 밀쳤으면 우리 일등이나 3등 할 수 있었거든!" 하며 나보고 대들었다. 내가 밀치지도 않았는데 나보고 밀었다고 말해서 난 정말 울고 싶었고 둘이를 패고 싶었다. 그때 환영이가 "현지가 니들 언제 밀쳤는데?" 해서 잠잠해졌다. 그 후로 환영이랑 완전 더 친해졌다.

　나는 이때까지 친구 중에서 환영이가 최고로 좋다. 가장 텔레파시가 잘 통하고 체격도 비슷해서 정말 좋은 친구이다. 또 환영이는 다정해서 좋다. 그리고 내가 화나는 일이 있으면 환영이는 상대가 되어 주며 화풀이를 도와주어서 정말 고맙다. 한 번씩 짜증 날 때도 있지만 친구 사이라 한 번은 그럴 수 있다고 생각한다. (4학년 여)

　준비물을 안 가지고 왔을 때 준비물 사라고 돈을 빌려주기도 하고, 농구 못한다고 욕하는 아이들로부터 감싸 주기도 하고, 텔레파시도 잘 통하고, 다정하고, 화나는 일이 있으면 화풀이도 도와주어서 환영이란 동무가 좋다고 했다. 한 번씩 짜증 날 때도 있긴 하지만 동무 사이라 그럴 수 있다고도 했다. 자기가 어려운 형편이어도 몸 사리지 않고 어려운 형편에 놓인 동무를 위로해 주고 도와주는 동무가 진정한 동무라 할 수 있는데, 아이들이 그런 깊은 마음까지 지니기는 쉽지 않다. 환영이란 아이가 지닌 마음 정도로도 다른 아이들이 아주 좋아할 수 있겠다.

　한 아이가 피구할 때 일을 쓴 글이 있다. 상대편 재길이가 던진 공이 아웃인데도 같은 편 민수라는 아이는 아니라고 우긴다. 하지만 재길이는 "내가 아웃을 인정할게" 하고 솔직하게 말한다. '이다'라는 것이 뚜렷한데도 끝까지 '아니다'라고 우기거나 '아니다'라는 것이 또렷이 드러났는데도 '이다'라고 우기는 일이 많은데 재길이는 아닌 것을 아니라고 솔직하게 말했다. 이러니 글을 쓴 아이뿐 아니라 다른 아이들도 모두 재길이를 좋아하지 않을 수 없다.

한 아이의 글은, 실내화가 없어 쩔쩔매는데 동무가 한 짝을 빌려주어 둘이서 한 발로 깡충깡충 교실까지 갔는데 무척 고마웠다는 이야기다. 실내화를 빌린 아이는 동무가 선뜻 실내화를 빌려준 건 바로 자기를 좋아해 주는 마음이 있어서라고 생각한다. 어떤 큰일에서 도움을 받으면 참 부담스럽기도 한데 이런 작은 일에서는 크게 부담스럽지 않으면서 동무의 따뜻한 마음은 더 느낄 수 있을 터이다. 실내화를 빌린 이 아이는 스스로 자기는 "어떤 무엇에도 고마워하고, 무엇에도 미안해하고, 언니가 나를 놀리면 매일 우는 아이"라고 했다. 그리고 자기는 일상생활에서 "고마워" "미안해"라는 말이 입에서 저절로 튀어나온다고 했다. 어머니가 작은 일 가지고 "고마워" "미안해" 하냐고 하지만 자기는 작은 일이라고 생각하지 않는단다. 어른인 나도 한 번 더 깨닫게 해주는 마음이다. 실제로 이 아이는 마음이 좀 여리고 참 따뜻한 아이다.

아이들이 동무로 사귀고 싶어 하는 아이는 대체로 이런 아이다. 다른 아이들에게 기분 나쁜 말이나 피해 주는 행동도 안 하고 잘난 체도 안 한다. 다른 아이들이 무얼 빌려 달라고 하면 흔쾌히 빌려주고 자기에게 주어진 일은 착실하게 잘한다.

그러면 아이들이 좋아하지 않는 동무는 어떤 동무일까?

다시는 그러지 마

나는 4학년 절친 친구 중 한 명인 민철이가 가장 싫다. 왜냐하면 자기 생각만 옳다고 자꾸 고집을 피우기 때문이다.

민철이는 축구할 때 골인인데 노골이라고 하면서 자꾸 자기의 생각을 고집한다. 언제는 그것 때문에 동화가 화가 나 공을 세게 차 민철이를 맞힐려고 한 적도 있다. 나도 며칠 전에 민철이가 너무 우겨 공을 세게 차서 몇 번이나 맞힐려고 했다.

그리고 민철이가 가장 싫은 이유는 두 가지다. 먼저 자기의 의견만 옳다고 하고 자꾸 우긴다. 자기의 의견을 무조건 우기면 좋지 않은 점이 있다. 우리가 의견을 말할 필요가 없어진다.

그다음은 남의 의견을 무시하는 것이다. 남의 의견을 무시하는 것은 상대방에게 예의를 지키지 않게 되는 것이다. 그리고 그 사람의 마음을 상하게 한다.

민철이는 나를 좋아한다. 하지만 나는 가장 싫다.

나는 또 다른 일 때문에 민철이에게 화가 많이 나는 때도 있다. 내가 오늘은 못 노는데 그 이유는 얘기할 수가 없었다. 그래서 못 논다고만 말했다. 그런데 민철이는 우리 집까지 따라오는 것이다. 나는 화가 나 "오늘은 진짜 못 논다고!" 하며 소리를 버럭 질렀다. 그래도 민철이는 "왜? 왜? 왜? 왜? 왜?" 했다. 나는 어이가 없었다. 그래서 얼른 집에 들어와 문을 잠겄다. 그래도 "왜 못 노는데?" 하고 자꾸 물었다.

나는 화가 엄청 나 문을 살짝 열고 "못 노니깐 못 놀지 왜 자꾸 그러는데. 오늘은 그만 가라!" 했다. 이렇게 말하니 민철이는 집에 갔다.

나는 민철이가 왜 이렇게 고집을 피우는지 모르겠다. 그래서 곰곰이 생각해 보았는데 민철이는 키가 작고 어린애 같으니까 고집을 피운다고 생각했다. 나는 민철이가 이런 행동을 하지 않으면 좋겠다.

민철이는 힘도 약하면서 세다고 잘난 척한다. 나는 민철이가 더 이상 이런 행동을 안 하면 좋겠다. (4학년 남)

이 아이는 자기 생각만 옳다고 고집 피우고 상대방 마음을 헤아릴 줄 모르는 동무 민철이를 아주 싫어한다. 그런데도 왜 친한 동무 사이로 지낼까? 오랫동안 늘 같이 지내며 미운 정 고운 정 다 들다 보니 그럴 수도 있을 테고, 동네에 같이 놀 또래 동무가 없어 그럴 수도 있다. 다른 좋은 면이 있기 때문이기도 할 테고……. 어쨌든 동무로 지내지 않으면 안 되는 사이인 것 같다. 그렇다면 속앓이만 하지 말고 옳지 않은 점을 깨우쳐 주면서 좋은 관계로 사이좋게 지냈으면 좋겠다.

나쁜 찬영이

나의 친구 중에 별로 마음에 들지 않는 친구가 있다. 그 친군 바로 교회 친구인 김찬영이다. 왜냐하면 맨날 진식이랑 재일이, 그리고 박영훈이랑 서정기 등 자기보다 약한 여러 사람을 괴롭힌다.

예를 들면 전번에 놀거리를 정하고 있는데 진식이랑 가위바위보를 하는데 자기가 졌다고 "야, 난 지옥탈출 하고 싶거든! 난 목숨 세 개." 이러면서 막무가내로 진식이를 때렸다. 솔직히 '지옥탈출' 하자는 애는 자기밖에 없는데 그런 식으로 우기니 짜증 난다.

그리고 걔의 장난은 끊이질 않는다. 방석이 많이 있고 층층이 한 세 칸 정도 있는 데서 놀았는데 걔가 거기에 집 열쇠를 잃어버렸다고 했다. 그래서 "니가 천천히 찾아봐라." 했다. 하지만 걔는 진식이와 재일이를 때리며 협박했다. 그래서 "야, 김찬영! 작작해라." 하며 말렸다. 그래도 잃어버렸는데 친구긴 친구니 찾아 주어야겠다고 생각해 같이 찾아 주었다. 그런데 자긴 빠져나가고 문을 잠갔다. 그리고 열쇠는 자기 주머니에 있다고 했다. 그땐 정말 도가 넘어선 장난인 것 같았다.

그래서 난 걔가 정말 싫어졌다. 찬영이는 좀 자제해 주면 좋겠고 자기보다 약한 애들은 좀 괴롭히지 말았으면 좋겠다. 그럼 걔가 좀 덜 미울 것 같다.

하지만 얼마 뒤 영훈이와 다슬이 누나랑 진식이, 효진이 누나랑 놀고 있는데 또 방석을 들고 와 깽판을 놓았다. 나는 도저히 못 참아서 찬영이 배를 한 대 때렸다. 나도 웬만하면 싸우고 싶진 않다. 자기가 알아서 좀 자제하면 좋겠다 싶어도 걔가 장난친 게 한두 번이나 서너 번이면 혹시 몰라 몇십 번을 장난을 쳐 도저히 못 참겠다. 맞는 사람의 입장이랑 당하는 사람의 기분도 생각하라고, 또 도저히 안 되어서 때려 주었다. 내가 때린 건 좀 심했지만 걔가 이번 기회로 맞는 이와 장난을 당하는 등 뭔가 당하는 이의 입장과 기분을 이해해 주면 좋겠다. 형아한테 많이 맞아서 맞는 기분을 알아 미안하지만 그래도 이번 기회에 찬영이가 마음을 뜯어고쳤으면 좋겠다고 생각한다. 이번 기회에도 못 고치면 왕따를 시켜 버리고 싶다. (4학년 남)

아이들은 대체로 다른 사람의 의견을 안 받아들이고 자기만 옳다고 우기는 동무를 무척 싫어한다. 또 약속을 잘 안 지키는 동무, 모둠 활동이나 청소 같은 반 활동에서 자기가 맡은 역할을 성실하게 하지 않는 동무를 좋아하지 않는다. 그래도 동무가 속상해할 것 같아 싫다는 말도 잘 못하는데, 자기를 좋아하는 동무한테는 더욱 싫다는 말을 할 수가 없다고 한다. 그래서 그 아이는 자기 잘못을 더 못 깨닫는 게 아닐까 싶기도 하다.

이렇게 아이들이 좋아하지 않는 아이는 대체로 상대편에서 생각하지 못하는 아이다. 아직은 아이들이 경험이 적다 보니 상대방 형편을 생각할 줄 몰라서 그런 게 아닐까 싶다. 어른들은 그걸 좀 깨우쳐 줄 필요가 있다.

아이들이 다투는 모습은 어떨까?

아이들과 하루 생활을 하다 보면 아이들 사이에 크고 작은 다툼이 심심 찮게 일어난다. 어떤 날은 다투는 아이들이 특히 더 많을 때도 있다. 다툼 이 많은 날을 잘 돌아보면 선생이 아이들에게 화를 많이 내고 꾸중도 많 이 한 날일 경우가 참 많다. 그런 날은 선생이 집에서나 바깥에서 안 좋은 일을 당했을 경우가 많다. 이런 걸 보면 선생님 마음이 평화로워야 아이 들 마음도 평화롭고, 선생님이 행복해야 그 반 아이들도 행복하게 된다는 걸 한 번 더 느끼게 된다.

반에서 아이들의 다툼 문제를 잘 풀지 못하면 더 큰 문제를 불러일으킬 수도 있고, 어느 한 아이가 큰 상처를 입을 수도 있다. 놀다가 다투는 단순 한 문제야 쉽게 풀 수 있지만 묵은 감정이 깊이 배어 있는 다툼은 풀기가 쉽지 않다.

박문희와 싸움

금요일에 석진이 어머니가 치킨을 사 준다고 해서 석진이와 놀이터 에서 놀았다. 그때 박문희가 자기 동생과 놀고 있었다. 처음에는 내가 박문희를 놀리기도 했지만 친하게 놀고 있었다. 그런데 내가 미끄럼틀 위에 올라가 내려오려고 하고 있는데 박문희가 미끄럼틀을 타고 내려 와 부딪쳐 미끄럼틀에 있는 철에 내가 박혔다. 너무 아팠다. 그런데 박 문희는 내가 얼마나 아픈지 아는지 모르는지 자기 동생이랑 수다를 떨고 있는 것이다. 그래서 그때 내가 박문희를 찼다. 박문희는 울었다.

"갑자기 왜 얼굴 차는데!"

"니가 내려오면서 나를 밀었잖아!"

박문희는 흑흑거리면서 동생과 집으로 갔다.

그런데 박문희가 아버지를 데리고 왔다. 오자마자 바로 화를 내며 말했다.

"우리 문희 찼는 애 누구야? 나와!"

"저요. 박문희가 먼저 저를 다치게 했어요."

박문희의 아버지는 무척 화가 나서 나를 끌고 우리 집으로 가려고 했다. 그러다 갑자기 우리 아빠 전화번호를 물어보았다. 박문희는 계속 나를 안 넘어뜨렸다고 우겨 댔다. 나는 이마가 엄청 아팠다.

"어쨌든 얼굴을 차?"

"박문희가 먼저 했어요."

"나는 모르고 그랬잖아. 그리고 니 안 넘어졌잖아."

박문희는 계속 우겨 댔다. 나는 계속 거짓말 치지 말라고 했다. 이 일을 선생님께 말하고 싶었다.

박문희 아버지는 우리 아버지에게 꼭 전화를 한다고 했다. 한 번만 더 그러면 엄청 혼낸다고 했다. 그리고 박문희에게 나쁜 짓 하는 사람 있으면 말하라고 했다. 나는 계속 짜증이 났다.

석진이 집에 와 석진이 어머니께 다 말했더니, "어이없네. 나중에 또 그러면 아줌마에게 말해라." 하고 말했다.

한날 박문희가 나에게 2천 원을 주었다. 그래서 화가 서로 풀리긴 했지만 아직 그렇게 좋지는 않다. (4학년 남)

동무가 같이 놀다가 모르고 그랬는데 동무를 때리는 녀석이나 때린다고 아버지를 데리고 온 녀석이나 거기서 거기다. 그런데 이 글을 보면 어른 문제를 따지지 않을 수 없다. 박문희란 아이의 아버지는 아이들의 잘못을 일깨워 주어서 스스로 깨닫도록 해야 하는데 으름장 놓고 꾸중만 한다. 그러면 두 아이 사이는 더 나빠지기가 쉽다.

또 석진이 어머니는 "나중에 또 그러면 아줌마에게 말해라" 이렇게 말한다. 이 글을 쓴 남자아이도 자기에게 유리한 쪽으로 말했을 텐데 그 말을 다 곧이곧대로 받아들이고 그렇게 말한 것이다.

아이들의 이런 작은 다툼은 자라는 한 과정이다. 그렇더라도 아이들의 잘잘못을 가릴 때는 잘 해야 한다. 그리고 잘잘못을 따지기보다는 서로 배려하며 친하게 지내도록 깨우쳐 주어야 한다. 아이의 작은 다툼에 어른이 끼어들면 오히려 일이 더 커질 수도 있고 잘못하면 어른 싸움으로 번질 수도 있다.

글 끝에 보면 박문희란 아이가 2천 원을 주어서 화가 서로 풀렸다고 했는데 이것도 문제가 있다. 보통 힘이 약하거나 약점이 있는 아이가 힘센 동무들과 친해지고 싶을 때 이런 방법을 쓰는 일이 많다. 이래서는 안 될 일이다.

혜선이랑 크게 싸웠다

어제 일이다. 나랑 혜선이랑 크게 싸웠다. 내가 시연이한테,
"있잖아. 난 민혜가 제일 좋고 장혜선이 세상에서 제일 싫어. 민혜는 착한데 장혜선은 막 나대잖아. 자기 일도 아닌데 막 끼어들고."
시연이도 "맞아. 좀 나대야지 얼마나 많이 나댄다고." 하고 말했다.

다시 쉬는 시간이 돌아왔다. 혜선이가 나한테 쪽지를 보냈다.

'화영아, 나 혜선이야. 내가 너한테 속상한 게 있어. 너 내가 나댄다고 했다며? 어제 집에 가면서 시연이한테 들었어. 내 귀로 직접. 너 내가 그렇게 싫어? 난 그저 네가 좋아서 그런 것뿐인데, 뭐? 나대? 솔직히 나 매일 밤마다 소리 없이 울고 있어. 그것도 모르고 나한테 나댄다고? 정말 속상했고 한편으론 어이가 없다. 나 정말 절교하고 싶어. 절교할까? 그것에 대한 너의 답장을 듣고 싶어. 답장 부탁해. 혜선이가.'

그것을 읽고 속으론 '뭐 이딴 게 다 있냐! 지가 나대니깐 내가 나댄다고 하는 거지. 지가 울어? 참 나, 내가 어이가 없어서. 그게 다 내 탓이냐? 니 탓은 한 개도 없어? 박시연 이건 왜 이딴 걸 가르쳐 주고 지랄인데. 또 절교? 절교라고? 나도 절교하고 싶다. 그래. 절교하면 되겠네. 절교! 좋다. 좋아! 바라던 바다.'라고 생각도 했다.

짜증이 나서 답장을 썼다.

'좋아! 바라던 바다. 나도 너 같은 애는 살다 살다 처음 본다. 절교? 절교해! 좋다! 내가 무서울 줄 알고. 천만에! 또 밤마다 울기는 개뿔. 속으론 좋아라 했겠지. 누가 모를 줄 알고 그런 거짓말 해?'

답장이 오지 않았다.

'쳇! 양심은 있나 보네. 그것만으로도 다행이다.' 생각했다.

그다음 날 학교에 좋은 마음으로 갔다. 그런데 시연이랑, 장혜선이랑, 세은이랑, 영지가 내 눈치를 살살 보면서 자기들끼리 속닥거리고 있었다. 갑자기 아침부터 기분이 나빴다.

"뻔하지. 내 욕 할 게 뻔하다. 누가 잘못했는데 내 욕 하고 난리야?

할 말이 많은가 보네? 니들끼리."

나는 들으라고 일부러 그 애들 쪽으로 큰 소리로 말했다. 하지만 장혜선이랑 다른 아이들은 아무 반응이 없었다. 난 뭔지 궁금하기도 하고 그 일을 막기 위해서 걔들이 있는 곳으로 다가갔다.

"야! 니네들 거기서 뭐 하는데? 또 내 욕 하냐?"

한마디하니 장혜선, 최지수, 박시연, 손세은이 우르르 자기 자리로 돌아갔다. '이게 바로 따돌림?' 그땐 이런 생각이 들었었다.

나는 시연이한테 혜선이가 무슨 말을 하는지 물어보았다. 시연이는 잠깐의 망설임도 없이 바로 나에게 "혜선이가 막 너랑 친하게 지내지 말래. 참 어이가 없어서 지가 뭔데!"라고 말했다. 시연이 말처럼 진짜 어이가 없었다.

부반장 소리 몇 번 들었다고 남의 흉까지 보냐? 이런 못된 부반장은 보다 보다 처음 본다. 선거에서 25표 정도 받아서 부반장이 되었으면 말했던 공약이라도 잘 지키던가. 그럴 것도 아니면 아예 부반장을 포기하든가 한 개만 할 것이지 왜 부반장이 되었는지 도무지 이해가 안 된다. 남에게 친절히 한다고 공약을 말하고는 나대지를 않나, 남의 흉을 보지나 않나. 하나부터 열까지 마음에 드는 게 하나도 없다. 화해하자고 하면 싫다고 무시할 게 뻔하다. 걔를 한두 번 봤나. 벌써 2년이나 봤는데 당연하다. 그래서 내가 걔가 더욱더 보기 싫은 것이다. 웃는 것도 보면 꼭 "으하하하." 아니면 "으히히히." 마귀같이 웃는다.

또 솔직히 말하자면 민혜도, 지영이도, 세은이도, 서영이도, 시연이도, 여자애들 모두 장혜선이 나댄다고 하는 건 맞는 말이라고 한다. 모두 혜선이가 짜증 나는데 왕따시키면 불쌍하니까 억지로 친하게 지내는 거지. 솔직히 정말 좋아서 그런 것이 아니다.

하지만 가끔 한편으로는 마음이 불안하다. 그래도 가끔은 생각하면 생각할수록 짜증 나기도 한다. 하지만 친구니까 최대한 빨리 화해했으면 좋겠다. (4학년 여)

화영이랑 싸운 일

어제(7월 16일) 이화영이랑 싸웠다. 왜냐하면 지가 먼저 내 욕 해 놓고 지랄했기 때문이다. 어제 수업 시간에 내가 화영이에게 편지를 썼다. 난 대충 간추려서 이렇게 썼다.

'화영아, 니가 나보고 재수 없다며? 그 소리를 들으니깐 왠지 친구로서 배신감, 슬픔, 속상함이 느껴져.'

이렇게 답장이 왔다.

'그래. 내가 바라던 바다!'

난 어이가 없었다. 이상한 답장이다.

그 답장을 읽고 당황했다. 그리고 이화영은 지가 대장인 줄 안다. 막 지가 나댄다고 하며 내 왕따시켜 놓고서는……

화영이가 "야! 이 새끼야, 눈 깔아!"라고 했다.

참 지가 눈 깔지, 왜 죄 없는 나한테 그러냐?

아이씨, 이화영 시키 때문에 내 돈이 아까워. 재가 맨날 나한테 뭐 사 달라고 해서 매일 사 줬는데 지는 안 사 주고, 안 사 주면 막 절교하자고 하고. 너무하다.

솔직히 싸우긴 싫은데 개가 계속 그런다. 진짜 너무하다. 걘 안 사 주면 절교 사 주면 베프. 완전 나쁜 어린이표. 이 화 영! 칫! 나쁜 것! 매일 사 주니깐 존나 짱나! 나도 먹고 살아야 한다구! 맨날 자기도 돈 있으면서 사 달라고. 너무해! 나도 엄마 생신 때문에 돈을 모아야 하는데 걔가 계속 사 달래.

그리고 전번에도 그랬다. 오늘도 싸웠다. 제발 화해하고 싶다. 그런데 희선이 언니랑, 나영이는 걔가 화해할 때까지는 절대로 말을 하지 말랬다. 나도 그래야겠다고 생각했다. 이화영, 난 꼭 그래야겠다.

(4학년 여)

앞의 두 이야기는 혜선이란 여자아이와 화영이란 여자아이가 다툰 일이다. 다투는 건 남자아이나 여자아이나 마찬가지지만 여자아이들의 다툼은 조금 다른 면이 있다. 이쪽에 가서는 저 말 하고 저쪽에 가서는 이 말을 하기도 하고, 서로 네 편 내 편을 만들어 다투기도 한다. 또 조그마한 일 가지고도 자존심을 많이 내세우기도 하고, 속내는 화해하고 싶은 마음인데 서로 헐뜯기도 한다.

현수야, 미안해

오늘 점심때 급식실 앞에서 내 친구 현수에게 장난으로 발을 걸었다. 그러니 현수가 고대로 앞으로 퍽 엎어졌다.

나는 현수한테 갔다. 다친 데는 없는 것 같았다. 그래도 현수가 걱정이 되었다. 현수는 일곱 살 때부터 지금까지 우정을 나누면서 단짝 친구가 되었는데 이런 터무니없는 장난을 쳐서 아프게 했기 때문이다.

나는 손을 내밀며 말했다.

"현수야, 괜찮니?"

그런데 현수는 자리에서 벌떡 일어서면서,

"니 같으면 괜찮겠나? 니 한번 당해 봐라!"

"미안하다고."

"아, 니도 한번 당해 보라고! 얼마나 아픈지 조빱년아!"

현수는 나에게 욕을 썼다. 정말 화도 나고 당황했다. 나에게는 한 번도 쓴 적이 없는 욕을 했기 때문이다. 나는 '저 새끼 미쳤나? 왜 나한테 욕 쓰고 지랄이야!' 하는 심한 욕을 속으로 생각하고 있었다.

현수는 나를 쩌려보며 서 있었다. 나도 "미안하다고 했잖아, 시발아!"하고 소리쳤다.

"미안하면 다냐고! 니가 나 넘어뜨렸으니까 나도 니 넘어뜨린다고!"

"미안하다고!"

나는 현수를 쩌려봤다. 현수는 나를 벼룩만큼도 보지 않았다. 나는 생각했다.

'난 태권도 2품이고 세 달 뒤면 심사 보러 가는데 지가 뭘 잘한다고 그래! 1품이면서……'

나는 또 눈물이 찔끔 났다. 내가 욕을 쓴 것도 미안하고 내가 사과를 하는데 안 받아주는 현수의 마음이 너무 야속하기도 했기 때문이다. 오늘만은 현수가 너무 싫었다. 평소에는 심한 장난도 사과를 하면 받아주는데 오늘은 받아주지 않았다.

"야, 박현수! 내 말이 사람 말 같지가 않냐고, 응?"

"그래! 그렇게 안 들린다! 왜 그따구로? 니 인생 그렇게 살지 마라!"

현수 말을 들을 때마다 현수고 뭐고 내 가슴이 찢어지는 것 같았다.

현수는 어느 때보다 내 사과를 잘 받아주지 않았다. 나는 욕이 막 툭 튀어나왔다.

"이 나쁜 새끼야! 내 사과도 안 받아주니? 잘 먹고 잘 살아라, 찌질아!"

"그래! 잘 먹고 잘 살게, 찌질아!"

나는 현수의 머리를 한 대 치고 돌아섰다. 그렇게 뒤돌아서니까 현수와 절교한 느낌이 들었다. 잘못하기는 내가 먼저 잘못했는데…….나는 속으로 '현수야 미안하다. 내가 말을 너무 심하게 했지?' 하는 생각을 했고, 현수는 '점마 저거 확 박아 버릴까?' 하는 표정으로 뒤로 돌아보며 갔다. 나는 또 '현수에게 시비 건 건 나지?' 하고 생각했다.

내가 먼저 잘못했으니까 오늘 태권도 학원에 가서 사나이답게 진심으로 사과를 해야겠다. (4학년 남)

상황을 보니 두 아이 다 이해가 된다. 친한 사이니까 서로 마음이 가라앉고 스스로를 돌아볼 수 있게 되면 사과하고 받아들여서 다시 친하게 지내겠지.

반에서 일어나는 다툼을 선생이 다 간섭하려면 지친다. 이럴 때 나는 싸움 편지를 쓰게 한다. 방법은 이렇다. 처음엔 저마다 싸움 경위서를 쓰게 한다. 경위서를 다 쓰면 서로 바꿔 읽게 한 다음 서로에게 편지를 쓰게 하고, 편지를 다시 읽게 하고…….이렇게 여러 번 되풀이하다 보면 끝에는 서로 사과하는 편지를 쓰면서 저절로 풀린다. 이렇게 편지를 거듭 쓸

수록 격한 감정이 가라앉게 되고, 격한 감정이 가라앉으면 제 잘못도 깨닫게 되고, 그러면 끝에는 서로 사과하지 않을 수 없게 되는 거다. 선생이 바쁠 때 다툼이 일어나면 선생도 격한 감정을 삭이지 못해서 무조건 꾸중하기가 쉽다. 아이 이야기를 대충 듣고 잘잘못을 가려 꾸중하면 열에 여덟아홉은 한 아이에게 크게 상처를 주게 된다.

먼저 두 아이 이야기를 들어보고 아주 작은 일일 경우엔 "그만 서로 화해하고 끝낼까, 아니면 끝까지 따져서 잘잘못을 가릴까?" 하고 물어본다. 아이들은 대부분 "화해하고 말지요, 뭐" 이런다. 이때 타이르고 한 번씩 포옹해 주면 그만이다. 끝까지 따져야 한다고 하면 싸움 편지를 쓰게 한다. 어릴 때의 작은 다툼들은 자라는 데 좋은 밑거름이 되기도 하니, 아이들 스스로 슬기롭게 잘 풀어 나갈 수 있도록 지도하는 것이 필요하다.

아이들이 동무 사이에 숨기는 것은 무엇일까?

"나는 정말 너한테 숨기는 것 없이 솔직하다" 이렇게 말할 수는 있겠지만 정말 상대방에게 숨김이 하나도 없을 만큼 친밀한 관계는 없다. 조금씩은 상대방에 대한 껄끄러운 마음을 숨기고 살아간다. 어른에 견줄 수는 없지만 아이들도 그런 면이 있다.

영은이가 모르는 비밀

나는 돈이 있는데 영은이에게 돈이 있다고 하면 무엇을 사 돌라 할까 봐 없다고 속였다.

나는 돈이 없는 척하고 영은이랑 학원에 갔다. 학원 공부를 마치고 같이 집에 왔다. 사거리에서 헤어져 나 혼자 또래문구에 갔다.

"이모, 돈가스 하나랑 떡볶이 300원어치 주세요."

그걸 받아서 먹었다. 먹으니까 영은이에게 미안한 마음이 좀 들었다. 나는 '아이고. 윤서야. 영은이한테 그런 거 한 개 못 사 주냐?' 하며 내 머리를 주먹으로 때렸다.

나는 영은이에게 몹시 미안했다. 그런데 나는 갑자기 영은이가 나를 싫어했을 때가 생각났다. 그때 내가 뭐라 하면 영은이는 "뭐!" "그래서, 어쩌라고!" 하며 내 말을 무시했다. 그다음 날부터 영은이는 계속 내가 말을 걸면 까칠하게 굴었다. 나는 영은이만 생각하면 그 일이 생각난다. 나는 그때부터 영은이가 좀 싫어졌다. 그런데 나는 영은이랑 어린이집도 같이 다녔고, 학원도 같이 다니고, 학교에서도 같은 반이다. 그래서 나는 영은이와 좀 더 친하게 지내고 싶었다.

그런데 그 후로 계속 아침에 전화도 안 받고, 아니면 휴대폰도 꺼져 있고, 아니면 휴대폰을 매일 집에 두고 가서 영은이 이모가 전화를 받는다. 나는 영은이랑 같이 학교에 가고 싶어서 출발할 때마다 전화를 하는데 영은이는 전화를 안 받고 바로 학교에 간다. 그래서 나도 영은이랑 친하게 지내기 싫은 것처럼 대하며 혜선이랑, 화영이랑, 현미랑, 시원이랑, 민혜랑, 세은이랑 다닌다. 그렇지만 나는 영은이랑 다니고 싶다. 그래도 영은이는 내 맘도 몰라주고 내가 다른 친구랑 다니면 꼭 한 명씩에게 "아, 나랑 저기 가자." 하며 데리고 간다.

그래도 나는 이제부터 영은이랑 친하게 지내고 속이지 않겠다고 다짐했다. 나는 "영은아, 이제부터 친하게 지내자."라고 말하고 싶다.

(4학년 여)

이 글을 쓴 아이는 돈이 있는데도 동무에게는 없는 척하며 있다가 혼자 돈가스와 떡볶이를 사 먹었다. 동무에게 사 주려니 좀 아까웠던 모양이다. 그러고 난 뒤 마음에 걸렸는지 제 스스로 제 머리를 쥐어박기도 한다. 다시 전에 영은이와 안 좋았던 일을 떠올리며 옳지 않은 제 마음을 합리화시킨다. 그렇지만 다시 친하게 지내겠다고 스스로 다짐한다. 동무와 나누어 먹어야 한다는 그 마음이 살아 있기 때문이다.

친구에게 거짓말한 일

나는 준석이에게 거짓말한 일이 있다.

전번 주 목요일에 논술 학원에 가려고 109동 주차장으로 가고 있는데 어떤 차 앞에 돈이 떨어져 있어 준석이를 불렀다. 준석이가 오자 내가 말했다.

"이 돈 경비실 아저씨에게 갖다 드려야 할까?"

그런데 옆에서 음식물 쓰레기를 갖다 버리고 있는 아주머니가 우리에게 가지라고 했다. 그래도 나는 걱정되는 것이 있었다. 돈 주인이 우리에게 찾아와서 욕을 할 수도 있기 때문이다.

나는 일단 논술 학원으로 갔다. 준석이가 "얼마 정도 있겠노?" 하고 물었다.

"아마도 3천 원쯤……."

나는 준석이와 쓰기로 했다. 그때 비가 좀 와서 돈도 베렸다. 그래서 나는 논술 학원에 가서는 휴지로 돈을 감싸 두었다. 얼마가 있는지 보았는데 진짜로 3천 원이다.

논술 학원을 마치고 논술 공부를 같이 하는 재인이에게 물었다.

"우리 뭐 사 먹으러 갈래?"

"그래."

우리는 '오천사'라는 치킨 가게에 갔다. 그곳에서 맛있는 닭꼬치를 먹었다. 그리고 준석이를 다시 만났다.

"얼마 있었어?"

"천 원밖에 없더라. 두껍긴 했는데 천 원이더라."

나는 그렇게 준석이에게 거짓말을 했다. 나는 준석이가 없을 때 또 천 원을 썼다. 놀다가 엄청나게 목이 말라 음료수 한 개를 사 먹었다. 그렇게 돈을 다 썼다.

또 준석이를 만났다. 준석이가 "아직도 돈 있나?" 하고 물었다.

"갑자기 없어졌다."

"왜?"

"모르겠다."

라고 했다. 준석이는 계속 나에게 속고 있었다.

나는 다행이다, 생각했다. 그렇지만 다음부터는 친구에게 거짓말을 하지 않을 것이다. (4학년 남)

이 글을 쓴 아이는 같이 돈을 주운 동무에게 이렇게 저렇게 해서 돈이 없어졌다고 속이며 혼자 다 써 버린다. 동무도 속이고 제 양심도 속이는 행동을 한 것이다. 끝에 다음부터는 거짓말을 하지 않겠다고 한 걸 보면 그래도 양심이 조금 살아 있는 것 같다. 이 아이는 이 일을 끝까지 마음속에 숨길까, 아니면 동무에게 말할까?

아이들은 또래 동무와 어떻게 놀까?

무슨 일을 해도 혼자보다는 함께하는 사람이 있으면 몇 배 큰일도 거뜬히 해낼 수 있다. 함께해 주는 그 마음이 나에게 용기를 주고 힘을 주기 때문이다. 이게 집단의 힘이다. 집단의 힘이 좋게 작용하면 어려운 일을 헤쳐 나가는 데에 큰 힘이 된다. 자신감이 없는 사람에게는 용기와 자신감을 북돋워 주어 두렵고 힘겨운 일도 거뜬히 해낼 수 있게 한다. 하지만 나쁘게 작용하면 그릇된 생각이나 행동도 옳다고 내세우면서 한 개인이나 약한 집단을 아주 깔아뭉개기도 하고 생존까지 위협하기도 한다. 님비 현상이나 핌피 현상도 여기에 들어간다고 볼 수 있다.

아이들의 또래 관계는 어른들보다 훨씬 더 친밀해 또래 집단에 자기를 동일시하기도 한다. 그래서 아이가 속한 또래 집단은 자긍심의 뿌리가 되기도 하고 자존감을 발달시키는 데 큰 영향을 주기도 한단다. 그밖에도 여러 가지 좋은 영향을 주기도 하지만 결속력이 아주 강해서 자칫하면 잘못된 방향으로 갈 수 있는 힘을 주기도 한단다.

한 아이의 글을 보니, 쑥스러움이 많아 동네 사람들에게 대답도 잘 못하고 인사도 잘 못했는데 같이 다니는 한 동무가 씩씩하게 하니까 자기도 용기가 생겨 그렇게 하게 되었단다. 그렇게 해서 다른 일에도 자신감이 생기고 성격도 활발해졌단다. 저 혼자서도 용감하게 어떤 일을 할 수 있는 힘으로 발전하게 된 것이다. 좋게 발전한 모습이다.

다음은 또래 집단의 힘이 좀 나쁘게 작용한 모습이다.

장애인 놀리기

우리는 축구를 하러 체육관에 갔다. 하지만 조금 뒤 아저씨들이 와 우리보고 "너희들 나가라!" 했다. 우리는 아저씨들 말대로 밖으로 나갔다. 그런데 나는 화가 좀 났다. 왜냐하면 우리가 먼저 왔는데 함부로 우리보고 나가라고 했기 때문이다.

그래서 우리는 족구장 옆에 있는 벽 있는 곳에서 축구를 하기로 했다. 이곳은 벽 때문에 그늘이 있어 시원하다. 축구를 하다 내가 핸들을 해서 반칙이 되었다. 차는 사람은 병식이다. 찼는데 공이 앞으로 가지는 않고 오른쪽으로 갔다.

그때 어떤 장애인 할아버지가 공을 잡고 풀숲으로 갔다. 우리는 얼른 뒤따라갔다. 진영이가 할아버지 뒤에서 공을 세게 치자 공이 떨어졌다. 그래서 우석이가 잡아 얼른 뛰어갔다. 우리는 웃으면서 뛰어갔다. 뒤에서 공을 쳐서 빼앗으니 재미가 있기 때문이다.

우리는 다시 축구를 했다. 그런데 갑자기 장애인 할아버지가 "욕 쓰면 안 돼." 했다. 우리는 어이가 없었다. 왜냐하면 우리는 그냥 축구만 하고 있는데 우리보고 욕 쓰면 안 된다고 했기 때문이다. 그러자 옆에 있는 형들이 "얼른 가세요, 얼른 가세요." 하고 말했다.

할아버지는 갔다. 그런데 병모가 공을 또 잘못 차서 가지러 갔다. 그런데 갑자기 정혁이가 나한테 와 보라고 했다. 내가 공을 가지러 가는 동안 무슨 이야기를 했나 보다. 그래서 나는 정혁이 있는 곳으로 갔다. 우석이가 친구들보고 장애인 할아버지 한 번만 더 놀리자고 했다. 그래서 나는 찬성했다. 나는 공을 옆으로 모르고 찼다는 듯이 일부로 찼다. 그런데 할아버지는 공을 줍질 않았다. 그래서 결국 내가 다시 계획을 짰다. 내가 장애인 할아버지한테 공을 주면 다른 사람들은 숨어 있다가 나와서 빼앗는 작전이다.

내가 장애인 할아버지한테 "할아버지, 이 공 좀 빌려 드릴까요?" 하면서 공을 내밀었다. 할아버지는 공을 가지고 농구를 하면서 농구장으로 갔다. 나는 그때 "빼앗어!" 하고 외쳤다. 내 친구들은 앞뒤로 달려갔다. 하지만 이번에는 할아버지가 "우우!" 하고 소리를 내면서 공을 앞으로 내밀면서 겁을 먹게 하였다. 그때 진영이가 뒤에서 공을 쳐서 빼앗으려고 했다. 하지만 빠지지가 않았다.

할아버지는 우리가 같이 농구를 하는 줄 알고 슛을 했다. 공은 골대를 맞고 튕겨 나왔다. 그때 우석이가 공을 가로채서 빼앗았다. 할아버지는 "나도 농구 좀 해 보자." 했다.

"튀어라, 크크크크! 역시 장애인은 잘 속는다. 우리의 작전 성공. 완전 재미있다."

나는 "빨리 도망쳐라! 자전거 타라!"라고 했다. 나도 자전거를 타고 도망을 쳤다. 도망쳐서 거리를 두고는 "바보래요, 바보래요." 하고 놀리며 깔깔 웃어 댔다.

나와 우석이 그리고 진영이는 자전거를 타고, 병식이는 걸어왔다.

(4학년 남)

아이들과 가까워지고 싶어 하는 장애인 할아버지를 아이들 여럿이 놀려 먹는다. 할아버지가 잡고 있는 공을 쳐서 빼앗기도 하고 일부러 공을 줍게 하고는 다시 공을 쳐서 빼앗기도 한다. 그러면서 아이들은 "역시 장애인은 잘 속는다. 우리의 작전이 성공. 완전 재미있다" 하고, 또 도망치면서도 "바보래요, 바보래요" 하며 할아버지를 놀린다.

장애인을 놀리면 안 된다는 것을 이 아이들이 몰라서 그런 것이 아니다. 한 아이 한 아이에게 물어보면 장애인을 대할 때는 어떻게 대해야 하는지 잘 알 테다. 또 혼자는 이런 행동을 하지도 못한다. 이렇게 할 수 있는 힘은 또래 집단의 힘에서 나온 것이다. 그러니까 나쁘다는 것을 알아도 집단에서 배제되지 않으려고 같이 행동하는 것이 또래 집단의 심리다. 또 아이들이 집단으로 있을 때는 혼자 있을 때보다 다른 사람의 감정을 헤아리는 마음이 무뎌져서 그렇기도 하다. 아이들의 이런 심리를 잘 이해해야 집단 따돌림이나 학교 폭력과 관련된 문제를 잘 지도할 수 있다.

한 아이의 글을 보니, 두 아이가 엘리베이터에 같이 탄 할아버지 뒤에서 몰래 때리는 시늉도 하고 똥침하는 시늉도 하면서 저희들끼리 시시덕거린다. 이러한 행동은 혼자서는 할 수 없는 행동이다. 보아 주고 맞장구쳐 주는 또래 동무와 함께 하기 때문에 할 수 있는 행동이다. 나중에라도 잘못한 행동임을 깨달았다면 또 괜찮다. 그런데 이 아이는 "다음에도 할아버지 몰래 이렇게 해서 막 웃을 것이다. 이렇게 행동을 하면 재미있고 웃기기도 한다"고 했다. 아이들이 이런 행동을 장난쯤으로 여기는 생각을 바르게 깨우쳐 주어야 한다.

아이들은 이렇게 잘잘못을 생각하지 않고 행동하고는 뒤늦게 잘못되었구나, 생각하는 경우가 많다. 그러면서 아이들은 잘잘못을 깨우치기도 하겠지만 당하는 사람은 한때 아이들 장난으로 여길 수 있을지 모르겠다.

몰래 초인종 누르고 도망가기

난 친구가 있으면 못 하는 일도 할 수 있게 된다. 그래서 나 혼자 있을 때 못 하는 짓을 했다.

엄마한테 지희랑 논다고 하고 나갔다. 엄마가 아파트에서 나가지 말라고 해서 우린 집 근처에서 놀기로 했다.

우린 할 게 마땅히 없어서 그냥 몰래 초인종 누르고 도망가는 놀이를 하자고 했다. 이건 진짜 재미있다. 우리는 집집마다 '띵똥 띵똥 띵똥 띵똥'거렸다. 솔직히 하면 안 되지만 정말 재미있었다.

이번에는 좀 먼 데 가서 했다. 갈수록 재미있었다. 그래서 우린 더욱더 많이 했다. 그런데 무섭게 생긴 할아버지한테 들키고 말았다. 그래서 우린 꾸중을 들었다. 정말 기분이 나빴지만 우리는 좀 더 했다. 할아버지가 어디 가셨기 때문이다. 또 우린 '띵똥 띵똥 띵똥 띵똥'거렸다. 솔직히 우린 아파트에서 이것밖에 할 게 없었다. 나도 지희가 아니었으면 이런 간 큰 행동은 못 했을 것이다.

난 더 하고 싶고 그랬다. 그런데 지희가 그만하자고 했다. 아마도 할아버지한테 혼나서 그런 것 같다. 나도 조금 떨리긴 했지만.

"지희야, 딱 한 번만 더 하자, 응?"

"알았어. 딱 한 번이다."

"알았어."

우리는 어떤 집의 벨을 눌렀다.

'띵똥 띵똥.'

그런데 우리가 도망가기 전에 아줌마가 나왔다.

"계속 벨 누르던 게 너희였니?"

우리는 너무 놀라 도망을 갔다.

"휴우, 우리 그만하자."

난 너무 놀랐다. 십년감수!

우리는 다시는 안 하기로 다짐했다.

> 이건 엄마들도 모르는 이야기이다. 우리 둘만 아는 이야기다. 지금
> 생각하면 부끄럽다. (4학년 여)

이 아이는 동무와 남의 집 초인종 누르는 것을 놀이 삼아 했다. 초인종
을 눌러 놓고 집주인이 속아서 문을 열고 내다보거나 화내는 모습 같은
것에서 즐거움을 느낀다면 이것 또한 문제가 있다.

아이들은 오히려 이런 행동을 재미있는 놀이로 생각한다. 그렇게 놀이
로 빠져들면 나쁜 행동이란 생각은 잊어버리거나 잘 못 느낀다. 그래도
이 아이는 나중에 그게 부끄러운 행동이었구나 생각했다.

고양이 맞히기 놀이

놀이터에서 친구들이랑 놀 때 일이다. 병준이가 갑자기 어떤 고양
이를 보더니 열매를 따서 고양이를 맞히자고 했다. 그래서 할 수 없이
열매를 따서 고양이를 맞히려고 준비했다. 그런데 병준이가,

"윤석아, 비켜 봐. 모래 던진다."

"안 된다. 모래 던지면 고양이 눈에 들어가 실명될 수 있단 말이야.
차라리 열매 던지라니까."

난 도망가게 하려고 열매를 고양이 옆으로 던졌다. 고양이가 아무
런 상처 없이 무사히 도망을 갔다. 그런데 병준이가 열매를 던져 고양
이를 맞혔다. 고양이는 아픈 표정을 하면서 멀리 뛰어갔다. 병준이가
끝까지 뛰어가서 또 고양이를 맞혔다. 고양이가 내 쪽으로 와서 깜짝

놀랐다. 고양이가 날 계속 쳐다봤다. 난 고양이를 보면서 조심조심 다가갔다. 길 가던 영우가,

"윤석아, 병준아, 너희들 거서 뭐하는데?"

"응, 우리 지금 고양이 맞히기 놀이 하고 있어."

"그래, 영우 너도 같이 하자."

"응, 그래. 나도 할래."

거의 다 갔는데 우리 소리가 너무 커서 고양이가 도망갔다. 도망가는 고양이를 따라가 모래를 뿌렸다. 고양이를 따라가니까 아파트 화단 구석에 새끼 고양이 다섯 마리가 있었다. 정말 귀여웠다. 새끼 고양이들을 만져 보고 싶어서 가까이 갔는데 아까 도망갔던 그 고양이가 멀리서 우리를 지켜보고 있는 것 같았다.

우리는 새끼를 만져 보고 싶었지만 어미가 싫어할 것 같아서 멀리서 쳐다만 보았다. 그런데 병준이가 새끼 고양이를 가지고 가자고 했다. 나도 너무 귀엽게 생겨서 호기심에 갖고 놀고 싶기도 하고 만져 보고 싶어서 데리고 갈까, 하고 생각했는데 그러지 말자고 했다. 새끼 고양이들이 불쌍해 보여서 왔다.

우리는 놀이터에서 미끄럼틀도 타고 잡기 놀이도 하고 놀다가 또 심심했다. 그래서 아까 보았던 새끼들이 궁금해서 다시 가 보자고 했다. 다시 가 보니 그 자리에 그대로 웅크리고 모여 앉아 있었다. 어미는 보이질 않았다.

새끼 고양이들은 까만색도 있고, 흰색이랑 섞인 것도 있고, 회색빛 나는 새끼도 보이고, 여러 가지 색깔의 털을 가진 새끼였다. 어미는 어딜 가서 새끼들만 남겨 놓았는지 궁금했다.

새끼들을 보고 있는데 어디서 모래가 날아왔다. 깜짝 놀라 뒤돌아 보니 병준이랑 영우가 모래를 뿌렸던 것이었다. 난 순간 화가 났다. 아직 태어난 지 얼마 안 된 아주 작은 새끼 고양이한테 모래를 뿌리다니! 정말 내 친구들이지만 창피한 생각이 들었다. 너무 불쌍한 새끼 고양이들. 내가 어떻게 해야 이 새끼 고양이들이 무사히 살아갈 수 있을까, 하고 고민을 했다.

그러다가 친구들에게는 모래나 열매를 절대로 뿌리거나 장난치면 안 된다고 당부를 하고 집에 왔다. 나는 우유를 갖고 나왔다. 빈 그릇도 하나 들고 왔다. 그릇에 우유를 부어서 고양이들 가까이에 두었다. 우유를 들고 가는데 엄청 겁이 났다. 갑자기 어미가 공격을 하는 건 아닌지, 아니면 다른 동물이 있는 건 아닌가 싶어서. 조심스럽게 다가가 우유가 담긴 그릇을 두고 왔다. 고양이 새끼들은 옆에 우유가 있는지도 모르고 계속 울고만 있었다. 눈도 못 뜨고 애기들 울음처럼 울었다.

우유를 안 먹길래 내가 가서 직접 먹여 줄까도 생각했지만 계속 보고만 있었다. 강준이랑 현우가 우리 새끼 고양이를 밖으로 꺼내서 같이 놀까, 물어보길래 나는 안 된다고 하고 불쌍하니까 가만히 놔두자고 타일렀다.

조금 있으니까 어미가 우리 주변을 어슬렁거리면서도 새끼들에게 가지를 못했다. 난 이때다 싶어서 친구들에게 고양이는 시시하니까 그냥 야구나 하러 가자고 꼬셨다. 친구들은 새끼를 꼭 가지고 놀고 싶다고 했지만 계속 설득시켜서 놀이터로 갔다. 놀이터로 가면서 나는 뒤를 힐끔힐끔 쳐다보며 새끼 고양이들이 무사하기를 바랬다. 그리고 어미가 새끼들에게 들어가는 모습을 보니 정말 안심이었다.

난 오늘 우리가 고양이에게 열매로 맞히고 모래도 뿌리고 했던 나쁜 행동들이 후회도 되고 새끼 고양이들이 엄마를 찾는 모습에 정말 미안한 생각뿐이었다. 나도 친구들과 재미로 고양이를 괴롭히는 일을 시작했지만 빨리 깨우쳐서 다행이다. 까딱 잘못했으면 친구들과 그렇게 하자고 했을 것이다.

오늘 나와 친구들이 한 행동은 정말 나쁜 짓이라는 걸 느꼈고 잘못한 점을 가슴 깊이 뉘우치고 있다. 다시는 나쁜 짓을 하지 않을 것이다. (4학년 남)

고양이를 해코지하는 것이 나쁘다는 것을 또렷이 알면서도 동무가 하자는 걸 아주 뿌리치지 못하는 것이 아이들의 또래 동무 관계다. 같이 하지 않으면 동무를 배신하는 것이 되고, 배신하면 또래 집단에서 떨어져 외톨이가 되니까 아이들은 그것보다 무서운 것이 없다. 그래서 나쁘다는 것을 알면서도 함께하게 되는 것이다. 그래도 한 아이가 말려서 다행이다.

자전거 훔쳐타기

학원을 마치고 석이랑 놀려고 가고 있는데 커피 파는 곳 앞에 어떤 자전거가 있었다. 석이가 갑자기 말했다.

"동인이, 이거 스포츠 자전거다. 엄청 좋은 거다. 나 이거 한 번만 타보고 싶다."

"나도 마찬가지. 가격이 엄청나겠네. 근데 이 자전거가 왜 이쪽에 있지? 전번에는 없었는데 타고 싶다. 자물쇠라도 열려 있으면 좋은데 이 자전거 자물쇠 열 수 있나?"

석이랑 나랑은 자전거 주인이 누구인지 알고 싶었다. 이 자전거는 사이클보다 더 좋은 자전거여서 한 번도 타 본 적이 없었다. 그래서 생각을 했다.

"야, 동인이. 문구점에서 산 맥가이버 칼 사용하자. 왠지 자물쇠 자를 수 있을 것 같다."

"석아, 집에 놔두고 왔다. 니 혼자서 해라. 그래도 자전거 나도 탈 거다."

"야, 나도 두 개 샀잖아. 모르나? 니 한 개 빌려 줄게. 자르면 둘 다 타 보자. 야, 동인이. 우리 근데 이런 짓 해도 되나? 왠지 걸리면 엄청 혼날 것 같은데, 내가 먼저 말하긴 했지만. 지금은 왠지 혼이 날 거 같다. 그래도 일단은 하자."

석이와 나는 일단 하기로 했다. 그런데 석이는 일단 비밀번호 하는 데를 돌로 박살 내자고 했다. 석이가 큰 돌을 찾아 찧어 보니 한 번 만에 박살이 났다. 그런데 번호 안까지는 안 되었다. 석이는 다시 박살 내자고 했다. 그때 나는 살짝 겁이 났다.

"석이, 이제 그만하자. 들키면 엄청 혼날 거 같다."

"니는 하지 마라. 나는 할 거다. 혼나든 말든. 니 할 거면 오고 안 할 거면 가라."

"나도 할래."

석이와 나는 맥가이버 칼로 그 자물쇠를 자르려고 했다. 석이는 앞부분을 자르려고 하고 나는 뒷부분을 자르려고 했다.

"동인이 니는 다 돼 가나?"

"석이 니는? 나 이거 잘 안 잘린다."

"동인이, 앞에랑 뒤에랑 같이 자를래?"

"어, 괜찮다."

둘이서 따로 자르고 있는데 갑자기 문이 열려 차 뒤로 숨었다. 문이
다시 닫히자 또 자물쇠를 잘랐다. 그런데 너무 딱딱해서 자르기가 힘
들었다. 석이는 자물쇠를 잡고 세게 문질렀더니만 갑자기 잘렸다. 뒤
에는 자르지 않아서 안 열렸다. 석이가 도와줘도 뒤에는 잘 안 열렸다.

"석이, 이거 왜 이렇게 안 돼?"

"그러게. 안 되네."

둘이 함께 자물쇠를 잡고 당겼다. 하지만 자물쇠는 끄덕도 하지 않
았다. 그래서 석이는 그 자물쇠를 큰 돌 갖고 찧었다. 그런데 자국이
조금 나서 그쪽으로 맥가이버 칼로 문질렀다. 점점 잘려지고 있는데
갑자기 딱딱한 부분이 있었다. 그것은 석이가 한 번 더 돌로 찧었다.

"석이, 이거 왜 이래? 안 열려. 그리고 왜 이렇게 딱딱해?"

"자물쇠 부분이라서 잘 안 열린다."

석이와 나는 온 힘을 다해서 그 자물쇠를 잘랐다. 그런데 풀어지자
둘이서 한 바퀴씩 탔다. (4학년 남)

이 아이들은 잠가 놓은 남의 자전거 자물쇠를 몰래 부수었다. 둘이서
한 바퀴씩 타려고 그 짓을 한 것이다. 또 다른 아이의 글을 보니, 자기 자
전거 페달이 고장 나 자전거 보관소에 있는 남의 자전거 페달을 몰래 빼
서 자기 자전거에 끼운다. 한 아이는 망을 봐 준다.

아이들은 이런 행동이 나쁘다는 것은 알지만 무엇이 얼마나 나쁜지, 당하는 사람이 얼마나 속상해 할지 미처 깨닫지 못할 때가 많다. 이런 자기중심 생각, 호기심이나 엉뚱한 모험심, 거기다 또래 집단의 힘 같은 것이 보태어져 더욱 엉뚱한 행동을 하게 만드는 것 같다.

아이들의 장난을 어떻게 봐야 할까?

아이들은 장난을 많이 친다. 그런데 아이들 장난은 그 경계가 분명하지 않을 때가 많다. 아이들이 서로 좋아하는 마음을 장난으로 표현할 때도 있지만 그냥 재미 삼아 장난을 치기도 한다. 때로는 힘 약한 아이를 장난으로 괴롭히면서 힘센 동무에게 풀지 못한 감정을 풀기도 한다.

장난이 심해서 상대 아이가 힘들어하고 싫어하면 그건 이미 장난이 아니라 괴롭힘이 된다. 그런데 장난을 친 아이는 동무가 힘들어하는 걸 모르기 쉽다. 마음이 여리거나 착한 아이들은 동무의 장난에 힘들어도 말을 못 하는 경우가 대부분이기 때문이다.

그래서 아이들이 어떤 마음으로 장난을 치는 것인지, 당하는 아이는 어떤 마음인지를 잘 살펴보아야 한다.

내 옆짝 신희

내 옆 짝 이름은 이신희이다. 여자다. 어떨 때는 나한테 잘 해 주고 어떨 때는 날 괴롭힌다. 괴롭힐 때가 더 많다. 어떻게 괴롭히냐 하면 막 머리끄댕이 잡아당기고, 막 팔다리 꼬집고, 손목 꺾고, 팔 돌리고, 막 손으로 내 몸을 때린다. 그래서 정말 싫다. 나는 맨 처음에는 장난이라고 그냥 넘어갔지만 지금은 해도 해도 너무한다는 생각이 든다. 아무리 장난이어도 남이 싫어하는 짓은 안 하면 좋겠다.

오늘은 수학 혼합 계산에 대한 문제를 만들어 선생님께 검사를 맡는데 자꾸 불합격 되니까 짜증이 났는지 나한테 화풀이했다. 난 정말 화가 났다.

전번 체육 이론 시간에는 내가 가져온 연필을 빼앗아가서 공부를 못 했다. 그때는 정말 울고 싶었다. 하지만 울음을 꾹 참았다.

신희는 이렇게 나를 장난감으로 가지고 논다. 그래서 이렇게 말할 때도 있다.

"야! 내가 니 부하가?"

그러면 신희는 막 이렇게 말한다.

"이씨, 이게 대들어?"

그러면서 머리를 잡아당기거나 팔을 돌린다. 아니 내가 무슨 잘못을 했다고 자꾸 이런 짓을 하는지 모르겠다.

친구들은 자꾸 신희가 나를 좋아한다고 하는데 여자들은 남자를 사랑하면 때리는 것인가? 참 여자들은 이상하다.

정혜은하고 강수희도 자꾸 나를 괴롭힌다. 그래서 괴롭다. 오늘 점심시간에도 영어 연구실 앞에서 줄을 서 있는데 수희가 괜히 때렸다. 맨 처음에는 등을 때렸다.

"아씨! 하지 마라!" 하고 소리 질렀는데도 자꾸 나를 찼다. 그래서 나는 화가 너무 났다.

점심 먹을 때 내가 "아, 맛없다." 했는데, 수희는 "뭐? 우리보고 싸가지라고?" 했다. 그래서 내가 "아, 아니. 그게 아니라고." 하고 말했다.

영은이는 마치고 보자고 했다. 그래서 점심을 다 먹은 뒤에 교실에 가니 영은이가 수학 문제 어떻게 푸는지 가르쳐 달라고 협박했다. 그래서 나는 하는 수 없이 가르쳐 주었다.

영은이는 나를 좋아해서 괴롭히는 걸까? 아니면 내가 너무 만만해서 괴롭히는 걸까? 내 생각으로는 내가 만만해서 그러는 것 같다. 그래도 앞으로는 때리지 않았으면 좋겠다. 그리고 막 짜증을 내는 성격을 고쳤으면 좋겠다. 아무튼 막 나를 때리니까 무섭다. (4학년 남)

요즘은 여자아이들이 남자아이한테 장난을 치는 경우를 자주 본다. 이 글에서도 여자아이가 남자아이한테 아주 심하게 장난을 친다. 동무들은 여자아이가 자기를 좋아하는 거라고 하는데, 이 글을 쓴 아이는 자기를 괴롭히는 걸로 생각한다. 남자아이가 마음이 여려 어떤 행동도 잘 받아 주니까 여자아이는 이 아이한테 스트레스를 푸는 것 같다.

이 아이가 글 끝에 쓴 말을 보니, 너무 심하게 괴롭히니까 좋아서 괴롭히는 건지 만만해서 괴롭히는 건지 헷갈린다고 했다. 내가 여자아이를 불러 좋으면 좋다고 해야지 그렇게 괴롭히는 건 안 좋은 거라고 하니까, 좋아하는 게 아니라고 했다. 좋아하는 사이가 아니라면 그건 더욱 나쁜 거라고 일러 준 뒤에는 조금 덜했다.

내 돈 뜯는 여자아이들

내가 가장 싫고 미운 아이들은 채서진, 윤진희다. 왜냐하면 매일 학교가 끝나고 운동장에서 날 보면 돈을 달라고 하기 때문이다. 만약에 돈을 안 준다고 하면 때리려고 한다.

오후 2시 30분쯤 나와 재민이가 같이 걸어가고 있었다. 그때 뒤에서 채서진과 윤진희의 목소리가 들렸다. 나는 몸이 움찔거렸다. 또 돈을 뜯길까 봐서다.

둘은 "어? 정민규다! 야, 나 100원만." 하며 따라왔다.

"싫다! 싫어!"

"우우 쒸이."

내가 안 준다고 하니까 주먹을 들었다 내렸다 했다. 나는 고개가 내려갔다 올라갔다. 나는 기회를 노려서 필사적으로 도망을 갔다. 하지만 윤진희가 재빠르게 달려와 날 잡으려고 하는데 내가 더 빨리 뛰어서 살았다. 하지만 채서진이가 있었다. 채서진은 달리기가 정말 빠르다. 얼마나 빨랐을까? 벌써 내 앞에 멈춰 섰다.

"아악! 빨리 도망가자! 아악!"

나는 뒤로 도망치려고 했는데 힘이 장난 아니게 센 윤진희가 뒤를 맡고 있었다. 이미 결정났다. 돈을 안 주는 건 물 건너갔다. 나는 한숨을 푹푹 쉬며 돈을 줬다.

'이런! 아아, 저런 나쁜 놈!'

나는 속으로 욕을 했다. 다음엔 절대로 돈을 안 빼앗길 것이고 달리기 연습도 해야겠다.

다음 날, 나는 달리기 연습도 했다.

'난 이제 절대로 돈을 안 빼앗기리라!'

나는 두 주먹을 불끈 쥐었다. 드디어 학교가 끝났다. 나는 이글이글

타오르는 눈빛으로 채서진과 윤진희가 오는지 안 오는지 살펴보고 재빠르게 샤샤샥 움직였다. 많은 코스를 완료하고 그다음 마지막 코스. 대왕이자 덩치가 아주 큰 운동장이다. 나는 교문을 바라보며 '저 문만 통과하면 돼'라고 생각하고는 신발을 갈아 신고 삼십육계 줄행랑을 쳤다. 드디어 교문을 통과했다.

"아싸! 통과."

나는 점프를 했다.

그런데 럭키문구점 앞에 채서진과 윤진희! 둘은 두 눈을 부릅뜨고 나에게 서서히 다가왔다.

"백 원만."

"으아악! 으아아, 미치겠네."

난 돈 안 주는 것을 포기할 수밖에 없었다.

채서진, 윤진희, 제발 제발 돈 뜯지 말아 줘. 나도 돈 좀 제대로 쓰고 싶어. 그러니깐 뜯지 말아 줘. 부탁이야. (4학년 남)

이 글을 쓴 남자아이는 덩치도 크고 힘도 아주 센 아이다. 여자아이들에게 돈을 빼앗긴다는 건 생각할 수도 없는 아이다. 그런데 '빼앗긴다'고 표현했다. 내가 여자아이들을 불러서 동무에게 까닭 없이 자꾸 돈을 달라고 하는 건 좋은 행동으로 볼 수 없다는 이야기를 해 주었더니 그런 행동을 멈추었다.

예전에는 남자아이가 여자아이에게 장난을 치고 괴롭히는 일이 많았다. 그런데 요즘은 여자아이가 남자아이에게 장난을 치고 괴롭히기도 한다. 더러는 힘 약한 아이를 그냥 장난삼아 괴롭히기도 할 것이다.

아이들의 이성 친구 사이는 어떨까?

요즘 아이들은 영양 상태도 좋고 여러 가지 관련 정보도 많아서 사춘기가 훨씬 빨라졌다. 이성 친구를 사귀는 나이가 매우 낮아지면서 의식이 성숙하지 않은 아이들에게 문제가 생길 수도 있어 살짝 걱정스럽기도 하다. 하지만 자연스런 현상이기도 한 아이들의 이성 사이를 어른들은 잘 받아들이고 건전하게 사귈 수 있도록 이끌어 주어야 한다.

신계숙

내가 좋아하는 동무는 계숙이다. 계숙이는 나와 함께 있어 주기도 하고 모르는 문제나 힘든 일이 있을 때는 도와주기도 한다. 또 예쁘기도 하고 공부도 잘한다. 헤어스타일도 마음에 든다. 머리카락 끝은 꼬불하다. 계숙이가 말하는데 웨이브를 했다고 한다. 예쁘기도 하고 너무 자상하다. 안경을 벗으면 너무 귀엽다.

계숙이가 날 보고 "강현석!"이라고 부를 때마다 좋다. 내가 급식을 먹고 교실로 돌아가려는데 계숙이가 나를 보면서 "같이 도서관 가자."라고 말을 한다. 그럼 나는 "응. 알겠어." 하고 대답한다. 혼자서 도서관 가려고 하면 계숙이가 날 따라올 때도 있었다.

또 계숙이가 제일 좋은 점은 날 즐겁게 해 주고, 행복하게 해 준다.

학교를 마치고 나서 나 혼자 집을 가면 계숙이가 같이 가 준다. 나랑 계숙이랑 집이 같은 방향에 있어서 같이 갈 수 있었다. 가면서 이야기도 한다. 계숙이는 좋아하는 사람 싫어하는 사람에 대하여 관심이 많은 것 같다. 계숙이가 이런 말을 했기 때문이다.

"너 좋아하는 사람 있어?"

> 그때는 좀 부끄럽기도 하고 해서 이렇게 대답을 했다.
>
> "없는데 왜?"
>
> 계숙이는 "그냥." 이라고 말을 했다.
>
> 그다음 날은 학교를 마치고 계숙이 집을 가 보았다. 내가 숙제 중에 모르는 게 있어서 계숙이에게 물으려고 했다. 계숙이는 똑똑하고 자상하니까 잘 가르쳐 줄 것 같았기 때문이다. 나에게는 너무 어려운데 계숙이는 나에게 알아듣기 쉽게 이야기를 해 주었다. 역시 계숙이는 똑똑하다. 참 좋은 친구다. (4학년 남)

힘든 일도 잘 도와주고, 예쁘고, 공부 잘하고, 자상하면서도 똑똑한 여자 동무에게 마음이 안 끌릴 수가 있겠나. 늘 안경을 쓰다가 잠깐 벗으면 보기가 좀 그런데, 이 남자아이는 안경을 벗으면 너무 귀엽다고 했다. 그러니까 어떤 한 가지에 마음이 끌리기 시작하면 모든 것이 다 좋게만 보이는 게 이성 사이가 아닌가 싶다.

다음은 6학년 여자아이가 쓴 글이다.

> ### 내 감정
>
> 어제 친구들이랑 경산시청에 면담을 하러 갔는데 이상하게도 해준이가 나에게 잘해 주는 것이었다. 나는 좋았는데 다영이 눈치를 보려니까 참 힘들었다. 다영이도 해준이를 좋아하고 나도 해준이를 좋아하기 때문이다.

그런데 정말 이상하다. 내 감정이라고 할까? 내 마음이 이상하게도 이리 갔다 저리 갔다 하는 것 같다. 한편으로는 좋고 어떨 때는 싫고 말이다. 어제 해준이가 면담을 할 때 다영이에게 붙어 면담을 한 일이 있다. 그런데 그걸 보고 샘이 났다. 왜 이럴까? 진짜 모르겠다. 해준이가 다른 여자아이들한테 장난만 걸어도 샘이 난다. 그러나 또 나한테 장난을 쳐 줄 때는 좋고 말이다. 나도 내 마음을 알 수 없다. 이런 걸 질투라고 하나?

참 궁금하다. 나도 내 마음을 모르는 내가 바보 같다. 해준이가 날 좋아해 주었으면 좋겠지만 그러지 못하는 걸 나도 알고 있다.

저전번 주에 노래방에 갔는데 해준이가 평소와는 달리 윤희랑 귓속말도 하고 막 어깨동무도 했다. 친구들끼리 어깨동무도 할 수 있는데 그것 가지고 나는 샘나 하고 어쩌면 좋을까? 내 마음을 말이다. 내 마음이라면 내가 바로잡아야 하는데…… 어쩌지?

5월 달부터 나도 모르게 해준이를 좋아한 것 같다. 요즘 들어 외모에 무척 신경도 많이 쓰고, 해준이 앞에 잘 보이려고 노력한다. 그런데도 내 마음을 모르는 해준이가 야속하기도 하다. 차라리 해준이를 좋아하지 않았더라면 아프지도 않을 텐데, 내 마음에 상처도 없을 텐데.

마음이 아프지 않으려면 빨리 해준이를 잊어야 하는데 하면서도 잊혀지지가 않는다. 잊어 보려고 해도 눈물밖에 안 나고 말이다. 잊어야 하는데 하면서도 잊혀지지 않는 이유가 뭘까? 또 내 마음은 뭐고? 알고 싶다! 정말 알고 싶다! 내 진정한 마음을 말이다.

해준이도 내 마음을 알까? 아마 알겠지? 내가 자기를 좋아하는 것을 아니까 말이다. (6학년 여)

자기가 좋아하는 남자아이가 다른 여자아이와 가깝게 지내거나 장난을 치기만 해도 샘나는데 자기와 장난을 쳐 주면 기분이 좋아진다고 한다. 남자아이에게 잘 보이려고 외모에 신경을 쓰는데도 남자아이는 가까워지지 않는가 보다. 더 상처받기 전에 잊으려고 해도 잘 잊히지 않고 눈물밖에 안 난다고 했다. 그러면서 자기 마음을 더 알아주길 바라고 있다.

다른 6학년 여자아이가 쓴 글 한 부분을 보면 이렇다.

> 난 요즘 한 가지 걱정거리가 있다. 어떤 한 오빠를 좋아하는 것이다. 그것도 가장 마음이 아프고 답답한 짝사랑이다. 난 요즘 미칠 것만 같다. 모두 그 오빠를 좋아하기 때문이다. 그 오빠가 농구하는 모습을 보았다. 갈색 머리, 잘생긴 얼굴.
>
> 나는 그 오빠랑 한마디라도 얘기해 보고 싶다. 지금도 농구공 튀는 소리가 우렁차게 들린다. 금방이라도 창문을 열고 그 오빠가 농구를 하고 있는 멋진 모습을 보고 싶다. 그 뛰는 모습이 늘 눈앞에 아른거리고 있다.

이 아이는 농구하는 오빠 모습이 멋있고 맘에 든다고 하면서 좋아한다. 이성을 좋아하는 마음이 깊어지는 사춘기가 온 것이다. 남자아이들도 이성에 관심을 갖기 시작하는데 여자아이들보다는 사춘기가 한두 해 늦어지는 경우가 많다.

커플 비밀 이야기
우리 반에는 커플이 많지도 않고 적지도 않고 딱 적당하게 있다. 4반에는 커플이 정말 많다. 우리 반은 3반의 김구익과 고영미, 최해진과 서지승, 나와 노영민이다.

김구익과 고영미는 자기 엄마가 사귀는 것을 다 아신다. 아마도 알린 것 같다. 하지만 나는 비밀로 하고 있다. 내가 어머니한테 말하면 어머니는 화가 나서 "노영민 하고 당장 헤어져!" 할 것이다. 우리 반의 동무들은 대부분 내가 사귄다는 것을 안다. 소문이 퍼져서 알게 되었다. 하지만 고영미와 신민지가 알면 안 된다, 걔들은 말이 많아서 우리 어머니를 만나면 모든 이야기를 하다가 그 이야기도 나올 것이기 때문이다. 그러면 나는 어머니에게 많이 혼난다. 하지만 영미와 민지가 벌써 다 알아 버렸다. 그래서 내가 걔들을 화장실에 불러서 말했다.

"너희들은 말이 많잖아. 그런데 그 비밀 우리 어머니한테 말하지 마!"

"오 예! 알겠어요우!"

노영민은 나한테 먼저 쪽지로 고백을 했다. 그래서 내가 어쩔 수 없이 받아 주었다.

영미와 민지는 나한테 "정은아, 노영민이가 니보고 에이핑크보다 더 예쁘대!" 했다. 내가 학예회에서 에이핑크 춤을 춰서 그런가 보다.

나는 5학년 때 야영할 때 노영민과 같이 자고 싶다. 상속자들에서 차은상이라고 하는 둥, 세상에서 가장 예쁘다는 둥 많은 말을 나에게 했다. 지금은 사귄 지가 12일이다, 2일 전인 10일 날 때 애들이 키스하라고 했지만 안 했다. 그 소리를 들으니 기분은 좋았지만 왠지 얼떨떨했다. 그리고 어머니가 알면 어떡하지, 가슴이 조마조마하다.

사실 나도 1학기 때 노영민을 처음 봤을 때 반하게 되었다. 나에게는 고민 상담사 송인희가 있는데 내가 말하니 "300일까지 가면 그때 키스해!" 했다. 나는 가슴이 쿵 했다.

나는 100일이 되면 어머니에게 노영민과 사귄다고 공개할 것이다. 내가 노영민 곁에 가면 노영민은 얼굴이 새빨개지면서 그 자리를 빨리 피하기도 한다. 이럴 때 보면 노영민은 남자가 아닌 여자 같은 느낌이 들기도 한다.

아무튼 친구들이 말하는 것처럼 300일까지 꼭 갈 것이다. (4학년 여)

한 반에도 사귀는 아이들이 몇 쌍이나 된다. 요즘은 사귄 지 열흘만 되어도 키스하라고 동무들이 부추기나 보다. 그래도 백 일이 되면 이성 친구 사귀는 걸 어머니에게 말할 거라고 했다.

어른들은 아이들이 이 시기를 건강하게 잘 지낼 수 있도록 도와줄 필요가 있다. 이성 친구와 공개로 만나도록 이끈다든지, 단둘이 만나기보다 여러 동무와 같이 만나게 한다든지, 이성 친구와 있었던 일을 자연스럽게 이야기하게 해서 적절하게 조언해 주는 게 좋다.

이 시기에는 또 남자와 여자에 대해 올바르게 인식하도록 부모는 아이에게 자주 이야기해 주어야 한다. 서로가 인격을 존중할 줄 알아야 한다는 것, 이성에게 호감을 얻기 위해서 겉모습에 신경쓰기보다는 여러 가지 능력이 중요하다는 것, 이성 친구와 사귀려면 자기 통제력도 길러야 한다는 것, 뭐 이런 것들 말이다.

초등 아이들의 이성 친구는 건전한 친구 사이일 경우가 대부분이다. 다만 그릇된 방향으로 가지 않도록 살펴볼 필요가 있다. 이성 친구에게 너무 집중하고 있다면 운동을 하게 하거나 다른 취미를 가지게 해서 관심을 폭넓게 가지도록 하는 것도 좋다.

6장

아이들과
학교 주관
활동

아이들은 학교에서
주관하는 활동을 어떻게 생각할까?

선생은 교과 지도만 해도 옆 돌아볼 사이 없이 바쁘다. 거기다 생활 지도까지 해야 하니 한 반 아이들과 함께 살아간다는 건 쉬운 일이 아니다. 학교 행사는 좀 많나. 운동회, 학예회, 체험 학습, 학습 평가……, 큰 것 몇 가지만 들어도 이런데 작은 행사까지 하면 일 년 내내 행사하다가 볼일 다 본다는 말이 나올 만도 하다. 또 학교가 시범(연구)학교가 되어 연구 과제를 맡기라도 하면 거기에 매달리는 시간은 또 얼마나 많은지 모른다.

여러 가지 대회도 수없이 많다. 다른 기관에서 주최하는 대회는 거의 다 걸러 내도 참여해야 할 대회가 적잖다. 그리고 교육청이나 학교장이 지시하는 행사나 특별하게 계획된 교육도 많아서 행사 준비 기간까지 생각하면 행사가 이어지는 정도가 아니라 몇 겹 겹쳐질 때도 많다. 특별한 교내 행사를 하거나, 대회에 참여하거나, 무슨 특별한 교육 때문에 동동거리다 한 해가 다 간다. 그래도 다 아이들 교육을 위한 것이니까 이렇다 저렇다 말하기가 쉽지 않다.

행사가 너무 많으면 교육 과정 운영이 잘 안 된다. 그리고 할 일이 많으면 알찬 교육을 할 수 없다. 더구나 학교의 어떤 행사든 아이를 중심에 두지 않고 다른 사람 눈에 잘 보이기 위해 하는 행사라면 더욱 그렇다.

이제 이런 행사 교육 관련 문제를 진정으로 짚어 봐야 한다. 대표 행사

몇 가지만 봐도 생각해 볼 것들이 적지 않다.

아이들은 운동회를 어떻게 생각할까?

학교 행사 가운데 운동회는 아이들에게도 선생들에게도 큰 행사다. 선생들은 좀 귀찮고 힘들기도 하지만 아이들은 신난다. 얼마 전만 해도 운동회는 종합 체육 발표회처럼 했다. 재미있는 종목도 참 많았다.

무용 같은 단체 표현 활동이나 경기 연습을 뙤약볕 아래에서 하다 보니 가르치는 선생이나 배우는 아이들 모두 연습할 때는 힘들어 해도 운동회 하는 날이면 아이들은 마냥 즐거워한다. 더구나 시골 학교 운동회는 마을 사람들이 모두 함께하는 잔치나 같았다.

이제는 달리기에다 몇 종목만 더 얹어 하는 작은 운동회로 많이 바뀌었다. 운동회 연습으로 교과 학습 시간을 해치기도 하고, 아이들이 뙤약볕 아래 운동회 연습하는 걸 힘들어 하기도 하고, 또 보여주기식 운동회의 비교육적인 면이 있기 때문이다. 조금 싱거워졌지만 그래도 아이들은 운동회 날이 즐겁기만 하다.

운동회의 행복

운동회는 학교 가는 날 중 가장 행복한 날이다. 왜냐면 공부를 하지 않고 내가 좋아하는 운동을 하기 때문이다. 운동회 날 아침에는 눈이 일찍 떠진다.

오늘은 운동회 날이라서 학교에 만국기가 걸려 있었다. 교실로 들어가면서 오늘 운동회를 상상해 보았다. 복도에서 교실을 들여다보니 친구들이 많이 있었다. 친구들은 온갖 이야기를 하면서 놀고 있었다. 무척 시끄러웠다. 나도 친구들과 어울려 같이 놀았다.

　잠시 후 선생님께서 교실에 들어오셨다. 그래도 우리는 인사만 하고 계속 놀고 있었다. 놀다 보니 운동장에서 노래가 나와 신발을 갈아 신고 계단 쪽으로 갔다. 한꺼번에 아이들이 너무 많이 쏟아져 나와 길이 막혔다. 용덕이는 계단 손잡이를 타고 내려갔다.

　조회를 하고 응원석으로 갔다. 응원석에서 운동장을 보니 여러 가지 프로그램을 보여 주었다. 중간에 나와 민성이는 오래달리기에 나가야 했다. 우리 차례가 되어 우리는 운동장 가운데로 나갔다. 선생님이 "준비! 시이작!"이라고 말하셨을 때 너무 떨렸다. 다른 사람도 떨리는 것 같았다. 중간에 가다가 도미노처럼 한꺼번에 넘어지기도 하고, 달리다가 포기하는 아이들도 많았다. 나는 열심히 끝까지 달려서 13등을 했다. 다리가 후들거리지 않았으면 더 잘 뛸 수 있었다. 그런데 너무 긴장이 되어서 다리가 후들후들거렸다.

　오래달리기를 한 다음 다시 응원석으로 왔다. 응원석으로 오니 친구들이 선생님 몰래 휴대폰 게임을 하고 있었다. 그래서 나도 친구들한테 같이 하자고 하면서 놀았다. 놀다 보니 태권도 사범님께서 음료수를 사 들고 태권도 다니는 친구와 동생, 형과 누나에게 나누어 주셨다. 나는 이번 사범님이 좋다. 이번 사범님은 태권도 국가 대표이고 어려운 동작도 자세히 갈쳐 주시기 때문이다.

　옆에서 음료수 마시던 상혁이가, "운동회 정말 좋다. 음료수도 먹고 공부 안 하고 게임도 하고 놀 수 있잖아." 했다. 나도 상혁이랑 같은 마음이었다.

놀다 상혁이가 놀이터 쪽으로 가길래 나도 같이 따라갔다. 상혁이를 따라가니 상혁이 엄마가 계신 곳이었다. 상혁이 엄마 옆에는 우리 엄마도 있었다. 상혁이 엄마와 우리 엄마는 이야기를 했다. 상혁이 엄마가 "오늘 점심 같이 드실래요?" 하니까, 우리 엄마가 "네 좋아요." 했다. 나는 기분이 좋아 속으로 펄쩍 뛰었다. 엄마들께서 밥을 같이 드시면 우리도 같이 놀 수 있기 때문이다.

다시 응원석으로 왔다. 조금 기다리니 4학년 무용을 하려고 했다. 그래서 우리는 우리 반 위치로 갔다. 위치에 가니 내가 잘 모르는 교생 선생님께서 말씀하셨다.

"나를 중심으로 둥글게 서!"

조금 기다리니 무용 음악이 나왔다. 우리는 무용을 즐겁게 하고 다시 응원석으로 왔다. 응원석에서 점수를 보니 우리 팀이 지고 있었다. 마지막 희망인 계주 달리기가 남았다. 우리 반 대표는 용성이다. 용성이는 학교 육상 선수로 두 번이나 뽑혀서 당연히 계주 선수다. 계주는 우리들이 좋아하는 유일한 운동회 프로그램이다. 계주를 하면 정말 시끄러울 정도로 소리를 지른다. 특히 선수가 상대를 따라잡을 때 정말 시끄럽다.

이렇게 운동회는 쌓여 있는 스트레스를 푸는 나의 유일하고도 행복한 날이다. (4학년 남)

별다를 게 없는 운동회인데도 아이는 "운동회는 학교 가는 날 중 가장 행복한 날"이라고 했다. 골치 아픈 공부에서 자유로워지는 데다 신나게 경기도 하고 놀 수도 있으니 왜 안 그렇겠나. 그뿐인가. 목마르면 음료수도 한껏 마실 수 있고 응원석에 앉아 동무들과 손전화로 게임까지 할 수 있다. 한 번씩 경기하는 모습을 보고 소리 지르며 응원하면서 스트레스를 확 날려 버릴 수도 있다. 덤으로 운동회 마치면 동무네 식구들과 저녁도 함께 먹고, 거기서 또 동무와 같이 놀 수도 있다. 아이 편에서 보면 운동회는 또 하나의 큰 숨구멍도 된다. 이러니 이날 하루라도 아이들이 몸과 마음을 마음껏 활짝 펴도록 해 주지 않을 수가 있겠나.

그런데, 한 아이가 운동회 개회식의 힘겨움을 글로 썼다. 어떤 행사에서든 아이들이 가장 싫어하는 것이 본 행사에 앞서 치르는 의식이다. 특히 교장 선생님의 개회사와 손님들의 축사는 해마다 들어도 아이들이 솔깃하게 들을 만한 내용이 아닌 데다가 아이들을 가만히 세워 놓고 하니 아이들이 지겨워할 수밖에 없다. 더구나 따가운 햇볕이 등에 내리꽂히는데 가만히 서 있자니 얼마나 힘들겠나.

식을 하더라도 내빈 축사 같은 것은 아예 없애고, 교장 선생님의 축하 말도 아이들 편에서 짧고 명쾌하게 해야 한다. 또 운동장에 아이들을 세워 놓고 할 게 아니라 운동장 둘레 그늘진 자리에 앉혀 놓고 한다든지 다른 방법으로도 할 수 있다. 식 같은 건 안 하면 또 어떤가.

재미없는 운동회 종목

우리는 지난봄에 운동회를 했다. 운동회를 즐기다 보니 짜증 나는 부분이 하나 있었다. 그것은 바로 운동회 종목에 관한 것이다.

우리는 스탠드에 앉아 경기를 관람하고 있었다. 나는 혜영이 옆에 앉았다. 첫 번째 종목은 1학년 경주다. 나는 '꼬맹이들이 달리니까 재미있겠지.' 하며 고개를 끄덕거렸다. 그런데 별로 재미가 없었다. 그래서 나는 "야, 혜영아. 이거 되게 재미없다 그치?" 하고는 혜영이와 이야기를 하기 시작했다. 이야기를 하다 보니 어느새 1학년 달리기가 다 끝나 있었다. 그래서 나는 기대되는 마음으로 '자, 이젠 뭘 할까나?' 하고 중얼거리며 종목이 적힌 쪽지를 펼쳐 보았다. 보니 다음 차례도 2학년 달리기라고 적혀 있었다. 그다음은 3학년, 그다음은 4학년, 이런 식으로 6학년까지 또 달리기를 한다고 쓰여 있었다.

그래서 나는 그걸 보고 "야, 혜영아. 계속 달리기만 한대." 하며 쪽지를 혜진이 앞으로 내밀었다. 혜영이도 "그래도 뭐 어쩔 수 없지. 건강 달리기 대회잖아." 했다.

"야, 그래도 운동회라면 운동회답게 줄다리기 같은 것도 좀 해야 되지, 뭐 달리기만 하는 운동회가 어디 있어? 운동회 다 끝날 때까지 우리는 달리기 한 번 한 거밖에 더 있냐? 이게 무슨 건강 달리기야?"

나는 이 말처럼 운동회면 운동회답게 줄다리기 같은 것도 좀 해야 되지, 뭐 달리기만 하는 운동회는 잘 없다고 생각한다. 그리고 나는 운동회 하는 차례도 좀 바꾸었으면 좋겠다. 1, 2, 3, 4, 5, 6학년 달리기를 차례대로 계속하면 다른 사람들은 어떻게 느낄지는 몰라도 정말 지루하게 느껴진다. 그래서 나는 만약 1학년 달리기를 했으면 운동장 안에서 여러 사람이 즐겁게 할 수 있는 무슨 놀이나 게임 같은 것을 사이사이 넣었으면 좋겠다. 이렇게 하면 조금 난잡해 보일 수는 있겠지만 그래도 재미는 있을 것 같다.

나는 운동회도 이제는 좀 바뀌었으면 좋겠다. 너무 달리기만 하지 말고 여러 가지 재미있는 프로를 좀 넣는다면 더욱더 축제 같은 신나는 운동회가 될 것이다. (4학년 여)

아이들이 많으면 한 차례씩 달리기만 해도 한나절 넘게 걸린다. 그래서 아이들은 달리기를 한 번 하고 나면 이어달리기 선수나 오래달리기 선수로 뽑히지 않는 한 운동회 끝날 때까지 응원석에 앉아 있어야 한다. 뭔가 재미있는 구경거리라도 있어야 하는데 청백 이어달리기 말고는 내도록 자기와 별 상관없는 달리기만 하니 지루할 수밖에 없다. 그래서 이 글을 쓴 아이는 달리기를 한 차례 하면 그다음은 운동장에서 다 같이 할 수 있는 놀이나 경기를 했으면 좋겠다고 했다.

한때는 아이들 모두가 즐겁게 할 수 있는 전통 놀이 같은 걸로 놀이 중심 운동회를 하기도 했는데 어느 때부터인지 거의 사라졌다. 내 생각으로도 연습 없이 할 수 있는 놀이식 운동회를 되살려 하는 게 좋을 듯하다. 많은 아이들이 함께 운동회 내내 활동하면서 즐길 수가 있기 때문이다.

다음은 달리기 경기의 문제를 쓴 글이다.

반칙과 상품 주는 문제

우리는 해마다 운동회를 한다. 그런데 이번 4학년 운동회 할 때는 느끼는 게 있었다.

우리는 이번에도 달리기를 했다. 우리 조는 나, 미영이, 현경이, 미진이, 희옥이다. 하지만 우리 조에는 미영이가 가장 잘 뛰기 때문에 나는 포기한 상태다. 그래도 무조건 다른 아이들은 이기고 보자고 결심한 것 같았다. 결과, 나는 비록 미영이는 이기지 못했지만 다른 아이들은 이겨서 2등을 차지했다.

바로 내 뒤에 현경이가 들어왔다.

"잘했어, 현경아!"

나는 현경이를 축하해 주었다. 하지만 현경이는 별로 기쁜 표정이
아니었다.

"왜 그래, 현경아?"

걱정이 되어 물어보았다.

"있잖아, 박미진이 막 내가 달리고 있는데 뒤에서 내 옷 잡아당기는
거 있지. 그래서 나 잘못하면 꼴찌 할 뻔했어."

"헐! 걔 뭐야? 아무리 등수가 중요해도 그렇지, 어떻게 반칙을 쓰
니?"

진짜 어이가 없었다. 어떻게 저렇게 뻔뻔하게 남이 다 보는 앞에서
반칙을 쓰냐? 내가 현경이었다면 한마디했을 텐데……. 현경이는 착
해서 아무 말도 안 한 것이다.

나는 반칙을 쓰는 아이들이 이해가 안 간다. 별것도 아닌 것 가지고
왜 그렇게 반칙을 하는지, 양심도 없나 보다. 아무리 상품이 걸려 있더
라도 자신의 진정한 실력으로 최선을 다해야 하는 것이다. 그리고 운
동회는 지친 몸과 마음을 운동으로 풀어 주는 거지 그렇게 이기고 지
는 것을 따지기 위해서 하는 것은 아니다.

또 1등, 2등, 3등에게만 상품을 주는 것도 올바르지 않다고 생각한
다. 열심히 뛰었으면 그만이지 왜 굳이 상품을 주는지 모르겠다. 상품
받는 것을 보는 하위권 아이들은 얼마나 속상하겠는가. 남의 입장도
생각해 보아야 한다고 생각한다.

내년 운동회 때에는 반칙을 쓰지 않고 즐거운 운동회가 되었으면
좋겠다. 또 상품은 주지 않았으면 좋겠다. (4학년 여)

달리기 '경주'는 말 그대로 달리기 '경쟁'이다. 일등부터 꼴찌까지 등수가 매겨져서 상을 탄 아이는 즐겁고 꼴찌 한 아이는 상도 못 타고 부끄럽게 된다. 그래서 일등을 하려고 옳지 않은 방법도 쓴다.

이 아이는 "아무리 상품이 걸려 있더라도 자기 실력으로 최선을 다해야 하는 것이다. 그리고 운동회는 지친 몸과 마음을 운동으로 풀어 주는 거지 그렇게 이기고 지는 것을 따지기 위해서 하는 것은 아니다"라고 하고, 또 상품 주는 것도 비판했다.

> 1등, 2등, 3등에게만 상품을 주는 것도 올바르지 않다고 생각한다. 열심히 뛰었으면 그만이지 왜 굳이 상품을 주는지 모르겠다. 상품 받는 것을 보는 하위권 아이들은 얼마나 속상하겠는가. 남의 입장도 생각해 보아야 한다고 생각한다.

정말 올바른 생각이다. 그러고 보니 임길택 선생 반 아이들의 시 모음인《꼴찌도 상이 많아야 한다》에 실린 시가 떠오른다.

소풍

보물을 찾으러 갔다. / 그런데 1학년이 다 주웠다. / 나는 하나도 줍지 못했다. // 두 개 준 사람은 / 줍지 못한 사람에게 / 하나씩 주라고 선생님이 그러셨다. / 귀옥이가 나에게 25번을 주고 / 저는 17번을 가졌다. // 내 차례가 와서 밖으로 가니 / 달리기를 시켰다. // 순희가 1등이다. / 그런데 꼴찌한 사람을 / 더 많이 주었다. / 선생님은 꼴찌하는 사람도 / 상이 많아야 한다고 하였다.

정선 봉정 분교 5학년 김은순

나는 이 시를 보고 '아, 맞구나!' 했다. 꼴찌 한 아이는 아무 말을 안 해도 속상하고 부끄럽기도 할 텐데 상품이라도 많이 주어 위로해 줘야겠구나, 싶었다. 아이들이 바로 그런 생각을 가지고 있으니 어른보다 낫다.

한 아이 글에서는 질서 문제와 아울러 동무들이 응원하는 태도에 대해 말했다. 응원할 때 다른 사람을 저주하는 말을 많이 하는데 그게 잘못되었다고 했다. 저주하는 말이란 상대편이 경기에서 지라고 나쁜 말을 하는 것이다. '○○팀 져라!' 같은 말이나 '우-우-우! 우-우-우!' 같은 야유를 퍼붓는다든지 하는 것이다. 거기다 자기편이 못하면 욕을 하는데, 그러면 주눅이 들어서 오히려 더 못하게 되니까 선수가 넘어져도 "괜찮아, 다시 뛰어!" 하고 격려해야 한다고 했다. 옳은 말이다. 서로 저주하고, 헐뜯고 미워한다면 어떻게 좋은 세상을 만들 수가 있겠나.

운동회 날에라도 아이들을 자유롭게 놀게 두었으면 싶었는데, 한 아이 글을 보니 그렇게 놔두기만 하면 너무 질서가 무너져 문제가 되겠구나 싶다. 운동회 날 동무들이 무더기무더기 둘러앉아 손전화로 게임도 하고, 제멋대로 어머니한테 가 음료수를 가지고 와 먹고, 먹은 깡통을 아무 데나 버리고, 제멋대로 돌아다니고 해서 질서가 엉망이라고 했다. 선생님이 주의 줄 때 잠깐 멈추는 듯하다가 다시 그래서 정말 문제라고 했다.

운동회 때 어른들 모습은 어떤가. 다음 글을 보자.

운동회 때 부모님들의 문제

지난 5월 달에 운동회를 하였다. 그런데 운동회가 정말 엉망이었다. 부모님들의 질서 때문이다. 처음에는 부모님들이 많이 와 있지 않아서 복잡하지 않았다. 하지만 시간이 갈수록 사람은 많아졌다.

"아, 진짜 복잡네!"

"좀 가만히 있지!"

이런 소리도 막 하면서 응원을 했다. 부모님들이 운동장에 막 돌아다녔기 때문이다.

달리기하는데도 막 지나가서 활동하는 것을 방해했다. 나는 좀 있으면 괜찮아질 거야, 생각하고 있었는데 가면 갈수록 더 심해졌다. 응원을 하고 있는데 갑자기 우리들 앞에 와서 "○○야, 요 와 봐라." 하면서 어떤 애를 불러내고 막 그랬다.

그리고 또 한 가지는 김밥 같은 것을 먹거나, 과자와 음료수를 먹고 쓰레기를 아무 데나 버리는 것이다. 정말 짜증이 났다. 쓰레기는 자기가 도로 가져갈 것이지 왜 운동장에 버리는지 모르겠다. 속으로 '왜 운동장에다가 버리는 거야. 아 짜증 나네!' 이런 소리가 막 나왔다. 우리도 소풍 갔을 때 쓰레기는 다 가져오는데 말이다.

아이들 중에는 부모님이 오지 않은 아이들도 있었다. 그 아이들은 정말 섭섭하고 짜증 났을 것이다. 부모님이 와서 자기 아이들에게 음료수도 갖다주고 먹을 것을 갖다주는 걸 보면 마음이 어떨지 생각해야 한다.

또 한 가지, 부모와 관계되는 것이 있다. 부모님이랑 함께 즐기는 프로그램이 없는 것이다. 달리기도 개인 달리기랑 청백 계주밖에 없다. 부모님도 구경 오는 운동회인데 부모님이랑 즐겁게 하는 프로가 없는 게 말이 되겠나. 다음부터는 부모님도 운동회에 온다면 함께 해서 더욱 즐거운 운동회가 되었으면 좋겠다. (4학년 여)

운동회 같은 학교 행사 때 부모들을 보면 글 쓴 아이 말처럼 아이들이 달리기하는데 운동장을 가로질러 가기도 하고, 자기 아이 달리는 것을 보려고 운동장 안으로 우르르 몰려가 정작 응원석에 앉은 아이들은 아예 경기를 볼 수 없도록 만든다. 게다가 사진 찍느라고 아이들이 경기하는데 함부로 들어가기까지 한다.

어떤 부모는 담임선생이 앞에 있는 데도 인사는커녕 그 앞을 휘젓고 다니며 사진도 찍고 자기 아이에게 음료수도 갖다준다. 아이를 아예 빼내어 데리고 가서 뭘 사 먹이기도 한다. 그러지 말라고 해도 막무가내다. 부모들의 질서가 이러니 아이들의 질서도 무너질 수밖에 없다.

아이들이 무척이나 좋아하는 운동회, 아이들이 생각하는 것처럼 어른도 생각해 봐야 할 것이 많다.

아이들은 방학을 어떻게 생각할까?

방학은 학교에서 학기나 학년이 끝난 뒤, 또는 더위와 추위가 심한 일정 기간 동안 학교 공부를 쉬는 것을 말한다. 사람에 따라서는 가정과 사회가 학교 교육의 한계를 극복하기 위한 보충 과정으로 방학을 풀이하는 사람도 있고, "뭘 그러나. 초등학교 아이들은 방학 때만큼이라도 마음껏 뛰어놀며 빈둥거리기도 해야지" 하는 사람도 있다. 모두 맞는 말이다.

내 생각으로는 방학 때라도 아이들과 선생님이 좀 쉬어야 한다고 본다. 아이들 같으면 동무들과 어울려 땀 흘려 가며 놀기도 해야 하고 빈둥거리는 시간도 좀 가져야 한다. 선생이나 부모는 아이들이 잘 놀게 해 주어야 하고, 사회는 그렇게 할 수 있는 환경과 분위기를 만들어 주어야 한다.

그런데 선생님도 쉬어야 한다고 말하면 펄쩍 뛰는 사람이 많다. 공휴일다 쉬면서 또 방학에도 쉬어야 한다니 다른 직업을 가진 사람들은 무슨 그런 경우가 있냐고 하겠지만 그게 아니다. 아이들을 가르치는 일이 얼마나 어렵고 힘이 드는 일인지 모르고 하는 말이다. 마음을 정화하는 시간도 가져야 하고 아이들을 더 잘 가르치기 위해서는 자기 공부를 하며 견문도 넓혀야 한다.

나의 지난 여름 방학 생활

드디어 여름 방학이다! 그런데 나는 아이들과 많이 놀고 숙제는 하나도 안 했다. 엄마가 시키는 공부도 안 하고 아이들이 아주 좋아하는 노는 것만 찾아 갔다.

"야! 공부해!"

"싫어! 안 그래도 머리 식히지도 않았는데 또 뭔 공부야. 엄마는 아 잡을 일 있나?"

나는 이러고는 밖에 나가서 아이들이랑 놀았다. 몇 시간 뒤쯤에야 돌아왔다. 이렇게 맹탕 놀고는 피곤해서 이제 자려고 하는데 엄마가 내 엉덩이를 찰싹 때리며 소리를 지른다.

"이노무 종내기, 놀다가 왔으면 손이라도 씻어야지 이젠 아예 들누 워서 자네."

하며 화를 냈다.

"아이, 엄마도 참! 잠자고 손 씻으면 되잖아."

나는 이불을 확 덮고는 다시 잤다.

그런데 엄마가 "재훈이 집에 갈 건데?" 하고 말했다. 나는 이 말을 듣자마자 이불을 걷어차고 옷을 엄청 빨리 입고는 문을 열고 나 혼자 먼저 재훈이 집에 갔다.

재훈이 집에서 다 놀고 집에 와서는 손을 씻고 밥을 먹었다. 그리고 또 이불을 덮고 자 버리고 말았다.

> 방학 동안 나의 하루 생활은 주로 일어나서 밥 먹고, 세수하고, 학원 갔다 와서 컴퓨터 게임하고, 텔레비전 보고, 아이들이랑 놀고, 낮잠 한 번 자고 일어나 저녁 먹는 게 끝이다. 그리고 보니 나는 공부를 하거나 책을 읽은 적이 한 번도 없다. 숙제는 아예 안 했다.
> 이 글을 쓰니까 내가 한심하다는 것이 느껴졌다. 이번 겨울 방학 때는 제발 이러지 말아야 할 텐데 잘 될지 정말 걱정된다. (4학년 남)

아이는 "방학 동안 나의 하루 생활은 주로 일어나서 밥 먹고, 세수하고, 학원 갔다 와서 컴퓨터 게임하고, 텔레비전 보고, 아이들이랑 놀고, 낮잠 한 번 자고 일어나 저녁 먹는 게 끝"이라고 했다. 그렇지만 너무 게으름을 피우지 말아야겠다고 다짐도 하고 겨울 방학 때는 이러지 말아야 할 텐데, 걱정도 한다. 스스로 깨달은 것이다.

방학 때 이렇게 아이는 빈둥거리며 놀 수 있지만 어머니는 바쁘다. 점심도 꼬박꼬박 챙겨 줘야 하지 뒤치다꺼리할 일은 좀 많나. 아이가 빈둥대는 꼴은 또 얼마나 눈엣가시냐. 그래서 걸핏하면 잔소리를 한다. 하지만 아이는 빈둥거리는 시간도 좀 가져야 한다는 것을 알아 두자. 그래야 자기도 돌아볼 수 있고 새로운 생각도 할 수 있다. 또 흐트러진 삶도 온전하게 제자리를 찾아갈 수 있다.

반 아이들 28명에게 방학 생활을 물어보았더니 보통 때보다 편하게 논 아이는 뜻밖에도 8명뿐이다. 13명은 학교에 갈 때나 별 차이 없이 생활했다고 한다. 학교에 안 나가는 대신에 학원도 한두 군데 더 갔을 테고 문제집 풀기도 더 많이 했을 테다.

힘든 나의 방학 생활

지난 여름 방학 때다.

"야호! 드디어 방학이다! 이제 하루 종일 놀아야지."

나는 완전 기뻤다. 내도록 여름 방학을 기다렸는데 드디어 올 것이 왔다.

나는 집에 오자마자 가방을 던져 놓고 큰방에서 티브이를 틀고 뒹굴었다.

'히야! 방학이 이렇게 좋을 줄이야. 근데 방학이 한 달이라니까 왠지 섭섭하네. 뭐, 그 대신 그만큼 더 놀면 되지.'

하지만 좋은 시간은 잠시였다.

"야! 니는 4학년이나 된 것이 문제집 한 번 들여다볼 생각은 안 하노. 공부 좀 해라, 공부! 성적도 떨어졌으면서. 현경이 봐라, 현경이. 성적도 좋잖아. 니 현경이 이겨 본 적이 한 번이라도 있나. 있어? 빨리 니 방에 가서 문제집 안 푸나!"

엄마의 잔소리가 또 시작되었다.

그래도 나는 "이놈의 공부 좀 안 하면 뭐 어떻노. 또 현경이 한 번 못 이겨 봤을까 봐. 두 번 정도는 이겨 봤어. 알지도 못하면서……." 이러면서 계속 티브이를 보았다.

조금 더 있으니 엄마는 "야, 니 숙제는 없나? 저번처럼 나중에 밀렸다고 하지 말고 미리미리 좀 해라. 뭐 니는 하나부터 열까지 다 내가 시켜야지만 하나. 빨리 안 가?" 이러면서 막 화를 더 내고 야단이다. 할 수 없이 문제집이라도 하려고 티브이를 껐다. 그런데 학원 갈 시간이 다 되었다.

학교 앞으로 뛰어갔다. 가니까 아슬아슬하게 차는 아직 기다리고 있었다. 근데 순간 '아! 오늘 원어민 영어지. 아씨, 진짜 짜증 나네! 뭐 어쩔 수 없지.'

우리 학원은 원어민을 일주일에 한 번씩 하는데 엄마가 그걸 신청해서 늘지도 않는 영어를 하니 더욱 고통스럽게 해야 한다. 그 짜증 나는 원어민을 다 끝내니 오후 5시가 다 되어간다. 학원에 간 시각은 2시인데…….

집에 오니 엄마가 무서운 눈으로 나를 째려봤다. 그러더니 갑자기 내 머리카락을 잡고 날 끌고 갔다. 그리고 의자에 앉히더니 문제집을 20장이나 풀라고 하는 것이다. 나는 그래서 세 시간이나 의자에 앉아서 보냈다.

그리고 8시에 저녁 먹고 좀 쉬려고 하니 "숙제는 어떡할려고?" 하면서 또 날 무섭게 째려보았다. 그래서 난 어쩔 수 없이 EBS 방송 두 개를 보고 오늘 배운 것을 보고서처럼 두 개나 쓰고, 또 그 책에 있는 문제까지 오늘 싹 다 풀었다. 그걸 하다 10시가 되어서 씻고 누우니 바로 잠이 들었다.

방학 때도 이렇게 하루하루가 힘들다. 방학 때에는 조금이라도 쉬고 싶은데……. 제발 딱 하루만이라도 여유 있고 평화롭게 지내 보고 싶다. (4학년 여)

방학 동안 편하게 쉬면서 놀기는커녕 이렇게 더 바쁘게 지낸 아이들도 28명 중 7명이나 된다. 아이를 사슬로 꽁꽁 묶어 삶을 아주 빼앗아 버렸다. 오죽하면 아이가 "제발 딱 하루만이라도 여유 있고 평화롭게 지내 보고 싶다"고 했을까.

방학 동안이라도 아이 스스로 계획을 세워 체험도 하고, 공부도 할 수 있도록 해 주어야 한다. 시골에 가서 일도 해 보고 자연 관찰도 하게 해야 한다. 뜻있는 여행을 하면서 여러 곳의 풍물이나 삶의 모습도 보고 경험할 수 있게 하고, 보통 때는 시간이 없어 못 본 곳도 견학하도록 해야 한다. 이렇게 놀이도 되고 공부도 되는 활동을 많이 해야 아이들은 재미나게 살아 있는 공부를 하게 된다.

그러면 아이들은 방학 숙제를 어떻게 생각할까? 숙제가 많으면 학교 다닐 때보다 더 힘들다고 한다. 한 아이 글을 보니, 다가오는 겨울 방학 때는 숙제를 없애 달라고 호소를 한다.

교장 선생님! 그리고 우리 선생님!

제발 이번 겨울 방학만큼이라도 숙제를 없애 주시면 좋겠어요.

우리 학교 전교생이 많이 힘들어 해요. 부탁이에요.

또 말하고 싶은 것이 있어요.

'어릴 때는 놀아야 한다'라는 말도 있잖아요. 시대가 많이 바뀌어 공부를 못하면 놀림

을 받는 세상이 되었다 해도 놀고 싶어요.

선생님, 그러니 제발 겨울 방학 때는 저희들에게 자유를 주세요!

한 해 여름 방학 때 4학년에서 공통으로 내 준 숙제는 이랬다.

공통 과제

1. 일기 쓰기(1주일에 3회 이상)

2. 권장 도서 읽고 독후감 1편 쓰기(e-독서친구 적극 활용)

3. 날마다 운동 한 가지 꾸준히 하기

4. EBS 여름 방학 시청하기

5. 사이버 가정학습 하기

6. 가족 독서신문 만들기 1편

선택 과제

① 환경 학습 ② 전통 학습 ③ 체험 학습 ④ 탐구 학습 ⑤ 이런 것도 있어요

이 다섯 가지 영역 가운데 네 영역 이상을 선택해서 합니다.

그런데 나는 이렇게 내 주었다.

첫째, 일기 쓰기(어려운 날 한 주 한 번은 안 써도 됨)

둘째, 개인 연구

셋째, 기행문 1편 쓰기

넷째, 기록문 1편 쓰기

방학 숙제를 줄인다고 줄인 것이다. 일기는 늘 쓰는 것인데 아이들은 숙제로 생각한다. 일기를 빼면 실제 숙제는 세 가지다. 개인 연구는 말이 연구지 자기가 가장 하고 싶은 것을 해 보고 짤막한 보고서를 쓰는 것이다. 축구를 하겠다는 아이도 있고 배드민턴을 치겠다는 아이도 있는데 이런 개인 연구는 사실 놀기나 마찬가지다. 기행문은, 보통 때는 어려워도 방학 때 한두 번은 여행을 할 테니까 이때 한 번은 쓰여 봐야겠다 싶어 숙제로 내 준 것이다. 기록문도 마찬가지다. 쓰는 방법까지 다 설명했다. 하지만 이것도 제대로 해 온 아이가 거의 없었다.

어찌되었건 아이들은 무조건 숙제가 많으니까 줄이거나 아예 없애 달라고 한다. 아이들이 학교나 학원에서 얼마나 공부에 찌들었으면 이러겠

나 싫어 마음이 짠하다.

방학 과제에 대한 나의 생각

지난 여름 방학 때는 숙제가 몇 개는 줄어들고 몇 개는 늘어났다. 줄어든 것은 공통 과제이고 늘어난 것은 선택 과제이다. 나는 일기도 매일 써야 하고 기행문과 기록문, 연구 과제를 해야 해 숙제가 엄청 많다고 생각했다. 그래서 나는 방학 과제 양이 한두 개 정도이면 좋겠다. 그 이유는 방학을 즐기면서 놀고 싶기 때문이다. 방학 때 좀 놀아야만 하는데 숙제가 있으면 숙제 생각에 제대로 놀지도 못한다. 그리고 방학 때만큼은 숙제를 피하고 싶기 때문이기도 하다. 나는 해마다 많은 방학 과제들 때문에 스트레스가 많이 쌓이고 정말 힘들었다.

하지만 이번 4학년 여름 방학 땐 방학 과제가 다 싫었던 것만은 아니다. 내가 좋아했던 과제는 기행문이다. 왜냐하면 기행문을 쓰기 위해서는 어느 곳엔가 여행을 가야 한다. 그러면 그 하루는 즐겁게 놀 수 있기 때문이다. 나는 기행문 쓰는 것은 싫지만 놀러 갈 수 있다는 것이 정말 좋다. 그리고 또 좋은 과제는 연구 과제다. 나는 축구를 하겠다고 했다. 축구를 선택한 이유는 솔직히 말해서 놀기 위해서다. 축구는 건강도 좋게 해 주고 계속하다 보면 축구도 잘해진다. 나는 축구를 정말 좋아한다. 그래서 연구 과제로 선택했다.

싫어하는 과제는 바로 일기다. 일기는 매일 써야 한다. 하지만 나는 글을 잘 쓰는 사람도 아니고 아직 어린이어서 일기를 매일 쓰는 것은 나에게 어려운 일이라 본다. 일주일에 세 번 정도 쓰면 되는데 매일 쓰는 것은 힘들다. 그래서 나는 일기를 싫어한다.

또 싫어한 과제는 기록문이다. 기록문은 아버지 회사를 다녀와 기록하는 것이다. 그런데 나는 부끄러워 못 하겠다. 그 이유는 아버지 회사 때문이다. 우리 아버지는 고물을 하신다. 고물을 한다는 것을 아이들한테 못 말하겠다. 만약 기록문을 써 가면 친구들이 그것을 볼 텐데 그럼 고물을 한다는 게 들키게 된다. 친구들이 알고 나를 놀리면 내 눈에서 눈물이 나올 것 같다. 그래서 나는 다른 건 다 하겠는데 이런 기록문은 무슨 일이 있어도 안 해 갈 거다. 그래서 나는 지난 방학 때 기록문을 안 쓴 것이다.

언제 선생님이 아버지 직업을 물어보셨다. 하지만 나는 옆 아이들이 들을 것 같아서 알면서도 "모르는데요?" 했다. 그때 나는 눈물이 나올 뻔했다. 나는 정말 이런 건 말하고 싶지 않다. 나는 아버지가 회사를 바꾸면 좋겠다고 생각한다. 그래서 방학 과제는 이런 여러 가지를 생각해서 내어 주면 좋겠다. (4학년 여)

이 아이는 해마다 방학 숙제가 많아 힘들었다고 한다. 지난 여름 방학 과제는 일기를 빼면 기행문과 기록문 쓰기, 그리고 연구 과제 한 가지인데, 이것도 엄청 많으니까 한두 가지만 내 주면 좋겠다고 했다. 일기는 날마다 쓰는 것은 힘드니, 일주일에 세 번 정도면 된다고 했다.

선생님이 이것저것 잘 생각해서 방학 과제를 내 주더라도 아이들이 다 만족할 수 없다. 또 아이들이 좋아하는 것만 원하는 만큼 내 줄 수도 없다. 방학이 아니면 경험할 수 없는 것은 조금 귀찮더라도 해야 한다. 그래서 선생님들은 방학 때라야 할 수 있는 체험 중심 과제를 내 주고, 그것도 하기가 어려운 형편에 있는 아이에게는 다른 과제를 내 주는 게 좋겠다.

여기 아이 글을 보면 아버지의 일터를 견학하고 기록문을 쓰는 것을 매우 부담스러워 한다. 그러니까 고물상 하는 아버지 직업이 다른 사람에게 알려질까 봐 매우 걱정하는 거다. 선생님이 아버지 직업을 물어도 모르겠다고 대답한다. 무엇이 아이가 이렇게 생각하도록 만들었을까?

어떻게 하면 아이들이 정말 즐겁고 신나는 방학이 되도록 할까? 선생과 부모와 사회가 함께 생각하지 않으면 안 된다.

아이들은 학예회를 어떻게 생각할까?

줄였으면 하는 학교 행사가 많지만, 운동회와 함께 학예회만은 꼭 해야 한다고 본다. 학예회는 아이들이 한 해 동안 갈고 닦은 작품이나 재능을 여러 사람 앞에 내보이는 것이다. 단순히 결과 자랑만 하기 위한 것이 아니다. 아이들이 배우고 익히는 과정에서 나온 작품과 재능을 내보이는 것이기 때문에 그 이상으로 보아야 한다. 한 아이도 빠지지 않고 열심히 한 결과로 나온 학예 작품과 재능을 여러 사람 앞에서 선보이면서 자신감과 자부심도 기를 수 있다. 아이들은 이러면서 한층 더 자라게 된다.

학예회가 부담이 되고 힘겹다고 하지 말았으면 하는 선생님들도 더러 있는데 안 될 말이다. 학예회가 선생님들한테 너무 부담이 되지 않게 하면서도 아이들이 한층 자랄 수 있는 좋은 기회로 잘 살려 나가야 한다.

지루한 학예회 종목

올해도 어김없이 학예회가 돌아왔다. 올해 우리 반은 노래를 하기로 했다. 우리는 학예회 전까지 하루에 한 번씩 열심히 연습했다.

드디어 학예회 날이 왔다. 우리는 아침에도 한 번 연습을 해 보고 시민회관으로 갔다. 우리 공연은 열 번째기 때문에 그때까지 다른 반 아이들이 하는 것을 볼 수 있었다. 그렇지만 나는 너무나도 지루할 수밖에 없었다. 종목이 여러 가지가 아니라 오로지 리코더를 주로 했기 때문이다. 나는 우리 반이 합창을 하길 잘 했다고 생각했다. 이렇게 아이들이 리코더를 하는 것을 지루하게 구경하다 우리 반이 해야 할 차례가 왔다.

'그냥 하면 될 거야. 이때까지 했었던 것을 보여 주는 거야. 잘하자!'

나는 내 자신에게 기합을 넣었다. 아까보다 한결 마음이 가벼워졌다. 아홉 번째가 끝나고 드디어 열 번째. 바로 우리다. 우리는 기대하는 마음으로 무대에 올라갔다. 줄을 서고 준비를 다 하니 갑자기 불이 번쩍하고 들어왔다.

우리는 우리 반이 부르기로 한 '연필' '감홍시' 그리고 '큰길로 가겠다'를 멋지게 끝마치고 자리에 돌아왔다. 하지만 즐거움도 잠시, 또 지루한 시간이 돌아오고 말았다. 또 리코더. 가끔 춤을 추는 것을 하지 그다음도 계속 리코더만 하는 것이다. 춤도 '강남스타일' 같은 춤이 몇 번이나 있었다.

하지만 이번에는 우리가 무대에서 눈을 뗄 수 없는 상황이 왔다.

"우와, 대박! 신기하다. 진짜 잘하네."

그것은 바로 카드섹션이라는 것이었다. 5학년 6반과 6학년 5반이 모두 함께 하는 것이다. 처음에는 숫자송이 나오고 그 노래에 맞추어 1부터 10까지의 숫자를 한 번도 틀리지 않고 멋지게 만들었다. 이것이 끝이 아니었다. 그다음은 어떤 나라 이름이 나오는 노래였는데 이 노

어른들은 모르는 아이 세계

래에 맞추어 더 업그레이드해서 나라 국기를 만들었다. 진짜 어려운 것일 건데 하나도 틀리지 않고 정말 잘했다. 갑자기 그 어려운 우리 나라 국기가 만들어지니 신기하기만 했다.

'우리도 이걸 했으면 좋으련만⋯⋯.'

다음에는 우리가 이걸 했으면 좋겠다는 생각이 문득 내 머릿속에 들었다. 하지만 카드섹션이 끝나니 금방 또 지루해졌다. 또 리코더 시간이다. 지금 음악 시간도 아니고⋯⋯. 우리는 그다음에도 계속 리코더만 불다가 드디어 1부 막을 내렸다.

2부를 보니 리코더는 거의 안 하고 1부보다 어린아이들이 우리보다 훨씬 더 멋지고 개성 있고 다양하게 했다.

내년에는 제발 지루하게 계속 같은 종목만 하지 않았으면 좋겠다. 학예회 종목이 더욱더 다양했으면 좋겠다. (4학년 여)

학예회 종목 가운데 리코더가 많다는 말이다. 보는 사람은 비슷한 것만 보게 되어 지루하다. 하지만 지도하는 선생님이나 발표하는 아이는 늘 해 온 것이니까 쉽다. 여기서 조금만 변화를 주면 모두 좋아하지 않을까 싶다. 어쨌거나 아이는 학예회 종목이 다양했으면 좋겠다고 했다.

우리 반은 아이들 시에 백창우 선생이 곡을 붙인 노래를 평소에 늘 부르곤 했는데, 그 가운데 세 곡을 가려 반 아이들이 만든 손짓을 곁들여 학예회 때 불렀다. 그래서 따로 시간을 들여 연습한 것은 별로 없다. 그저 하루 한 번쯤 지루한 시간에 신나게 노래를 부른 것뿐이다. 전시 작품도 아침마다 그린 그림과 폐품으로 틈틈이 만든 조형품, 그리고 미술 시간에 만든 찰흙 작품이다. 조형품은 교실 한쪽에 두고 한 달 가까이 만들었는데 아이들이 만들기를 좋아해서 힘든 점은 없었다.

학년 초부터 공부하면서 나온 결과물도 얼마든지 전시할 수 있다. 그러니까 공연이나 작품 전시하는 것도 평소 학습 활동하던 것으로 다양하면서도 쉽게 할 수 있다.

부모님들이 사진 찍는 것

이번 주 월요일 날 학예회를 했다. 학예회 시작하기 전에 벌써 학부모님이 우르르 몰려와 2층에 꽉 차 있었다. 그래서 나는 깜짝 놀랐다.

그것까지는 좋은데 학예회를 시작하고는 사진 찍는다고 막 앞에 돌아다녀서 안 보이게 하는 것이다. 나는 화가 엄청 나서 속으로 '아놔! 진짜 안 보이네. 아이 씨 좀 꺼져라, 정말.' 하는 소리가 저절로 나왔다. 그리고 발로 '빵' 차고 싶었다.

나는 고개를 좌우로 돌려가면서 봐야 했다. 아니 왜 꼭 내 자리 주위에서만 사진 찍고 동영상 찍는지 모르겠다. 그리고 또 있다. 남의 자리에 막 앉고 한다. 내가 잠깐 화장실을 갔다 오니까 어떤 아줌마가 앉고 있어서 아줌마에게 나는 이렇게 말했다.

"저기 여긴 제 자리예요. 어른들 자리는 2층인데요?"

그래도 안 비켜 주고 앉아 있다 내가 옆에 서 있는 모습을 보고 할 수 없이 비켜 주는 거다. 나는 서 있을 때 어른이라서 겉으로 말은 못 하고 '얌마, 좀 꺼져라!' 하면서 속으로 욕을 해 댔다.

그런데 보니까 명식이가 땅바닥에 앉아 있었다. 그래서 "명식이 너 왜 거기 있어?" 하니, 옆에 앉아 있던 아줌마가 나에게 "쉿! 조용히 해라." 하는 것이다. 나는 화가 나 막 소리치고 싶었다. 자기가 뭔데 나보고 조용히 하라고 하는지 모르겠다. 너무 짜증이 솟구쳤다. 나는 속으로 이렇게 말했다.

'아줌마, 사진 찍는 건 좋은데 우리들이 잘 안 보이고 해서 피해를 많이 입고 있거든요! 그러니까 그렇게 사진 동영상을 찍으실 거면 바닥에 앉아 찍든지 하세요. 아셨죠?'

사진사인지 모르겠지만 어떤 아저씨 두 분은 아예 앞에서 이리 갔다 저리 갔다 하고 무대 위에도 올라가 막 사진을 찍었다. 그러니까 발표하는 아이를 다 가려서 보이지 않을 때도 있었다. 정말 화가 엄청 났다. 사진 찍기 위해 학예회 발표하나 하는 생각도 들었다.

그리고 또 문제가 무엇이냐 하면 부모님들이 아이들에게 사탕을 사 줘서 아이들이 사탕을 먹고는 껍질을 아무 데나 버리고 한다. 너무 화가 나 나는 그 사탕 껍데기나 사탕 막대를 버린 아이들에게 "야, 너희들은 뭐 먹을라고 시민회관에 왔나?" 이렇게 말해 주고 싶었다.

부모님들은 자기 자식을 생각해서 사탕을 사 주었지만 그것은 자식을 생각해 주는 것이 아니라고 생각한다. 먹는 것을 회관 안에 가지고 들어오지 말라고 했는데 커피를 가지고 들어오다 관리하는 사람한테 혼나는 어른도 보았다. (4학년 남)

이 아이는 학예회 할 때 어른들의 문제를 말했다. 부모들이 사진을 찍는다고 앞을 가려서 공연하는 것을 제대로 볼 수가 없었다고 했다. 아이들은 속이 상해도 말을 못 하니까 이렇게 속으로 불만을 말한다. 어른들은 아이들 편에서도 좀 생각해야 할 것이다.

나는 학예회 발표를 학교 전체가 같이 하지 말고, 좀 서툴더라도 반마

아이들과 학교 주관 활동

다 아이들 스스로 계획을 세우고 준비해서 아이들 모두 저마다 재능을 내보일 수 있는 자리를 만들어 주는 게 좋겠다고 생각한다. 상설 공연장이나 전시장을 만들어 보통 때도 반별로 공연이나 전시회를 할 수 있도록 하는 것도 좋은 방법일 듯싶다. 학년 초부터 계획을 세워 일년 내내 실력을 갈고 닦을 수 있도록 짬짬이 지도하면 더욱 좋겠다.

아이들은 현장 체험 학습을 어떻게 생각할까?

예전에는 일년에 봄가을 두 번 소풍을 갔다. 소풍 가는 날이 정해지면 그날을 손꼽아 기다리고, 전날 밤에는 혹시 비가 오지 않을까 걱정하느라 잠을 설치기도 했다. 오랜만에 학교에서 벗어나 동무들과 바깥에서 즐겁게 지낼 수 있다는 것도 좋지만 보통 때와 다른 도시락 반찬에다 군것질할 용돈까지 얻을 수 있어서 더 좋아했던 게 아닌가 싶다.

소풍이 요즘은 현장 체험 학습으로 바뀌었다. 교실에서 이론으로만 배우는 지식 공부에 그치지 않고 현장에서 직접 겪어 보면서 살아 있는 공부를 한다는 뜻이다. 이제 이렇게 쉽게 현장 체험을 할 수 있는 참 좋은 세월이 되었다. 하지만 아쉬운 점은 예전에는 아이들 스스로 놀면서 경험할 수 있었던 것도 이제는 어른들이 일삼아 아이들에게 경험하게 해야 한다는 것이다.

그런데 그냥 소풍이면 소풍이지 꼭 무슨 '학습'이라는 이름을 붙여야 하는지 모르겠다. 소풍 격인 현장 체험 학습 말고도 정말 학습을 위한 현장 체험 학습도 한 해에 몇 번씩 가기도 하는데 말이다. 어쨌든 아이들이 그렇게 좋아하는 현장 체험 학습도 이런저런 사정과 문제는 있다.

한 아이의 글을 보니, 현장 체험 학습은 무조건 좋다고 했다. 아이들 대부분이 그렇다. 집과 학교에서 벗어나 묶였던 마음을 풀어 버리고 바깥바람을 쏘이는데 왜 안 그럴까.

그런데 아이들은 현장 체험 학습에 실망스런 점도 좀 있는가 보다.

경주 현장 체험 학습 갔을 때 느낀 점

전번에 현장 체험 학습으로 경주 불국사와 석굴암에 갔을 때 일이다. 나는 그날을 엄청나게 기다렸다. 무슨 새로운 것을 배울지 궁금했고 기대도 많이 했기 때문이다. 예상대로 불국사와 석굴암에서 내가 몰랐던 것을 배웠다. 친구들과 함께 가서 재미도 있었다.

하지만 문제점이 훨씬 많았다. 석굴암과 불국사에 갔으면 시간을 좀 많이 주어서 많은 것을 배우고 오라고 해야 하는데 시간은 얼마 주지도 않고 잘 보고 오라고 했다. 그러면 옳게 볼 수가 없어 공부가 제대로 될 리가 없다. 그 상태에서 보고서를 써 오라고 한다. 뭐 공부가 된 게 있어야 보고서를 쓰든 말든 하지. 어떻게 잠깐 보고 보고서를 써 오라고 하는지 참 난감했다.

두 가지 예를 들겠다. 석굴암에서 우리 선생님이 자세히 보라고 하셨다. 나도 자세히 보기로 작정을 하고 공책까지 펴 들고 들어갔다. 그런데 어떤 다른 반 선생님이 "야, 빨리 좀 가라! 니들만 보냐?"이러며 막 성질을 내는 것이다. 빨리 가라고 안 해도 구경하러 온 사람이 끝도 없이 줄을 서 있어서 더 멈춰서 볼 수가 없었다.

'아, 짜증 나!'

나는 공책을 덮고 나갔다. 아무것도 자세히 관찰한 것이 없다. 아, 딱 하나 있다. 어떤 스님 한 분과 불교 신자인지 일반 사람 여섯 명이 정성껏 절을 하는 것. 이것 빼고는 아무것도 제대로 못 봤다. 거기다가 불도 희미하게 켜져 있어 잘 보이지도 않았다. 나는 큰 실망을 했다. 인터넷이나 책에도 나오지만 실제로 내가 보기 위해서 가는 체험 학습인데 말이다.

그리고 불국사에서도 시간이 바빠서 지대로 볼 수가 없었다. 그래서 그냥 한번 슬쩍 보고 사진 조금 찍고 나오는 게 다였다. 그러니까 도무지 뭘 봤는지 모르겠다. 불국사에 대해 잘 아는 분이 하나하나 설명을 해 주면 좋겠다. 그러다가 지루하면 거기에 얽힌 이야기도 하나 해 주면 지루하지도 않을 것이다.

또 점심을 먹을 때였다. 우리는 좋아하는 아이들끼리 앉아서 이야기도 주고받으며 같이 밥을 먹었다. 그렇게 이야기를 하며 어느새 밥을 다 먹었다. 우리는 도시락 통을 가방에 넣었다. 그런데 아이들이 막 뛰어나가서 노는 것이다. 나는 순간 놀랐다. 우리 자리 주변에는 쓰레기가 천지였다. 그런데도 아이들은 그냥 놀고만 있었다. 뛰어놀지 않는 아이는 혜영이와 나 이렇게 둘뿐이었다. 그래서 어쩔 수 없이 우리 둘이서 뒷정리도 다 하고 버려진 쓰레기도 다 우리가 주워 버렸다.

또 좀 더 있으니 어떤 아줌마가 장난감과 기념품을 팔러 왔다.

"얘들아. 뭐 사고 싶은 거 있으면 여기서 사. 아줌마가 뭐 많이 가지고 있는데 와서 구경해."

나는 뭔가 싶어서 구경을 해 보았다.

'에이, 뭐 별것도 아니네. 헉! 이거 왜 이래 비싸냐. 뭐 휴대폰 고리 하나에 몇천 원이나 해? 이거 완전 사기 아니야? 설마 이거 사는 사람이 많겠냐.'

그런데 상상 이상이었다. 이걸 사는 사람이 우리 반에서 반이 넘는

것이다. 크리스탈 기념품, 모형 뱀, 모형 칼, 이걸 왜 사는지 도무지 이
해가 안 갔다. 선생님이 함부로 사지 말라고 했는데도 마구 샀다. 칼을
가지고 장난을 치다가 남자아이들은 결국에 선생님께 혼만 났다.

경주 고적지에서 무슨 기념품을 팔려면 경주 고적지와 관련된 기념
품을 팔아야지 모형 뱀이나 모형 칼은 왜 파는지 이해가 안 간다. 그리
고 아무리 아이라도 그렇지 그걸 사는 아이들도 삐리하다고 본다.

현장 체험 학습 날에는 평소에 교실에서는 배우지 못한 것을 한 가
지라도 옳게 배웠으면 좋겠다. 또 1학기 때 대구 수목원에 가는 것도
과학 공부를 하고 바로 갔더라면 더 좋은 공부가 되었을 것이라고 생
각한다. (4학년 여)

이 아이는 시간이 넉넉지 못해 석굴암과 불국사를 제대로 보지 못한 점
을 꼭 집어 말했다. 그건 선생인 나도 느꼈던 바다. 그래서 석굴암을 관람
할 때는 설명을 좀 더 해 주고 다시 들어가 살펴보라고 했지만 사람들이
밀고 들어와 제대로 보지도 못하고 밀려 나오고 말았다. 불국사를 관람할
때는 학교로 돌아올 시간이 다 되어서 대충 보고 돌아와야 했다. 아이 말
대로 하나하나 차근차근 설명도 해 주고 얽힌 이야기도 해 주며 살펴보도
록 했으면 더 공부가 많이 되었을 텐데 아쉽게 되었다.

아이들에게 체험 학습 한 것을 기록문이나 보고서로 쓰게도 하는데, 아
이들은 이것 때문에 체험 학습 하면서 자료를 얻는 데만 더 정신을 쏟기
도 한다. 관련 내용을 적거나 팸플릿을 얻고 사진 찍는 데만 더 신경쓰는
아이들이 많다는 말이다. 아이들 스스로 잘 보고 마음으로 느끼는 것이
중요하다. 그런데 아이들이 자료에만 마음 쓰다 보니, 제대로 보지도 못한

아이들과 학교 주관 활동

다. 또 노는 데만 정신 팔린 아이들도 많다. 이런 아이들은 선생님이 그곳에 얽힌 이야기도 해 주는 등 아이들이 관심을 갖고 잘 살펴볼 수 있도록 하는 게 좋다.

이 아이는 특히 고적지 주변에서 파는 조잡한 물건들을 아이들이 함부로 사는 문제를 짚었다. "경주 고적지에서 무슨 기념품을 팔려면 경주 고적지와 관련된 기념품을 팔아야지 모형 뱀이나 모형 칼은 왜 파는지 이해가 안 간다. 그리고 아무리 아이라도 그렇지 그걸 사는 아이들도 삐리하다고 본다"고 했다. 참으로 옳은 말인데, 어른들 귀에는 이런 말이 들리기나 할까 모르겠다.

현장 체험 학습 때 아이들의 질서

나는 현장 체험 학습 갈 때 아이들의 질서에 대해 말하고 싶다. 현장 체험 학습 갈 때 우리는 꼭 버스를 타고 간다. 어디든지 가는 데 걸리는 시간이 많으니까 우리들은 장난을 많이 친다. 그냥 장난을 치면 덜한데 위험한 짓도 막 한다. 팔을 창밖으로 내밀고 과자 봉지를 창밖으로 날려 보내서 운전기사 아저씨한테 꾸중도 들었다. 선생님이 안전띠를 매라고 여러 수십 번 이야기해도 매는 척하다가 안 매고는 마구 돌아다닌다. 그러다가 차가 갑자기 서면 큰일 난다. 그리고 과자를 먹고 쓰레기나 과자 부스러기를 버스에 막 버리기도 한다.

전에 수목원에 갔을 때 분수대 높은 곳에 올라가 거기서 뛰어내리기도 하고, 개구리를 가지고 놀다가 음료수 병에 개구리를 넣고는 죽였다. 과자 봉지하고 음료수 통을 버리기도 했다. 그리고 장난으로 수목원에 있는 물에 아이들을 밀어 넣기도 하고 그랬다.

선생님과 수목원의 식물을 돌아보는데 얼마 돌아보지도 않아서 "선생님, 다리 아파요!" "선생님, 점심은 언제 먹어요!" 하며 소리쳤다. 점심때가 될라 카먼 아직도 멀었는데 그런다. 그런 아이들은 체험 학습을 왜 하는지 알 수가 없다.

불국사에 갔을 때 만지면 안 되는 것을 만지기도 하고, 위험하게 낭떠러지 있는 곳으로 자꾸 가서 선생님에게 꾸중을 듣기도 했다. 그래 놓고 꼭 선생님 욕을 한다. 가만히 서 있는 나무를 흔들고, 매달리고, 칼을 사서 애들이랑 칼싸움을 하고, 위험한 행동을 했다.

그것뿐만 아니다. 견학을 잘 하라고 해도 틈만 나면 과자 사 먹는 데만 정신이 팔려서 공부는 개코도 안 한다. 그래서 선생님이 뭐라고 하면 또 안 보는 데서 욕을 한다. 나는 그런 친구들이 참 한심하다고 생각한다. 점심을 먹고는 쓰레기를 온 데다 버려 놓아서 청소하는데 시간이 엄청 걸렸다.

펀펀비치에서 여름 물놀이 체험을 할 때 아이들이 물을 먹이고 튜브를 빼앗고 튜브를 뒤집기도 하면서 위험한 행동을 하기도 했다.

○○아이스링크에서 컵라면을 먹는데 온 데다 버려서 엉망이 되었다. 국물, 라면 건더기를 식탁 위에, 바닥에 다 버려 놓았다. 쓰레기통에는 먹다가 남은 컵라면과 쓰레기를 같이 버려서 완전 음식 쓰레기장에 온 것 같았다. 선생님이 바로 하라고 해도 안 보면 지멋대로 한다. 아이스링크에서 관리하는 사람이 참 한심하다는 표정으로 우리들 모습을 보는 것을 내가 보았다. 그리고 어떤 아이들은 다른 애들한테 뭐를 좀 사 달라고 한다. 자기도 돈이 있으면서 자기 것은 가만히 숨겨 놓고 뭐를 사 달라고 하는 건 완전 사기라고 생각한다. 나는 이해가 안

된다. 또 스케이트를 타는데 못 타는 애들을 막 밀치고 스케이트 신고 발로 차고 머리를 때리거나 했다. 정말 위험하다.

질서도 안 지키고, 위험한 행동 하고, 무엇을 사 먹는 데만 신경 쓰고 옳지 않은 행동만 골라 하는 것 같다. 나는 그런 사람은 현장 체험 학습을 할 자격이 없다고 생각한다. (4학년 남)

이 아이는 현장 체험 학습 갔을 때 동무들이 옳지 않게 행동한 일을 자세하게 적어 놓았다. 아이들은 이렇게 짓궂은 행동도 많이 하고 옳지 않은 행동도 참 많이 한다. 아이들이 많이 모이면 공공질서를 더 안 지킨다. 한두 아이가 질서를 흐트리면 '쟤도 그러는데 뭐' 이러고는 그 행동을 따라 한다. 이렇게 해서 너도나도 아무렇지도 않게 질서를 어지럽히는 것이다. 자기만 옳게 행동하면 손해라도 보는 것처럼 여기는 것 같다.

선생님들은 현장 체험 학습 전에 제대로 현장 체험 학습을 하자면 어떻게 해야 할지 아이들이 생각해 보고 의논할 수 있는 자리를 만든다든지 해서 여러 가지로 방법을 찾아보는 게 필요하다.

아이들은 시범 학교를 어떻게 생각할까?

연구 학교나 시범 학교는 학교를 정해 아이들 지도에 관한 어떤 연구를 하거나 시범 운영해서 결과를 발표하는 것이다. 연구 학교나 시범 학교로 지정되면 시작부터 끝날 때까지 거기에 매달려야 하는 시간이 적지 않다. 학교 환경도 온통 그것과 관련된 것뿐이다. 그동안 다른 것은 뒷전으로 밀려나 아이들을 제대로 가르치기 어려운 것도 사실이다.

연구 학교나 시범 학교 사례 발표를 한 뒤 평을 들어 보면 하나같이 칭찬만 한다. 일 년 내내 거기에 매달렸으니 잘할 수밖에 없는데, 결과물들을 본 다른 학교 선생님들이 하는 말은 "잘했다"는 말보다 "애먹었다" "이 많은 걸 어떻게 다 했나?" 이런 말들이고, "선생들과 아이들을 잡았네, 잡았어" 이런 말이 나오기도 한다. 이렇게 해서 나온 연구 결과가 학교 현장에서 널리 쓰이는 경우는 매우 드물다.

국악 시범 학교

작년엔 우리 학교가 국악 시범 학교였다. 나는 그때 정말 그게 좋은 건 줄만 알았다. 그런데 알고 보니까 내가 생각하기에는 좀 짜증 나는 일이었다.

3학년 때 우리 반 선생님은 ○○○ 선생님이었다. 선생님이 국악에 관심은 많이 있으셔서 뭐 간이 장구도 만들고 장구 치는 연습을 엄청 많이 했다. 또 국악노래집을 책으로 만들어서 우리들한테 다 나누어 주셨다.

그런데 우리들은 갑자기 국악을 더 세게 하시는 것이 이상했다. 나는 처음에 왜인지 몰랐다. 한참 뒤에 그렇게 한 것이 우리 학교가 국악 시범 학교여서 그랬다는 것을 알게 되었다. 그래도 우리들은 "아, 그런데 왜 이렇게 빡시게 하지?" "짜증 나네!" 이러면서 선생님이 시키시는 것을 했다. 나는 정말 짜증이 났다. 그렇게 세게 안 하던 것을 갑작스럽게 빡시게 해서 그렇다.

그런데 언제부턴가 음악 시간도 아니고 수학 시간인가 국어 시간인가 하이튼 음악 시간도 아니었는데 갑자기 간이 장구와 장구채를 책

아이들과 학교 주관 활동

335

상 위에 갖다 놓으라고 했다. 그래서 나는 선생님이 시키는 대로 장구를 내 책상 위에다가 갖다 놓았다.

'음악 시간도 아닌데 이걸 왜 꺼내라는 거지?' 이러고 있는데 "자, 장구 치는 거 연습한다." 하고 말하셨다.

나는 정말 짜증이 났다. 안 그래도 국악을 하도 해서 짜증 나는데 음악 시간도 아닌 공부 시간에 자꾸 막 시켜서다. 다른 수업 시간도 막 까먹고 했다. 정말 힘들었다.

또 언제부턴가 시험지를 자꾸 내주시는 거다. 국악에 대한 것이었다. 나는 국악에 대해 별로 아는 것은 없었지만 얼떨결에 했는데 그만 국악 골든벨 대회에 나가게 된 것이다. 그래서 정말 짜증이 났다. 또 죽으라고 국악을 공부해서 나가야 한다는 생각 때문이다. 하지만 이제 와서 어떻게 할 수도 없다. 벌써 뽑힌 대표인데…… 뭘 프린트해서 주고 자꾸 외우라고 하셨다.

이것뿐 아니다. 작년 일 년은 국악에만 홀딱 빠져 있었다고 보아야 한다. 국악기 만들기, 국악 신문 만들기, 국악 그림 그리기, 캐릭터 그리기…… 참 엄청 많이 했다. 그래서 국악에 대해 많이 알게 되기는 했지만 어떨 때는 짜증이 막 났다.

올해는 국악을 교과서에 있는 것밖에 안 했다. 이제 편안해졌다.

(4학년 여)

아무리 좋다고 해도 다른 시간에까지 국악을 가르치고, 국악기 만들기, 국악 신문 만들기, 국악 그림 그리기, 국악 캐릭터 그리기, 국악 골든벨, 장구 치기 급수 따기 같은 것을 다 하는 것이 옳을까?

선생과 아이들이 지긋지긋하게 생각하기도 하는 연구, 시범 학교를 다시 생각해 보았으면 싶다.

아이들은 학교 방송과 교내 메신저를 어떻게 생각할까?

학교 방송, 교내 메신저, 전화 같은 것은 아이들 학습 활동에 어떤 영향을 줄까?

열심히 아침 활동을 하는데 아침 방송을 한다든지, 공부하는데 갑자기 방송을 하면 그만 맥이 끊겨서 공부에 방해가 아주 크다.

또 문제는 교내 메신저다. 학교 안에서 선생님들끼리 연락할 때는 컴퓨터 메신저를 주로 이용하는데, 더러는 메신저가 너무 많이 와서 수업에 방해가 되기도 한다. 보내는 사람은 꼭 필요할 때 조심해서 메신저를 보내겠지만 너도나도 보낼 경우 그 횟수가 무척 많아지는 것이다. 학습 동영상을 보는데 화면에 메신저가 뜨면 아이들은 그만 짜증을 낸다. 더구나 아이들이 안 보았으면 싶은 내용까지 보게 되기도 해서 더 안 좋다.

방송 조회와 교내 방송에 대한 내 생각

나는 방송 조회와 교내 방송이 싫을 때도 있고 좋을 때도 있다. 왜냐하면 방송 조회나 교내 방송을 하면 공부할 때 우리에게 방해가 될 때가 많고 좋은 점은 우리에게 새로운 교훈을 줄 때가 있어서 좋다.

우리는 아침마다 일주일에 3일 이상 그림도 그리고 또 관찰도 하고 글도 쓰고 그런다. 그런데 "지금부터 케이디비에스(KDBS) 방송을 시작하겠습니다. 복도나 운동장에 있는 사람은 지금 바로 교실로 와 주시고 채널을 맞추기 바랍니다." 하고 말하는데 나는 아예 그걸 다 외웠다.

그것까지는 좋은데 나에게 필요 없는 소리를 할 때는 아예 스피커를 부숴 버리고 싶다. 나는 이렇게 방송 조회나 교내 방송을 많이 싫어하는 편이다.

아침 방송 조회 때 한 번씩 시상식을 하는데 난 그때마다 속이 부글부글거린다. 왜냐하면 상은 그냥 교실에서 담임 선생님이 주면 되는데 꼭 그런 시상식까지 만들어서 상을 주는 것은 너무나도 싫다.

어떨 때 방송을 5분에서 10분 정도밖에 안 하는데 그냥 상 주는 시간이다. 우리같이 상 못 받는 아이들한테 너희들도 이렇게 상 좀 받아 봐라고 보여 주는지는 모르겠는데 나는 그냥 우리한테 애달군다는 생각이 든다.

학교 폭력 실태 조사를 했던 날이다. 그날 학교 방송에서 또 학교 폭력 만화를 보여 주었다. 그런데 공부를 좀 하기 싫어하는 아이들은 그런 걸 봐 버리면 공부를 더 하기 싫어한다. 그런 아이들은 거기에 나오는 내용을 중요하게 보는 것이 아니라 그냥 만화만 나오면 무조건 좋아해서 본다. 거기에 웃긴 말이 나올 때는 그것을 따라 하든지, 또 왕따인 친구에게 그런 말을 쓴다면 학교 폭력 예방 만화는 착실한 아이들도 거기에 나오는 나쁜 아이들의 행동이나 말을 배울 수도 있을 것이라고 생각한다.

그리고 아침 학교 방송 말고 우리 학교 선생님 중에는 어떤 선생님은 심심하면 방송을 하는 선생님도 있다. 아직 공부도 덜 마쳤는데 스피커에서, "아, 아! 한 가지 알리겠습니다. 컵스카우트 대원은 둘째 시간 마치고 종합실로 모여 주기 바랍니다. 한 번 더 알리겠습니다. 컵스 카우트 대원은 둘째 시간 마치고 종합실로 모두 모여 주기 바랍니다. 안 오면 안 됩니다. 이상입니다." 이렇게 큰 소리가 갑자기 나오면 엄청나게 짜증이 난다. 이제 곧 공부를 마무리하려고 하는데 방송이 나오면 더 그렇다. 보면 방송을 자주 하는 선생님이 또 그렇게 방송을 한다. 무슨 습관인지 모르겠다. 그러니 앞으로는 방송을 될 수 있는 대로 꼭 필요한 것을 잘 가려서 하면 좋겠다. (4학년 여)

나도 이 아이와 같은 마음이다. 별 내용 없는 방송을 하면 짜증이 난다. 가끔 방송 조회할 때 시상식을 하는데 그 과정을 자랑 삼아 다 보여 준다. 교장 선생님은 오늘 상 받은 아이들처럼 다른 아이들도 상을 받도록 노력하라는 말까지 한다. 그래서 "우리같이 상 못 받는 아이들한테 너희들도 이렇게 상 좀 받아 봐라고 보여 주는지는 모르겠는데 나는 그냥 우리한테 애달군다는 생각이 든다"는 아이 말에 공감한다.

더구나 몇몇 사람에게 알릴 때도 꼭 전체 방송으로 하는 선생님이 있다. 아이 말처럼 아침 학교 방송은 좋은 내용으로 짜임새 있게 잘 하고, 교내 안내 방송은 꼭 필요할 때 쉬는 시간에 해야 한다.

다음은 교내 메신저 문제다.

화랑이 메신저와 전화 문제

공부 시간에 자주 겪는 일이다. 우리는 티브이 화면으로 동영상을 보고 있었다. 그런데 갑자기 무엇인가가 화면에 뜨는 것이다. 그것은 바로 화랑이 메신저다.

"아, 진짜! 선생님, 화랑이 메신저 왔어요!"

우리는 합창하듯이 큰 소리 지르면서 선생님을 바라보았다. 선생님은 그제서야 화랑이 메신저가 왔다는 것을 알고 컴퓨터 쪽으로 가셨다. 그런데 거기서 끝이 아니었다. 선생님은 그것을 한참 보시더니 창을 크게 키우면서 답장을 썼다.

'에이씨. 선생님은 화랑이 메신저 답장을 왜 지금 해? 아냐! 그 창은 또 왜 키우지? 왜 저딴 걸 해 가지고 공부 시간 방해하고 난리야.'

그래 놓고 공부를 덜하면 안 된다면서 쉬는 시간까지 까먹을 때도 있다. 이럴 때는 정말 억울하다. 내가 알고 있는 우리 선생님이 아닌 것 같다.

우리는 또 아침 자습 시간에 선생님의 가르침에 따라 글을 쓰기도 한다. 그런데 선생님이 글 내용에 대해 열심히 이야기하셔서 우리도 집중해서 듣고 있는데 "따르릉 따르릉." 전화가 온다. 선생님이 전화를 받으면 대충 "아, 네. 안녕하세요? 알겠습니다. 고맙습니다." 이런 말밖에 없다. 이럴 때는 차라리 화랑이 메신저가 낫다고 생각한다. 이때는 컴퓨터로 공부를 하지 않기 때문이다. 그리고 전화기가 화랑이 메신저보다 더 소란스럽다.

전화가 끝나면 선생님은 "어디까지 했더라?" 하면서 다시 시작한다. 그렇게 되면 우리의 정신도 끊겨서 뭘 했는지 다시 봐야 한다. 그만큼 우리는 더욱더 힘들어진다. 짜증도 난다.

또 가끔 우리들의 전화가 공부 시간을 방해할 때도 있다. 대부분 진동으로 해 놓는데 모르고 진동으로 안 해 놓아서 음악 소리가 막 크게 들릴 때도 있다. 그러면 아이들은 "아아 짱 나네!" "야, 넌 전화 예의도 모르냐?" 이러며 얼굴을 잔뜩 찡그리며 그쪽으로 다 본다.

우리 반 28명 중에 4명 말고는 다 전화기를 가지고 있는데 조심을 하지 않으면 이렇게 된다. 우리 반 모두 다 이렇게 된다면? 정말 돌아 버릴 것이다. (4학년 여)

공부 시간에 메신저가 화면에 뜨면 안 볼 수가 없고 내용을 보면 또 그냥 넘어갈 수가 없다. 그냥 넘어가 버리고 다른 일을 하다 보면 다시 메신저 편지가 온다. 메신저 편지를 받았을 때 바로 답장하는 게 맘 편하다. 그렇지만 답장까지 하다 보면 수업하던 흐름이 끊기고 어수선해진다. 선생도 짜증 나는데 아이들은 더 짜증 날 만하다. 인터폰 전화 오는 것도 그렇다. 나는 전화기 선을 아예 뽑아 놓고 수업할 때도 있었다.

교내 방송, 메신저, 인터폰 전화 같은 것은 아이들 편에서 생각해야 한다. 아이들이 손전화 쓰는 것도 그 편리함을 살리면서 질서를 어지럽히지 않는 좋은 방법을 아이들과 의논해서 찾았으면 한다.

아이들이 학교에서 밥 먹는 모습은 어떨까?

나는 아이들에게 음식 먹는 이야기를 많이 했다. 먹는 것을 함부로 하면 안 된다는 정신을 일깨워 주기 위해서다. 먹는다는 것은 다른 목숨을 거두어들이는 것이다. 다른 목숨을 거두어들여서 내 목숨을 이어가는 것이다. 그러니 먹는다는 것은 얼마나 숭고한 일인가.

나는 4학년 담임을 잇따라 5년째 했는데, 해마다 강낭콩 자람 관찰을 꼭 했다. 강낭콩 한살이를 알게 할 뿐만 아니라 한 생명이 태어나서 다 자랄 때까지의 과정을 아이들이 잘 느끼도록 하기 위해 더 단단히 관찰하도록 한 것이다. 강낭콩 관찰 가운데서도 처음 씨앗을 관찰할 때 씨앗 속에 노란 새싹이 들어 있는 것을 아주 꼼꼼하게 관찰시켰는데 아이들이 새싹을 보고는 저마다 놀라워했다.

예사롭게 보는 것하고 관심을 가지고 자세하게 관찰하는 것하고는 느낌과 생각이 많이 다르다. 아이들은 강낭콩을 물에 불려서 노란 싹이 살아나는 것을 보고는 더욱 놀라워했다. 그때 나는 이렇게 말한다.

"참으로 신비하지? 그런데 우리들은 이 귀하디귀한 목숨을 먹고 살아간단다."

이 강냉이 송이가 무슨 말을 할까요?

낮에 감자 껍질, 사과 껍질 같은 걸 거름으로 버리러 뜰 앞에 나갔다가 매화나무 옆에 지난해 다 거둔 강냉이 그루터기에 보잘것없이 조그만 송이 하나가 있기에 주워서 까 보았더니 글쎄 죄다 쭉정이에 단 한 개만 굵직한 게 꼭 바윗덩어리, 아니 큰 금덩어리같이 붙어 있는 것 아닙니까. 쭉정이를 대강 세어 보니 115개였습니다.

죽은 알 115개가 한 개를 살려서 이렇게 엄청나게 굵은 금덩어리를 남겨 놓았습니다. 그 모진 추위에도 얼어 죽지 않고, 그렇게 굶주리던 온갖 날짐승들도 차마 이 강냉이 한 알만은 먹을 수 없었던 것이지요.

우리 사람이 조그만 이 강냉이 송이의 백분의 일이라도 따라갈 수 있다면 얼마나 좋겠습니까. 나는 이 강냉이 송이를 모셔 놓고, 쭉정이 수대로 백열다섯 번 절을 하고 나서, 그가 하는 말을 듣기로 작정했습니다. (2001년 3월 25일)

이오덕 선생님이 쭉정이 강냉이 송이에 딱 한 알만 죽지 않고 충실하게 익어 있는 것을 보고 그림도 그리고 짧게 쓴 글이다.

나는 이 글을 아이들에게 읽어 주고 생명 이야기도 더 해 주었다. 우리가 먹는 것은 이렇게 고귀한 행위라는 것을 깨우쳐 주기 위해서다.

우리 반 밥 먹는 원칙은 이랬다. 알맞게 받아서 절에서 스님이 공양하듯이 깨끗이 먹는다, 골고루 먹는다, 못 먹는 음식은 처음에는 아주 조금씩 세 번은 앞니로 자근자근 씹어서 혀로 맛을 본다, 그렇게 해서 차츰 먹을 수 있도록 한다, 남긴 음식은 식판 한군데로 모아서 깨끗이 비운다, 그릇이나 수저를 갖다 놓을 때 집어던지지 않고 정성껏 놓는다, 뭐 이런 것들이다.

하지만 아이들이 이런 규칙을 지킬 수 있는 조건이 안 맞고, 또 아이들은 아이들인지라 쉽게 받아들이지 못하는 데서 문제가 생기기도 했다.

급식 때의 문제점

나는 급식을 받으려고 줄 섰을 때 2반 아이들은 선생님이 다른 곳으로 가실 때 떠들지 않았으면 좋겠다. 우리도 떠들지만 2반 아이들은 떠들어도 너무 떠든다. 선생님이 남자아이들 쪽으로 가면 여자들이 떠들고 선생님이 여자 쪽으로 가면 남자들이 떠든다.

전번에 우리 반이 줄을 서서 많이 떠들었다. 그래서 공부를 하고 있던 5학년 1반 선생님이 문을 열고 "형들, 누나들 공부하니까 조용해!" 하며 짜증 내는 말투로 말하신 적이 있다.

5학년 형아들이 공부하는데 우리가 떠드는 것은 잘못이지만 먼저 선생님의 반부터 복도에서 조용하게 다니도록 했으면 좋겠다. 우리가 공부를 할 때 형들과 누나들이 복도에서 장난을 치거나 뛰어다녀 수업에 방해를 엄청 주었기 때문이다.

나는 급식에 여러 가지 문제가 있다고 생각한다. 처음으로는 급식 아주머니들에게 말씀을 드린다. 내가 아주머니에게 말하는 이유는 우리가 적게 달라고 할 때는 많이 주시고 많이 달라고 하면 적게 주시기 때문이다. 우리가 돈을 내고 급식을 먹는 것이니 아주머니도 우리 말을 들어주셔서 적당한 양으로 음식을 주셨으면 좋겠다. 선생님들이 옆에 있을 때만 저희들의 말을 들어주시지만 선생님들이 옆에 없을 경우는 저희들의 말을 잘 안 들어주신다.

그리고 아주머니들이 식판과 젓가락, 숟가락을 씻는지 궁금하다. 그 이유는 식판에는 어떨 때는 씻을 때 대충 씻어서 어떤 사람이 먹은 자국이 그대로 있을 때가 있기 때문이다. 식판을 씻을 때는 제대로 씻어 주셨으면 좋겠다. 젓가락과 숟가락도 문제가 있다. 숟가락과 젓가락이 휘어진 것이 있어 젓가락과 숟가락 방향을 조정하기 힘들기 때문이다. 숟가락은 휘어져서 먹기가 불편하고 젓가락은 휘어져서 음식을 잘 집을 수가 없다.

또 우리가 음식을 받을 때 "감사합니다." 반갑게 인사를 하면 받아 주셨으면 좋겠다. 기분이 안 좋아 그럴 수도 있겠지만 그래도 대답은 하실 수 있기 때문이다. 아주머니가 대답을 안 하면 우리도 기분이 안 좋아 서로 기분이 안 좋아질 수 있는데 대답을 해 주시면 서로 기분이 좋아질 수 있다. 대답하기 싫으시면 웃는 표정으로 하시면 되고, 고개를 끄덕이면 우리가 알아들어서 기분이 좋아질 수 있기 때문이다.

이렇게 급식 때 우리도 문제가 많지만 내가 말한 것을 고쳐 주시면 좋겠다. (4학년 남)

학급 수가 많다 보니 다 같이 앉아 한꺼번에 밥 먹기가 어려워 학년별로 시간 차이를 두고 밥을 먹었다. 4학년은 다섯째 시간까지 마치고 점심을 먹었다. 그러니 4학년이 공부하고 있을 때 5학년은 점심을 다 먹고 4학년 교실 복도를 지나 화장실에 가면서 장난치고 떠들기도 했다. 반대로 5학년이 공부할 때 4학년이 점심 먹는다고 5학년 복도까지 줄을 서서 떠들기도 했다. 이때 5학년 선생이 4학년 아이들보고 떠든다고 뭐라 하니까 먼저 5학년부터 조용했으면 좋겠다고 따져 쓴 것이다.

배식하는 아주머니들에 대한 불만도 말해 놓았다. 먼저 음식을 많이 주는 것이다. 선생님은 알맞게 받아 깨끗이 다 먹으라고 하는데 아주머니 맘대로 주니까 더욱 불만이다. 아주머니들은 많은 아이들에게 음식을 빨리 나누어 주어야 하니까 아이들이 저마다 원하는 대로 주기가 쉽지 않은데도 아이들은 불만이 많다.

그러면 방법을 찾아야 한다. 음식을 받아서 스스로 많으면 덜어 내고 적으면 더 가져갈 수 있도록 '음식 조정대'를 만들어 놓는 것도 좋은 방법이다. 이미 이렇게 하고 있는 곳도 많다.

다음은 식판이나 수저가 깨끗하지 않은 점도 지적해 놓았다. 어쩌다 깨끗하지 못한 것이 보이면 다른 게 다 깨끗해도 잘 믿지를 않는다. 휘어진 수저는 새로 바꾸는 등 좀 더 신경을 써야겠다.

마지막으로 인사 문제다. 나는 아이들에게 배식하는 아주머니나 식탁을 닦는 할머니께도 꼭 인사를 하라고 했다. 그래서 아이들은 인사를 잘하는데 아주머니가 잘 안 받아 주었나 보다. 아이들 인사를 하나하나 다 받아 주기도 어렵고 말을 하면 음식에 침도 튈 수 있으니 그렇겠지. 그렇더라도 얼굴 표정으로라도 인사를 받아 주면 좋겠다. 성난 얼굴로 배식하는 아주머니도 있다고 한다. 그 모습을 보면 저희들이 꼭 무슨 잘못을 저지른 것 같은 기분이 든다고 불만을 터트려 놓았다.

아이들이 몰래 반찬을 버린다

급식 때 보면 아이들은 반찬이 먹기 싫으면 일부러 바닥에 버린다.

오늘도 1층 급식소 바닥을 보니 김치랑 갈치 등 여러 가지 반찬들이 다 떨어져 있었다. 꼭 음식물 쓰레기장같이 더러웠다. 아줌마들은 밥과 반찬을 조금만 담아 주면 좋겠는데 우리가 조금만 달라고 해도 더욱 많이 준다. 어릴 때는 많이 먹어야 된다면서 식판이 터질 듯 가득 담아 주신다.

내가 생각하기에는 아줌마들이 아이마다 급식을 알맞게 주려면 시간이 걸리니까 그냥 막 주는 것 같다. 선생님은 또 먹을 만큼 알맞게 받아서 깨끗이 다 먹으라고 하신다. 그래서 아이들은 선생님께 꾸중을 안 들으려고 바닥에 음식물을 버리는 것 같다.

내 친구 정호한테 물어봤다.

"정호야, 음식 너무 많이 준다 아니가?"

"응. 맞다. 그래도 우리 선생님은 음식 남겼다고 혼 안 낸다."

"그래서 좋은 선생님 만났다고?"

"응. 너거 반 선생님은 다 먹으라고 하나?"

"아니, 말하면 괜찮다."

콩밥이 나왔을 때 일이다. 영흠이가 입에서 검은 것을 바닥으로 뱉어 버렸다. 가만히 보니 콩이었다.

"야! 송영흠! 왜 콩 버리는데?"

"니가 무슨 상관인데? 꺼져라!"

"야, 그러면 버렸는 콩 주워서 남은 음식 버릴 때 가져가라."

"알았다, 거지야. 갈 때 그러려고 했다, 이 거지야."

> 나한테 거지라고 해서 기분이 나빴다. 그렇지만 참았다.
>
> 먹기 싫으면 그냥 선생님께 못 먹겠다고 하면 되는데 꼭 그렇게 바닥에 버린다. 선생님께 못 먹겠다고 말하면 콩도 하나 못 먹냐고 뭐라카기 때문일 것이다. (4학년 남)

음식을 남기지 마라, 골고루 먹어라, 이런 잔소리를 하고, 잘 못 먹는 것도 한번 먹어 보라고 자꾸 말하니까 그만 이런 짓을 한다. 그러면 억지로 밥을 많이 먹으라고 하든지, 반찬을 남김없이 먹으라고 하면 아이들은 어떻게 할까?

몰래 음식 버리기

우리 반은 원래는 급식을 다 먹어야 한다. 그런데 다 먹기 싫으면 선생님 몰래 우리가 하는 짓이 있다.

첫 번째, 선생님이 한눈파는 사이에 친구와 음식을 바꾼다. 내가 친구가 싫어하는 음식을 먹고 싶으면 친구 것을 가져오고 내가 먹기 싫은 것을 친구가 먹고 싶으면 친구가 내 음식을 가지고 가는 것을 말한다. 선생님 눈치를 보면서 음식을 이리저리 움직인다. 그러다가 선생님과 눈이 마주치면 그냥 씨익 웃고 넘어가면 된다. 그런데 만약 선생님이 확실히 알면, "이것들이 정말! 자기 것 자기가 먹어. 더 먹고 싶은 사람은 가서 더 받아 오고." 이렇게 말한다. 그러면 우리는 "네." 대답은 하지만 속으로는 '크크, 과연 우리가 그렇게 할까요? 크크, 좀 있다가 선생님 한눈팔 때 음식을 바꾸는 거야, 크크크크큭.' 이런 생각을 하고 있다 보면 선생님이 또 한눈을 판다. 그때 재빨리 음식을 바꾼다.

두 번째, 음식 버리기. 내가 며칠 전에 보았던 모습이다. 한 남자아이가 방울토마토를 먹는 척하면서 은근슬쩍 바닥에 버리는 아이들도 보였다. 또 음식을 먹는 척하다가 떨어뜨릴 때도 있다. 음식을 아래로 떨어뜨릴 때는 친구들과 중얼중얼 이야기를 한다.

세 번째, 이것 역시 선생님을 속이는 것이다. 음식을 잔반통에 남기면 안 된다고 우리 반은 정해져 있다. 하지만 우리는 마구마구 남긴다. 선생님과 이야기를 하다 보면 선생님은 지금 우리가 먹는 급식에 대해서는 상관하지 않는다. 그때 음식을 국그릇 쪽으로 옮긴다. 그리고 이야기가 끝나자마자 벌떡 일어나서 가서는 잔반통에 버리는 것이다. 가다가 친구들을 만나면 급식 그릇을 있는 힘껏 하늘 높이 올린다. 그러고는 "애들이 왜 이렇게 많아? 급식 그릇을 아래로 못 내리겠다, 에휴." 하며 지나가면 친구들은 잘 모른다.

그때 만약에 선생님이나 친구들이 보면 이렇게 말하는 친구들이 대부분이다. 먼저 선생님께는 "선생님, 배가 좀 아파요. 보건실 좀 가면 안 될까요?" 하고 말한다. 그러면 선생님은 "그래. 그럼 남기고 보건실 좀 가 봐라." 하고 말하신다. 하지만 우리는 보건실에는 가지 않고 운동장, 교실, 도서관으로 간다.

선생님들은 우리가 학교 급식을 먹을 때 어떤 짓을 하는지 모르는 것 같다. 몇몇 선생님들은 알고 있겠지만 말이다. (5학년 여)

이 아이 글을 보면, 아이들이 자기가 잘 못 먹는 것은 잘 먹는 동무와 바꾸어 먹는다. 또 먹기 싫으면 몰래 버리기도 한다. 그리고 음식을 남기면 버리러 가면서 선생님이 못 보게 식판을 높이 들고 가는 눈속임 행동도 한다. 먹기 싫다고 말하면 꾸중 들을 게 뻔하니까 이렇게 하는 것이다.

아무리 지도를 해도 이런 녀석들을 당해 낼 방법이 없다. 아이들이 선생을 속이는 방법은 이것만이 아니다. 지금은 이래도 자라서 지각이 들면 바르게 배웠던 것을 되살려 올곧게 살아가리라 믿는다.

남은 음식의 처리와 식사 예절 문제

급식을 먹고 나서 보면 언제나 남은 음식 뒤처리가 잘 안 되고 있다. 또 숟가락과 젓가락 놓는 곳을 구분해서 앞에 적어 놓아도 언제 봐도 숟가락과 젓가락이 막 뒤섞여 있는 것을 볼 수 있다.

며칠 전에는 급식을 다 먹고 남긴 음식을 버린 뒤에 수저 놓는 곳을 보니 숟가락과 젓가락을 각각 어디에 놓는지 안 적혀 있었다. 수저가 거의 물 반 고기 반처럼 숟가락 반 젓가락 반으로 놓여 있었다. 나는 할 수 없이 대충 보기에 숟가락과 젓가락 중에 젓가락이 더 많이 있는 것 같이 보이는 쪽에는 젓가락을 놓았다.

친구들 중에는 음식을 다 안 먹고 많이 남기는 친구들이 대부분이다. 쌀 한 톨도 농부 아저씨들이 힘들게 농사를 지은 것인데 그런 것은 생각도 안 하고 그냥 버린다. 음식 하는 아주머니들도 그렇다. 음식을 알맞게 해서 남기는 것이 없도록 잘 해야 하는데 언제나 배식을 하고도 음식이 많이 남아 있다.

식판을 보면 한쪽에 가지런히 놓은 것도 많지만 옆에 아무렇게나 던져 놓은 것들도 많다. 밥을 잘 먹게 해 준 식판을 똥개 취급하듯이 하고 있다. 나는 그런 것을 보면 화가 난다.

남긴 음식을 깨끗이 비우지 않아 식판에 그대로 남아 있는 채로 식판을 갖다 놓는 아이들이 대부분이다. 우리 반은 선생님이 지도를 철저하게 해서 안 그러는데 다른 반은 꼭 돼지죽 먹은 것 같다. 그냥 숟가락으로 남긴 음식들을 긁어 붓기만 하면 되는데 왜 그러는지 모르겠다. 그리고 급식을 먹을 때 식탁에 음식을 마구 흘려 놓는 아이들도 많다. 밥을 먹고 보면 음식물이 떨어져 있지 않은 식탁이 거의 없다. 모르고 흘린 것은 어쩔 수가 없지만 자신이 싫어하는 음식을 식탁에 버려 놓고 모르고 흘렸다고 하는 경우도 있다. 나는 그 친구들은 사기꾼이라고 생각한다.

급식을 먹으면서 떠들기는 얼마나 떠드는지 정신이 휘황할 때도 있다. 선생님이 좀 조용히 먹으라고 해도 말도 잘 안 듣는다. 식사 예절은 어디 갖다 버렸는 것 같다. 나는 그런 사람은 공부를 아무리 잘해도 소용없다고 생각한다. (4학년 남)

이 아이는 동무들이 밥 먹는 모습을 조목조목 비판했다. 아이들이 남은 음식 처리하는 모습은 나도 무척이나 언짢아서 하나하나 살펴보며 남은 음식을 깨끗이 처리하도록 지도했다. 식판에서 많이 더럽혀진 쪽으로 남은 음식을 모으는데, 젓가락은 왼손에 식판과 함께, 숟가락은 오른손에 쥐고 남은 음식을 깨끗이 긁어 버리도록 했다.

이 아이의 말처럼 다른 반 아이들이 남은 음식 버리는 걸 보면 한쪽으로 모으지 않아 온 식판에 음식물이 여기저기 붙은 채로 음식 찌꺼기 모으는 통에 탁탁 치며 대충 비운다. 그러니 음식물이 온 데 튀어서 주변이 온통 음식물투성이고 식판에도 음식물이 그대로 붙어 있다. 식판 놓을 때도 살짝 놓지 않고 휙 집어던진다. 그밖에도 식탁 위에 음식물도 흘려 놓고, 너무 떠들어서 정신이 하나도 없을 때도 있다. 아이가 끝에 "식사 예절은 어디 갖다 버렸는 것 같다. 나는 그런 사람은 공부를 아무리 잘해도 소용없다고 생각한다"고 한 말을 어른들도 잘 새겨들었으면 한다.

아이들은 인사를 어떻게 생각할까?

사람들은 서로 만나거나 헤어질 때 인사를 한다. 만날 때 인사는 그 사람의 첫 모습이라 할 수 있는데, 건성으로 하면 처음부터 그 사람을 생각하는 마음이 달라질 수 있다. 그러니까 인사는 온몸으로 해야 한다. 온몸으로 한다는 말은 진심에서 우러나오는, 상대를 존중하는 마음으로 한다는 뜻 아니겠나.

이상모 선생님이 "온몸으로 정답게 인사를 하는 것은 상대방에게 큰 기쁨을 선물하는 것입니다. 온몸으로 하는 인사는 윗사람, 아랫사람 할 것 없이 서로서로 인정을 주고받는 평등의 기초입니다"라고 했는데, 정말 맞는 말이다. 인사하는 마음과 겉으로 드러나는 태도, 인사말, 이 세 가지에 진심이 담겨 있어야 한다. 그래서 나는 아이들에게 인사 지도를 좀 단단히 한 편이다. 인사 예절을 잘 지키면 다른 예절도 따라서 잘 지킬 수 있기 때문이다.

작년까지 했던 우리 학교 인사 문제

지금은 우리 학교 인사 방법이 보통 인사하는 것과 같지만 작년 3학년 1학기의 인사말은 '독서를 많이 하겠습니다.'였고, 2학기 때는 '복도에서 뛰지 않겠습니다.'였다. 학년마다 인사말이 달랐는데 몇 학년이 무슨 인사말을 썼는지는 생각 안 나지만 몇 개만 써 보겠다.

'예의 바른 어린이가 되겠습니다.'

'청소를 잘 하겠습니다.'

'바르고 고운 말을 쓰겠습니다.'

'착한 어린이가 되겠습니다.'

'정리 정돈을 잘 하겠습니다.'

5학년 어떤 오빠는 교장 선생님이 지나갈 때는 "복도에서 뛰지 않겠습니다." 이렇게 말해 놓고는 교장 선생님이 지나가니까 바로 뛰었다. 그때 내 입에서 "오빠라는 게 복도에서 안 뛴다고 해 놓고 바로 뛰네. 동생한테 배워라, 좀." 하는 말이 튀어나왔다.

한날 복도를 지나가다가 교장 선생님을 만나서 "교장 선생님, 복도에서 뛰지 않겠습니다." 하고 인사를 했다. 그런데 교장 선생님이 참 어이없는 말을 하셨다.

"뛰지 않기는 뭐가 안 뛰어. 뛰어 놓고는 거짓말하지 마라." 이렇게 빈정거렸다.

난 화가 엄청 났다. 그래서 나는 화진이에게 이렇게 말했다.

"아, 놔! 그럼 왜 '복도에서 뛰지 않겠습니다.'를 인사말로 정하는데? 정하기는 자기들 멋대로 정해 놓고는. 아, 진짜 막 짜증 나네!"

화진이는 "그러게 말이야. 우리가 그런 인사하고 싶어서 하나." 이렇게 말했다.

또 운동장에서 놀다가 선생님을 만나도 "복도에서 뛰지 않겠습니다." 이렇게 인사를 한다. 참 황당하다. 그러면 밖에서 선생님을 만나도 "복도에서 뛰지 않겠습니다." 이렇게 말해야 하나? 그러면 주위 사람들이 "쟤들 이상하네? 정신이 어떻게 되었나?" 이렇게 말할 것이다.

6학년 오빠와 언니가 "이 ××년아! 왜 나대는데?" "내가 왜 ××년인데 이 ×새끼야! 병신 같은 놈아." 이렇게 욕을 하면서 싸웠다. 그런데 교감 선생님이 지나가자 아무 일 없었다는 듯이 "바른 말 고운 말을 쓰겠습니다." 이렇게 인사를 했다. 교감 선생님이 지나가자 또 욕을 하며 싸우는 것이다. 그러니까 인사말과 행동은 별로 관계가 없는 것 같다. 말도 안 되는 황당한 인사말이다. 학교 규칙이라 할 수 없이 선생님들 볼 때마다 "복도에서 뛰지 않겠습니다."라고 했다.

난 생각만 해도 막 짜증이 난다. 그래서 앞으로 또 그런 규칙을 정하면 학교 규칙이고 뭐고 다 때려치우고 나 혼자라도 '안녕하세요.' '안녕히 계십시오.' '내일 뵙겠습니다.'라고 인사를 할 것이다. (4학년 여)

학교에서 이상한 인사말을 정해 놓고 아이들에게 쓰라고 강요한 거다. 이렇게 하면 예의 바른 어린이가 되고, 청소 잘하는 어린이가 되고, 바르고 고운 말 쓰는 어린이가 되고, 착한 어린이가 되고, 복도에서 뛰지 않는 어린이가 되고, 책 많이 읽은 어린이가 될 것으로 착각한 것이다.

이것은 인사가 아니고 어떤 정신을 강제로 주입시키려는 태도다. 인사의 가치는 하나도 없다. 이렇게 이상한 인사말을 하다 보니 황당한 상황과 맞닥뜨릴 때도 많다. 밖에서 선생님 만났을 때도 "복도에서 뛰지 않겠습니다" 이러며 인사해야 하고, 욕하며 다투다가도 "바른 말 고운 말을 쓰겠습니다" 이러며 인사해야 한다.

아이는 끝에 "난 생각만 해도 막 짜증이 난다. 그래서 앞으로 또 그런 규칙을 정하면 학교 규칙이고 뭐고 다 때려치우고 나 혼자라도 '안녕하세요' '안녕히 계십시오' '내일 뵙겠습니다'라고 인사를 할 것이다" 이렇게 말해 놓았다. 참 올곧고 똑똑한 생각이다.

우리들의 인사 문제

우리 학교 친구들 중 인사에 문제가 많은 친구들이 엄청 많다. 먼저 인사를 잘 안 하는 것이다. 어떤 일에 집중을 해서 인사를 못 하는 경우도 있긴 있지만 의도적으로 인사를 피해 가는 친구들도 많다.

아침에 친구들과 함께 학교에 갈 때 선생님이 교문으로 들어오시면 인사하기가 싫어서 친구와 이야기하는 척하면서 슬쩍 지나치는 친구들도 많다. 나도 전에는 좀 그랬다. 별로 좋아하지 않는 선생님이 지나가면 좀 기다렸다가 선생님이 가면 뒤에 간다. 반가운 마음으로 "안녕하세요!" 하면 되는데 귀찮다고 인사하기를 싫어한다. 눈이 마주쳐도 인사를 하지 않고 뻔뻔스럽게 옆으로 슬쩍 지나치는 친구들이나 형, 누나들도 많다.

우리 선생님이 이런 말을 하셨다.

"내가 아침에 학교에 들어오는데 5학년 6학년 너거 형들이 참 인사를 할 줄을 몰라. 그래서 내가 '안녕!' 하니까 그때서야 마지못해 '안녕하세요.' 인사를 해. 그런데 속으로는 '아, 귀찮아 죽겠네!' 하는 표정이야. 너희들은 안 그러지?"

그래서 우리는 "예!" 하고 대답했다.

선생님은 또 이 말도 하셨다.

"또 내가 인사를 안 해서 그 애 옆에 가 '너 인사하는 거 안 배웠냐?' 하니까 얼굴을 찡그리면서 '안녕하세여.' 이렇게 인사를 해."

이 말을 들으니 아이들이 참 한심하다는 생각이 들었다.

우리 반은 자주 집에 돌아갈 때 인사 연습을 하기도 한다. 처음에는 "우리가 어데 아기가, 인사 연습하게." "누가 인사를 모르나? 우리가 어데 바보가." "아, 또 귀찮게 인사 연습하나." 이렇게 짜증을 내면서 선생님 욕도 많이 했다. 그런데 이제는 그렇지 않다. 선생님이 자주 인사에 대해 여러 가지 이야기도 많이 해 주시면서 연습을 많이 하기 때문이다. 그래서 우리 반은 인사 하나는 끝내주게 잘한다.

그런데 선생님들 가운데는 인사를 안 받아 주는 선생님도 있다. 인사를 해도 아무 표정도 없이 지나가는 선생님도 있고, 받아 주어도 별로 성의가 없는 선생님도 있다. 그럴 때는 '아이 씨이, 인사 받는 척이라도 좀 해 주지. 인사하는 사람 기분 나쁘게시리.' 하고 속으로 욕을 하기도 한다.

우리 선생님은 아무리 바빠도 "그래, 안녕!" 하고 씩씩하게 대답을 해 주신다. 그리고 어떨 때는 "오늘 되게 춥제? 마스크 해라, 감기 걸릴라." 이렇게 말도 해 주신다. 그러면 우리는 "안 추워요! 이 정도는 끄떡없어요." 이렇게 말하며 선생님과 같이 걸어오기도 한다. 그러면 기분이 참 좋다.

나는 인사는 다른 사람에게 잘 보이고 싶어서가 아니고 상대방을 존중하는 표현이라고 생각한다. 우리들의 급식을 맡아 일하시는 아주머니나 우리의 안전을 지켜 주시는 지킴이 아저씨께도 인사를 안 하는 아이들이 많다. 그러면 안 된다고 생각한다. (4학년 남)

아이는 먼저 인사를 잘 안 하는 동무들과 형 누나들을 지적했다. 급식 일 하는 아주머니와 안전 지킴이 아저씨께 인사 안 하는 동무들도 지적해 놓고. 또 인사 잘 안 받아 주는 선생을 지적하기도 했다. 인사를 해도 아무 표정도 없이 지나가기도 하고 인사를 받아 주긴 해도 성의 없이 받아 주는 선생님도 있단다. 그러면 '아이 씨이, 인사 받는 척이라도 좀 해 주지. 인사하는 사람 기분 나쁘게시리' 이렇게 속으로 욕을 하기도 했단다. 그러면서 "나는 인사는 다른 사람에게 잘 보이고 싶어서가 아니고 상대방을 존중하는 표현이라고 생각한다" 이렇게 말했다. 인사에 대해 바른 생각을 가지고 있는 것이다.

한 번은 어떻게 하면 아이들이 인사를 잘하게 할 수 있을까 생각하다 내가 먼저 인사해 보기로 했다. 그랬더니 정말 얼마 안 지나서 내가 인사 하기 전에 아이들이 먼저 다가와 인사를 하는 것이다. 아이들이 인사 잘 안 한다고 나무라기만 할 일이 아니다.

7장

아이들과
학원

아이들은 학원을 어떻게 생각할까?

아이들은 자유로워야 한다. 아이들은 자유로움 속에서 더욱 잘 자라기 때문이다. 그런데 어른들은 교육이라는 이름으로 아이들을 꼼짝 못하게 꽁꽁 묶고, 짓누르고, 깔아뭉개서 온전하게 자라지 못하게 하는 일이 참 많다. 그 가운데 하나가 입시 경쟁 교육이다. 이 입시 경쟁 교육의 그늘에서 자라는 것은 사교육이라고 하는 학원이다.

학교에서 하는 '방과후 활동'은 어떤가? 이것도 학원과 별 다를 게 없다. 가정 형편이 어려운 아이들은 무료로 하는 게 다를 뿐, 좀 싼 가격으로 학원을 학교에 끌어들여 교실을 빌려주고 공교육의 보호 아래 한다는 것 뿐이다.

신문에 난 걸 보았는데 우리 나라 초등학교 아이들에게 가장 크게 스트레스를 주는 것이 '학원'이라고 한다. 5, 6학년 1,450명을 대상으로 설문 조사한 결과를 보면 응답자의 32퍼센트가 '학원'이라고 답했다. '학업, 성적 걱정'이 39퍼센트, '따돌림'이 10퍼센트, '건강'이 8퍼센트, '외모'가 6퍼센트로 나타났단다. 그러니까 60퍼센트가 넘는 아이들이 공부 때문에 스트레스를 받는 것이다. 학교 공부가 끝난 뒤 가장 많은 시간을 보내는 것이 '학원 공부'로 34.8퍼센트라고 하니, 학원이 아이들에게 얼마나 스트레스를 주는지 잘 알 수 있다.

그리고 소득은 줄어도 사교육비는 더 쓴 것으로 나타났다. 아이 학원비라도 벌기 위해 맞벌이하는 부모가 많이 늘어났다는 통계도 있다.

아이들이 학원으로 해서 얼마나 어려움을 겪는지 아이들 글을 통해 좀 더 따끔하게 느껴 보길 바란다.

아이들은 학원 많이 다니는 것을 어떻게 생각할까?

도시 아이들은 보통 학원을 서너 곳은 다닌다. 여섯 곳 다니는 아이들도 아주 많다. 아마 그 이상 다니는 아이들도 꽤 있으리라 본다. 4학년 한 반 아이 28명 가운데 학원을 한 군데도 안 다니는 아이는 단 2명뿐이고 한 군데 다니는 아이도 3명밖에 안 된다. 나머지는 그 이상이다. 쉴 틈은커녕 숨도 제대로 못 쉴 정도로 밤 9시 넘어서까지 바쁘게 다니는 아이도 있다.

그래서 아이들이 무척이나 힘들어하는데도 부모들은 아이들의 고통을 잘 못 느끼는 것 같다. 정말 아이들 사정을 잘 모르는 것인지 아니면 알아도 장래를 위해서 그 정도쯤은 참아야 한다고 생각하는지 알 수가 없다.

학원을 여섯 개 다닌다

나는 수요일에는 학원을 여섯 개 다닌다. 컴퓨터, 태권도, 공부방, 탁구, 영어, 역사 논술이다.

학교 공부 마치자마자 바로 컴퓨터를 하러 간다. 그리고 3시 30분에서 4시 30분 한 시간 동안 태권도를 한다. 4시 40분에서 5시 10분까지 탁구를 치러 간다. 5시 15분에서 6시 30분까지 영어를 하고 집에서

30분 동안 밥을 먹는다. 약 7시에서 8시까지 공부방을 갔다가 8시에서 10시까지 역사 논술을 하러 간다.

　나는 이중에서 태권도와 영어, 탁구, 컴퓨터는 괜찮은데 공부방은 정말 싫다. 왜냐하면 공부방은 내내 앉아서 공부만 시키고 다른 것은 하는 것이 없기 때문이다. 또 선생님이 약간 불친절하다. 또 문제집을 풀 때는 우리에게 문제집을 풀려 놓고는 다른 곳에 그냥 가 버린다. 또 엄마는 모르겠지만 공부방 숙제가 네 권 정도 있다. 너무 많아서 아주 힘이 든다. 또 엄마는 모르지만 성적도 오르지 않는다. 또 푸는 문제집만 해도 네 개다.

　엄마는 내내 공부다. 쪼금 놀려고 하면 공부해라, 뭐 해라 해서 나는 세상 사는 게 힘들다. (4학년 남)

아이는 학원을 여섯 곳이나 다닌다. 오후 2시부터 학원에 가는데 밤 10시까지 여덟 시간 동안, 저녁 먹는 30분을 빼면 쉬는 시간은 45분밖에 안 된다. 이것도 학원에 오가는 시간을 빼면 제대로 쉬는 시간은 거의 없다고 보면 되겠다.

　수요일은 이렇게 밤 10시까지 아이가 학원에 있는데, 집에 오면 공부방 숙제도 해야 하고, 문제집도 풀어야 한다. 거기다 일기도 써야 하고, 학교 숙제가 있는 날은 숙제도 해야 한다. 이렇게 되면 아이가 잠도 마음 놓고 제대로 못 잘 것 같다. 이게 초등학교 아이, 그것도 4학년 아이의 생활이다. 그래도 부모는 공부하라고 잔소리를 한다. 이 아이는 "나는 세상 사는 게 힘들다"고 했다. 이쯤 되면 힘든 정도가 아니다. 안 쓰러지고 버티고 있는 것만 해도 대단하다.

아이들과 학원

학원은 너무 힘들다

난 학교를 다녀와서, 학원(방과후 포함)을 많이 다닌다. 먼저, 난 학교에서 돌아와 보통 1시 30분에 방과후에 찬영이와 함께 가서 바이올린을 연주한다. 거기에 갈 때는 하루 중 처음 가는 학원이라서 그다지 별로 졸리지도 않고, 힘들거나 지치지도 않는다.

그다음, 약 2시 30분에 집에 돌아와서 3시까지 수학 학원 숙제를 하거나 아니면 약간 쉰다.

3시에는 수학 학원에서 학원 수업을 듣는다. 거기까지는 별로 졸리지도 않고 힘들지도 않다. 물론 바이올린보다는 약간 힘들다.

4시에는 미술 학원에 간다. 그때는 내가 가장 좋아하는 시간이다. 그러나 그때는 너무 졸려서 그다지 재미있게는 하지 못한다.

5시에 피아노 학원에 간다. 그때 난 너무 졸려서 정신이 거의 몽롱한 상태가 된다. 그래서 피아노를 치는데 지루함을 느끼고, 배가 조금씩 고프고 아프기도 한다.

6시에 겨우 피아노 학원을 마치고 집에 돌아온다. 피아노 학원까지 다녀오고 집에 오면, 너무 졸리고 힘들고 배고파서 푹 쓰러진다.

정말이지 우리 미래를 위한 거라도 학원은 너무 힘들다. (4학년 남)

이 글은 아이가 학원을 여러 군데 다니면서 지쳐 가는 모습을 잘 보여 준다. 가장 좋아하는 미술을 할 때도 너무 졸려서 재미있게 못 한다고 했다. 피아노 학원에 갔을 때는 배가 고프고 아프다고 했고, 집에 오면 푹 쓰러진다고 했다. 아이의 건강이 어떻게 되겠는지 생각해 보아야 한다.

아이의 미래를 위한 거라고 하는데, 아이는 지금 행복해야 한다. 몇 해

전 '청소년 행복지수의 국제 비교'를 보면 한국의 어린이와 청소년의 행복지수는 66점이다. 경제 개발 협력 기구(OECD) 회원국 가운데 최하 점수라고 한다.

지옥 같은 학원

내가 학원을 가장 많이 가는 날은 목요일이다. 목요일에는 정말 울고 싶을 만큼 힘들고 짜증이 난다. 그래서 나에게는 지옥이 따로 없다. 목요일에는 학교가 6교시다. 3시쯤에 마친다. 그러면 바로 학교 방과 후 컴퓨터를 한다. 그래서 4시 30분쯤에 마친다. 집으로 돌아와서 피아노 연습을 하면 5시가 되고 그러면 피아노 학원에 간다. 피아노 학원을 갔다가 마치면 6시가 조금 넘는다. 집으로 돌아와서 저녁을 빨리 먹고 6시 30분에 또 영어 원어민 수업을 하러 간다. 원어민 수업을 하고 마치면 7시 30분이 된다. 그렇게 늦게 학원을 마친다.

하지만 아직 학원을 다 갔다 온 것은 아니다. 왜냐하면 한 시간 후인 7시 30분쯤에 줄넘기 학원을 또 가기 때문이다. 그리고 가장 마지막으로 학원이 더 있다. 바로 숙제 학원이다. 나는 숙제를 하는 것도 학원에 다니는 것처럼 느껴진다. 나는 6시 30분부터 7시 30분까지 숙제 학원을 다닌다. 하지만 나는 한 시간 동안에 숙제를 다 못 한다. 왜냐하면 요즘 4학년이 거의 끝나 가서 선생님께서 숙제를 더욱 많이 내 주시기 때문이다. 또 나는 일기를 쓰는 데 한 시간 걸린다. 왜냐하면 나는 너무 꼼꼼하고 하는 행동이 느리기 때문이다. 내가 생각해도 나는 숙제를 정말 오랫동안 하는 것 같다. 그래서 엄마가 날마다 "빨리, 빨리 해라! 하루 종일 꿈틀꿈틀거리고. 오빠는 옛날에 니처럼 안 그랬다.

대충 버떡버떡 하고 치운다." "숙제할 시간에 공부하면 올백 맞겠다." 하며 잔소리를 한다. 학교 숙제뿐만 아니다. 영어 학원 숙제도 해야 하고 학습지 교재도 해야 한다.

이렇게 나는 하루 종일 스케줄이 학원으로 '꽉!' 차 있어서 놀기는커녕 잠시 휴식하면서 숨 쉴 틈도 없다. 또 학원이 계속 연결이 되어 있는 것이 아니라 중간 중간에 있기 때문에 학원 시간을 맞추려면 저녁도 허겁지겁 빨리 먹어야 되어서 딸꾹질도 난다. 학원에 늦게 갔다 와서 밤늦게까지 숙제를 하면 그 이튿날 학교나 학원에서 너무 졸려서 피곤하고 머리가 깨질 것처럼 아플 때도 있다. 그래서 스트레스가 쌓인다. 그런데 엄마가 이런 내 마음을 정말 몰라주어서 속상하다.

나에게 꼭 필요한 학원만 다니고 필요 없는 학원은 다니지 않았으면 좋겠다. 나에게도 마음껏 뛰어놀 수 있는 자유 시간이 많았으면 좋겠다. 어릴 때는 뛰어놀아야 한다고 하는데 나는 지옥 같은 학원에 목이 조여서 뛰어놀 수가 없다. 어른들이 이런 우리들의 마음을 알아주었으면 좋겠다. (4학년 여)

아이는 숙제를 '숙제 학원'이라고 했다. 일기 쓰는 것도 한 시간씩 걸린단다. 이 아이처럼 성격이 꼼꼼한 아이는 모든 할 일을 조금씩만 해도 시간이 아주 많이 걸린다. 그래서 스트레스를 더 받는다. 학원을 여러 군데 다니는 데다 학원 숙제, 학교 숙제까지 하자니 얼마나 힘이 들겠나. 그런데도 아이 어머니는 "빨리빨리 해라! 하루 종일 꿈틀꿈틀거리고. 오빠는 옛날에 니처럼 안 그랬다. 대충 버떡버떡 하고 치운다"느니, "숙제할 시간에 공부하면 올백 맞겠다"까지 한다.

이 아이는 또, 학원 시간을 맞추려면 밥도 편하게 못 먹고 허겁지겁 먹어서 딸꾹질도 난다고 하고, "놀기는커녕 잠시 휴식하면서 숨 쉴 틈도 없다"고 했다. 이튿날 너무 졸리고 머리가 깨질 것처럼 아플 때도 있다고 한다. 그래도 부모들은 모른다. 아이 건강을 생각해서 줄넘기 학원에 보내는 모양인데 병 주고 약 주는 격이다. 아니다. 병 주고 또 병 주는 거다. 학원에서 이미 지친 아이에게 또 다른 학원에서 운동을 시키는 것은 오히려 더욱 아이를 지치게 만든다. 이 글을 보니 숙제를 내 주고, 일기를 열심히 쓰라고 강조한 나도 아이들 사정을 모르는 한심한 선생이었다.

아이는 또 "나는 지옥 같은 학원에 목이 조여서 뛰어놀 수가 없다"고 했다. 공부 시간에 반 아이들을 잘 살펴보면 정서가 불안한 아이들이 많다. 먹는 것이나 다른 여러 가지 까닭이 있겠지만, 학원에 발목 잡혀 마음껏 뛰어놀지 못해서 더 그렇다고 생각한다.

2학년 때부터 피아노 학원을 다녔다는 6학년 아이의 글을 보니, 이제 웬만한 악보는 보고 칠 수 있고, 피아니스트가 될 것도 아니고, 더 배우기도 싫고 해서 게으름을 좀 피운 모양이다. 그러니 피아노 선생님도 꾸중하고 아이 어머니도 꾸중을 한다.

"이래서 되겠나! 되겠어! 응?"
"니는 도대체 뭐가 될라 카노? 아빠는 쌔가 빠지게 일해 가꼬 다 해 주는데 응?"
"저놈의 지지배 뭐하노, 열심히 안 하고! 뭐 제대로 하는 거 한 가지나 있나."

아이는 "이 말을 듣는 순간 가슴속에 구멍이 뻥 뚫리는 것 같았다. 머리가 터질 것만 같았다. 가슴이 쭉쭉 찢어지는 것 같고 답답했다. 내 눈에 보이는 것 모두 던져서 부숴 버렸으면 속이 후련할 것 같았다"고 했고, "나는 지금 피아노 하기 싫은 내 마음과 싸움을 하고 있다. 마지못해 피아노를 배우고 있다. 또 터질 것 같은 머리를 억누르며 꾹 참고 있다"고 했다.

아이가 가기 싫어하는 학원을 부모는 왜 보낼까? 아이 장래를 위한 것이더라도 아이를 혼내면서까지 학원을 보내는 것은 생각해 볼 일이다.

또 다른 한 아이의 글에서, 학원 갔다 지쳐서 들어오는 아이와 어머니가 주고받는 말 한 부분을 보니 이렇다.

> "민영아, 괜찮아? 너 너무 무리하는 거 아니야?"
>
> "엄마가 나 학원 많아 보내 줘 놓고는 무슨 소리 하는데? 엄마 때문에 잠도 오고 힘들어 죽겠는데!"
>
> "니가 성공하라고 그러지. 다른 아이들 못 봤나? 열심히 하는 거."

어머니가 아이에게 너무 무리하는 거 아니냐고 위로하는 말을 하다 아이에게 따가운 말을 들었다. 너나 할 것 없이 아이들을 학원에 보내는데 자기 아이만 안 보낼 수도 없으니 이 일을 어찌해야 하나.

> "나는 엄마가 원망스럽다. 밤에 늦게 들어와서 씻고 자야 한다는 게 너무 괴롭다. 나는 학원이 영영 없었으면 좋겠다."

이 아이가 글 끝에 쓴 말이다. 아이는 "학원이 영영 없었으면 좋겠다"고 했다. 아이들의 점수 경쟁을 위한 학원은 영영 없어져야 하는 게 맞다.

내가 다니는 학원

나는 학원 다니는 곳이 너무 많아 힘이 든다. 내가 다니는 학원의 개

수는 총 여섯 개이다. 영어, 수학, 씨맥스, 눈높이, 복싱, 논술이다. 이 많은 학원을 쉴 새 없이 바쁘게 다닌다.

학교가 끝나면 바로 달려가서 복싱을 오후 2시에서 3시 30분까지 하고 집에 와서는 쉴 시간도 없이 바로 수학 학원에 가서 30분까지 수학을 한 뒤에 4시 50분까지 영어 단어를 외우고, 또 달려가서 영어 학원 차를 타고 가서 영어 공부를 오후 7시까지나 하고, 7시 50분까지 집에 달려와 밥을 후다닥 먹고 나면 8시에 씨맥스 선생님이 오셔서 8시 40분쯤에 끝이 나고, 다시 영어 숙제를 하고 단어를 외운 뒤, 일기를 9시 30분까지 쓰고, 씨맥스 학습지를 두세 장 푼 뒤에야 마음 놓고 잔다. 눈높이와 논술은 또 다른 날이다.

어른보다 어린이인 내가 더 힘든 것 같다. 나는 잘 시간 쯤 되면 베개에 머리를 대면서 "아! 아이고오, 다리야! 참, 어른보다 어린이가 우찌 더 힘드노." 하고 한숨을 쉬며 잔다.

나의 하루 생활은 완전히 고문당하는 생활 같다. 학원이 너무 힘들어서 언제 엄마한테, "엄마, 나 학원 좀 끊어 줘."라고 했더니, 그 말이 끝나기가 무섭게 "뭐라 카노! 이노무 종내기 또 그 소리 하네! 니는 이제 '끊자' 말 꺼내기만 해 봐라! 혼날 줄 알아라!" 확 뭐라 칸다. 그만 나는 하늘이 무너지는 느낌이다.

하지만 지금은 몸에 배어서 그렇게 힘 드는지 안 드는지도 모르겠다. (4학년 남)

이 아이는 어른보다 어린이인 자기가 더 힘든 것 같다고 했다. 하루 생활이 완전히 고문당하는 것 같다고도 했다. 학원을 좀 끊자고 하니 어머니는 꾸중만 한다. 아이는 하늘이 무너지는 느낌이라고 했다.

그런데 더욱 가슴 아픈 것은, 이 아이가 처음에는 고문당한다고 느끼던 것이 이제는 "몸에 배어서 그렇게 힘 드는지 안 드는지도 모르겠다"고 한 말이다.

한 아이는 학원을 두 군데만 다니는데도 힘들어한다. "학원을 다니면 머리가 자꾸만 복잡해지고 터질 것 같다"고 했다. 쉬면 그 머리가 풀린다고 했는데, 다른 아이들에 견주면 학원을 적게 다니는 것이어서 어머니가 쉬게 해 줄 것 같지는 않다.

신문을 보니까 우리 나라 만 15세 학생들의 읽기, 수학, 과학 실력이 경제 협력 개발 기구(OECD) 회원국 가운데 1위에서 4위에 올라 학업성취도가 최상위인 것으로 나타났다고 한다. 그런데 '읽기 학습'에 대한 흥미도가 낮고 혼자 읽고 공부하는 능력이 다른 회원국 학생 평균보다 크게 떨어지는 것으로 나타났다.

읽기 영역에서 흥미, 즐거움의 지수가, 조사에 참여한 65개 나라 가운데 28위라고 한다. 또 읽기 성취도에 영향을 미치는 학습 전략 가운데 '암기 전략'은 37위인데 '통제 전략(자기 학습 관리 능력)'은 최하위권인 58위라고 한다. 남의 가르침 없이 스스로 공부하는 능력이 아주 떨어지는 것이다. 수학도 성적은 상위권이지만 흥미도와 학습 동기에서 하위권이고, 과학도 흥미도가 밑돌아 단순 암기식 교육의 부정적인 결과가 나왔다고 한다.

아이가 스스로 공부하도록 이끌어 주지는 않고 학원에만 의지하여 억지로 학원을 보내 문제나 풀고 달달 외우게 하는 건 바른 교육이 아니다. 될 수 있으면 학교 교육으로 끝내고 아이들을 놀게 해 주어야 한다. 그래도 꼭 학원에 보내야 한다면 아이들의 삶이나 흥미도 생각하며 잘 지도하는 학원을 신중하게 골라 보내되, 아이가 힘겹지 않도록 해야 한다.

한 아이의 글을 보니, 영어 학원 한 군데 다니고 학습지 하나 하고 있는데 그 정도로 하니까 바쁘지 않아 좋다고 한다. 아이는 글 끝에 이렇게 말해 놓았다.

나는 만약에 엄마가 학원을 한 군데 더 다니라고 하면 더 다닐 생각도 있지만 한 개로 만족한다. 나는 집에 빨리 와 집에서 하고 싶은 것 하고 놀기도 하는 지금 이대로가 좋다.

아이들이 하고 싶은 것도 좀 하고 마음껏 놀 수 있는 여유가 꼭 필요하다. 여유가 있으면 아이들이 스스로 계획도 세우고 스스로 노력도 하게 된다.

아이들은 학원 숙제를 어떻게 생각할까?

앞에서 숙제를 원수로 생각하는 아이도 있고, 숙제라는 말 자체를 거부하는 아이도 있다고 했다. 아이들 글을 보면 학원 숙제에 대해서도 부정적인 생각을 가지고 있다. 학원 다니는 것만 해도 힘겨운데 숙제까지 많이 내 주니 얼마나 더 힘들겠나. 집에서 학원 숙제를 다 못 해 학교에서까지 학원 숙제 하느라 허덕거리는 아이를 보면 안타깝기도 하고 화도 난다. 학교 공부 시간에도 몰래 학원 숙제를 한다니 이걸 어떻게 생각해야 할지 모르겠다.

여러 아이들 글을 보면 다른 숙제보다 영어 숙제가 아주 많다. 학원 가기 전날 밤에는 숙제를 안 하고 자면 불안하고 걱정이 되어 눈만 깜박거리기도 한단다. 초조한 마음이 들어 잠을 못 자고 "내일 늦게 가면 어떡하지?" 하며 떨기도 한단다. 또 숙제를 제대로 못 하면 학원 가는 날에 급하게 숙제를 한단다. 한시도 마음 놓을 수가 없단다. 이렇게 해서 아이들은 늘 불안한 마음으로 생활할 수밖에 없다.

학원 숙제 때문에 피곤하다

나는 학원을 여섯 개 다닌다. 이 가운데 숙제는 세 개다. 왜냐하면 취미 생활로 다니는 것이 두 개이고 한 개는 컴퓨터 학원을 다니는데, 컴퓨터는 책으로 공부하는 것이 아니어서 숙제가 없다. 하지만 학원 숙제량은 정말 많다. 학원 숙제는 피아노 숙제와 영어 숙제, 학습지 교재가 있다.

먼저 피아노 숙제는 피아노를 쳐서 피아노 책에 몇 번 쳤는지 체크해야 하고 피아노 학원에서 이론을 공부할 때 푸는 문제집을 선생님이 내 주신 데까지 풀어야 한다. 그런데 피아노 숙제인 피아노 치기를 잘 못한다. 왜냐하면 나는 학원을 다 갔다 와서 숙제를 하는 성격인데, 학원에 늦게 가는 것도 있어서 늦게 갔다 오면 밤이 되어서 피아노를 칠 수가 없다. 만약에 피아노를 쳤다가는 주민 신고가 들어올 수 있다. 그래서 나는 한 번씩 피아노 페달을 밟아서 피아노 소리를 작게 줄여서 칠 때도 있는데 그래도 엄마와 아빠가 "누가, 이 밤에 피아노 치는데. 시끄럽다!" 이러며 화를 낸다. 그래서 피아노 치기 숙제를 잘하지 못해서 학원에 가면 피아노 선생님한테 날마다 혼난다.

내가 날마다 혼나도 엄마는 별 신경도 안 쓰고 숙제를 왜 안 해 갔냐는 잔소리만 한다. 엄마는 모르겠지만 나는 날마다 혼나서 스트레스를 받고 힘들다.

또 영어 숙제가 있다. 영어 숙제는 안 해 가면 영어 학원에 남아서 다 할 때까지 집에 안 보내 준다. 그래서 영어 학원 숙제는 절실히

'꼭!' 해 가야 한다. 그런데 영어 학원 숙제는 정말 많다. 영어 듣기는 기본이고 영어책 교재를 해야 한다. 또 노트에 선생님께서 내 주시는 것을 본문에 적고 해석을 해야 하고 영어 학원에 가면 영어 시험을 쳐서 그것을 공부하고 문제를 풀어야 한다. '작문'이라는 것이 있는데 선생님께서 프린트해 주시는 문장을 해석해서 쓰는 것이다.

이렇게 영어 숙제도 많다. 그런데 엄마가 일찍 자야 한다면서 숙제를 못 하게 한다. 그래서 다른 애들은 모두 집에 가는데 나는 혼자 영어 학원에 남아서 영어 숙제를 다 해야 한다.

마지막으로 내가 제일 싫어하는 것이 있다. 바로 ㄱㅁ 학습지 교재다. ㄱㅁ은 엄마가 다른 학원을 다 끊어도 절대 안 끊을 한 가지다. 그래서 나는 더욱 싫다. ㄱㅁ은 날마다 하루에 다섯 장씩 풀어야 해서 귀찮다. 만약에 시간이 없어서 밀어 놓으면 죽자 사자 엄마가 학원을 안 보내고 교재를 다 하게 한다. 그리고 다른 숙제는 몰라도 ㄱㅁ은 밤늦게라도 해야 한다. 밤늦게 다 못 하면 새벽에 일어나서 해야 한다.

이렇게 나는 학원 숙제가 너무 많아서 새벽에도 일어나야 해서 피곤할 때가 많다. 학원 숙제를 좀 줄여 주었으면 좋겠다. (4학년 여)

숙제는 많은데 어머니는 밤늦게까지 숙제를 한다고 뭐라 한다. 그래서 아이는 학원에 남아서 숙제를 하고 늦게 집으로 온단다. 아이들이 학습지 하는 것도 만만찮다. 여기 아이는 열심히 숙제를 해도 다 못 하면 새벽에 일어나서 한단다. 그래서 피곤할 때가 많단다.

학원 여섯 곳 다니는 것만으로도 아이를 잡을 판인데 숙제까지 아이를 짓누른다. 선생은 숙제를 조금 내 주더라도 여러 선생들의 숙제를 다 모으면 아주 많아진다는 것을 선생들은 좀 알았으면 싶다.

어떤 아이는 학원 숙제를 다 못 하면 꾸중을 안 들으려고 무슨 구실이라도 대어 선생을 속이기도 한다. 그렇게라도 힘든 숙제를 피해야 살 수있을 테니까.

난 학원 숙제라도 있으면 좋겠다

나는 학원을 딱 하나 영어 학원밖에 다니지 않는다. 이 영어 학원에는 숙제가 아예 없다. 그래서 숙제 때문에 힘든 점은 하나도 없다. 그래서 집에 오면 할 일이 별로 없다. 책을 읽거나 텔레비전을 보거나 게임을 한다. 하지만 이것도 즐겁지 않고 지루하고 짜증이 날 때도 있다. 엄마는 거의 7시에 오기 때문에 그동안에 밖에도 나갈 수 없고 밖에 나가 봐야 놀 친구도 없고 해서 계속 혼자 집에 있어야 한다. 학교 숙제도 많이 없고…….

'차라리 이럴 때는 숙제가 있었으면 얼마나 좋을까…….' 이런 생각을 하기도 한다. 저녁 7시까지 혼자 집에 있으면 무섭기도 하고 지루하고 바보가 된다는 느낌이 든다.

학교에서 쉬는 시간이면 아이들이, "난 학원 숙제 때문에 스트레스받는다. 아이 정말 이놈에 숙제 때문에 죽겠네." 이러는 아이들이 많다. 학교에서 학원 숙제를 하는 아이들도 많다. 아이들이 그러면 나는 '그게 좋은 거다. 학원 숙제가 하나도 없으면 즐거울 것 같아도 얼마나지루하고 짜증 나는데…….' 이런 생각도 든다.

이렇게 지루하다면, 나는 지금 학원 숙제라도 있으면 좋겠다.

(4학년 여)

어머니와 단둘이 사는 아이다. 학원도 한 군데밖에 다니지 않는 데다 숙제도 없으니 오히려 짜증이 날 정도로 지루하다고 했다. 어머니는 저녁 7시에 직장에서 돌아오는데 그때까지 혼자 집에 있으니 "무섭기도 하고 지루하고 바보가 된다는 느낌이 든다"고 했다. 이 아이가 '바보가 된다는 느낌이 든다'고 말한 뜻은 무엇일까? 아마 동무들은 모두 여러 학원을 바쁘게 다니며 공부를 한다고 야단인데 저 혼자 한가하게 있으려니 자꾸 뒤처지는 느낌이 들고, 나중에는 이러다가 바보가 되는 것 아닐까 하는 생각이 드는 것이겠다. 드문 경우지만 이런 아이도 있다.

학원에서 아이들에게 선행 학습을 많이 시키는데 이것 또한 아주 좋지 않다. 아이들의 학교 공부를 망치고 스트레스도 몇 배나 더할 뿐만 아니라 그밖에도 여러 가지 문제가 있다고 한다. '선행 교육이 아이를 망친다'는 말도 할 정도다.

아이들을 학원으로 내몰기만 하지 말고 밖에서 힘차게 뛰어놀 수 있는 시간을 많이 주어야 한다. 또 잠은 보약이라는 말도 있는데 아이들이 잠도 푹 잘 수 있게 해야 한다. 그래야 제대로 자란다. 학원을 보내도 아이에게 꼭 필요한 것만 힘들지 않을 만큼 보내고, 학원에서는 아이들의 진정한 삶도 생각하고, 숙제 같은 것은 안 내 주었으면 좋겠다.

거듭 말하지만 많은 아이들이 학원 숙제 때문에 몹시 힘들어 하고 있다는 것을 어른들은 예사로 듣고 넘기지 않았으면 한다.

아이들은 학원 가기 싫을 때 어떻게 할까?

무슨 일이든 스스로 하고 싶어서 해야 거기에 빠져서 열심히 하게 된다. 반대로 하기 싫은 일을 억지로 하라고 하면 더 하기 싫어진다. 학원도 마찬가지다. 다니기 싫은 학원을 억지로 다니라고 하니까 더 다니기가 싫어진다. 스스로 하고 싶어 했던 일도 자꾸 하다 보면 싫증이 나고 하기 싫어지기도 하는데 말이다.

4학년 한 반 아이 30명을 조사해 보니, 학원 가기 싫다고 하는 아이가 22명이다. 학원에 가고 싶다고 한 8명도 대부분 몸을 많이 움직이는 태권도나 검도 학원과 예능 계통의 학원이다. 학과 공부든 무슨 공부든 공부하는 것 자체가 좋아서 학원 다니는 아이는 단 2명뿐이다.

학원에 가기 싫어하는 가장 큰 까닭이 '어렵고 힘들어서'다. 그다음은 처음에는 재미있어 시작했는데 학원 선생님이 자꾸 잔소리하고 때리기도 해서 '스트레스를 받아' 싫단다. 그리고 학원에 가면 못 놀아서 가기 싫다는 아이도 있다. 억지로 학원에 보내면 아이들은 때때로 부모 모르게 학원을 빼먹기도 한다.

학원 가기 싫을 때

우리 엄마는 학원을 가지 않으면 엄격히 혼낸다. 특히 논다고 가지 않으면 더 혼낸다. 그래도 사정이 있으면 못 가는 것은 이해해 준다. 하지만 사정이 있어도 아주 조그만 틈이 있으면 학원을 꼭 보내고 만다. 심지어 운동회 날에도 학원을 보낸다.

운동회를 3시쯤에 마쳤다. 영어 수업은 4시에 하는데 말이다. 나는 그때 다리에 힘도 다 풀렸고, 너무 피곤하고 힘들어 "엄마, 운동회도 했는데 영어 학원 안 가고 쉬면 안 돼?" 했다. 그러자 엄마는 고개를 살래살래 흔들면서 "안 된다. 운동회 고거 했다고 피곤하다고 카나? 그냥 가라." 하고 말했다.

나는 학원에 엄청 가기 싫거나 힘들 때 엄마를 속이는 방법이 있다.

아무리 속여도 학원은 가야 하는 걸 알지만 그래도 속인다. 내가 속이면 엄마는 오히려 목소리를 부드럽게 해서 타이르듯이 말해서 좀 안심이 되긴 해도 한편으로는 더 무섭기도 하다. 학원에 가기 싫어서 찡찡대면 엄마는 더 혼낸다.

첫 번째 방법은 조금 피곤하지만 정말정말 엄청 많이 피곤한 척하는 것이다. 집으로 들어와서 술에 취한 남자처럼 다리에 힘을 풀어서 비틀비틀 거실까지 들어와 철퍼덕 누워서 눈을 잠깐 붙이는 것이다. 그럼 엄마가 다가와 이렇게 말한다.

"미현아, 많이 피곤하나? 그래도 학원은 가야지. 갔다 와서 많이 자라. 알겠지?"

그러면 나는 어이가 없긴 하지만 마음이 한결 풀어져서 간다.

두 번째 방법은 울기다. 우는 것은 현관문 앞에서 눈물을 조금 흘려서 들어와야 한다. 내가 아무리 연기를 잘해도 내가 울고 싶을 때 울수는 없으니까. 가장 슬픈 영화 〈하모니〉를 떠올린다. 그러면 눈물이 조금 난다. 그리고 거실로 들어와서 엉엉 울면서 "엄마, 나 너무 힘들어. 학원 가기 싫어. 오늘만 좀 쉬면 안 돼? 흐으으윽……." 그러면 엄마가 또 부드럽게 말해서 갔다 오라고 한다. 너무 과장해서 자꾸 가기 싫다고 하면 엄마는 화를 내면서 "어여, 그러면 다 때려치워라!" 하고 화를 시퍼렇게 낸다.

한날 내가 어제 너무 늦게 자서 그런지 엄청 피곤했다. 그래서 영어학원과 피아노 학원이 가기 싫어졌다. 나는 거실까지 들어와서 철퍼덕누워 자는 척했다. 그러자 부엌에 있던 엄마가 갑자기 달려와서 엉덩이를 철썩 때리더니 "야, 최미현! 빨리 학원 갔다 와." 했다. 그때 엄마는 화가 좀 나 있는 상태였다. 나는 그래도 끄응거리면서 일어나지 않았다. 그러자 엄마가 가방까지 직접 싸 주면서 "빨리 갔다 와!" 하고 가방을 내 어깨에 메워 줬다. 그리고 현관문까지 끌고 나가서 날 세워 두고는,

"빨리 갔다 와! 알겠어? 또 피곤한 척하기는. 10초 만에 안 가면 엄마가 직접 밖에 끌어내 놓는다. 알겠나!"

나는 할 수 없이 갔다.

나는 집을 나와서 영어 학원으로 걸어갔다. 원래 보통 때 같으면 가장 빠른 지름길로 갔지만 동네 한 바퀴를 돌고 늦게 가고 싶은 심정이었다. 그래서 나는 학원을 가장 멀리 둘러서 갔다. 그것도 아주 천천히 5초에 한 걸음씩 한숨을 푹푹 쉬면서 말이다. 꼭 억지로 어디 끌려가는 사람처럼 말이다. 그러다 고개를 들어 보니 벌써 학원에 도착해 있었다. 그날따라 왜 빨리 도착하는지 모르겠다. 나는 할 수 없이 학원에 들어갔다.

학원에 들어가서도 하는 행동이 있다. 바로 엄청나게 피곤한 척하는 것이다. 숨을 크게 쉬고 울상을 짓는다. 그리고 눈동자는 계속 정신을 차린다는 듯이 굴린다. 그리고 눈을 많이 깜빡거린다. 그럼 선생님이 "지현아, 많이 피곤한가 보지? 오늘은 좀 쉬면서 해라." 한다. 그럼 나는 많이 쉬면서 한다.

나는 학원 가기 싫을 때는 이런 짓을 한다. (4학년 여)

운동회 때문에 아이가 피곤해도 어머니는 학원에 가라고 강요한다. 그러니까 아이는 여러 가지 방법을 써서 속인다. 엄청 피곤한 척하거나

우는 척하는 것이다. 그렇지만 아이가 연기하는 걸 어머니가 모를 리 없다. 어머니는 또 아이가 안쓰러우니까 부드러운 말로 달랜다. 하지만 아이는 "한편으로는 더 무섭기도 하다"고 했다. 아이는 학원에 가기 싫어 일부러 멀리 돌아서 간다. 학원 가는 길이 마치 죽으러 가는 소 같다.

한 아이는 착실하고 마음이 여려 거짓말 같은 건 잘 하지 않을 것 같은데도 거짓말을 한다. 학원에 가기 싫은 데다 텔레비전에서 재미있는 만화 영화를 하니 그 유혹을 뿌리칠 수가 없다. 아픈 척하는 목소리 연습까지 해서 어머니에게 전화를 걸어 끝까지 아픈 척한다고 하니, 참 안쓰럽기까지 하다.

아이들이 자기가 원하는 무엇을 얻기 위해 하는 가짜 행동 가운데 아픈 척하는 행동이 가장 많다. 숙제를 안 해도 아파서 못 했다 하고, 하기 싫은 일을 피하기 위해서도 아픈 척한다. 아이가 빤히 보이는 거짓말을 하면 괘씸한 생각이 들다가도 한편으론 오죽하면 이러겠나 하는 안쓰러운 맘이 들지 않을 수가 없다.

꾀병 부리다 병원까지 갔다

약 4시 30분쯤이었다. 어제 공부방 선생님이 오늘 심화 문제로 시험을 친다고 했다. 나는 그 문제가 2학기 것이고 심화 문제라서 시험을 치고 싶지 않았다. 학원에 가기가 싫었다. 난 좋은 생각이 났다.

"그래! 아픈 척하는 거야."

얼마 후 엄마가 왔다. 난 거실에서 이불을 깔고 누워 끙끙댔다.

"민채야, 왜 그런데?"

"모르겠어. 갑자기 배가 아프다."

"공부방은?"

"몰라."

"그러면 일단 못 간다고 말해 놓을게."

"네."

엄마는 전화기를 들어서 공부방에 전화했다.

"여보세요?"

"안녕하세요? 민채 엄만데요."

"아, 네."

"민채가 갑자기 배가 아프다고 하네요."

"그래요?"

"네."

"잘 알겠습니다."

엄마가 전화를 끊자 동생 미연이를 데려온다고 했다. 난 엄마 없는 사이에 티브이를 켰다. 마침 내가 좋아하는 〈썬더 일레븐〉을 하고 있었다. 정신없이 그걸 보고 있는데 갑자기 현관문 비밀번호 누르는 소리가 들렸다. 나는 티브이를 끄고 이불 위에 누웠다. 형이었다.

"야! 공부방 안 가나?"

"오늘 아파서 안 간다."

"알았다."

"형은 안 가나?"

"티브이 좀 보고."

"응. 엄마가 봐도 된대?"

"미연이 봐줬다고 보래."

"엄마는?"

"은행에."

"미연이는?"

"엄마랑."

난 식은땀이 줄줄 났다. 왜냐하면 난 미연이를 돌봐준 적도 없는데 몰래 티브이를 봤기 때문이다. 형이 학원에 가자 나는 침대에서 잤다. 나는 거짓말쟁이가 되었지만 일단 학원에 안 가서 정말 좋았다. 조금 있다 엄마가 오더니 병원에 가자고 했다.

"싫어요."

"가야 돼."

내가 가기 싫다 카면 들킬 게 뻔해서 병원에 따라갔다. 의사 선생님 한테 진찰을 받았다.

"그다지 이상은 없는데 장염 증상이 조금 있네요."

"예에."

'에엥? 난 꾀병 부렸는데?'

엄마는 처방전을 가지고 약국으로 가서 약을 받았다. 이상했다. 난 분명히 아픈 곳이 전혀 없는데? 그래도 거짓말쟁이는 되지 않았다. 하지만 꾀병을 부렸으니까 나는 나쁜 어린이가 되었다. (4학년 남)

이 아이는 학원 가기 싫어 아픈 척하다 병원까지 가게 되었다. 아이는 이렇게 해서라도 학원에 안 가려고 한다.

또 다른 아이도 학원 가기 싫어 머리에 뜨거운 무엇을 갖다 대어 조금 따뜻하게 한 뒤에 머리 아프다고 속였다. 아프지도 않은데 먹기 싫은 약까지 먹으면서도 학원에서 벗어나 좋다고 한다. 이 아이는 지금까지 열심히 학원을 다녔으니까 좀 쉬어도 된다고 하고, "앞으로도 학원을 더 빼먹어야겠다"고까지 했다.

또 한 아이는 학원에 가기 싫어 학교에서 동무를 기다리며 시간을 보낸다. 그리고 어머니에게 문자를 보내 아프다는 핑계를 댄다. 아이들이 부모에게 미리 문자를 보낸다든지 전화로 알리는 것은, 거짓말하여 불안한 마음을 달래려고 하는 행동이다. 그렇게 해서 어머니에게 자기가 원하는 답을 얻으면 얼마나 신날까? 마음 놓고 학원을 한 군데 안 가도 되니까. 그 기분 알 것 같다.

한 아이는 어머니가 일찍 집에 오라고 했다는 말로 학원 선생을 속이기도 하고, 공부 시간이 한 시간이 안 되었는데도 한 시간 다 되었다고 속여서 학원을 일찍 빠져나온다. 집에 와 어머니에게는 또 학원에 일찍 가서 일찍 마쳤다고 속인다.

한 아이는 학원 빼먹고 놀다가 출석 체크 안 했다는 핑계를 대려고 했는데 그만 어머니가 알아 버렸다. 그런데도 침착하게 말하려고 애쓴다. 어머니에게 "엄마, 나 출석 체크 못 했어요! 학원 가면 출석 체크가 있는데 못 하는 애들은 전화 올 때도 있거든요. 그래서 그래요. 저 갔는데 문자가 오는 걸 보면 출석 체크 못 한 거예요" 이렇게 당당하게 거짓말을 한다. 어머니가 집에 오기 전까지 쿠션을 때리기도 하고 발로 꾹꾹 밟으며 짜증을 내는데 이건 어머니에게 들킬까 봐 불안해하는 행동이 아닐까 싶다. 이렇게 해서라도 학원에 덜 가고 싶어 하는 게 아이들이다.

또 한 아이의 글을 보니, 학원을 빠지고서 거짓말을 하는데 어머니가 믿게 하려고 먼저 학원 이야기를 꺼내고 바로 학교에서 있었던 일로 말을 돌린다. 어머니가 언제라도 한 번은 학원 이야기를 끄집어낼 테니까 아이가 먼저 학원 이야기를 하는 것이다. 그런데 학원 이야기를 길게 하다 보면 어머니가 또 꼬치꼬치 캐물어서 거짓이 탄로 날 수도 있기 때문에 아이는 다시 이야기를 바꾼다.

학원 안 가고 피시방 갔다가 혼남

학교가 끝났다. 복싱장에 가려는데 너무 힘들어서 가지 않으려고 엄마한테 배 아파서 못 가겠다고 문자를 보내었다.

희열이가 피시방 가자고 해서 갔다. 가서 '테일즈런너'라는 게임을 했는데 내가 지고 있었다.

"어? 니가 감히!"

나는 최대 파워로 희열이를 쳤다. 하지만 희열이는 너무 잘해서 맞았는데 다시 빠르게 달려서 내가 또 밀렸다. 나는 이 분한 마음을 만회하기 위해 "야, 버블파이터 하자!" 하고 말했다. 나는 '버블파이터'를 무척이나 잘한다. 희열이보다 더 잘한다. 희열이는 나에게 엄청 많이 졌다. 오 대 일, 삼 대 일로 당했다. 나는 기분이 좋아서 "하하하!" 웃으며 우쭐댔다. 희열이도 분했는지 다시 하자고 했다. 나는 좋게 받아주고는 파박 쒀 댔다. 희열이가 엄청 많이 도전했지만 다 졌다. 드디어 내가 이제 다시 기분을 만회했다. 기분이 너무 좋았다.

나는 게임을 다 하고 피시방 뒷문으로 살금살금 나갔다. 왜냐하면 엄마한테 들키지 않기 위해서다. 엄마 차가 안 보여서 안심하고 빨리 달려가는데 이게 웬일인가! 엄마 차가 정형외과 옆에 있는 것이다.

"빨리 타!"

엄마는 화가 머리끝까지 났나 보다. 나는 아무 말도 못 하고 탔다.

'아, 이제 죽었다!'

나는 속으로 오만 걱정을 했다.

"니 집에 가서 보자!"

엄마는 무서운 소리로 말했다.

주차장에 도착하니까 심장이 쿵쾅쿵쾅 뛰었다. 엘리베이터가 꼭 지옥문 같았다. 엘리베이터가 한 층 한 층 올라갈 때마다 더 긴장이 됐다. 머리 안이 하얘졌다.

"땡, 17층입니다."

엘리베이터 문이 열리자마자 엄마는 현관문을 열고 들어가서 회초리부터 먼저 찾았다. 나는 책꽂이 옆에 자동으로 무릎을 꿇었다.

"너 어디 갔었어?"

"피시방."

엄마는 내 종아리를 때렸다. 처음에 맞을 때는 엄청 따가웠다.

"왜 갔어?"

"희열이가 가자고 해서."

엄마는 왜 따라가냐며 또 종아리를 때렸다. 그때는 처음보다는 안 따가웠다. 그래도 따가웠다.

"오늘 너 영어 학원 가지 마!"

오늘은 제대로 죽을 것 같았다. 영어 학원까지 안 간다면 대단히 무서운 벌을 받는 거나 마찬가지다.

나는 이 일로 종아리를 여러 대 맞았는데, 마지막 다섯 대를 맞을 때는 많이 맞아서 그런지 아무 감각이 없었다. 그냥 참을 만했다. 나는 울고불고 난리까지는 안 쳤지만 조금 울긴 울었다. 나는 바깥에 쫓겨나가서 두 시간 가까이 있었다. 겨울이라 엄청 많이 추웠다.

이 일이 있고 나서는 복싱장에 잘 가고 피시방의 피 자도 꺼내지 않기로 했다. 피시방에 가자고 해도 절대로 안 갈 것이다. 나는 이제부터 내가 생각했을 때 옳다고 생각되면 행동하고 옳지 않다고 생각되면 행동하지 않는 버릇을 길러서 나중에 커서도 그런 짓을 하지 않고 올바른 사람이 되겠다고 엄마랑 약속했다. 만약 어기면 엄마는 가만히 안 놔두고 아예 밖에서 산다고 약속을 했다.

내가 생각해도 피시방은 우리 나이 때 가면 안 된다고 생각한다. 조금 커서 가기로 엄마와 약속했지만 커서도 웬만하면 안 갈 것이다.

(4학년 남)

이 아이는 힘들다고 학원을 빼먹고는 피시방에 갔다가 집에서 매 맞고 쫓겨났다. 매 맞고 반성하긴 했는데 학원 빼먹은 잘못보다는 피시방에 간 잘못을 더 반성한 것처럼 보인다.

우리 어릴 때는 노는 데에 빠지다 보면 숙제를 못 하기도 하고 어머니 아버지가 시키는 일을 못 하기도 했는데 요즘은 제 할 일 하기 싫어서 일부러 놀게 되는 상황이 된 것 같아 좀 쓸쓸하기도 하다. 아이는 다시는 이런 옳지 않은 행동을 안 하겠다고 했지만 학원에 가기 싫거나 아주 힘이 들면 또 어머니를 속이고 학원을 빼먹을 수도 있을 것 같다.

지금까지 학원 가기 싫어 몸부림치는 아이들의 여러 모습을 살펴보았다. 아이들이 부모 몰래 학원을 빼먹는 데는 다 까닭이 있다. 그런데 부모가 이해하려고 하지는 않고 무조건 꾸중하고 윽박질러서 억지로 학원에 보내는 건 문제가 있다. 마치 아이 장래를 볼모로 죽을 곳에 아이를 몰아넣고는 견뎌 내고 살아서 돌아오라고 억지 부리는 거나 같다.

다시 말하지만 어떤 경우든지 진정한 마음으로 아이 편에서, 아이 입장이 되어서 학원 보내는 것에 대해 깊이 생각해 보았으면 싶다.

아이들은 학원 공부 시간에 어떤 모습일까?

학교 공부 시간에 아이들은 공부에 열중하지 않고 어른들이 잘 모르는 엉뚱한 행동도 참 많이 한다. 그런 행동이 아이들에게는 지루하고 숨 막히는 공부 시간을 견뎌 낼 수 있게 하는 조그만 숨구멍이기 때문이다.

학원 공부 시간에도 크게 다르지 않다. 손전화로 문자를 주고받거나 게임하기, 몰래 과자 먹기, 동무들과 장난치기, 핑계 대어 학습 과제 덜 하기 같은 행동들을 한다. 그런데 아무래도 학교 공부 시간보다 더 자주 더 많이 그런 행동을 하는 것 같다. 그건 학교에 갇혀서 온종일 있었는데 또 학원에 갇혀 있어야 하고, 학교에서 공부한 내용을 다시 하거나 아직 학교에서 배우지도 않은 내용을 배우고, 문제집 위주로 공부하니까 아이들이 더 지루하게 느끼고 스트레스도 많이 받기 때문이다.

아직은 공부에 대한 또렷한 의식도 제대로 자리 잡지 못한 아이들이 학원 공부에 매달려 있는 모습을 봐도 안쓰럽고, 학원 공부 시간에 엉뚱한 행동을 하는 아이들 모습을 봐도 안쓰럽기만 하다.

카카오톡 하기

우리는 학원에서 공부하다가 하기 싫으면 이야기를 한다. 그런데 학원 선생님은 조금만 떠들어도 화를 잘 낸다. 그래서 말을 못 한다. 친구를 부른다고 살짝 "야." 이래도 선생님은 "조용해라!" 한다. 이야기를 조금도 할 수 없으니까 궁금한 것은 휴대전화의 '카카오톡'으로 주고받는다. 선생님 몰래 책상 밑에 숨기고 보낸다. 메시지는 요금이 나가지만 카카오톡은 안 나간다. 학원 선생님은 우리들이 말하는 소리만 듣지 다른 것은 잘 안 본다. 그래서 책상 밑에 숨겨서 하면 모른다. 책상 밑에서 하다 보니까 타자 자리는 다 외워서 그냥 안 보고 친다. 선생님이 보면 문제 푸는 척하면서 보낸다.

우리는 카카오톡 하는 것을 숨기려고 뒷자리에 앉는데, 뒷자리가 없으면 나는 은영이와 같이 앞자리에 앉는다. 앞자리에서 휴대폰으로 하면 들킬 수 있으니까 말할 것은 책상에다 적었다 지운다. 원장 선생님이 발표를 시키면 거의 모르는 척한다. 선생님이 보면 휴대전화는 얼른 꺼서 주머니에 숨긴다. (4학년 여)

아이들이 공부하다가 지루할 때 잡담을 조금씩 해 보지만 공부에 방해되니까 선생님은 못 하게 한다. 그러니까 이렇게 아이들이 공부에 집중할 수 있게 하려고 공부 시간에 잡담을 못 하게 하는 건 아이를 고립시키는 것이나 다를 게 없다.

집중력이 오래 가지 못하는 아이들이 하루 내내 학교 교실에 앉아 공부를 했는데 학원에서 또 공부를 해야 하니, 아이들은 힘이 든다. 그래서 학교 공부 시간에 하는 것처럼 선생님 몰래 카카오톡으로 동무와 말을 주고받으면서 그 마음을 푸는 것이다.

카카오톡을 할 수 있는 여건이 안 될 때는 옆 짝과 연필로 책상 위에 글을 써서 말을 주고받는다. 요즘 책상은 연필로 써도 지우개로 지우면 깨끗하게 잘 지워져서 아이들은 흔히 그렇게 하고 있다.

학원 공부 시간에 몰래 하는 짓

내가 다니는 영어 학원에는 가기만 하면 온갖 이상한 일을 많이 하는 편이라는 것은 나도 인정한다. 우리 영어 학원에서는 시디나 테이프를 먼저 듣고 수업을 하고 시험을 친다. 그렇기 때문에 학원에 가면 바로 테이프를 듣는다. 테이프를 틀자마자 내가 하는 페이지에 넘어가지도 않았는데도 뒤의 것을 미리미리 한다. 그렇게 대충 할 것을 다하고 나면 너무 지루해서 책상에 낙서를 하면 절대로 안 되는데 낙서를 할 때가 많이 있다. 들키면 선생님이 스티커를 다섯 개 떼는데 나는 들킨 적이 없어 겁도 없이 계속 그린다.

난 또 녹음을 하지 않는다. 다른 아이들도 솔직히 녹음을 하지 않기 때문에 나도 하지 않는다. 가끔씩 선생님이 잘 하는지 둘러보려고 오면 그때야 녹음 버튼을 누르고 하는 척한다. 선생님이 "너 녹음하고 있니?"라고 하면, 우리는 "왜요? 하고 있잖아요." 한다. 나는 선생님이 가면 한숨을 쉬면서 녹음을 다시 하지 않는다. 그래서 녹음을 안 한 지 꽤 오래되었다.

또 나는 친한 친구 옆자리나 내가 좋아하는 아이의 옆자리에 앉아 테이프를 듣는다. 그래서 친구와 소곤소곤거리면서 막 떠들 때가 많이 있다. 하지만 선생님은 그 소리를 못 알아듣는다. 그래서 더욱더 떠들게 된다. 선생님이 힐끔힐끔 쳐다보면 제자리에 얼굴을 쏙 내밀어 열심히 하는 척한다.

또 조금만 지루하면 "선생님, 물 마셔도 돼요?"라든가 "화장실 빨리 갔다 올게요." 한다. 이것도 아니면 "전화 왔는데 좀 빨리빨리 받고 올게요." 이렇게 말하고 자리를 피한다. 그렇게 밖에 나가서 조금 쉬다가 이제 좀 됐다 싶으면 다시 교실로 와 공부하고 시험 치고 그런다.

글을 쓰면서 생각해 보니 내가 봐도 참 한심하다. 이럴 거면 뭐하려고 학원을 다니는지 모르겠다. 이제부터는 학원에서 이런 행동을 하지 말고 착실히 열심히 공부해야겠다. (4학년 여)

영어 학원 선생님이 영어 테이프 듣고 녹음을 하라고 해도 아이들은 제대로 하지 않고 책상에 낙서도 하고, 테이프 듣는 척하면서 동무와 소곤소곤 이야기하거나 물 마시러 나가기도 하고, 화장실 가거나 전화 받는 척하면서 나가 시간을 보낸다. 이렇게 여러 가지 행동을 하는 건 한두 가지 행동으로는 긴 시간을 견뎌 내기 어려울 뿐만 아니라 선생님을 속이기가 어렵기 때문일 것이다. 아이들은 이렇게 힘든 시간을 버텨 내기 위해 온갖 몸부림을 친다.

이 아이는 "글을 쓰면서 생각해 보니 내가 봐도 참 한심하다. 이럴 거면 뭐하려고 학원을 다니는지 모르겠다"고 한다. 부모님이 돈을 들여 학원을 보내는데 그런 행동이나 하고 있는 자신에 대한 반성이기도 하고 학원 선생님을 속인 반성이기도 하다.

한 아이의 글을 보니, 학원 공부 시간에 다른 학원 숙제를 했다고 한다. 집에서 학원 숙제 할 시간을 내기가 어려우니까 숙제하는 시간이 다른 학원 공부 시간이다. 그 공부 시간에 숙제를 하려면 그 시간의 공부를 빨리 다 하거나 덜 하거나 안 하는 방법밖에 없다. 이 아이는 정해 준 범위까지 문제를 빨리 풀고 숙제할 시간을 낸다. 그러다 보니 수학 문제를 많이 틀려 선생님에게 손바닥을 맞기도 했다. 아이는 손바닥을 맞아도 "숙제가 많아 나는 또 그렇게 한다"고 했다. 어른들은 아이들의 이런 어려움을 잘 모른다.

또 한 아이의 글을 보니, 선생님이 잠깐 동안 밖에 나갔다 오는 사이에 장난을 친다. 아이들은 이렇게 아주 잠깐이라도 틈만 나면 선생님 몰래 장난을 친다. 그런데 어른들은 아이들이 꼼짝하지 않고 바르게 앉아 공부에만 열중하기를 바라면서 조금만 엉뚱한 짓을 해도 꾸중을 한다. 어른들이 꾸중하면 아이들은 겉으로 장난을 멈춰도 속으로 스트레스가 쌓여 억눌려 있게 된다. 그게 엉뚱하게 터지면 싸움 같은 것이 잦아지기도 한다. 어떤 일에서든 억눌리고 제재를 받으면 튀려고 한다. 이 아이는 "가끔씩 학원 선생님은 우리한테 화를 버럭 내고 나간다. 나는 그때 바로 욕을 쓴다. 그리고 들어오면 바로 멈춘다"고 했는데, 이런 아이들의 한 모습도 잘 알아 두어야 한다.

한 아이의 글을 보니, 영어 학원에서 아이들에게 영어 테이프를 들으라고 하고 선생님이 저녁을 먹을 때나 전화 받을 때 아이들이 수군수군 이야기하며 논단다. 저녁 먹을 때는 선생님이 학습 과제를 더 내 준다. 그런데 열심히 해도 정한 시간 안에 할 수 없을 정도로 과제를 많이 내 줘도 아이들은 많다고 말하지 않을 때가 많단다. 과제가 많다고 했다가는 선생님이나 다른 아이들에게 능력이 모자라는 아이로 낙인찍힐 수도 있기 때문이다. 그래서 억지로라도 과제를 하게 되는데, 억지로 하니까 선생님 몰래 편법을 쓴다.

학원 선생님 속이고 놀기

우리는 학원에서 공부가 하기 싫으면 "선생님, 화장실 좀 다녀올게요." 하고는 한 명씩 복도에 나간다. 나가서는 수다를 떤다. 그리고 들어올 때도 선생님이 의심하실까 봐 1분씩 시간 차를 두고 한 명 한 명씩 들어온다. 그러면 선생님은 의심조차 안 하신다. 다시 교실로 들어와 그림을 그린다.

또 하기 싫어서 "선생님, 학교에 숙제를 두고 와서 그러는데 다시 들고 오면 안 돼요?"라든지 "선생님, 학교에 뭐 만들어 가야 돼는데 준비물을 안 사 왔어요. 사 와도 돼요?" 한다. 된다고 하면 문구점에 가 무엇을 사 먹으며 놀든지, 놀면서 학교에 가 그냥 아무 교과서를 들고 온다. 만약에 선생님이 안 된다고 하시면 기운 없는 목소리로 "네에." 하고 자리에 앉아서 마저 그림을 그린다. 그러면 불쌍해서 갔다 오라고 한다.

그러다가 그림을 대충 다 그리면 마칠 시간이 다 되어 영어실에 간다. 가서 영어 수업을 듣고 집에 온다. (4학년 여)

아이들은 또 공부가 지루하면 학교에서처럼 흔히 화장실에 갔다 온다는 핑계로 나갔다 오기도 한다. 혼자는 심심하니까 몇 명이서 시간 차를 조금씩 두면서 나가 이야기하며 놀다가 다시 한 명씩 교실에 들어온다. 또 학교가 바로 옆에 있으니까 숙제를 학교에 두고 왔다거나 문구점에 가야 된다며 바람을 쐬고 온다. 안 되면 불쌍한 모습을 보여서라도 그 목적을 이루고 만다.

한 아이의 글을 보니, 역시 학교에서처럼 공부 시간에 낙서를 한다. 벽이나 책상, 책 가장자리 같은 데에 연예인 이름을 적기도 하고, 남을 놀리는 말을 적기도 하고, 자기의 우월감을 나타내는 말을 적기도 한다. 또 아무 뜻 없이 줄을 죽죽 그어 놓기도 하고 무슨 도형을 그리기도 한다. 어른들이 보기에는 아무 뜻 없는 장난 같아도 아이들 나름대로 어떤 심리가 배여 있는 것이다. 여기 아이들이 하는 낙서는 공부가 지겹고 힘들어 그 마음을 푸는 것이겠다.

가기 싫은 학원에 가면 공부가 더 지겨울 수밖에 없고, 공부의 지겨움을 덜기 위해선 학원 선생님 몰래 여러 가지 엉뚱한 행동도 한다. 이런 행동이 아이들의 숨쉬기 행동이란 걸 한 번 더 알아 두자.

아이들은 학원 선생님을 어떻게 생각할까?

아이들이 길거리에서 "선생님!" 하고 부르면 적어도 열 명 이상이 그 아이를 돌아볼 것이라는 우스갯말이 있다. 지금 학교에서 아이들이 맞닥뜨리는 선생만 해도 몇 명인가? 담임 선생님, 교장 선생님, 교감 선생님, 체육 교과 담당 선생님, 음악 교과 담당 선생님, 보건 선생님, 영양사 선생님, 조리사 선생님, 행정실 선생님, 교무 보조 선생님, 과학 보조 선생님…… 여기다 학원 선생님 서너 명까지 더 보태면 선생이 그렇게 많다는 말이다.

따지고 보면 자기를 참되게 자라도록 도와주는 주변 모든 사물까지도 선생이라면 선생이랄 수 있으니까 선생이 많은들 어떨까마는, 문제는 아이들에게 좋지 않은 영향을 주는 선생이 있다는 것이다. 선생이 아무리 잘 가르치려고 하는 것이더라도 아이를 너무 구속하고 힘겹게 한다면, 또 아이가 그렇게 느낀다면 문제가 있는 선생이라고 말할 수밖에 없다.

이번엔 아이들이 학원 선생님을 어떻게 보고 있는지 아이들 글 몇 편으로 엿보고자 한다. 학원이 사라지지 않는 한 아이들은 학원 선생님을 만나야 하고 만나면 관계가 맺어진다. 그 관계가 어떤지에 따라 좋은 영향을 줄 수도 있고 아주 좋지 않은 영향을 줄 수도 있으니, 아이들이 학원 선생님을 만나는 것도 매우 중요한 일일 수밖에 없다.

한 아이의 글을 보니, 영어 선생님에 대해 불만이 아주 크다. 영어 문장을 쓰는데 이 아이가 늦게 하면 기다려 주지 않고 그냥 막 넘어가는 것, 여자아이들이 숙제를 안 해 오면 봐주고 남자아이들이 안 해 오면 때리는 것이 불만이다. 실제로야 그럴까만 아이가 불공평하다고 느끼니 선생 문제라고 볼 수밖에 없다.

이 아이는 "학원 선생님이 존재하지 말고 이름이 똑같은 사람도 없었으면 좋겠다. 학원 선생님은 제일 재수 없다"고 하면서 "학원에서는 못하는 사람을 무시하니까 학원 선생님이 싫고" "선생님은 항상 사람을 차별한다"고까지 했다. 이렇게 아이가 선생에게 불만이 아주 많을 때는 선생의 웃음도 바로 받아들이지 않고 비웃음으로 받아들인다.

우리 학원 선생님은 너무 지독해!

우리 공부방 선생님은 진도 더 나간다고 지옥 같고 공부도 많이 하고 숙제도 많이 낸다. 그래서 난 거기 갈 때마다 내 마음까지도 힘들어 매일 고달프다. 원래는 여자 선생님이 공부를 가르치는데 요새는 선생님이 5시 반에 오셔서 내가 올 때에는 남자 원장 선생님이 가르치신다. 원장 선생님은 표정이 호랑이처럼 무서워서 제일 무섭다. 하지만 이번 도학력고사는 100점이 목표이기 때문에 무서워도 해야만 했다. 그뿐만 아니다. 선생님은 지독하시기까지 한다. 지금부터 그 이야기를 시작한다.

어제 일이다. 어제 학원 숙제를 못 해 버렸다. 그래서 선생님한테 크게 혼났다. 난 그전에 발목에 약간의 부상이 있어서 물리치료를 한 시

아이들과 학원

간 받고 집에 왔다. 그리고 학교 숙제를 했다. 그때 나도 모르게 그만 잠이 들어 10시에 일어나 버렸다. 그래서 학교 숙제를 급히 하다가 잠이 들고 말아서 결국은 학원 숙제도 못 했다. 선생님은 그 일도 모르고 진도를 빨리 나가야 하는데 지금 늦다고 혼내셔서 왠지 많은 짜증이 났다.

그래서 혼나는 일이 끝나고 학원 숙제를 했다. 나는 하다가 한 문제를 몰라서 선생님한테 가서 모른다고 하니 선생님이 그래도 해 보라며 획 돌아보셨다. 그래서 난 낑낑거리고 있으니 선생님이 한숨을 쉬시면서 내한테 오셨다.

"이 문제 선생님이 어제 가르쳐 준 거잖아."

하면서 또 한숨을 쉬시더니 가르쳐 주셨다. 그래서 난 쉽게 풀 수가 있었다.

숙제를 학원에서 다 하고 나는 "아휴!" 하니, 언제 매기셨는지 선생님이 "니 이거 틀린 거 고쳐! 그리고 집에 가라." 하면서 선생님은 노트북으로 눈길을 돌리셨다. 그래서 난 "아, ×발. 이걸 어떻게 다 고치냐고!" 하면서 중얼거렸다. 그리곤 틀린 걸 고쳤다.

잠시 후, 선생님이 숙제를 내셨다. 틀린 걸 고치고 2장을 풀으라고 하셨다. 나는 속으로 또 중얼거렸다. '아, ×발! 오늘 숙제도 세 개나 있는데, 보고서 만드는 것도 있는데 학원 숙제까지 있으면 우야냐고!' 하면서 집에 돌아왔다.

선생님이 이렇게 숙제를 매일 내면 정말 힘들어진다. 또 지독한데 다니고 싶은 사람이 있겠나? 나는 빨리 다른 학원으로 가고 싶을 지경이다.

나는 집에 와서 내 방에 들어가려고 하니 들어갈 마음조차도 생기지 않았다. 아니 용기가 나질 않는다. 그래도 들어가야 한다. 내 방은 곧 지옥이다. 그래서 미정이 방의 지옥으로 들어간다. 학원 선생님이 지독하지만 않으셔도 자유롭게 들어갈 텐데 올해는 너무 허무한 인생인 것 같다. (4학년 여)

이 아이는 학원에 늦게 갔다고, 숙제를 안 해 갔다고 학원 선생에게 꾸중을 많이 들었다. 숙제를 조금씩 내주어도 여러 학원의 숙제가 모아지면 아주 많아진다. 그러니 "아, ×발! 오늘 숙제도 세 개나 있는데, 보고서 만드는 것도 있는데 학원 숙제까지 있으면 우야냐고!" 하는 말이 아이 입에서 나올 수밖에 없다.

아이들은 공부를 더 하려고 돈 내고 다니는 곳이 학원이란 걸 모르지 않을 텐데도 너무 심하게 공부를 시키는 것에 이렇게 불만이 많다. 아이 스스로 학원에 가고 싶어서 가는 것이 아니라 부모의 강요로 다니는 학원이기 때문에 더 그렇다.

끝에 '내 방은 곧 지옥이다'라고 한 말의 뜻은 무엇일까? 방에 들어와도 편하게 쉴 수가 없이 또 죽자고 숙제를 해야 하니 지옥이랄 수밖에. "올해는 너무 허무한 인생인 것 같다"고 한 아이의 말이 마음 아프다.

학원 선생님의 불같은 성격

내가 다니는 ○○○○ 수학 학원 선생님은 성격이 아주 불같다. 그리고 문제집을 풀어서 틀린 게 많이 나오면 "야! 공부를 이딴 식으로 했냐? 가서 고쳐!" 하면서 막 문제집을 아예 통째로 던져 버린다. 그래서 다 고치고 선생님한테 내면 "야, 고친 게 이게 뭐냐? 맞은 게 별로 없는데." 하고 화를 참지 못하고 화가 버럭 많이 튀어나온다.

선생님 화는 여기까지가 다가 아니다. 시험을 쳤을 때다.

"전 과목 다 몇 점 맞았냐?"

"수학 85점, 국어 85점, 과학 모르고, 사회 50점."

"야, 사회를 그렇게 많이 틀리냐? 눈 감고 해도 80점 정도는 맞겠다. 아니 그래도 그렇지. 이렇게 많이 틀리면 어떻게 해?"

이럴 때가 가장 많이 화가 쏟아져 나온다. 내가 모르는 것이 있어서 물어볼 때 아무것도 안 하고 있으면서도 "야, 뭐 하고 있는데 묻지 마! 알았어?" 막 불같이 화를 쏟는다.

또 누나들이 떠들고 나는 조용히 하고 있는데 선생님이 들어와서 "야, 김병준 시끄럽다!" 하고는 화를 내다가 떠들었는 사람이 내가 아니고 누나들이라고 하면 거짓말한다고 등짝을 한 대 때린다. 그리고 누나들이 자기가 떠들었다고 하는데도 나한테 미안하다는 말도 안 한다.

그리고 선생님이 전화를 하실 때 내가 물을 먹어도 되냐고 하면 귀찮은 듯이 화낸다. 선생님이 화를 안 내면 좋겠다. (4학년 남)

이 아이가 다니는 수학 학원 선생은 문제를 풀어서 틀린 것이 많이 나오면 이딴 식으로 했냐며 나무라고 문제집을 집어 던져 버리기도 한단다. 시험 친 점수를 보고 "눈 감고 해도 80점 정도는 맞겠다"고 말하고, 아이가 모르는 것이 있어 물어보아도 "야, 뭐 하고 있는데 묻지 마! 알았어?" 이렇게 말했다. 누나들이 떠들었다고 하니 거짓말한다고 하고, 누나들이 스스로 자기들이 떠들었다고 해도 저희들에게 사과를 안 했단다. 또 물 먹어도 되냐고 물었는데 전화한다고 귀찮다는 듯이 화를 내었다고 했다. 아이들이 말썽을 일으키기도 했을 테고 글 쓴 아이는 자기중심으로 선생을 비판하기도 했을 테다. 그렇더라도 잘 모르는 것을 더 배우기 위해 학원에 온 아이에게 왜 이렇게 매몰차게 대하는지 모르겠다.

머리를 때리지 않으면 좋겠다

우리 ○○입시 학원 쌤은 정말 짜증 난다. 세상에서 가장 짜증 나는 사람이 누구냐고 물어봐도 우리 학원 쌤이라고 할 것이다. 이유는 숙제 때문이거나 공부 실력 때문이다. 공부 시간에 내가 모르는 문제가 있었는데 쌤이 나중에 설명해 준다고 해 놓고서는 다른 문제 다 하고는 바로 책 검사를 했다. 그래 놓고 나보고 왜 그 한 문제를 안 했냐고 하면서 갑자기 소리를 지른다. 그리고 이랬다.

"야, 그럼 니가 풀어 봐야지!"

정말 어이가 없다. 세상에 그런 학원 쌤이 또 있으면 나와 보라고 해도 우리 쌤이라고 하겠다.

그리고 하루에 몇 번씩은 꼭 소리를 질러야지 속이 시원한지 매일 소리만 지른다. 우리가 귀가 없는 것도 아닌데 말이다. 그리고 내가 이때까지 본 결과 우리 반만 소리를 지른다. 다른 반은 잘한다면서 소리도 지르지 않는다. 그리고 한 5분 정도 지각을 해도 소리만 꽥꽥 지른다.

어쩔 때는 숙제를 안 해 온 나한테 주먹으로 머리를 때린다. 왜 하필이면 머리를 때리는지 모르겠다. 그러면 가끔씩 내가 풀고 있는 책을 다 째서 버리고 싶다. 어제도 내가 숙제를 덜해서 혼날 거라 예상하고 있는데 다른 애들을 가르치고 있던 쌤이 나를 보고 때렸다.

"아!"

"숙제를 안 하면 되겠나?"

'그런데 왜 갑자기 때리고 난린데!'

나는 갑자기 화가 났다. 그리고 다른 아이들을 가르치고 있다가 갑자기 왜 나를 때리는지 모르겠다. 그것도 숙제 한 장을 안 해 왔다고 말이다.

그런데 어머니 아버지가 머리를 때리면 안 된다고 하셨다. 그래도 계속 손바닥으로 등도 때리고 주먹으로 머리도 때렸다.

나는 혼자 말했다.

"왜 나를 때리는데! 자기가 뭔데 나를 때려?"

나는 계속 화가 난 상태로 입시학원을 마치고 다시 영어 학원에 갔다. 쌤이 머리를 때리지 않았으면 좋겠다. (4학년 남)

아이의 글을 보면 여기 학원 선생님은 친절하게 가르쳐 주지 않고 소리 지르고, 손바닥으로 등을 때리거나, 주먹으로 머리를 때리기도 한다. 아이는 계속 화가 난 상태로 다시 영어 학원에 간다고 했다. 참 아이들이 왜 이러고 살아야 하는지 참으로 안타깝다.

한 아이의 글을 보면, 학원에 처음 다니기 시작했을 때는 친절하게 가르쳐 주던 선생님이 시간이 지날수록 화를 내고 엄하게 대한다. 오래 다닌 아이에게 쉽게 "야, 이게 아니잖아! 또 까먹었나!" 이런 식으로 말하는데, 이 아이는 그 말을 좋게 받아들이지 않는다. 처음이나 오래 다닌 아이들이나 한결같이 친절하게 대해 주기를 바란다. 또 자기 사정을 잘 헤아려 주지 않고 여러 아이들이 있는 데서 꾸중한 것에 매우 자존심 상해 한다. 다시 말하지만 아이들은 아무리 자기가 잘못했어도 동무들이 있는 데서 꾸중하면 훨씬 더 크게 자존심을 다치게 되고, 그에 따른 반발심도 더 일어나게 된다는 것을 어른들은 알아 두어야 한다.

또 한 아이의 글을 보니, 선생이 수업에 빠진 아이를 두고 아이들 앞에서 자른다느니 어쩌니 하는데 이건 아주 잘못되었다. 아이들은 바로 자기 일로 받아들인다. 학원 선생으로서는 걸핏하면 아이들이나 부모가 학원을 끊는다느니 어쩐다느니 해서 속이야 상하겠지만, 그렇다고 아이들 보는 앞에서 함부로 말해서는 안 된다.

일부 학원 선생님이지만 옳지 않은 선생의 모습을 살짝 엿보았다. 이 아이들의 글을 학원 선생님들은 자기 모습을 비춰 보는 거울로, 부모들은 내 아이가 다니는 학원에서 어떤 선생을 만나고 있는지 다시 보는 거울로 삼았으면 한다.

아이들은 학원 동무를 어떻게 생각할까?

아이들은 학교, 동네, 학원이나 특별활동에서 또래 동무를 사귄다. 학교에서 사귄 동무들하고 가장 많이 어울려 지내는데, 아이들끼리 어울려 놀 시간은 그리 많지 않다. 쉬는 시간 10분과 점심시간에 조금 더 여유가 주어지는 것밖에 없다. 그래서 아이들은 늘 동무들과 어울려 노는 것에 목말라한다.

동네에서 어울려 놀 동무는 잘 없다. 놀이터에 아이들이 거의 사라졌다고 하는데 학교에서 돌아온 아이들이 바로 학원으로 내몰리기 때문이다. 따라서 아이들은 학원에서 새로운 동무를 사귄다. 하지만 학원에 가지 못하는 아이들은 또 놀 동무가 없어 외롭기만 하다.

한 아이의 글을 보니, 동무가 같이 놀다 "유성이, 바이. 나 갈게. 미안" 이러고 학원으로 가고 나면 혼자 동그마니 남아 놀 아이가 없다고 했다. 겨울 방학 때는 아버지가 태권도 학원에 보내 준다는데 그곳에서 동무들을 사귀며 즐겁게 보낼 것이라고 했다. 그러니 아이들은 동무를 사귀기 위해서라도 학원에 가지 않으면 안 되게 되었다.

초등 아이들은 중고등학생처럼 혼자 긴 시간 동안 조용히 집중해서 공부하는 것이 잘 안 된다. 누가 이끌어 주든지 아니면 동무들과 어울려 놀기도 하면서 놀이처럼 공부를 해야 오래 할 수 있다. 그래서 그런지 한 아이의 글을 보니, 혼자 집에서 공부하는 것이 지루하고, 짜증이 나고, 집중도 더 안 되어 학원에 가고 싶다고 했다. 또 "우리 학년 동무를 보면 학원 같이 다니는 동무들끼리 모여서 같이 학원도 가고 놀러도 간다. 하지만 나는 우리 반 동무들 말고는 같이 못 논다"고 했다. 아마 공부하고 싶은 마음보다는 새로운 동무를 많이 사귀고 싶은 마음에서 학원에 더 가고 싶어 하는 게 아닌가 싶다.

아이들에게 학원은 나이와 성격이 서로 다른 아이들과 어울려 지내면서 새로운 동무를 사귈 수 있는 곳이기도 하다. 요즘 아이들은 형제도 적고 부모가 과보호를 해서 그런지 자기중심적인 아이들이 많은데 학원은 서로 어울릴 수 있도록 하는 점이 있기도 하다. 하지만 동무를 사귀려는 목적으로 학원에 다니는 것은 아니니까 다른 방법으로 동무를 사귈 수 있도록 집단 활동 같은 것도 많이 필요할 듯하다.

그런데 학원 동무 사이에서는 학교 동무와는 또 다르게 이런저런 문제도 더러 일어난다.

진실한 학원 친구는 없는 것 같다

나는 ㄱㅇ 영어 학원에 다닌다. 나는 학원에서 그냥 말을 조금 붙여 주고 게임하게 휴대전화 좀 달라는 친구는 많지만 진짜 나를 좋아해 주는 친구는 딱 한 명밖에 없다. 수민이다.

어제의 일이다. 학원 버스에 올랐다. 평소대로면 수민이가 "야, 너 왜 이렇게 늦게 왔는데? 여기 앉아." 하면서 옆자리에 놓아둔 신주머 니를 치워 주는 것이 늘 하던 일인데 오늘은 웬일인지 아무 말도 않고 컵 치킨을 먹고 있었다. 나는 고개를 갸우뚱거리면서 "뭐지?" 하고 중 얼거렸다. 나는 하는 수 없이 수민이를 만나기 전 매일 앉았던 맨 뒷자 리 왼쪽 창가 앞자리에 앉았다. 곧 나와 같은 학년인 이진희라는 애가 학원 버스에 탔다. 그런데 수민이가 "진희야, 어디 갔다 왔어? 여기 앉 아." 하면서 신주머니를 치워 주는 것이다. 그래도 나는 "뭐 그럴 수도 있지. 테이프를 들을 때는 같이 앉아야지." 이렇게 중얼거리면서 학원 버스에서 내렸다.

학원에 도착하니 또 이진희랑 수민이가 같은 자리에 앉았다. 나는 같이 앉아 보자는 생각에 수민이 옆에 같이 앉았지만 수민이는 나에 게 말 한마디 건네지 않았다. 물론 그때 이진희가 계속 말을 시켜서 나 하고 말할 수가 없었지만 나는 그래도 조금 섭섭했다. 수민이는 검사 를 받을 때도 이진희, 베플리를 할 때도 이진희랑 있었다. 그래서 이진 희가 없는 틈을 타서 수민이와 이야기하려고 해도 이진희가 "이수민!" 하고 불러서 이야기를 할 수 없게 만들었다.

나는 아무리 좋아하는 친구라도 다른 친구들과 말할 시간은 준다. 만약에 입장을 바꾸어 생각해 보라고 할 것이다. 만약에 자기 자신에게 친구가 딱 한 명 있는데 그 친구를 다른 친구가 빼앗아 가면 기분이 좋겠냐고. 나도 안 그렇다. 우리 반에 이민영이도 다녔는데 끊고 지금은 선지훈만 다닌다. 나는 수민이랑 그런 관계를 유지하고 있고 아직 서먹서먹하다.

어떻게 보면 나의 진실한 학원 친구는 없는 것 같다. (4학년 여)

자기를 좋아해 주던 동무가 다른 동무와 친하게 지내면서 돌아서 버렸으니 얼마나 섭섭했겠나. 아이들은 동무를 쉽게 사귀기도 하지만 이렇게 쉽게 사이가 바뀌기도 한다. 이러면서 동질감을 더 느끼는 동무를 찾아 아주 친해지는 건지 모르겠다.

정식이 왕따시키기

나는 피아노 학원을 다닌다. 그런데 선생님이 차로 아이들을 데리러 나갈 때 친구들은 피아노 연습 하다 말고 자리에서 일어나 정식이를 왕따시킨다. 나는 정식이를 왕따시키고 싶지 않지만 그렇게 하지 않으면 나도 왕따를 당하기 때문에 할 수 없다.

먼저, 친구들은 정식이를 주먹이랑 발로 때리고 찬다. 그러면 정식이는 "아, 시발! 가서 피아노나 쳐라!" 이런다. 그러면 싸움 왕 재현이가 "뭐? 시발? 니나 피아노 많이 쳐라, 새끼야!" 하면서 막 더 세게 때린다. 그리고 "어이, 정식 찌질이. 내일도 기대해라."

정식이는 아무 말도 못 하고 씩씩거리기만 한다.

다음 날. 친구들이 또 "정식아, 딱지 좋은 거 많던데 좀 보자." 했다. 정식이는 "싫은데? 내가 왜?" 했다. 그러자 재현이가 "오늘은 니가 죽고 싶구나. 그래, 소원대로 한 번 해 주지." 하며 정식이를 마구 때리고 정식이의 가방을 빼앗아 딱지가 있는 필통을 꺼내 딱지를 찾았다.

"오! 좋은 거 많네. 내가 가져가 주지."

그래도 정식이는 맞을까 봐 겁이나 자기가 가장 아끼는 것을 가져가도 아무 말을 하지 못했다. 그러자 재현이가 "그래. 그렇게 조용히 있으면 손해 볼 일이 없잖아. 앞으론 발 빼지 마라잉." 그러고는 나갔다. 아이들이 다 나가고는 "박재현 빙시 새끼 두고 봐라! 내가 니 디지게 패 줄 거다!" 했다. 나는 그 소리를 들었다. 그렇지만 그 말을 재현이한테 하지 않았다.

또 선생님이 오실 때는 대영이가 정식이에게 다가가서 "정식이, 선생님 없을 때 있었던 일 선생님한테 말하면 알제?" 그러니까 고개를 끄덕끄덕했다. 또 다른 아이가 슬쩍 가서 "그래, 얘기하지 마. 하면 밖에 나가서 니를 무작정 때려 버린다. 알겠나?" 정식이는 움찔했다.

아이들이 나가고 나는 정식이에게,

"정식아, 말해라. 말 안 하면 니만 손해다. 나는 니 편이다."

"내호야, 고맙다. 알았다. 얘기할게."

정식이는 나가서 선생님께 "선생님, 아이들이 자꾸 때리고 욕 쓰고 내 딱지 빼앗아 가고, 선생님께 말하면 때린대요." 했다.

아이들도 나도 혼이 났다. 나는 혼이 나도 정식이가 이제 안 맞게 되어 좋았다.

선생님이 "너희들 앞으로 정식이 한 번만 더 집적대면 부모님한테 아이들이 힘 약한 정식이를 괴롭히며 왕따시킨다. 이 글을 보니 왕따시키기 1단계가 까닭 없이 폭력으로 누르는 것이 아닌가 싶다. 왕따 당한 아이의 물건을 함부로 빼앗고 온갖 나쁜 방법으로 괴롭힌다. 괴롭히거나 왕따시키기 싫은 아이도 같이 행동하지 않으면 자기도 왕따 당할 수 있기 때문에 할 수 없이 왕따시킨다고 한다. 흔히 하는 왕따 방법인 것 같다.

아이들의 이런 비열한 행동은 함께 평화롭게 살도록 이끄는 공부보다 남을 짓밟고라도 우뚝 올라서도록 하는 경쟁 교육이 가장 큰 까닭이고, 가정환경 문제 또한 있다. 어린아이들이 부모로부터 사랑을 충분히 받지 못해 움츠러든 마음을 힘 약한 동무들에게 푸는 것이기도 하다. 그리고 무엇보다 형 누나들의 나쁜 모습, 어른 사회의 나쁜 환경도 영향이 크다는 것을 잘 알아야 한다.

지금 왕따 문제나 학교 폭력을 없애려는 온갖 방법을 만들어 내지만 근본 문제를 그냥 두고는 어떤 방법을 쓰더라도 왕따 문제와 학교 폭력은 사라지지 않을 것이다. 초등학교 때의 폭력이나 왕따 문제는 중고등학교까지 이어지는 일이 많다고 하니, 초등 때의 생활지도가 무척 중요하다.

학원에서 이런 일을 당한 아이는 학원을 동무를 많이 사귈 수 있는 곳이 아니라 벗어나고픈 지옥으로 여기지 않을까 싶다. 학원 선생은 아이들의 이런 생활지도에도 더욱 신경을 써야 한다. 부모들은 아이를 무조건 학원에만 보낼 것이 아니라 아이의 학원 생활에도 좀 더 깊은 관심을 가져야 한다.

학원 선생님께 나쁘게 행동하는 친구

나는 피아노 학원이랑 영어 학원을 다닌다. 그중에서 학원 친구들은 영어 학원만 오면 욕을 한다. 시험 기간에 영어 보강을 한다고 하니까 더 심하게 욕을 썼다.

"영어 선생님 병신이다."

"아, 시발 저런 개시발 쌤을 봤나."

"야, 선생님한테 혼난다!"

선생님한테 욕을 쓰다니 정말 나쁘다.

또 한 가지는 공부를 하다가 전화기를 만지는 거다. 공부를 하고 있는데 친구들이랑 전화기로 문자를 주고받는다. 그래서 또 선생님께 혼나면 성질을 부린다. 그런 애들이랑 나랑 친구라니 말도 안 된다. 선생님이,

"야, ○○○ 폰 넣어!"

"아, 잠깐만요."

"야, 빨리 넣어라!"

"아, 진짜! 알았어요."

이렇게 성을 내면서 억지로 폰을 넣는다. 원래는 착한 애였는데 가면 갈수록 성격이 나빠지고 있다.

그리고 친구들은 책상에 낙서도 자꾸 한다. 선생님이 지우라고 해도 선생님 말을 무시하고 계속 책상에 낙서를 한다. 그래서 학원 책상은 항상 더럽다. 선생님이,

"야, ○○○! 잠깐만 선생님 좀 보자."

"네."

> "○○○아, 왜 자꾸 말썽이니?."
>
> "그냥요."
>
> "야, ○○○! 너 지금 자꾸 장난칠래? 지금 선생님 화났다."
>
> 나는 그 아이의 생각이 무엇인지 궁금하다. 아무리 학원 선생님이라 해도 선생님께 대드는 건 아니라고 본다. 다시 말하지만 이 친구들은 선생님께 욕도 많이 하고, 선생님께 대들기도 하고, 친구들에게도 욕을 많이 쓰기도 한다. 그리고 맨날 친구들과 싸우기도 하고, 동생들을 발로 차고 주먹으로 때리기도 한다. 이런 아이들을 친구라고 해야 할지 모르겠다. (4학년 남)

이 글에서 말썽 피우는 아이는 자기 스스로 공부를 더 하고 싶어 학원에 온 것이 아니라 부모에게 끌려 나와 공부에는 흥미가 없다. 그래서 학원 선생님이 보강을 하려고 하니까 "영어 선생님 병신이다" "아, 시발 저런 개시발 쌤을 봤나" 이렇게 욕을 한다. 선생이 뭐라 해도 손전화로 장난을 하기도 하고 책상에 낙서를 하는 등 학원 선생에게 무례한 행동도 예사로 한다. 또래 동무들에게 시비를 걸며 욕도 하고, 동무들과 싸우기도 하고, 동생들을 발로 차고 때리기도 한다. 다른 아이들에게 피해가 더 가기 전에 특별 지도가 필요한 것 같다.

학교는 공부만 하는 곳이 아니라 동무도 사귀고, 함께 놀기도 하고, 너와 나의 생각을 서로 나누는 곳이기도 하다. 그러면서 또 서로 얽힌 갈등을 풀고 서로 도우며 더불어 살아가는 법을 배우는 곳이다. 그렇지만 학원은 지식을 가르치는 것이 주목적이어서 삶 교육과는 아무래도 거리가 있다. 그래도 아이들을 꼭 학원에 보내야 한다면 새로 사귈 수밖에 없는 학원 동무와 좋은 관계를 맺도록 학원 선생이나 부모들이 관심을 더 가져야 한다. 그래야 아이들이 그나마 편하고 즐겁게 공부할 수 있다.

아이들이 학원 오가는 길은 어떨까?

학교 공부가 끝나는 오후가 되면 아이들은 더 바쁘다. 학교에 남겨 무얼 더 지도하고 싶어도 학원에 빨리 가야 한다고 재촉해서 도무지 아이를 붙잡아 둘 수가 없다. 잠깐이라도 아이들을 붙잡고 있으면 그만 학부모에게 항의 전화가 온다.

교문 앞 길가에는 학원 차가 아이들을 기다리고 있다. 아이들이 다 탄 학원 차가 먼저 가는데, 아이들은 그 사이로 바삐 뛰어가기도 한다. 움직이는 학원 차들 사이로 아슬아슬하게 뛰어가는 아이들을 보면 마음이 조마조마하다. 정말 아찔할 때도 있다. 아이들은 차창을 열고 내다보기도 한다. 그 모습을 보면 마치 수용소로 끌려가는 사람 같기도 하다.

아이들이 학원에 갈 때 학원 차를 타거나 걸어서 가는데, 요즘은 대부분 학원 차를 많이 타고 다니니까 사고도 심심찮게 일어난다. 경찰청 통계를 보니, 해마다 학원 차 사고가 수백 건씩 일어나 한 해에도 아이들 여러 명이 목숨을 잃고 수백 명이 다친다고 하니, 정말 걱정을 안 할 수가 없다. 어린이집 아이를 지도 교사와 기사가 버스에 그냥 두고 내려 큰일 날 뻔하거나 목숨을 잃어 안타깝게 했던 일은 또 어떤가.

우리 학원 안쌤

우리 학원에도 운전기사 선생님이 계신다. 원장 선생님께서는 '안전 선생님'이라고 부르라 했지만 우리는 '안전 쌤'이나 '안쌤'이라고 부른다.

그런데 이름만 안전 선생님이지 실제로는 별로 안 안전하다. 우리한테 해가 되는 행동도 한다. 그리고 우리들이 조금 잘못해도 너그럽게 용서해 주면 되는데 어떨 때는 욕을 한다.

그리고 급할 때는 우리가 보는데도 신호 위반을 할 때가 있다. 안전 선생님은 우리한테 정말로 불친절하다.

안전 선생님은 담배도 피운다. 우리가 차에 타고 있을 때 문을 열어 놓고 담배를 피운다. 조금 떨어져서 피면 냄새나 덜 나지 거의 50센티미터도 안 되는 곳에서 핀다. 그리고 우리가 안전 선생님을 보고 "냄새나니까 피지 마세요." 하면 안전 선생님은 우리보고 더 냄새가 나게 '후욱' 하고 분다. 나는 정말 안전 선생님이 우리를 위해서라도 그런 짓은 하지 않았으면 한다. 그리고 냄새도 많이 나서 안전 선생님 옆에는 가기도 싫다.

그리고 안전 선생님이 화가 났을 때는 특히 조용히 해야 하고, 따지거나 담배가 해롭다고 하면 안 된다. 그리고 안전 선생님은 우리를 집으로 데려다줄 때 옆 차가 조금만 갑자기 지나가도 "야이, 시발!" 하고 욕을 쓰거나 "마 쳐박아 뿌까, 시끼! 매너 더럽게 없네." 한다. 이런 말을 우리 앞에서 하는 것은 나쁘다. 또 창문을 열고 손가락질을 하며 싸운 적도 있다.

또 신호 위반도 한다. 사람이 많이 없을 때 위반을 한다. "신호가 와이렇노!" 하고 조금 기다리다가 주위를 봐 가며 위반을 한다. 안전 선생님은 위반하는 수법도 있다.

예를 들면 아파트에서 나오는 차는 지금 갈 수 있는데 안전 선생님은 기다려야 한다면 항상 신호등을 빤히 보는 것 같다. 나는 안전 선생님이 그렇게 보는 것이 의심되는 게 있다. CCTV에 찍힐까 봐 그런 것 같다. CCTV가 있어도 안전 선생님은 차를 오른쪽으로 돌려 아파트로 들어가는 척하다 다시 아파트에서 나오는 걸로 해서 간다. 이게 안전 선생님의 수법이다.

안전 선생님은 신호가 정말 오래 걸리고 주위에 아파트도 없으면 기다린다. 기다리는 건 괜찮다. 안전해서 안심이 되기도 한다. 그런데 문제는 안전 선생님이 시동을 꺼 버린다는 거다. 그래서 겨울에는 히타가 안 되어 춥고, 여름에는 에어컨이 안 되어 조금 기다리면 덥다. 그래서 "안쌤 추워요." 하면 안전 선생님은 "고마, 좀 기다리라." 한다. 그래도 이건 기다릴 수 있다. 기름을 아낄 수 있으니까.

그런데 안전 선생님은 좀 더 우리의 건강과 안전을 생각해 주면 안되나? (4학년 여)

여기 운전기사는 차 안에서 담배를 피운다. 아이들이 피우지 말라고 하니까 짓궂게 아이들 쪽으로 연기를 훅 내뿜기까지 한다. 장난으로 그랬는지 아이들이 까다롭게 군다는 생각으로 일부러 그랬는지는 잘 모르겠지만 참 나쁘다. 아이들이 탄 차에서 담배를 피우는 것 자체가 해서는 안 될 일임은 말할 것도 없다.

운전할 때 말버릇도 참 안 좋다. 아이들이 다 듣는 데서 "야이, ×발!" "마 처박아 뿌까, 시끼! 매너 더럽게 없네" 이런 욕설과 거친 말을 쓰면서 상대 운전기사들과 다투기까지 한다. 또 신호 위반도 예사로 하고 아이들에게 몹시 불친절하기도 하다.

　이런 사람에게 어떻게 아이들의 안전을 믿고 맡길 수 있겠나. 아이들은 "이름만 안전 선생님이지 실제로는 별로 안 안전하다" 이렇게 말하고 있다. 부모들이 이런 상황을 모르니 더욱 답답하다.

　한 아이의 글을 보니, 여기 학원 차 기사도 과속하고 신호 위반을 예사로 하는가 보다. 아이들은 그것을 다 알고 '똥기사'라고 한다. 노란불에는 차를 멈추어야 하는데 그만 속력을 더 내어 지나가 버린다. 노란불에 멈추지 못하는 건 속력을 많이 내어 달렸기 때문인데 네거리 같은 곳을 지날 때 자칫 잘못하면 큰 사고가 일어나기 십상이다. 그리고 이런 때에 차에 탄 아이들이 넘어지기도 하고 머리를 의자에 박기도 하는 모양이다. 아이들이 넘어졌다는 말은 안전띠도 매지 않았다는 말인데, 기사는 그런 지도도 하지 않았다. 아이들 이마에 상처도 나고 이가 부러지는 사고도 일어난다는 말을 들었다.

　실제로 아이들을 태우고 가는 학원 차가 다른 차들이 달리는데 갑자기 끼어드는 걸 흔히 볼 수 있다. 그리고 아이들을 태운 학원 차가 지나가면 주변 차들은 속력을 늦추어 아이들을 태운 차가 안전하게 가도록 해야 하는데 그런 배려는 보기 참 어렵다.

　아이가 학원 차에 사고를 당하는 건 차가 달릴 때보다 아이가 타고 내릴 때 일어나는 사고가 더 많은 걸로 알고 있다. 차가 서기도 전에 아이들이 먼저 차에 타려고 우르르 몰려가는데, 참으로 위험하다. 또 학원 차가 길 건너에 있을 때는 아이들이 다른 차들이 오는지 잘 보지도 않고 마구 길을 건너기도 한다. 아이가 안전하게 차에 올랐는지도 잘 모르고 출발해서 아이가 차에 치인다든지 옷자락이 문에 끼여 큰 사고를 당하는 경우도 많다고 한다.

　아이들이 차에서 내릴 때도 위험한 경우가 참 많다. 차를 안전하게 대야 하는데 길가에 세워 둔 차들이 많으면 길에 대충 차를 세우고 아이들을 내린다. 차 사이로 아이들이 내리는 모습을 보면 위험하기 짝이 없다.

'도로교통법 제53조, 어린이 통학버스 운전자 및 운영자 등의 의무'에는 어린이 또는 유아를 태운 어린이 통학버스에는 어린이를 보호할 수 있는 사람이 타도록 되어 있는데, 내가 보기에는 보호자가 없는 통학버스가 더 많은 것 같다.

느끼한 운전기사 아저씨

나는 피아노 학원을 다닌다. 그래서 날마다 학원 차 운전하는 아저씨를 본다. 우리는 그냥 아저씨라고 부른다.

아저씨는 안 좋은 점이 있다. 뒤에 자리가 없어서 앞자리에 앉았을 때다. 아저씨가 내 허벅지를 탁 때렸다. 나는 "아저씨이! 하지 마요! 아프잖아요오오오!" 하고 말했다. 아저씨는 웃었다. 그런데 또 때렸다. 나는 "아저씨이이이이이, 하지 말라고 했잖아요오오오오오오!" 하고 말했다. 하지만 아저씨는 계속 때리려고 했다. 나는 짜증도 나고 화도 나서 아저씨 손을 탁 때렸다. 아저씨는 "아아! 아프다아아아!" 하고 소리쳤다. 나는 때리기를 멈추고 "그런데 아저씨는 왜 때려요오?"라고 했다. 나는 정말 짜증도 나고 화도 났다.

또 다른 일이 있다. 그날도 뒤에 자리가 없어 앞자리에 앉았다. 아저씨가 학원에 갔다 와서 운전석에 앉았다. 그러더니 내 손을 잡고는,

"손 뽀얗네, 아저씨 손은 검은데. 여기는 왜 다쳤노?"

하고 물었다. 나는 그냥 종이에 비켰다고 했다. 그런데 나는 기분이 안 좋았다. 남자가 여자의 손을 잡으니까 말이다. 느끼한 것 같기도 했다.

나는 손을 쑥 빼고 뒤에 있는 친구들을 보고 얘기를 했다. 그때서야 아저씨는 손을 놓았다.

나는 차량 운행 아저씨가 너무 부담스럽다. 그리고 좀 불편하다. 아저씨가 안 그랬으면 좋겠다. (4학년 여)

운전기사가 한 행동으로 이 아이는 차량 운행 아저씨가 너무 부담스럽고 불편하다고 했다. 날마다 기사 아저씨를 봐야 하는 아이의 이야기를 흘려들어서는 안 된다. 학원 책임자나 부모들은 이런 것도 잘 살펴야 하고 아이들 말에도 귀를 기울여야 한다.

또 다른 아이의 글을 보니, 학원 차 기사 아저씨가 아이들이 차에 다 탔는지 확인해 보지도 않고 시간이 되었다고 출발해 차를 놓쳤다고 한다. 아이가 차를 보고 달려갔는데 바로 눈앞에서 차를 놓쳐 버렸으니 얼마나 속상했겠나. 운전기사가 아이를 태우지 않고 갔으면 아이한테 미안하다고 하든지 좋은 말로 해야 할 터인데 오히려 늦게 왔다고 짜증을 내며 뭐라고 한 모양이다. 운전기사는 아이가 다 탔는지 한 번 더 확인해 보고, 또 아이가 오고 있는지도 잘 살펴봐야 한다.

학원 차 고물차

나는 피아노 학원에 다닌다. 그런데 학원 차에는 조금 문제가 있다. 그것은 바로 학원 차의 문이 너무 쉽게 열린다는 것이다. 전에 차의 문이 닫혀 있는 상태에서 내 친구가 뒤로 기댔는데 문이 열려 넘어졌다.

나도 전에 한번 당해 보았다. 정말 큰일 날 뻔했다. 또 차가 달릴 때에도 문이 조금씩 열린다. 그래서 더 위험하다.

또 문제점은 차가 덜컹덜컹해서 멀미가 난다. 평평한 아스팔트 위에서 달려도 덜컹거려 멀미가 난다. "아, 미식미식한 게 오바이트하고 싶네." 이런 소리가 나올 정도다.

또 다른 문제점은 히터를 틀어도 차 안이 따뜻해지지 않는다는 거다. 이제는 겨울인데 히터가 잘 나오지 않아서 너무 추워 짜증이 난다. 어떤 아이는 "아, 시발! 개춥네." 이런다. 나도 한마디했다.

"우리 차는 완전 똥차야, 똥차."

또 문제점은 차의 의자가 마주 보고 있어서 브레이크를 막 잡으면 바로 넘어진다. 가끔 아이들이 서로 박아 "아아, 무릎이야! 디따 아프네!" 하고 궁시렁거리기도 한다. 또 비가 왔을 때 넘어지면 옷이 젖는다. 그래서 너무 짜증이 난다.

또 우리 학원 차는 오래되고 아이들이 많아서 차가 좁다. 그래서 너무 불편하다 오늘은 더하였다. 평수가 넓은 병수가 타 가지고 더 좁았다. 태식이가, "야, 돼지야! 살 좀 빼라." 하고 욕을 했다. 그러다 싸울 뻔하기도 했다. 나도 너무나 좁아 짜증도 나고 화도 났다.

나는 학원 차를 빨리 바꾸었으면 좋겠다. (4학년 남)

아이가 차 문에 기대면 문이 열린다고 했다. 무엇보다 차가 달릴 때 문이 저절로 열리기도 한단다. 참으로 위험하다. 의자 상태도 별로 안 좋은 것 같다. 갑자기 차가 설 때는 아이들끼리 부딪치기도 하고 넘어지기도 한다. 그래서 아이들이 매우 불안해한다.

친절한 학원 차 선생님

나는 영어, 수학, 검도 학원을 다닌다. 주말에는 댄스와 기타 이렇게 다닌다. 그중 매일 가는 곳은 영어, 그리고 주 3일 가는 곳은 수학 학원이다. 이 가운데 윤선생 영어 학원에는 차를 타고 다닌다.

영어 학원 차 선생님은 원장 선생님의 남편 분이다. 연세는 우리 담임 선생님보다 적은 50대 초반. 외모는 차를 매일 운전하셔서 그런지 까무잡잡한 피부에 키는 175는 넘는 건장한 체격이고 머리가 희끗희끗하다. 인상 좋은 젊은 할아버지 같다. 우리는 모두 '차량 원장 샘'이라고 부른다.

차량 원장 선생님은 우리들에게 아주 친절하다. 우리를 손자, 손녀처럼 잘 살펴 주시고 농담도 잘 받아 주신다. 목말라하면 음료수와 아이스크림도 사 주고 과자도 사 준다. 학교 앞에서 우리를 기다리고 있다가 우리가 보이면 "덥제? 럭키 문구 가서 시원한 것 하나 사 무라." 한다. 그러면 동무들이 우르르 몰려가서 서로 원하는 아이스크림이나 음료수를 산다.

그리고 내가 어디에 있든 싫은 소리 한 번도 하지 않고 데리러 온다. 그리고 항상 웃는 얼굴로 우리를 반겨 준다. 나는 아직 차량 원장 선생님이 화내는 모습을 본 적이 없다. 운전도 난폭하게 하지 않고 아주 편안하게 우리들의 안전을 책임진다.

하지만 너무 간섭을 많이 하는 단점이 있다.

"혜정아, 계단에서 뛰지 마라."

"혜정아, 길 걸을 때는 핸드폰 보지 말고 다녀라."

모두 맞는 말이지만 엄마에게도 매일 듣는 말이라 짜증이 난다. 그리고 남자 친구들처럼 한 번씩 놀릴 때도 있다.

"정아, 살살 내려온나. 계단 부서질라."

"에에에, 정이 또 코 후빈다."

그냥 농담으로 하는 소리인 줄 알지만 나는 짜증을 내거나 화를 낸다. 그래도 내가 한참 삐져 있으면 안쓰러운지 나의 기분을 풀어 주려고 "우리 정이 삐졌네. 사탕 하나 주까?" 사탕으로 나의 기분을 풀어 준다. 그래서 차량 원장 선생님은 미워할 수 없다. 원장 선생님도 항상 나를 안아 주고 칭찬해 주고 예뻐해 주는데 차량 원장 선생님까지 좋은 분이라서 나는 지금 다니고 있는 영어 학원이 정말 좋다. (4학년 여)

운전도 안전하게 하고 친절하고 여러 가지로 아이를 자상하게 보살펴 주는 이런 운전기사여야 아이들을 안심하고 맡길 수 있다.

다음은 학원에 걸어 다니는 아이들 모습이다. 대부분 집 가까운 학원에 다니지만 어렵게 걸어가야 하는 아이들도 있다.

우리 학원까지 걸어가는 골목길

우리 학원 가는 길은 두 가지가 있다. 그렇지만 둘 다 안전한 길은 아니다. 학원 차를 타고 가도 되지만 학원 차는 다른 친구들도 태운다고 많이 기다리기 때문에 학원에 빨리 못 간다. 그리고 학교에서 우리가 마치는 시간에는 차가 잘 없다. 그래서 나는 걸어 다닌다.

우리가 학원 가는 길은 큰길과 작은 길(골목)이 있는데 우리는 대부분 작은 길로 다닌다. 그런데 작은 길은 위험하다. 사람도 많이 다니지 않고 길가에 세워진 차들이 아주 많아 길이 좁다. 차 한 대가 지나가면 다니는 사람은 구석으로 피해야 한다.

그리고 이 길은 내가 싫어하는 길고양이가 있어 나를 깜짝 놀래킨다. 그래서 혼자는 잘 못 간다. 너무 구석진 곳이 많다. 좀 떨어진 곳에 아파트가 있고 길가에는 작은 상가 같은 것들이 있는데 질서가 없어 보기가 아주 싫다. 운영을 안 하는 가게도 많은데 아주 보기가 싫고 으스스하기도 하다.

그리고 집에서 버린 쓰레기가 길가에 많다. 전봇대 있는 데는 음식물 쓰레기, 불량식품 먹다 버린 것들이 있어 더욱 더럽다. 비 오는 날에는 더욱 보기 싫고 냄새도 많이 난다. 벌레도 막 날아다닌다.

큰길은 컨벤션웨딩 쪽으로 돌아가는 것이다. 컨벤션웨딩 쪽에는 실내 체육관도 있다. 그런데 그 길에는 차가 많이 다닌다. 그래서 주의를 해야 한다. 잘못하면 사고가 날 수 있기 때문이다. 너무 위험하다. 가다 보면 사거리도 나온다. 그러니까 차들이 골목에서는 천천히 조심스럽게 다니겠지만 큰길이니까 더 빨리 다닌다. 거기다 신호등도 없는 횡단보도도 있다. 가다 보면 음식점도 많은데 식당 앞에는 인도로 차들이 자꾸 들어와 조심을 하지 않으면 안 된다.

우리가 조심은 하지만 우리가 조심하는 것만으로 되는 것이 아니다. 나는 이런 위험한 길로 학원 다니기가 싫다. 엄마, 아빠, 학원을 좀 바꾸어 주세요. (4학년 여)

무엇보다 위험한 것은 길 양쪽에 주차해 놓은 차들 때문에 차가 지나가면 주차해 놓은 차 사이로 피해 다녀야 하는 것이다. 음식점이 많은 곳에는 인도에까지 차를 세워서 사람들 다니기가 매우 불편하다. 어른들은 불편할 뿐일지 모르지만 아이들한테는 몹시 위험하다는 걸 잘 알아야 한다.

위험하고 먼 학원 길

나는 드림○○○라는 학원을 다닌다. 거기에서는 과학, 영어, 수학 공부를 한다. 오늘은 과학 공부를 해서 또 가야 한다. 학원은 시청 밑에 있는 완전 큰 건물이다. 그런데 가는 길이 너무 멀어 학원에 가기 싫은 마음이다. 원래는 학원이 실내 체육관 건물 안에 있었다. 그런데 더 먼 시청 밑으로 이사를 갔다. 실내 체육관에 있을 때는 학교에서 바로 내려오기만 하면 되었다. 그런데 지금은 날씨가 더워 갈 때마다 땀을 뻘뻘 흘린다. 그래서 머리도 아프다.

학원 마치고 집에 올 때도 힘들다. 자전거를 타고 다니는데 오르막 길을 올라올 때 땀이 비 오듯 흐르고 다리도 아프다. 그래서 몸살이 난 적도 있다. 비 오는 날은 자전거를 못 타고 가서 또 힘들다.

또 학원 가는 길은 위험하기도 하다. 갈 때 횡단보도는 있는데 신호등이 없다. 차가 안 오는 것을 보고 길을 건넜는데 갑자기 차가 와 다칠 뻔한 일도 있다. 정보센터 있는 데 가면 오토바이가 많아 부딪칠까 무섭다. 인도가 좁기 때문이다. 오토바이에 타고 있는 사람이 담배를 피우다 버릴 때 사람 있는 데 날아오기도 한다. 오토바이는 찻길로 가야 하는데 인도로 막 올라온다.

학원 가까이 가다 보면 골목길이 있는데 거기에는 무서운 개가 있다. 지나갈 때마다 달려와 짖는다. 다행히 목줄 때문에 오다 말지만 갈 때마다 사람을 시껍시킨다.

그리고 가는 데 공사장도 있다. 지나가면 '쿵쿵쿵 드드드득' 귀가 따
갑다. 또 가끔씩 벽돌이 떨어지기도 한다. 그 길로 꼭 가야 하는데 공
사장 사람들은 다니지 말라고 한다. 또 공사장은 우리 공부방 바로 앞
이다. 이렇게 해서 학원에 가면 너무 힘들어서 공부도 잘 안 된다.

난 그 학원에 가기 싫은데 엄마, 아빠는 그 학원에 꼭 다니라고 한
다. 안 다닌다고 하면 다 끊으라고 하거나 아니면 돈 벌어 오라고 한
다. 그럴 때면 집을 나가고 싶어지고 학원을 왜 이렇게 멀고 무섭고 위
험한데 다니라고 하는지 모르겠다. 제발 가까이에 있는 학원이나 갈
때 빨리 갈 수 있는 학원에 다니면 좋겠다. (4학년 남)

이 아이가 다니는 학원은 상당히 먼 데다가 오가는 길도 위험한 곳에
있는데 자전거를 타고 다닌다. 아이는 그 학원에 다니기 싫어하는데 부모
는 그 학원에 다니지 않으려면 학원을 아예 끊든가, 다니기 싫으면 돈을
벌어 오라고 하면서 으름장을 놓는다. 꼭 학원에 보내야 한다면 학교나
집에서 가까운 곳에 다니도록 했으면 좋겠다.

학원 차 사고가 일어나고, 아이들이 어려움을 겪는 까닭은 무얼까? 먼
저, 운전기사의 게으름 때문이라 볼 수 있다. 보호자가 타고 있지 않을 경
우엔 운전기사가 운전석에서 내려 아이들이 안전하게 타도록 도와주고
운전을 해야 하는데 그냥 운전석에만 가만히 앉아 있는 기사들이 많다.
둘째, 직업의식이 모자라기 때문이다. 무엇보다 아이를 사랑하는 마음이
있어야 하고, 아이를 안전하게 보호해야 한다는 생각이 투철해야 한다. 셋
째, 윤리 의식이나 교양이 모자라기 때문이다. 특히 어른은 아이 앞에서는

더욱 예의 바르고 친절하게 행동해야 하는데 아이들 글에서 보면 그렇지 못한 운전기사가 참 많았다.

무엇보다 학원을 운영하는 사람과 부모들은 학원 차와 학원 오가는 길도 잘 살펴서 아이들이 안전하고 편하게 다닐 수 있도록 해 주어야 한다.

아이들은 학원의 환경을 어떻게 생각할까?

살아가는 환경은 누구에게나 중요하지만 자라는 아이들에게는 더욱 중요하다. 같은 환경이라도 어른들보다 아이들에게 더 큰 영향을 미치기 때문이다. 나쁜 환경은 더욱 아이들에게 안 좋은 영향을 끼친다.

그래서 학원에서 시간을 많이 보내는 아이들에게는 학원 환경도 매우 중요하다. 학원 환경은 아이들에게 공부뿐 아니라 아이들의 정서와 건강에도 크게 영향을 끼친다. 적어도 학원은 아이들이 공부에 집중할 수 있어야 하고, 정서가 안정될 수 있어야 하며 또 건강에 해롭지 않은 환경이라야 한다.

몇몇 아이들 글로 잘라 말할 수는 없지만, 좋지 않은 환경에 놓여 있는 학원도 많은 것 같다. 학원 주변의 환경에 대해 법으로 규정해 놓았지만 그 힘이 미치지 못하고 있는 형편이다. 그래서 그 해는 아이들에게 고스란히 돌아온다.

우리 피아노 학원 환경 문제

나는 피아노 학원이랑 영어 학원을 다니는데 피아노 학원 환경이 문제다. 피아노 학원에는 담배 냄새가 많이 난다. 피아노 학원을 올라

가려고 하면 담배 피우는 아저씨들이 있어서 빙글 돌아서 피아노 학원을 간다. 내가 올라가서 피아노 학원 선생님께 말하면 선생님은 청소하는 것처럼 물을 떨어뜨린다. 그래야 아저씨들이 간다. 언제는 담배를 피우고 담뱃불을 끄지도 않고 버려서 불이 날 뻔했다. 그리고 담배꽁초가 바닥에 버려져 있어서 피아노 학원 주위가 아주 더럽다.

담배보다 더한 것은 시끄러운 것이다. 학원 주위에는 마트가 있고, 치과도 있고, 떡집도 있다. 그래서 학원 주위가 맨날 시끄럽다. 우리 피아노 선생님이 떡집 아줌마에게 얘기를 했다.

"근데 조금 조용히 기계를 돌리면 안 돼요?"

"아, 하지만 기계가 원래 이래서요."

"아, 그래도 조금만 조심해 주세요."

그런데 아줌마는 성을 내면서 이야기를 했다. 그래서 우리 피아노 학원 선생님도 화가 많이 난 것 같다.

그것도 시끄럽지만 마트에서 행사할 때가 더 시끄럽다. 스피커에서 울려 나오는 소리와 사람들이 떠드는 소리가 얼마나 큰지 모른다. 그래서 행사 때는 공부도 잘 안 된다. 그런데 행사를 하고도 더 시끄럽다. 아저씨가 물건을 팔려고 소리를 지르고 물건도 떨어뜨리고 물건 옮기는 소리들 때문이다. 마치 전쟁터 같다.

그리고 학원의 분위기는 피아노 소리는 좋은데 아이들이 뛰어놀고 게임을 해서 학원이 시끄럽다. 떠들지 않으려고 해도 이런 짓 할 것밖에 없으니까 그런 것 같다. 하지만 학원에 손님이 왔을 때가 더 시끄럽다. 손님들과 학원 선생님들이 이야기를 많이 하기 때문이다.

우리 학원 주위는 너무 시끄러워 공부에 방해가 많다. (4학년 남)

아이들이 오가는 학원 앞에서 담배 피우는 아저씨가 있는 것도 문제지만, 이 아이는 시끄러운 것이 더 문제라고 했다. 학원 바로 옆에 마트와 떡집이 있는데 떡집에서 곡식 가는 기계 소리가 시끄럽단다. 거기다 마트에서 물건 파는 사람이 지르는 소리가 더 소음이 될 것 같다. 스피커에서 울려 나오니 얼마나 시끄럽겠나. 마치 전쟁터 같다고 했다. 공부에 집중할 수 있는 분위기는 아닌 것 같다.

다른 한 아이의 글에서도 여러 가지 시끄러운 소리 때문에 공부에 집중이 안 된다고 했다. 특히 큰길에는 차들이 많이 다니는데 브레이크 밟는 소리에는 깜짝깜짝 놀라기도 하고, 무슨 일이 있어났나 하는 궁금증 때문에 공부에 방해가 된단다. 또 태권도 학원에서 기합 넣는 소리에 자꾸 문제를 틀리게 풀기도 한단다. 이런 바깥 요인으로 시끄럽기도 하지만 학원의 다른 아이들 때문에도 시끄러워 공부에 집중하기 어렵단다.

더러운 학원

우리 학원 1층에 오꾸닭이라는 음식점이 생겼다. 거기에서 노래를 틀기 때문에 학원에서 공부를 하면 학원 선생님도 너무나 시끄럽다고 하신다. 오꾸닭에서 나오는 사람은 나오자마자 얘기를 하면서 술 취한 것처럼 하다가 담배를 아무 데나 버린다.

학원 건너편에는 헬스장이 있는데 그기는 노래를 너무나 크게 틀어서 근처에 있는 사람의 귀를 아프게 한다. 볼륨을 100으로 해 놓은 것 같다.

또 학원 엘리베이터나 계단에는 쓰레기가 많다. 엘리베이터에는 구석에 쓰레기를 버려 놓고 간다. 계단에는 휴지통이 있는데도 분식집에서 무엇을 사 먹고 바닥에 막 종이컵이랑 과자봉지를 막 버린다.

그리고 벽에는 낙서가 많다. 학원 선생님 이름을 적고 욕을 써 놓았다. '우리 학원 선생님 바보' '병신 존내 공부 많이 시키네'라고 적혀 있다. 그리고 껌도 뱉고 침 뱉는 형아들도 많다. 나도 가끔 갈 때 껌을 뱉는다. 한자리에 껌이 울퉁불퉁하면서 원 모양으로 있는 데도 있다. 가다가 뭐를 밟은 것 같아 보면 껌이다. 그때 기분은 버린 사람을 때리고 싶을 정도로 정말 짜증이 난다.

자전거 타는 사람들이 계단 손잡이에 기대어 놓아서 다니는데 방해가 참 많다. 몇 년 동안 안 가지고 가는 자전거도 있다.

나는 우리 학원이 깨끗하면 좋겠다. 그래야 공부할 맛이 날 것이다.

(4학년 남)

특히 학원 1층 음식점에서 나는 음식 냄새와 거기서 흘러나오는 음악 소리나 사람들 소리가 아이들 공부하는 데 크게 방해가 될 것 같다. 그리고 엘리베이터나 계단에 쓰레기를 마구 버려 놓기도 하고, 벽에 낙서도 해서 더럽단다. 이렇게 여러 사람이 쓰는 개인 건물에는 전문으로 관리하고 청소하는 사람이 없으면 더욱 더러워지기가 쉽다. 아이들은 이런 환경에 있는 학원을 다니고 있다.

우리 태권도 학원의 환경

우리 태권도 학원에는 1수련장과 2수련장이 있다. 1수련장은 수련생들이 태권도를 배우는 곳이다. 그래서 관장님은 하루에 한 번에서 두 번 정도 청소를 한다. 그런데 2수련장은 아니다. 2수련장은 청소를 하지 않아서 아주 더럽다. 첫째, 2수련장은 먼지가 많다. 그래서 살짝만 뛰어도 먼지가 코에 들어가는 것은 보통이다. 입에도 먼지가 들어가 기침이 나오고 코가 간지럽고 그렇다. 전번에는 뛰며 놀고 있었는데 먼지가 땀이 난 몸에 다 달라붙었다.

또 태권도 2수련장에는 1수련장에서 가끔씩 쓰는 물건도 보관해 놓는다. 거기에는 뾰족한 물건도 있다. 그래서 뛰어다니다가 살짝 부딪쳐서 다칠 때도 있다.

여름이 되면 우리 태권도 학원에는 벌레들도 많다. 그 까닭은 여름이 되면 더워서 열어 놓는데 그때 창문으로 들어와 자리를 잡은 것 같다. 내가 2수련장에 누워 있었는데 갑자기 종아리가 간지러웠다. 그래서 봤더니 벌레가 문 자국이 있었다. 그리고 2수련장에는 공기 환기가 안 되어서 이상한 냄새도 많이 난다.

태권도의 화장실에는 오줌 찌릉내나 다른 이상한 냄새가 너무 많이 난다. 쓰레기 냄새와 먹다 남은 과자가 썩어서 이상한 냄새도 난다. 그 냄새가 그냥 따로따로 나는 것이 아니라 섞여서 나기 때문에 지독하다. 그래서 화장실에 들어갈 때는 크게 숨을 들이쉬고 들어간다. 그러지 않으면 냄새에 질식할 것 같기 때문이다. 어떨 때는 참을 수 없는 고약한 냄새가 날 때도 있다. 왜냐하면 수련생들이 대변을 본 다음 물을 내리지 않았기 때문이다. 그래서 수련생들은 우리 학원 화장실에서 대변 보는 것을 아주 싫어한다. 거기다가 관장님이 문을 꼭 닫고 다니라고 해서 문을 꼭 닫는다. 그러면 냄새가 빠져나가질 않아 더 많이 난다. 환풍기가 있긴 있는데 고장이 나 있고 거기엔 먼지도 장난이 아니다. 그리고 그 냄새가 화장실에 있는 밀대, 고무장갑, 호스 등에 배여 더 나는 것 같다. 그래서 나는 수련생들이 학원 화장실에서 대변을 보고 내리지 않는 날에는 아무리 오줌이 마려도 참고 화장실에 가지 않는다.

또 화장실 곳곳에 거미줄이 쳐져 있다. 그 거미줄에는 왕거미가 살고 있는데 사람들 눈에 잘 띄지 않는 호스 위쪽에 자리를 잡고 있다. 거미줄에는 파리나 또 다른 곤충들의 시체들이 걸려 있다. 그리고 화장실 벽에는 곰팡이도 피었다. 또 벌레도 막 기어 다닌다.

우리 학원 환경은 참 더럽다. 깨끗이 해 주었으면 좋겠다. (4학년 남)

2수련장은 청소를 잘 안 해 먼지가 많다고 했다. 운동할 때 쓰는 물건들을 보관해 놓아 아이들이 활동하다 다치기도 한단다. 화장실도 지독한 냄새가 나고 벌레들이 돌아다닐 정도로 더럽단다. 편하게 볼일을 볼 수 있는 화장실이어야 하는데 이토록 나쁜 냄새가 나고 더러우니 어떻게 아이들 마음이 편할 수 있겠나.

안 좋은 환경은 아이들의 정신 집중을 방해해서 공부의 효율을 떨어뜨린다. 판단력과 기억력을 떨어뜨리는 건 말할 것 없고 건강에 나쁜 영향을 주지나 않을까 걱정이 된다. 소음으로 불안, 공포, 흥분, 쉽게 돌변하는 공격성이 나타날 수 있다. 나쁜 냄새는 정신 집중을 하려고 할 때 안절부절못하게 하고 머리까지 아프게 할 뿐 아니라 호흡기, 순환기, 소화기 계통은 물론 내분비 계통까지 문제를 일으킬 수 있다고 한다. 또 좋은 냄새라도 정신 집중을 할 수 없게 하기는 마찬가지다.

학원에서 보내는 시간이 적지 않은 아이들을 생각한다면 학원 운영하는 사람들은 주변 환경을 잘 살펴서 깨끗하고, 조용하고, 안전한 곳에 학원 위치를 잡아야 할 것이다. 부모들은 이런 것에도 적극 관심을 가져 주었으면 한다.

지금까지 학원과 관련된 여러 가지를 조금이나마 살펴보았다.

한 번 더 짚어야 할 것은, 학원에서 선행 학습을 하는 것이다. 학원에서 미리 배우니까 정작 학교에서 공부할 때는 재미도 없고 공부에 관심도 가지지 않게 된다고 했다. 배울 내용을 미리 살펴 실제 공부 시간에 이해의 폭을 넓히려는 것이 진정한 선행 학습인데 요즘 선행 학습은 그 수준을 아주 넘어섰다. 학교에서 배우기 전에 아예 다 배워서 학교에선 할 것도 없이 만들어 버린다.

선행 학습의 가장 큰 문제는 자신감과 의욕 상실, 반대로 먼저 알고 있다는 우월감이나 자만심에 빠져 아이들이 공부에 집중하지 않게 된다고 한다. 또 선행 학습은 자기뿐 아니라 다른 아이들이 생각할 수 있는 기회도 빼앗고, 답이 틀렸을 때 다시 생각할 기회를 빼앗기도 한다. 다른 아이들의 학습권까지 빼앗는 것이다. "선행 교육이 아이들을 망친다"고 말할 정도인데도 이런 선행 학습을 하는 학원이 아주 많다고 들었다.

"나는 힘없는 목소리로 인사를 했다. 아침 7시부터 저녁 7시까지 집에 들어가지도 못하고 학교와 학원에서만 뺑뺑뺑뺑뺑 돌았기 때문이다. 앞으로 화, 목은 더 힘들어질 것 같다."

아이가 한 말을 새겨들으며 여러 가지 학원 문제를 한 번 더 생각해 보기 바란다.

살아 있는 교육 38

어른들은 모르는 **아이 세계**

2020년 1월 2일 1판 1쇄 펴냄

글쓴이 이호철
편집 김로미, 김성재, 이경희 | **디자인** 한아람
제작 심준엽 | **영업 홍보** 안명선, 양병희, 조현정, 최민용 | **잡지 영업** 이옥한, 정영지
대외 협력 신종호, 조병범 | **새사업팀** 조서연 | **경영 지원** 임혜정, 한선희

인쇄와 제본 (주)상지사 P&B
펴낸이 유문숙 | **펴낸 곳** (주)도서출판 보리 | **출판등록** 1991년 8월 6일 제9-279호
주소 (10881)경기도 파주시 직지길 492
전화 031-955-3535 | **전송** 031-950-9501
누리집 www.boribook.com | **전자우편** bori@boribook.com

보리는 나무 한 그루를 베어 낼 가치가 있는지 생각하며 책을 만듭니다.

ISBN 979-11-6314-101-3 03370

이 도서의 국립중앙도서관 출판예정도서목록(CIP)은 서지정보유통지원시스템 홈페이지
(http://seoji.nl.go.kr)와 국가자료공동목록시스템(http://www.nl.go.kr/kolisnet)에서
이용하실 수 있습니다. (CIP제어번호: CIP 2019050650)